〈自由〉の条件

ōsawa masachi
大澤真幸

講談社文芸文庫

まえがき

すべての個人が自由であるべきだ、という観念は、近代が生み出した価値観のひとつである。ロベスピエールは、自由という永遠の観念への信仰がなかったら、革命は、他の犯罪を破壊するもうひとつのけたたましい犯罪に過ぎない、とまで述べている。さらに付け加えれば、自由は、「数ある価値のひとつ」だというに留まらない。二〇世紀の経験がわれわれに教えたことは、自由こそが最も重要な価値、他の諸価値の後ろにおいてはならない最も重要な価値だということである。それゆえ〈自由な社会〉はどのようにして可能なのかという問いは、今日の社会科学や社会思想の最も緊急の主題であり、〈自由な社会〉の構築こそは、政治の究極の目的であろう。

ここでわれわれの現在をふりかえるならば、個人に与えられた自由の領域は、着実に拡大しつつあるようにも見える。無論、障害は数多く残っている。さまざまな法的な禁止による、あるいは法以前の規範による制限がわれわれを束縛してもいる。あるいは、物質的・経済的な条件によってははばまれてしまう自由も多い。とはいえ、しかし、過去と比べたとき、技術的な点でも、規範的な点でも、われわれの自由な選択肢の領域は確かに拡張しているはずだ。われわれは——少なくとも過去と比べたときには——寛容な社会を生きている。ところが、にもかかわらず、われわれは解放されているようには感じていない。寛容な社会に向かっているはずなのに、われわれの閉塞感は小さくはならない。それどころか、逆に、閉塞の感覚は強まってさえいる。ということは、自由を可能なものにする条件についてのわれわれの思考のどこかに盲点があるのだ。

ところで、自由は、近代社会がもたらした価値観として重要なだけではない。そもそも、自由であること、自由意志をもつことは、人間の人間たる条件ではないか。少なくとも、われわれが人間らしさの最高の発露として、自由を見ていることは確かである。だが、ここで今度は哲学的な難問に逢着する。人間もまた、他の動物と同様に、それどころか宇宙の中の他の諸事物と同様に、ひとつの物質的機構である。そうであるとすれば、人間もまた、因果関係のネットワークの中に組み込まれているはずだ。人間だけが、因果関係の鎖列から超越しているはずがない。そうであるとすれば、自由とか自由意志はどこにあるというのだろうか?

一方には、自由な社会やリベラリズムについての社会哲学的・社会理論的な考察の伝統がある。他方には、この宇宙の中での自由意志の在り処についての形而上学的・存在論的な考察の伝統がある。両者はともに、それぞれ豊かな知を蓄積してはきたが、互いに交わることはなかった。

これら二本の伝統を交叉させてみたらどうだろうか。そうすれば、現代社会においてわれわれを不可解にも悩ませている、先ほど述べた問題、すなわち、どんどんその領域を拡大させているはずの自由がどこへともなく蒸発してしまい、枯渇しているように感じられるのはなぜなのかという問題も、解けるのではないか。というのも、自由についての社会的・外的な障害を一つずつ取り除いていくことは、結局、自由をその純粋性において露呈させることを意味するからだ。剝き出しの自由が露呈しているはずなのに、なお、自由が実現していないのはなぜなのか。このとき、自由についての社会的考察は、自由そのものの構成や所在についての――伝統的には形而上学が担当してきた――考察に接続されなくてはならないだろう。

本書の目的は、自由を可能ならしめている条件は何かをめぐる探究にある。探究は、自由をめぐる、以上の二つの知の伝統を接触させ、化学反応を起こすことを通じて果たされるだろう。そのことが、自由に関連する喫緊の社会的問いに応えることにもつながる。

本書の構成について簡単に述べておこう。

考察は、自由とは何か、自由と因果関係とはどう関連しているのかについての探究から始まる（第Ⅰ部）。それは、同時に、時間の本性についての探究でもある。因果関係は時間という問題に直結しているからである。時間論は、哲学の歴史の中で最もしぶとい難問だが、しかし、他方で、われわれの生とは無縁の、あまりに抽象的で思弁的な問題だと思われるかもしれない。だが、本書の考察は、このきわめて思弁的な問題が、今日においては、アクチュアルな社会的課題でもあることを示すことになるだろう。

したがって、この考察は、ただちに、自由についての社会学的な探究へと接木《つぎき》される。現代社会において、自由の領域が拡大しつつあるまさにそのときに、閉塞感がますます高まっているのはなぜなのか、つまり自由に関して「増えれば増えるほど減る」といった逆説が生じているのはなぜなのか、が考察されることになる（第Ⅱ部）。ここでは、「積極的自由／消極的自由」のよく知られた区別の再考から始まって、「蓋然性の直知」という現象についての考察を媒介にして、やがて、自由についての困難の源泉として資本主義を見出すことになるだろう。

ついで、考察は、現代社会における「記憶」の困難という問題へと導かれていく（第Ⅲ部）。「記憶」の困難は、社会的には、歴史の修正や見直しといった問題として、個人のレベルでは、多重人格に代表される解離性障害として、そして両レベルが接触する領域では、証言の不可能性の問題として、たとえば現れる。自由と記憶とは、同じ原因によって困難に見舞われている。ここでわれわれは、人格の同一性についての独特な思考実験を試みることになるだろう。やがて、探究は、フロイトが「死の欲動」と呼んだ現象に到達する。死の欲動とは、反復強迫の問題、つまり（個人の）歴史の困難に関わる問題だからである。

以上を通じて、現代社会において、自由がいかに本質的な困難の内にあるかが、明らかにされるはずだ。こうした困難を十分に理解した上で、自由をあらためて救済すること、それが、次の課題となる（第Ⅳ部）。ここで、自由をまさに自由たらしめている要因を、その原点にまで遡ることで、〈自由〉の新しい概念化の方法が提案される。そのもう一つの概念化の下で、

〈自由〉は蘇生する可能性が示される。

ここで見出されるのは、〈自由〉ということの本性としての社会性である。一般には、個人の自由にとっては、他者は制限要因であると考えられている。たとえば、「他者に危害を加えない限り何をしてもよい」という、自由主義についての有名な原則が与えられるとき、他者がいなければ、より一層自由だということが暗に含意されている。無論、他者は、自由を阻害してばかりいるわけではない。それどころか、他者との協力によって、実質的になしうることの領域は拡大するのだから、他者はときに自由の促進要因でもある。しかし、この意味での他者の存在は、自由にとって、あくまで付随的である。つまり、他者がいなくても、自由ということそのものは、何かを選択することの自由は、十分に成り立つと考えられている。それに対して、われわれの考察が最終的に示すことは、他者の存在は、〈自由〉の本来的な構成要因であるということ、他者がいなければ、〈自由〉ということそのものが成り立たず、没概念化してしまうということである。ヴィトゲンシュタインは、言語は本性として社会的であり、私的言語ということは自己矛盾的だということを厳密な考察によって論証しているが、同じことは、〈自由〉についても成り立つ。この最終地点において、自由や自由主義についての社会哲学的考察と自由意志に関する形而上学的考察とが、最終的に融合することになるはずだ。〈自由〉が、その本来性において社会的であるとするならば、それは、直ちに、他者との共存という問題へと、つまり〈公共性〉という問題へと展開されるだろう。

以上が、本書の大まかな地図である。

目次

Ⅲ 記憶の困難

〈自由〉の条件

I　自由と時間

1　開封前に舌打ちするひと

自由と因果関係の間のアンチノミー

二一世紀の初頭にいる、われわれの社会が擁護すべき最も重要な理念は、〈自由〉である。たとえばヘーゲルは、哲学を、自由な精神であるところの理性が、現実の世界に〈自由〉の理念が実現される過程を見届ける営みとして定義している。冷戦を経験し、終息させた二〇世紀にとって、ヘーゲルが哲学に課したこうした目的は、真に、実践的なアクチュアリティをもった要請として、あらためてわれわれに差し向けられていると言えるだろう。冷戦に関して、最も興味深い社会学的事実は、それはついに最後まで「冷戦」だったということ、それは「熱戦」ではなかったということにこそある。つまり冷戦を終わらせた要因は、一方の他方に対する軍事的な優位ではない。冷戦を終結させたのは――見田宗介が述べているように[*1]――、〈自由〉の魅力以外の何ものでもない。ここからわれわれが学ぶべき思想的教訓は、われわれの社会は、〈自由〉を上回る価値を有する理念を掲げるべきではない、ということである。要するに、われわれは徹頭徹尾頑固な〈自由〉の擁護者でなくてはならないのだ。

だが、擁護すべきその自由とは何であろうか? 自由とよばれる領域は、この世界のどこにあるのか? 問いの意味を明確にするために、これらの問いをあえて素朴な問いに置き換えることで限定してみよう。本質的で深刻な問いは、しばしば、ごく素朴な形式をとるものだからである。すなわち、こう問うてみるのだ。われわれの外的・内的な行為がすべて、事象の間の因果関係のネットワークの内に組み込まれており、その因果関係によって規定されているのだとすれば、われわれの行為は、なぜ、そしていかなる意味で、なお自由だと言いうるのだろうか、と。われわれは、この世界が、因果関係のネットワークによって埋め尽くされていることを知っている。各行為も、因果関係によって、全的に規定されている。それにもかかわらず、それらの行為が自由な行為だったと見なしうるのか?

言うまでもなく、ここで問題にしているのは、カントが『純粋理性批判』に記した三番目のアンチノミーに対応する逆説である。カントは、あるテーゼ(命題)とそのテーゼの否定とがともに真になってしまうようなアンチノミーを、「力学的」と形容している。[*2] 第三アンチノミーは、力学的アンチノミーのひとつである。テーゼは、人間の行為はすべて自然原因によって決定されている、という命題である。アンチテーゼは、人間の行為は自由である、とする命題である。カントによれば、二つのテーゼはともに真になってしまう。したがって、自由意志は、理論理性の及びえない対象だというのが、カントの結論である。

だが、人はカントのこの結論（の留保）を越えて、なお問わざるをえないだろう。テーゼとアンチテーゼが両立しうるとして、それらは、どのような意味で、両立しうるのか？　言い換えれば、両者はどのように違うのか？　自由は、「選択」という現象と表裏一体の関係にある。自由は、選択の可能性を不可欠の前提としているのだ。選択は、「他でありえた」と見なしうるということを必要条件として構成される。要するに、選択は偶有的なことcontingency――必然性の否定と不可能性の否定の交点として定義される様相――に対してのみ可能なのだ。選択のまさに選択性が帰せられることを、「責任」と呼ぶ。われわれは、自由な行為者に対してしか、責任を問うことはできない。しかし、他方で、同じ行為も、因果関係によって規定された事象と見なされているときには、まったく異なった様相を帯びることになる。因果関係は、通常、決定論的であると見なされているので、因果関係のうちに位置づけられたときには、その行為は、他ではありえなかったものとして認識される。想定される因果列は、典型的には物理的な関係だが、社会的なものであったり、心理的なものであったとしても同じことである。物理的な因果列であるにせよ、社会的・心理的な因果列によるにせよ、ある行為が、他ではありえないものとして規定されているとき、その行為についての責任を行為者に問うことができるだろうか？

カントが言わんとしていることは、認識（理論）の問題と、実践（倫理）の問題とは別だということである。言い換えれば、カントは、原因の帰属と責任の帰属との間の区別を問題にしているのである。自由の積極的な可能性を擁護するためには、われわれは、この区別を堅持しなくてはならない。だが、この区別は、われわれに矛盾した認識を強いるようにも見えるのだ。カントにとって、自由とは、自己原因のことである。自己原因ということは、外的な「他なるもの」によって規定されてはいないということを含意する。だが、他方で、同じ事象は、外的な原因によって、全的に規定されたものとしても現れる。同じことが、一方で、外的な原因に還元しえない偶有性を帯び、他方では、因果列の内部で決定された必然性を帯びて現れるのだとすれば、そのような視座はどこにあるのか？

問題の核心を逸しないために、若干の注記を加えておこう。この世界の因果関係は、一義的に結果を規定してしまうような単純な――ラプラス的な――決定論に従っているのではなくて、確率論に――確率論的な決定論に――従っているのかもしれない。実際、量子力学の発見以降の自然観は、基本的に確率論的だと言ってもよい。いわゆる「不確定性原理」によれば、この世界の構成要素の位置と速度を正確に知ることは本来的に不可能である。知りうるのは波動関数であり、その波動関数から導くことができるのは、世界の構成要素たる粒子が特定の位置にあることの確率、ないしはある速度で運動していることの確率のみである。つまり、ある時点における粒子の位置や速度を一義的に決定することはできないのだ。このように、因果関係が確率的であったとしたら、アンチノミーは解消するだろうか？　否、である。なぜか？　まず、量子力学によっても、決定論の概念そのものが崩れるわけではない。ある時点の波動関数と次の時点の波動関数の間には、決定論的な関係がある。そこには「自由」が介在する余地がないように見える。だが、波動関数が指定するのは、多様な出来事が起こりうる確率のみなのだから、その中から、どの特定の出来事が実際に生起するかにかかわる場面に、「自由」が介入することができるのではないか？　ところが、そうはいかない。選択されているということと、確率的に生起するということとは、まったく別のことだからである。このことは、サイコロがふられる場合を考えてみるとよくわかる。サイコロの3の目が出ることは、通常、偶然の所産であると考えられている。まさにそれゆえにこそ、われわれは、サイコロが3の目を選択したとは見なさないのである。つまり確率的に生起するということと自由な選択と見なしうるということは、むしろ、背反的な関係にあるのだ。因果関係が一義的な決定論に従っていようと、確率的であろうと、この世界の中の諸事象が因果関係のネットワークの内に組み込まれているという認識と、その同じ世界の内に自由な行為が生起しているとする認識の間には、拮抗関係があると見なさざるをえない。[*3]

　因果関係のネットワークに埋め尽くされたこの世界のどこに自由が存在しているのか？　こうした問いは、理論上の問題であって、自由を――あるいはむしろ自由な社会を――擁護するという実践的な課題にとっては、どうでもよい問題だと思われるかもしれない。だが、そうではない。われわれは、むしろ実践的な場面においてこそ不断に、因果関係と自由の間の逆説的な関係に直面しているのである。たとえば、凶悪な犯罪者が発見されたとき――その犯罪者が若かったときにはとりわけ――、その犯罪者の親や教師の責任が取りざたされる。だが、本当に、犯罪者の親に、何らかの意味での責任が――たとえば刑事上のそれとは区別された道徳的な責任が――あるのか？　一方で、われわれは、責任と原因が異なるものであることを直観的に知っている。だから、たとえば落雷によって損害を被ったとしても、そのことに関して、誰か（何か）が責任を担うべきだとは考えない。だが、他方で、両者の差異（関係）がどのようなものであるかを、われわれは知らない。だから、ときに両者は、接近し、ほとんど癒着してしまう。たとえば、犯罪者の親や教師の責任を糾弾するときなどに。こうした糾弾がなされるのは、親や教師の教育が、犯罪者の犯罪性向の確立の原因になっていると見なされているがゆえ、なのだから[*4]。

自由は存在しているのだろうが、それが、どこに――あるいはどのような意味において――存在しているのかは定めがたい。自由な選択を現象の内に探し求めても、積極的に認識しうるものは、因果関係のみである。自由を厳密に探索しようとすればするほど、それは、事象の因果関係の内に散開し、ついにはあとかたもなく消え去ってしまう。このことの（ひとつの）実践上の反響が、「アダルト・チルドレン」である。今、自分は、何らかの精神的な困難に直面している。だがその困難をもたらした選択を、自らの生の内のどこにも見出すことはできない。見出しうるのは、（責任ではなく）原因のみであり、それは、どこまでも時間軸を遡っていくことができる。困難に対して「責任」を担うべき選択が（自らの生の内に）見出しえない以上は、結局、究極の原因は、自分自身が選ぶことができず、最初から埋め込まれていた関係の内に、要するに親子関係の中の出来事（トラウマ）に見出されるほかないだろう。

さらに、逆のケースも、つまり、原因が責任と「混同」されるのではなくて、原因が帰しえないところに、責任を感じたり、責任を見出さなくてはならない場合もあるのではないか。たとえば、何らかの意味における、戦争責任は、そうしたタイプの責任である。現存の日本人のほとんどが、大東亜／太平洋戦争に、直接に関与したとは言えないだろう。しかし、それにもかかわらず、戦争に責任を覚えるということはありうる。しかも、こうした感覚は、錯覚の類として拒否されるべきではなく、有意味なものとして擁護されるべきものであるかもしれない。だが、そのためには、原因とは異なる位相に、責任や自由を主題化させうる位相が確保されていなくてはならないだろう。

スピノザとマルブランシュ

自由と因果関係の間の逆説に対する、最も普通の「解決」は、スピノザも採用した次のような説明である。世界は因果関係によって埋め尽くされていると述べたが、しかし、積極的に認知され、確定されうる因果関係は、そのごく一部に過ぎない。ひとつの出来事を規定する原因は無数にあるが、認知されるのは、少数の原因である。因果の鎖列は、極端に複雑であり、それらをすべて確定し尽くすことはできない。スピノザにとっては、自由とは、認知された因果関係と真の因果関係の間の落差を埋める補塡物である。人は、原因を知りえなかった因果関係を、「自由」の所産であると、言わば誤認しているのである。つまり、次のようなことだ。自分では、自由な自己決定によって行為しているつもりかもしれない。が、その行為を（全的に）規定している外的な諸原因があるのだ。しかし、行為者当人も他人も、それらすべてを知ることができるわけではない。言い換えれば、知っている原因だけでは、どの行為が生起するかということに関して、未決定部分が残る。だから、特定の行為が生起したとき、それが自由の産物であるかのように見えてくる、というわけだ。つまり、自由は、無知に対する――人間の認識能力の限界に対する――補償なのである。

　この説明はわかりやすい。そして、これは、今日の科学的な認識と両立しうる、ほとんど唯一の解決であるようにも見える。だから、科学的な認識を信奉する多くの者が、この解決に同意するだろう。[*5] しかし、自由を無知の代理物とするスピノザの見解は、自由をあまりにも消極的に位置づけてはいないか。というのも、この見解によれば、自由は、言わば錯覚の所産であって、真実のところは存在していない、ということになるからだ。

　スピノザの見解は、今日の科学的認識と適合する。だが、彼の同時代人マルブランシュが与えた解決は、科学的な見地からすると、まったくばかげたものに見える。マルブランシュは、デカルト派の哲学者である。よく知られているように、デカルトは、物質的実体と精神的実体とを二元的に分離しながら、なお両者の間の照応関係を説明せざるをえず、二つの実体が松果腺において交流すると考えた。松果腺は、それ自身、物質なので、心身の完全な二元的分離という彼の説明にとっては、夾雑物にならざるをえない。マルブランシュは、デカルトのこの不徹底を解消してしまう。つまり彼は、霊的な世界と物質的な世界の接点を完全に除去してしまうのである。交流の場をもたないものとして二つの世界が分離されてしまうとすれば、両者は、なぜ照応するのか？　一方に、諸観念の間の因果関係のネットワークがあり、他方に、物質の間の機械的な因果関係のネットワークがあり、両者は直接の接点をもたない。そうであるとすれば、両者が首尾よく連動することを保証しているのは、それらのどちらでもない、第三の真の実体、つまり神である。これが、マルブランシュの有名な機会原因論《オケイジョナリズム》の基本的な着想である。たとえば、歩こうと意図すれば、足が動き、実際に歩くことができる。このとき、これにちょうど対応した筋肉の間の物質的な因果の列が走っている。神が、「歩こう」とするその人の意図を察知して、それと同時に物質の因果の列を作動させているからである。マルブランシュによれば、歩こうとする意図も、また筋肉の伸縮を刺激する物質の作用も、事象を生じさせる「ひきがね」（機会原因）に過ぎず、真の原因ではない。真の原因は、二つの世界の対応を保証し、両者を普遍法則に従わせている神にある、というわけだ。[*6]

　マルブランシュの機会原因論は、心身関係を主題化しているのであって、必ずしも、自由意志の問題を中心にすえているわけではない。が、こうした説明を導いた初発の動機にまで遡れば、われわれが直面しているのと同じ、因果関係と自由の間の逆説があると考えるべきであろう。一方には、意志や選択といったことが有意味でありうる領域がある。他方では、物質のあいだの機械的な因果関係が支配する領域がある。それぞれの領域が、それぞれ自己完結的であり、たとえば後者の領域の内に、前者に属する「意志」や「表象」が、原因や結果として参入する余地は残っていないように見える。が、両者は無関係ではなく、それどころか、その間には緻密な一対一の対応が成り立つようにすら見えるのである。その上で、一方を他方に還元してしまうのではなく、両者がそれぞれ固有に存在意義をもっていると見なそうとすれば、マルブランシュの機会原因論が帰結するというわけだ。

だが、自由の領域と物質の領域の間を、いつもいつもせわしなく対応させている神を要請するような説明を、今日、われわれの多くが受け入れている一般的な「科学的世界観」と両立させることは難しい。すでに、物質的な因果関係のみで、十分に、出来事の生起は説明できている。この説明にさらに「神」を組み込むことは、まったく冗長なことであるように思われる。それはすでに解けてしまっている連立方程式に、解と同等な方程式をあらたに追加するような、無意味な二重化をほどこすことである。要するに機会原因論は、過剰決定的なのである。「神」を導入せざるをえなくなるのは、心的な現象を、物質から独立に実体化して、表象しているからである。機会原因論は、言わば、「見かけ」に実在性を付与してしまったことからくる疑似問題を解いているのだ。

今日通念となっている科学的世界観を前提にすれば、マルブランシュの所論には、およそ右のような反論が考えられるだろう。いずれにせよ、これは、採用することはできない妄説に映るに違いない。だが、スピノザが自由の領域を消去してしまったのとは逆に、マルブランシュの説明は、自由の領域の意義を極大化させて受け取った上で、それを保存しようとしている。次の二つの意味においてそうである。第一に、自由意志や選択について有意味に語りうる領域(精神的実体)を、物質的な因果関係の領域に還元しえぬものとして確保していること。第二に、自由の領域と因果関係の領域の全体が、それ自体、究極の自由によって——つまり神の選択によって——規定されていると見なされていること。

われわれは、やがて、一見合理的なスピノザの説明よりも、今日的な見地からするとばかばかしく見えるマルブランシュの説明の方が、より深い合理性を備えているということを、そして機会原因論は、妥当な説明ではないにせよ、妥当な方向を向いた説明ではあるということを、確認することになるだろう。

開封前に舌打ちするひと

因果関係が支配するこの世界のどこに「自由」はあるのか？　この問いに、まずは、「自由」の方からではなく、「因果関係」の方から接近してみよう。因果関係とは何か、と問うてみよう。この世界が、因果関係のネットワークによって埋め尽くされている、と無媒介に前提にすることができるのか、と問うてみよう。

マイケル・ダメットの「因果関係」の本性をめぐる考察が、ここで重要な示唆を与える。[*7]ダメットは、奇抜な問いを立てる。結果は原因に先立ちうるか、と。ここでダメットが挑戦しているのは、原因が結果に先立つという観念に必然性があるのか、という問題である。ダメットは、こんな例を提起する。ある人が、封筒を開ける前に「チェッ！」と舌打ちしたときに、封筒の中に請求書が入っていたためしがなかった、ということに気づいたとしよう。だから、以降、彼は、手紙の差出人が請求書を送るのをさまたげるために、封筒を開ける前に、いつも「チェッ!」と舌打ちしている。われわれは、この人物に、彼のやっていることが不合理であると説得することができるだろうか? 一見したところでは、この人物の不合理を指摘することは簡単なことであるかのような印象をもつ。だが、それは、原因と結果が、時間的な先後に対応していることを、はじめから前提にしているからである。だが、この人物の行為はこの前提を受け入れていない。このとき、ダメットが詳細に論じているように、この人物を説得することは、通常思われているよりはるかに困難なことなのである。

この人物に対するもっともありそうな反論は、次のようなものであろう。「差出人が、この封筒に請求書を入れたか入れなかったかのいずれかであり、そのいずれかであることはすでに決まっている。もし請求書を入れなかったならば、君が『チェッ!』と舌打ちしようがしまいが、請求書は入っていない。またもし請求書を入れてしまったのならば、君が『チェッ!』と舌打ちすることは、差出人が請求書を入れないようにするために、何の有効性ももたないだろう。つまり、君が『チェッ!』と言うことは、一方の場合には、余計だし、他方の場合には、無効である」。この反論は、説得力があるように見えるが、実はそうではない。このことは、ダメットの示唆にしたがって、宿命論者の言い分に対するわれわれの反論のことを想像してみると、すぐにわかる。

宿命論者は、交通事故で死亡しないように、最大限の予防手段を取ろうとする者に対して、次のように、その不合理を指摘するはずだ。「君は事故死するかしないかのいずれかである。

もし君が事故死することになっていれば、君がいかなる手段をとっても、君は事故死するだろう。また君が事故死しないことになっていれば、君がとる手段は余計なことだ。だから、君が準備しているいかなる予防手段も意味がない」と。この宿命論者の言い分に、われわれは直観的に違和感を覚える。しかし、宿命論者の主張は、「チェッ！」と言う男に対する、先にあげた常識的説得と、まったく同型的である。宿命論者の主張が、われわれに、交通事故に対する予防策をとることをやめさせるに十分なものでないとすれば、同じように、先の常識的説得は、男に、封筒の前で舌打ちするのをやめさせることはできないだろう。

宿命論者に対するわれわれの反論はこうである。「私が事故死しない場合が確かにあるが、それはまさに私が今とっている予防手段のおかげであるかもしれないではないか」。ある予防手段について、①「もし私がその予防手段をとるならば、私は事故死しないだろう」と②「もし私がその予防手段をとらないならば、私は事故死するだろう」が、ともに真であるとき、その予防手段は有効である。この二つの言明の真と、③「もし私が予防手段をとらなくても、私は死なないだろう」という言明の真は、両立可能である（私が予防手段をとり、そして事故死しなかったとき、「もし～ならば、そのとき――だろう」という形式をとったこれら三つの言明はすべて真になる）。だから、③の言明を主張することで、予防手段をとることをやめさせることはできない。同じように、先の男もわれわれに反論するだろう。「もし差出人が請求書を入れなかったならば、私が舌打ちしなくても、請求書は入れていない（③に対応）、というのは真かもしれない。しかし、この言明の真は、もし私が舌打ちしたならば、差出人が請求書を入れなかっただろう（①に対応）、という言明の真と両立可能ではないか。もし私が舌打ちしなかったならば、差出人が請求書を入れなかっただろう、ということ（①）も、もし私が舌打ちしなかったならば、差出人が請求書を入れたであろう、ということ（②に対応）も、ともに真であると信ずる経験的な根拠が、私にはある。だから、私は、封筒の前で舌打ちすることをやめようとは思わない」。

こうして、われわれは、「チェッ！」という男を説得するのに失敗する。このことは、原因が結果に先立つという観念に根拠がない、ということなのか？　ダメットは、まさにそうだと主張している。だが、そうであるとすれば、原因が結果に先立たなくてはならないという、われわれの強固な確信をどう説明したらよいのか。見てきたように、因果関係についての観念に内在した場合には、原因が結果に先行しなくてはならない必然性は、どこにもない。因果関係に方向性を与えるのは、因果関係に外在する別の条件である。その条件とは、出来事についてのわれわれの知識の配分に、独特の非対称性が宿っているということではないか。ダメットは、このような含意をもつ解答を暗示している。一方で、われわれは、ある出来事に関しては、それが実際にどうであるかということを、自らが内属している「現在」（の出来事）から独立して知ることが可能である、と認識している。要するに、既定的なものとして現れる出来事が存在する。「既定的」とは、それについての言明の真理値（真か偽かということ）が、原理的には定まっているということである。[*8] 他方で、別のある出来事については、「現在」（の出来事）から独立して、そのような出来事の結果を確認しうるような場所に立つことができない

——つまり絶対に確実な予知にいたりえない——、ということをわれわれは認めている。要するに、未定的で、不確実性を解消しえない出来事が存在するのだ。「未定的」とは、それについての言明に真理値をあてがうことが無意味で、排中律が成り立たないということである。[*9] 前者が、過去の出来事として、後者が未来の出来事として類別される。このような、過去の出来事と未来の出来事に対する知識の形態の相違は、いま問題にしている因果関係についての態度に、重大な影響を与えずにはおかない。たとえば、われわれは、絶対に事故死することを確証してしまえば、現在に事故死を防止するような原因が存在している、と考えることはできないだろう。同様に、差出人が請求書を入れてしまったことを知ってしまったうえで、それを防止しようと意図して行動することはできないだろう。

ダメットの議論の含意を十全に引き出すためには、時間の本性についての、マクタガートの有名な議論を、媒介的な補助線にしておくのがよいだろう。[*10] マクタガートによれば、出来事を時間的なものとして想念するときに使用される系列には、ふたつの種類がある。(A)出来事が過去（すでに）か、現在（目下）か、未来（いまだ）かを主題化する系列と、(B)出来事の先後関係を主題化する系列の二種類である。マクタガートによれば、A系列に関する事実は、B系列に関する事実に還元することはできないが、逆は可能である。さらに、彼は、時間は、変化の可能性を容認することを要件としている以上、A系列と結びついて初めて導入される、と主張する。というのも、変化とは、未来であった出来事が現在となり、過去となることなのだから。したがって、マクタガートの結論は、時間にとって本質的なのはA系列だということにある。

ダメットとマクタガートの以上の議論をうけて、われわれは、これらをさらに一歩進めることができるのではないか。普通は、先に起こるから過去なのであり、後に起こるから未来だと考えられている。だが、そうではなく、事態は逆なのであって、出来事がまず、「未来」、「現在」、「過去」といった時間的な様相をもって現れ、それらの間の関係として、先後の関係が構成されるのではないか。因果関係の観念の内に含まれているのは、先後関係のみである。そこには、マクタガートのいうA系列は含意されていない。言い換えれば、因果関係は、まだ時間化されてはいないのだ。言わば、因果関係は、それ自体としては、自立していないのであり、それが、時間的な関係として完成するためには、追加的な条件が必要になるのである。それは、言うまでもなく、出来事を、時間的な様相（過去／現在／未来）を帯びうるものとして定位させる条件でなくてはならない。それは、何か？

ここで、もう一度、マクタガートの時間論に、少しばかり立ち戻っておこう。マクタガートは、時間の本性を、A系列の方に還元したあと、これを基礎にして、「時間は実在しない」ということを結論とする独特の論証を展開する。論証の骨子は、こうである。時間が実在するとすれば、それは、A系列についての事実でなくてはならないから、すべての出来事について、「過去である」「現在である」「未来である」という三つの述語があてはまらなくてはならないが、これらの述語は、互いに排他的で両立（鼎立《ていりつ》）不可能である。つまり、時間に関する言明は矛盾せざるをえない。それゆえ、時間は実在しない。

マクタガートの論証は、たいへん周到で、それ自体、興味深いものだが、ここでは細部の検討はしない。またマクタガートの結論を、ここでそのまま受け入れるつもりはない。ここで簡単に見ておきたいことは、マクタガートの論証に対するある反論である。その反論が、時間がA系列であるということの意味を、逆照射してくれるからである。マクタガートの議論に対しては、次のような反論があった。マクタガートの議論は、「過去」「現在」「未来」が、状況依存的な表現であることを無視した、言葉の上の遊戯に過ぎない、というのである。状況依存的な表現とは、「私」とか「これ」のような、発話者が置かれている状況によって、指示対象が異なる語のことである。マクタガートの論証とまったく同型的な理路を辿って、われわれは、簡単に、「空間の非実在」を証明することができる。空間内のすべての物は、「これ」であるとも、「あれ」であるとも言いうるが、両者は両立不可能な述語であるから、ここには矛盾がある。ゆえに、空間は実在しない、と。

この反論は、空間に関しても、いとも簡単に同じ形式の論証を構築することができたのに、マクタガートはなぜ、時間の非実在のみを証明したのか、という疑問を、むしろ誘発することになる。マクタガートが、空間の非実在を証明しようとしなかったのは、空間内の事物を記述するために、状況依存的な表現を用いることは、決して必要な条件ではないからであろう。空間内の事物の位置関係を、記述者は、空間内のいかなる場所をも占めることなく記述することができる。抽象的な座標系を用いて位置を記述する場合などが、それにあたる。だが、同じことは、時間に関してはまったく成り立たない。出来事を時間的な現象として記述する者は、時間的な状況依存表現である「過去」「現在」「未来」という述語を使用せずに、出来事を記述することはできない。たとえば、時間的な出来事の系列の全体を、外部から一挙に観察する者を想像してみよう。つまり、宇宙の歴史をすべて見通している神の知を想像してみよう。彼は出来事の系列を順序よく並べることができるだろうが、彼の記述には、ある決定的な情報が欠落するだろう。それは、「今」がどの出来事か、ということである。言い換えれば、時間的な様相は、それ自身、時間に内属している者に対してしか現れない。逆に全知の神はまさに全知のゆえに、時間に関して、「今」がどこであるかに関して無知にならざるをえないのだ。「過去」「現在」「未来」といった様相は、出来事に対する観察者の関係の中で、出来事が観察者にどのように把持されているかということによって規定されるのである。それに対して、空間的な位置関係が座標系によって記述されるときには、それは、観察者の位置とは無関係なものとして、定位されうるのだ。

因果関係の基底としての自由

ここまでの考察が示唆しているのは、さしあたって、次のようなことである。出来事に関係しうるものとしてのわれわれの、出来事に対する知識は――いかなる理由によるのかはともかくとして――、二重の様態を取らざるをえない。一方で、確定性・既定性を帯びた出来事の存在を、われわれは認知せざるをえない。そのような出来事が、過去の出来事と呼ばれる。間違ってはならないことは、それが、ある指標的な出来事に対して先行していたがゆえに、過去の出来事になるのではないということである。その知識を所有する認識者が帰属する場——すなわち現在——に対する「先行」という性質は、出来事が、まさに認識者が帰属する現在に対して既定性を呈するということから派生する性質なのである。他方、このような既定的な出来事についての知識に対する補償として、未確定的な出来事の存在が認知されざるをえない。こうした、「空白の出来事」が存在しない限り、過去の既定性自身が、意味を失ってしまうだろう。こうした未定の出来事が、未来の出来事であり、過去とは対立する場所に、つまり現在に後続する場所に、配分されるのである。

　この段階で言いうることは、因果関係とは、このような二種類の出来事の間の関係を了解するための様式の一つではないか、ということである。二種類の出来事の中に登場する存在者のいくつかは、同一の存在者でなくてはならない。もちろん、そうした存在者は持続し、変化するものとして意味づけられるだろう。因果関係は、既定的な様相の存在者が未定的な様相の存在者と同一であるものとして措定されたときの、その存在者の間の関係を抽象することによって、構成されるのである。

　ところで、出来事を既定的なものとして——あるいは逆に未定的なものとして——措定する認知は、それ自身、現在に内属する者が出来事に対して関わろうとする、広義の自由な営みの一環だと見なすことができるだろう。知識は、出来事をなにものかとして措定することにおいて、それを他から区別し、選択するところに構成されるのだから。

すると、われわれは、いまや、問いをまったく逆転させなくてはならない、ということに気づくのである。われわれは、因果関係と自由との関係を問うてきた。この関係が深刻な逆説として現れたのは、因果関係のネットワークを基底におき、その中に自由の領域を見出そうとしてきたからである。因果関係のネットワークのどこに、自由が存在しうる余地があるのか。因果関係からどのように自由が発生するのか。このように問いが立てられていた。だが、こうした問い方は、事態をまったく転倒させていたのだ。基底には、自由の領域を据えるべきだったのである。そして、自由から因果関係がいかにして発生するのか、と問うべきだったのである。こうした問いに応じた説明の幼稚な雛形を、われわれはすでにマルブランシュの機会原因論のうちに見てきたと言ってもよいだろう。

だが、因果関係や時間の基礎に自由があるとするここでの見通しが正しかったとしても、その自由は、とてつもなく奇妙な自由でなくてはならないだろう。というのも、それは、既定性を選択する自由を、つまり「他ではありえなかった」ものとして選択するような自由を含意しているからである。こうした自由について考察するためのヒントを、われわれが持ち合わせないわけではない。たとえば、ヘーゲルには、「前提の措定（想定）」という概念がある。私自身も、ほぼ同じことを——すなわち自らの現在に対して論理的に先行性を有するような条件を（あとから）投射する営みを——、「先向的投射」として概念化してきた。

ここまでの考察で、われわれは当初の問いに対する解を得たわけではない。われわれは、結論として、正しい問いを得たのである。つまり問いを正しい向きに置き直したのだ。こうして、探究への出発点が確保されたのである。

1 見田宗介『現代社会の理論』岩波新書、一九九六年。

2 逆に、テーゼとアンチテーゼがともに偽になってしまうケースは、「数学的なアンチノミー」と呼ばれる。この「数学的」「力学的」という形容動詞にさして重要な含意はない。

3 量子力学によって、自由を、あるいは自由意志を救い出そうとする論者は多い。そのような試みの中で「最も出来がよい」（デネット）のは、ロバート・ケインの議論である。Robert Kane, *The Importance of Free Will*, Oxford : Oxford University Press, 1996. しかし、ケインの議論も成功してはいない。量子力学は自由意志を確保するどころか、逆に、自由意志の否定をこそ含意しているのだ。この点に関しては、補遺および、次の論文を参照されたい。大澤真幸「自由意志の存在条件——ロボットから考える」『d/sign』13号、二〇〇六年。

4 柄谷行人「親に責任があるか」『中央公論』一九九七年十一月号、参照。

5 特に、先に述べた量子力学を基礎においた世界観にとっては、スピノザの見解は好都合なものであろう。量子力学によれば、出来事の間の因果関係には、原理的に未決定な部分が残る。言ってみれば、因果関係の詳細に関して、われわれは、本質的に——つまり偶発的な要因によらずに——「無知」である。自由をこの「無知」の穴を埋める人間の「解釈」の所産と見なせば、スピノザの見解と整合する。

6 スラヴォイ・ジジェクは、マルブランシュの理説を、例によって、ラカンの精神分析によって解釈している。マルブランシュの「神」は、ラカンの象徴界の大文字の他者に対応している、というのである(「サイバー・スペース、あるいは存在の耐えられない閉塞」『批評空間』Ⅱ―16、一九九八年。原著1997)。ここでの私の議論は、ジジェクのこの議論に触発されている。もっとも、言うまでもないことだが、ラカンの図式と対応しているからといって、そのことが理論の妥当性を保証するわけではない。

7 マイケル・ダメット『真理という謎』勁草書房、一九八六年(原著1978)。

8 たとえば「二世紀後半に九州に邪馬台国があった」という言明は、われわれが今日有している知識からは、真か偽かを決定できないが、しかし、そのいずれかであるはずだ。しかも、その値は、われわれの「現在」の心的な状態とは独立に決まっているはずだ。つまり、現在のわれわれが、たとえば、邪馬台国がどこにあって欲しいかという希望と、この言明の真理値とは関係がない。

9 たとえば「二〇五〇年に、ヨーロッパ合衆国が成立する」という言明は、真でも偽でもない。この言明に言及された事態は、われわれの「現在」の態度――希望や不安や予期といった態度――と独立には成立していない。

10 J. McTaggart, *The Nature of Existence*, 1927. また入不二《いりふじ》基義『時間は実在するか』(講談社現代新書、二〇〇二年)も参照。

2　祈りの時間性

過去を措定する

行為が全的に外的な原因に規定されているように見えるとき、その行為がなお内的に自由であったと、いかなる意味において言いうるのか？　これがわれわれの問いだった。前章の考察を通じて、われわれは、この問いを、自由がいかにして因果関係を生み出しうるのか、という形式で問わなくてはならない、と結論したのである。その際、われわれはダメットが案出した事例、封筒を前にして「チェッ！」と舌打ちするひとの事例に、考察のための手がかりのひとつを求めた。この人物は、彼のこれまでの経験からして、舌打ちすることによって、手紙の送り主が封筒の中に請求書を入れるのを防ぐことができる、と主張するのであった。この主張を不合理なものとして斥けることはできない。このことを論証することで、ダメットが結論したことは、原因が結果に先立つという命題は、必然的に真であるわけではない、ということである。だが、われわれは、つまり因果関係と自由の間の関係をめぐる問いを通常とは反転させるべきであることを確認したこの時点から翻ってこの事例をとらえかえすことができるわれわれとしては、ダメットのこの消極的（否定的）な結論をこえて、もっと前に進まなくてはならない。自由こそが因果関係を生成したという仮説に立脚するということは、次のように考えなくてはならない、ということである。この人物の「チェッ！」という舌打ちこそが、まさに因果関係を規定しているのだ、と。

つまりこういうことである。今、開封してみると、じっさい請求書は入っていなかった。このことの直接の原因は、もちろん、送り主が封筒の中に請求書を入れなかったことである。だが、この直接の因果関係——送り主が請求書を入れなかったがゆえに受け手が請求書を受け取らなかった——が成り立つためには、ある意味では、まさに受け手が開封前に「チェッ！」と言わなくてはならなかったのである。ということは、受け手が「チェッ！」と言ったことが原因で、つまりこのことが送り主の行為に作用して、送り主が請求書を封入するのが阻まれた、ということなのか？　舌打ちする人物の主張を合理的に斥けることができないとしても、ここまで彼の主張に譲歩してしまうのは、ばかげているように見える。事実、ばかげているのである。われわれが提起しなくてはならない命題は、もう少し微妙な内容をもっている。すなわち、自由が因果関係よりも基底的だということは、まさにこの人物の「チェッ！」と舌打ちする（自由な）行為が、この因果関係の因果性を規定している、と考えねばならない、ということなのである。

舌打ちが因果性を規定しているということは、因果律における通常の先後関係を遡及的に反転させるような規定関係が、現実に作用する、という含意をもつ。これはまったく奇抜なことのように見える。だが、この主張が、いかに奇抜な外観を装っているとしても、妥当なものであることを、われわれの考察は示すことになるだろう。

まず手始めに、われわれは、ダメットの思考実験に登場する、舌打ちする男の行為は、一見そう思わせるほどには、驚くべき奇行ではない、ということを確認しておこう。舌打ちは、願望を込めて行われる。「請求書が入っておりませんように」と。それは、過去へと向けた願望であり、懇願であり、その思いをさらに強めれば、その先には、祈りがあるだろう。ところで、人はじっさい、過去へと向けて願望したり、祈ったりすることがあるのではないか。たとえばすでに終わった試験に対して、合格していますように、と祈願することはないか。あるいは、さらに切実な例としては、ダメット自身が言及している、すでに遭難してしまったことが報じられている息子の生存を祈るような場合があげられよう。これらのケースで、ひとは過去の事象について、願望したり祈ったりするが、このことをわれわれは、とりたてて不可解な行為とは見なさない。それどころか、遭難した肉親や恋人の無事を祈る者に対して、前章で吟味したような、舌打ちする人物への常識的な反論に類する指摘を行ったとすれば――「あなたの息子はすでに死んだか、生きているかのいずれかであり、祈りは無効か、さもなくば無意味だ」と指摘すれば——、その指摘は、誤っているだけではなく、場違いで、根本的に冒瀆的なものとなろう。

人はもちろん、未来の出来事に関して願望したり、祈ったりする。だが、それだけではなく、願望や祈りは、過去にもさしむけられるのである。というよりむしろ——熊野純彦がレヴィナスを論ずる中で述べていることだが[*1]——、遭難の事例が端的に示すように、祈りは、過去にむけられたときにこそ、真に切実なものに深められていくのである。こうした過去への祈りの切実さの半面が、「悔恨」のような感情である。悔恨は不思議な感情である。というのも、それは、論理的には成り立ちえない両義性を帯びた態度を前提にしてのみ、生じうる感情だからだ。それは、一方では、過ぎ去ったその出来事が、変えようがなく、打ち消しようがなく、そして選びようがない、ということを前提にしている。が、他方で、それは、出来事についてのこの打ち消し不能性を前提にした上で、それを否認し、まるでそれを改変したり、選択したりすることができたかのように、その問題の過ぎ去った出来事にかかわることから生じているのである。さらに、過去への祈りの切実さや唇をかみしめるほどの悔恨の深さの方から翻ってみた場合には、願望や祈りについて、次のようにすら言えるかもしれない。すなわち、それらは、未来にむけられた形態ではなく、過去にむけられた形態をこそ、むしろ原型としているのではないか、と。祈りや願望は、たとえ未来に向けられている場合にも、きたるべき出来事を未来完了形の相において、つまりそれが過去であるかのようにかかわることにおいて、結晶するからである。

開封する前に舌打ちする人物は、その舌打ちによって、送り手が請求書を封入しない（しなかった）ということを、いっこの可能性として、ただし既定的で自らが前提にするほかないような可能性として、儀式的に想定＝措定し、そして承認しているのである。もちろん、同じことは、過去にむけて願望し、祈る者のその願望や祈りについても言える。このことから、さらに次のように推測することができるだろう。切迫した懇願も祈りもない通常の場合でも、われわれが、過去の出来事を、消極的な仕方で、同じような可能性として——つまり自らの現在がそうであることにおいて前提として引き受けられている既定的な可能性として——、みずからに対して想定しているのではないか、と。このような、過去へと向けられた、消極的・積極的な想定（措定）が存在しているということは、悔恨のような感情がときに抑えがたく込みあげてくるということからも、反照的に示される。悔恨とは、通常は、「無意識」のうちに進捗《しんちょく》している、こうした想定による承認が、乗り越えがたい困難に直面したときに生起する感情である。すなわち、それは、「過去」が、自らにとって、どうしようもなく外的なままにとどまり、みずからの現在のあり方のうちに前提として統合し難いところで、それでもなお、それを想定＝承認し、引き受けるほかないときに生ずる感情なのである。だから、ときに悔恨が生じうるということが、——手紙の受け手が「チェッ！」ということによって「送り主が請求書を入れなかった」ということを既定性として承認しているのと同様に——過去を遡行的に措定することによって承認するような循環の過程が、不断に生じていたということが暗示されるのである。

目下のところは緻密な論証には至っていないが、ここで提起したい命題を仮説的に述べておけば、こうなる。行為者が、遡行的な措定（想定）において、みずからの現在がまさにこうであることの前提として承認するような可能性のみが、まさに、その行為者の行為を規定するような外的な原因としての位格を有する出来事たりうるのではないか、これである。こうした遡行する想定は、とりあえず行為者の自由に所属する可能性である。つまり、原因は、遡行的な想定の中で、それを既定的なものと見なす、行為者の自由な承認（追認）をまって、はじめてまさに原因たりうるのだ。ここで、私は、「とりあえず行為者の自由に所属する」と記した。この留保は重要だが、この段階ではまだ、その意味をつまびらかにすることはできない。

因果と自由の間のこうした関係が不可避であることの厳密な論証は、後の議論に譲らざるをえない。ここでは、まずは、後からの遡行的な回想を通じてのみ、過去が原因としての力を発揮しうる、ということを示す、これ以上ないほど明白な実例は、精神分析によって与えられている、ということを指摘しておこう。精神分析の治療は、トラウマとなるような幼児期の体験を、患者が苦しむ症状の原因として見出す。たとえば、それは、幼児期に親から受けた性的な凌辱かもしれない。ここで重要なことは、トラウマは、ただちには原因として作用しない、ということである。それが、原因としての力を発揮し、症状を形成するのは、ずっと後になってからである。トラウマが原因となるのは、子どもが、意味の体系をわがものとし、子どもなりの仕方で、トラウマとなるその体験のぬきさしならぬ特異的な意味を把握するようになってから——より厳密には意味を充当しえぬものとしてまさに否定的にその意味を把握するようになってから――なのである。原因は、後から――つまり結果となる症状の方から――遡行的に構成されているのだ。[*2] この限りで、精神分析が見出す症状形成の論理は、必ずしも原因は結果に先立ってはいない、というダメットの命題を、理想的なまでに完全に例証していると言えるだろう。[*3]

つまり、トラウマが患者の症状を形成する外的な原因になりうるためには、患者が、そのトラウマとなる出来事に例外的な意味を配分するような、意味の体系において自らの態度を組織し、まさにその出来事を、みずからの現在を規定する原因として、遡行的に構成しなくてはならないのだ。こうした態度が組織されていなければ、その出来事は、何らの効力をももちえない。だが、トラウマを原因として構成しうる（患者の）態度とは、いかなるものなのか？　フロイトは、精神分析の治療とは、患者の（感情）転移を利用して、神経症を帰結した葛藤と同型的な関係性を、患者と分析医の間に構成することだ、と論じている。この指摘をもとに、とりあえず、銘記しておいてよいことは、トラウマをまさにトラウマとして回顧的に構成する態度は、私的に閉鎖したものではなく、（感情）転移を可能にする関係的なものだということである。[*4]

矛盾としての時間

さて、私はここまでの行論の中で、事態を第一次近似的に素描するために、ときに不正確な表現をも辞さないかたちで、議論を進めてきた。出来事が「過去」「現在」（「未来」）といった時間的様相を帯びながら客観的に実在し、自由な行為者のこれらに対する意味づけの中で、因果関係が構成されてくるかのように議論してきたのである。だが、こうした構図は、正確なものとは言えない。自由から因果関係が生成される機制《メカニズム》を探究するということは、出来事が時間的様相を帯びて実在する（かのように現れる）ということ、それ自身を、説明しなくてはならないからだ。言い換えれば、われわれの仮説は、述べてきたような、原因を設立する遡行的な想定から独立して、「過去」そのものがありえない、というものでなくてはならない。それゆえ、われわれは、過去（の出来事）の実在を前提にして、その再現的な想起として、過去への遡行を理解するわけにはいかないのである。そうであるとすれば、（現在における）過去への遡行とは何であるかが、あらためて問われなくてはならないだろう。

時間的様相を帯びて出来事が実在しているということが、いかに逆説に満ちたものであるかということは、前章では、素通りしてきた、マクタガートのもう一つの有名な議論の中で、余すところなく示されている。前章の考察においては、出来事を時間的なものとして想念するときに援用される、二つの系列をめぐるマクタガートの議論に、主たる焦点があてられた。それによると、――先後関係において出来事を整序するB系列ではなく――過去・現在・未来という時間的様相において出来事を語るA系列こそが、時間にとって本質的である。なぜか？　B系列のみでは、変化は説明できない。「変化」を記述するためには、ある出来事が同一でありつつ、差異を――生成消滅等の変容を――呈するのでなくてはならない。だが、出来事が先後の序列（B系列）の中に位置づけられているだけであれば、出来事は同一なままであって、差異を――出現したり消滅したりする変容を――帯びることはない。変化とは、「未来である」という状態の出来事が、「現在である」という状態を経て、「過去である」という状態に至ることである。つまり、変化の記述には、A系列に属する述語が必要になる。時間の本態が、B系列にではなく、A系列にあるのはこのためである。

実は、このようなマクタガートの第一の議論は、破壊的な結論を導くもうひとつの議論の伏線なのである。時間の本態がA系列にあるとするならば、時間は実在しない、とするのが、その「もうひとつの議論」である。その証明の要点は、前章で、ごく簡単に一瞥しておいたことに尽きている。時間が実在しているとすれば――それはA系列によって想念されるべき事実なのだから――、すべての出来事は、「過去（である）」「現在（である）」「未来（である）」という三つの性質をもたなくてはならない。しかるに、これらの性質は、変化を表す以上、互いに排他的でなくてはならない。互いに排他的に特性を同時にもつということは矛盾である。矛盾したものは存在しえないので、時間は実在できない。[*5] これが証明の骨子である。

この論証は、意表をついた破壊的な結論を導出するものとしては、あまりに単純で明快にすぎて、逆に、理解を拒むものがある。ほとんどの人は、この証明を最初に聞かされたときには、これは、ごく簡単な錯誤に基づいている、という印象をもつだろう。時間的様相についての述語が両立（鼎立）できないのは、命題が発話されるコンテキストを無視しているからだ、と考えたくなるのである。たとえば、「一九六〇年においては未来である」「一九六四年においては現在である」「一九七〇年においては過去である」と、発話の時点についての表示を入れるならば、諸述語は、排他的ではないように見える。あるいは、もっと単純化して、「未来である」「現在である」「過去である」という性質は、同時に当てはまるのではなく、継起的にあてはまるのであって、出来事は「最初に未来であり、次に現在になり、最後に過去になる」のだ、とマクタガートに反論してもよいだろう。だが、こうした言い換えによって矛盾を回避することはできない。時点についての表示によってコンテキストを指定する語法は、時間を、A系列ではなく、B系列（先後関係）の方に還元していることになるからだ。すでにB系列のみでは、時間性は成り立たず、B系列はA系列を前提にして初めて時間化されることが論証されている。それゆえ、B系列に依拠してA系列の矛盾を回避したように見えても、肝心のB系列自身が、実はひそかに、A系列の助けを借りているのだから、A系列の内部に生じた問題を回避することはできない。

それゆえ、発話のコンテキストは、A系列に準拠して特定されなくてはならない。それは、容易なことであると思われるかもしれない。たとえば、マクタガートにこんなふうに反論してみるのだ。同一の出来事に対して妥当すべき述語は、「過去である」「現在である」「未来である」ではなくて、「過去になろう」「現在である」「未来であった」ではないか、と。そしてこれらの述語は、同時に成り立ちうる、と。述語に時制を与えることで、発話のコンテキストを指示するのである。だが、このような言い換えは、マクタガートの議論の中に織り込み済みであって、むしろ彼の罠の中に、よりいっそう深くはまり込んでいってしまう。時制つきの述語は、それぞれ、「未来において過去である」「現在において現在である」「過去において未来である」と等置することができる。したがって、この種の述語を許容するということは、一般に、「〔過去／現在／未来〕において〔過去／現在／未来〕である」という形式の、3×3＝9個の述語の可能性を認めなくてはならない、ということである。だが、これら9個の述語に関して、最初に見たのと同じ背理を導くことができる。というのも、時間について有意味に語りうるとすれば、任意の出来事に関して、9個の述語のすべてが当てはまらなくてはならないが、これら9個の述語の中には、互いに両立不可能なものがいくつか含まれているからである。こうした発話のコンテキストへの指示を含めても、マクタガートが見出した背理は消去されない。[*6]

マクタガートの論証は、論理的には否定しがたい。この背理から逃れて、時間を固有の実在的な次元として救い出す方途はないのか？　デカルトの、時間についての連続創造説が、時代を遡って、マクタガートが見出した困難への対処策をあらかじめ用意していたかのように見える。マクタガートが論じたような背理が生ずるのは、同一の出来事が、時間的様相を記述するさまざまな述語的規定を受けると見なすことから生ずる。多様な述語が付される出来事が同一でなければ、背理は消失するわけだ。連続創造説とは、神が、瞬間ごとに世界を創造し、破壊し、また創造するという過程を、不断に繰り返してきた、と見なす理説である。「神」のような超越的形象が前提になっていることが気に入らなければ、これを仏教の刹那滅の教説（倶舎《くしゃ》論、大毘婆沙《だいびばしゃ》論等）に置き換えても、本質的には変らない。世界のいっさいが、一瞬ごとに、破壊と創造を反復しているのだとすれば、同一の出来事が、時間を貫いて、様相を異にしながら持続的に存在している、と見なすことはできなくなる。こうして、マクタガートの議論そのものを支配していた前提が覆るのである。

だが、連続創造説は、仮にマクタガートが指摘した困難を回避しえたとしても、時間についての別のパラドクスの餌食となる。周知のゼノンのパラドクスがそれである。あらためて確認しておけば、アキレスは亀に追いつくことができないと論ずる、ゼノンによるパラドクスの最も有名な形態は、次のように論を進める。亀を追うアキレスが亀に追いつくためには、まず、亀が直前にいた地点にまで到達しなくてはならない。が、その地点に到達したときには、亀はすでにさらに前進している。アキレスはふたたび亀がいた第二の地点にまで到達しなくてはならないが、そのときには、亀はさらに先に進んでいるはずだ。こうして、何度反復しても、アキレスは亀のいた地点に到達することはない、というわけだ。連続創造説との関係で、このパラドクスをとらえた場合には、アキレスのすべての地点に対応する世界が創造されている（そして消滅してもいる）、と考えなくてはなるまい。したがって、もしアキレスが亀に追いつくことができないのだとすれば、当然、連続創造説は、アキレスが亀に追いつき、追いこしていく過程を、描ききることができない、ということになるだろう。

よく知られているように、ラッセルは、無限級数を用いることによって容易に解決しうると考えた。たとえば、今、アキレスの速度が亀の二倍であり、アキレスが亀の最初の地点に達するまでの時間を$\frac{1}{2}$分であるとする。すると、亀の（第一の地点から）第二の地点にアキレスが到達するまでの時間は、その半分の1/4分、第三の地点までの到達時間は、1/8分になる。これらを無限にたした総和、すなわち（1/2＋1/4＋1/8＋……）は、1となる。つまり1分後には、アキレスは亀に追いつくのである。ラッセルのこの解決法が、パラドクスの本質を逸しているということは、すでに多くの論者（雨宮民雄、藤沢令夫、大森荘蔵、G・ライル等）によって指摘されてきたことである。ゼノンのパラドクスは、アキレスが亀に追いつくのに無限の時間を要する、と述べているのではない。このパラドクスは、カントのアンチノミー（数学的）に類する困難を提起しているのである。それは、「無限」ということと経験的な現象界との接点で生ずる軋轢《あつれき》にかかわっているのだ。もしアキレスが亀に追いついたとすれば、彼はその間にあった無限個の点を通過し終えたことを意味するが、それは無限ということの意味に反している、というわけだ。たとえば、誰かが、何らかのやり方で、自然数をすべて数え終えた、と主張したとすれば、そのことは背理であろう。無限個の自然数を数え終えることは、無限ということの本性からしてありえないことだからだ。だが、無限個の点を通過し終えたということは、無限個の自然数を数え終えた場合と同じ矛盾を呈しているのである。もちろん、無限個の世界の誕生と死が、現象界において反復された、と見なすことも、同様に矛盾している[*7]。

　こうしてわれわれは、マクタガートが提起した困難の地点に、再び送り返されることになる。マクタガートは、先に概観した背理を論拠にして、時間の非実在を結論したのであった。だが、そうだとすれば、われわれが体験的に知っている「時間」とは何であろうか？　同じ出来事が、過去として、現在として、そして未来として定位されていたとしても、われわれが、そこにどのような困難をも覚えないのはなぜであろうか？　こう考えてみよう。われわれは、マクタガートが否定的・破壊的なものと見なしたその同じことを、まったく逆に、肯定的・積極的な帰結と受け取ることもできるのではないだろうか、と。つまりマクタガートがまさに時間の非実在と見なしたそのことこそが、まさに時間なのだ、と。確かに、マクタガートが暴露したように、出来事を時間的に生起しているものとして体験し、認識することは、出来事に矛盾した規定を与えることを意味するだろう。たとえば、変化を体験するということは、「現在（に内属する存在者）」を特定の同一性を有すると同時にその否定（過去や未来）でもありうるものとして、つまりは同一性を差異として規定することを含意する。時間とは、まさにこの矛盾なのではあるまいか。時間が矛盾を解消するわけではない。時間は、矛盾を言わばその内にかかえこむのだが、そのことによって、矛盾は非問題化されてしまうのだ。言い換えれば、時間は、出来事を、互いに矛盾した様相において――過去でもあり現在でもあるものとして――提示しつつ、他方で、それを隠蔽しているのである。しかし、このような逆説は、いかにして可能なのだろうか？　言い換えれば、時間において、なぜ、いかにして、矛盾が無関与なものとなりうるのか？

探究を推し進める前に、ここまでの議論が暫定的な仮説として提起したことがらの含意を、いくぶんか敷延《ふえん》しておこう。マクタガートが時間の非実在性として示したことを、逆に時間の現実性を示すものとして捉え直すということは、現在が、過去（あるいは未来）と共存している、と見なすことである。現在の直接の現前は、それ自身の既在性・既定性を潜在的に随伴することにおいて成り立っている、と考えるべきなのだ。マクタガートが背理と見たことを時間の構成的な契機とするということは、三つの時間的様相のうちに少なくとも二つが共存しているということを意味するだろう。つまり、「これが現在においてXである（もっかXである）」ということは、「これが過去においてYである（かつてYであった）」という規定を随伴させているのだ。言うまでもなく、後者は前者にとって「原因」と見なしうる先行様態を表現している。後者が前者の原因でありうるのは、両者が内容を異にしていながら、なお等置することができるからである（マクタガートはこれを背理と見なしたのだ）。言い換えれば、「かつてYであった」という、現在にとって外的な条件が、原因たりうるのは、その条件の内に、「Xである」ところのおのれの「現在」がすでに潜在しているものとして想定されうる限りにおいてなのである。こうして、われわれは議論が一巡してきたことを知るのである。先に、われわれは遡及的な想定を媒介にして、原因が構成されるのではないか、という仮説を提起しておいた。この仮説は、マクタガートを逆転させることでここに導いた、現在と過去の潜在的な共存という命題と、合致しているのだ。

ベルグソンもまた、現在と過去の同時性をめぐるここでの議論と合致する趣旨のことを主張している。彼は、知覚（現在）と記憶（過去）が同時に構成されている、と説くのである。

私たちは記憶の形成が決して知覚の形成よりもあとではなく、同時であると考える。……

記憶が知覚そのものにつれて作られるのでない限り、記憶の発生は理解できなくなる。……現在はどの瞬間にも、ほとばしり出ること自体において二つの左右均衡の線に二重化し、その一つは過去の方へと落ち、他の一つは未来の方へと飛んで行く[*8]……

ベルグソンは、既視現象déjà vuを、知覚と記憶のこうした同時性から説明している。ときに、現在の知覚に、「かつて知覚した」という感覚が、不可抗に襲ってくることがある。ベルグソンによれば、このような現象は、知覚（「もっか〜である」）とともに形成されている記憶（「かつて〜であった」）が、知覚のほうに混入してしまい、いま知覚的に現前しているそれが、かつてそうであったものとしてもたち現れることから生ずるのである。既視現象は、しばしば、精神衰弱や人格感喪失とともに生ずる。こうした心身の弱体化が、何らかの機制を媒介にして維持されていた、共存する知覚（現在）と記憶（過去）の間の境界線に、綻びを与えるのだろう。

さらに、ここでマクタガートを言わば逆手にとるような形で提起してきた仮説は、ゼノンのパラドクスに対して、解決のための糸口を提供している、ということを付け加えておこう。アキレスがどうしても亀に追いつくことができないのは、瞬間（としての現在）を分離可能な要素的な単位と見なし、時間をこの瞬間の積み重ねとして了解していたからである。それに対して、現在が本源的に過去と共存していると見なすことは、その内部に移行や変化が孕まれうる持続的な厚みを、これ以上還元不可能な時間的契機として定位することである。もちろん、この厚みを運動に射影すれば、その内部に無限個の点を含む線となる。アキレスは、一挙に、無限個の点を踏破するのである。言い換えれば、彼は、直線上の点をひとつずつ通過していくことの煩雑さから解放されるのだ。

だが、ここでの議論が問題解消のどのような潜在的な効能をもっているのか、ということに多くの言葉を費やす段階ではないだろう。というのも、われわれは、多くの問いや謎を棚上げにしながら、おおざっぱな構図を示してきただけなのだから。未解決の問いの領域に輪郭を与え、このあとの探究に指針を与えるために、ここで、大森荘蔵が展開した独特の時間論への批判を経由しておこう。[*9] 近年、多くの哲学者によって好意的に継承されているように思われる、大森の「過去の制作」論は、過去を現在からの遡及的な想定との関係で位置づけるわれわれの議論と、一見したところ、似たような構図を描こうとしているように見えるからである。

大森によれば、過去は実在しない。ラッセルは、世界が、たとえば五分前に、本来は実在しない過去について想起する全住民とともに生み出されたという仮説を、論理的に反証することはできない、と述べている。大森の主張は、ラッセルのこうした挑発的な問題提起のことを思えば、理解不可能なものではない。大森の議論の強調点は、過去とは、言語によって制作されたものである、ということにある。じっさい、想起は、過去の体験の模写とは見なしえない。たとえば、過去の痛みを想起しても、痛みが再現されるわけではなく、また過去についての映像は、それをかつて捉えたはずの視点からの映像の単純な再生ではなく、体験を記述した文章を読んだときに現れてくる映像に近い。想起において、われわれは過去の体験を再現しているのではなく、それを、過去形の言葉をもちいて、あらためて独自に理解し、構成している、というわけである。

この徹底した構成主義に対する第一の疑問は、仮に過去が言語的に制作されたのだとしても、過去が帯びる独自の強力な現実性を、どのように説明するのか、ということである。想起だけではなく、予期や空想もまた、言語的な制作の営為であろう。だが、同じ言語的な制作の産物であるとしても、過去は、未来や空想とは異なる、言ってみれば高度な現実性を帯びてわれわれに迫ってくる。[*10] 想起を模写の一種と見なしたくなる誘惑が生ずるのも、したがって空想や予期と違い過去についての言明は「真偽」(真理値)を問題にしうると考えるのも、過去が、特異に高度な現実性を帯びるからである。過去形という言語の作用にこうなることの根拠を求める説明は、トートロジーにすぎない。過去のこうした特殊な性質を、言語の文法の力能のうちに投射しているだけだからだ。

それゆえ、想起は、言語的な制作であったとしても、(本来は不在の)その対象を、特異的に現実性＝実在性を帯びたものとして現出させる操作でなくてはならない。ここから大森の構成主義への第二の疑問が生まれる。もし想起の対象が固有の現実性＝実在性を帯びて構成されているのだとすれば、結局、その対象は、知覚の対象とともに、マクタガートが提起したような逆説性を帯びるはずだ。すなわち、過去にあるその対象は、「現在である」「未来である」という述語を可能的に受容しうるものとして、想起に対して現象しているはずだ。しかし、マクタガートが、まさにそこから一挙に時間の非実在を結論したこの矛盾は、どのようにして、いかなる機制において非問題化しているのだろうか？　もし過去が、（現在の）空想の対象と同じ意味での非実在物であるとすれば、これに対して、マクタガートの論証を適用する必要はないかもしれないが、それが空想の対象とは異なる実在性をもつならば――少なくとも実在性を帯びて現象するならば――、マクタガートが抉出した背理を免れることはできまい。想起の対象が実在性を帯びるということは、「過去である」それが、たとえ直接の現れは異にするにせよ――つまり単純な知覚的再現とは異なる現れ方においていま与えられているにせよ――「現在」でもありえたものとして現象していることを意味するからだ。そうであるとすれば、同一の対象が、「過去であり」かつ「現在である」ということがいかにして可能かが、問われなくてはならないだろう。

いまここで、大森の「過去の制作」論に対して差し向けたこれらの疑問は、しかし、われわれがここで描いてきた議論の中でも、答えられているわけではない。これらは、そのまま、われわれ自身への問いとして跳ね返ってくるのだ。

1　熊野純彦「移ろいゆくものへの視線（上）」『思想』一九九八年九月→『レヴィナス――移ろいゆくものへの視線』岩波書店、一九九九年。

2　このことを指摘し、重視するのは、ジジェクである。たとえば、フロイトのよく知られた患者の一人である狼男の場合、両親の性交が、トラウマ的な光景となる。しかし、彼が両親の性交を目撃した二歳の時点では、それは、なにものでもなかった。それが、トラウマになるのは、子どもが、意味の体系を保有し——ラカン派の表現を使えば象徴界のうちに参入し——、その幼い性の理論を媒介にしてそれを回顧する段階である（Žižek「主体に原因はあるか」『現代思想』一九九八年十月号。原著1994、参照）。

3 このようにトラウマは、意味の体系（象徴界）が完備してからの遡行によって定位される。だが、ある体験がトラウマとして特権を得るのは、それが、ジジェクが述べるように、意味の体系の中に——時間化された意味の体系としての物語の中に——首尾よく統合されえないからである。要するに、トラウマは、意味の体系の限界の指標である。この点で、トラウマとなる体験は、深い悔恨がさしむけられる過去の出来事と類比的である。言い換えれば、神経症的な症状とは、人生のうちに引き伸ばされた、ある種の悔恨なのである。いずれにせよ、トラウマが意味の体系の整合性の限界を刻印しておりながら、なお、それが症状の原因として構成されるためには、象徴化された意味の体系に媒介されていなくてはならない、ということが目下の文脈では重要なことである。

4 さらに、量子力学の世界では、まさに、「開封前の舌打ち」が封印の際の出来事に影響を与えている、と見なされるような現象が、ほんとうに見られるのである！ つまり、現在の「自由な行為（観測行為）」が、現在へと連なる「原因」そのものを遡行的に規定していると解したくなるような現象が、つまりここでわれわれが提起しようとしている提題の文字通りの実現と見なせるような現象が、量子力学の世界では見出されるのだ。量子力学についての詳細は、大澤「〈とき〉の思考37 量子力学の隔時性」（『本』32巻11号、二〇〇七年）を参照されたい。

5 矛盾したもの——たとえば「丸い四角」——は存在しえない。このことは、容易に理解できるだろう。マクタガートの場合、「存在すること existence」と「実在的 real であること」との間の関係を、いくぶん込み入った議論で繋いでいる。だが、この関係は、われわれのここでの議論にはあまり影響しない。

6　マクタガートの議論の歩みを、入不二基義が、詳細に検討している（『時間は実在するか』講談社現代新書、二〇〇二年）。ただし、私は、入不二の次の議論、すなわちA系列の諸特性（過去・現在・未来）は、時間的に排他的なのであって、A系列の矛盾そのものがA系列に依存している、とする解釈には、賛成できない。A系列は、端的に、論理的に矛盾している。

7　連続創造説の圏内で、ゼノンのパラドクスを解決する方法がないわけではない。運動を不連続なものと見なすのである。言い換えれば、反復的に生成／消滅する世界を、互いに離散的な瞬間と見なすのである。世界は、いわば映画の映像の各コマのようなものであり、実際には、互いに分離した静止画像（瞬間）なのだが、次々と提示されることによって、運動（変化）として現象する、というわけだ。だが、世界と世界の間に無時間的な「間隙」を挿入するこの解決案は、時間や運動を説明したというよりは、パラドクスと一緒にそれらを体系から追い出しているのである。たとえば、この説明には、このように反問したくなる。世界と世界が、時間的でも空間的でもない絶対の間隙によって隔てられているのだとすれば、何が、それらを相互に関係づけながら、統一的な——内部に運動（の現象）を含む——宇宙像をもたらすのか、と。映画のコマの場合には、もちろん、コマとコマは時間的に関係づけられるのだが、離散的な世界の関係はそのように説明することはできない。そこに、「時間がない」ということこそが、この説明の要諦なのだから。

8　ベルグソン『精神のエネルギー』白水社、一九六五年（原著1919）。

9 大森荘蔵『時間と自我』青土社、一九九二年。

10 じっさい、基本的に大森の説に好意的な中島義道は、この点では大森に反対して、過去に、独特な意味における実在性を認めている。中島の考え方では、過去こそが、むしろ実在性の原型を提供しているのである。中島義道『「時間」を哲学する』（講談社現代新書、一九九六年）参照。

3　二つの名前

選択の神秘

時間の非実在を含意しているように思われる否定的条件を、むしろ、時間の実在条件として反転させてとらえることができるはずだ。これがわれわれの提案である。この提案は、同一の事態が異なる時間的な様相――過去・現在・未来――を帯びて共存しうるということを含意する。だが、そもそも、これらの諸様相の間の背反的な関係こそが、マクタガートにとっては、時間の実在性を拒絶する論拠だったのである。そうであるとすれば、これら時間的な様相の間の矛盾が、いかなる意味において、時間にとって生産的な条件でありうるのかが、示されなくてはならないだろう。

自由からいかにして因果関係が生成するのか？　これがわれわれの最初の問いであった。時間的な諸様相の間の矛盾した共存をめぐる目下の問題を解決するためのヒントは、「自由」そのものの構成のうちにある。自由を成り立たせる本質的な契機は、言うまでもなく、選択の可能性である。ある行為が自由な行為と見なしうるのは、それが、選択の帰結として解釈しうる場合に限られる。だが、選択は、それ自体、とてつもなく奇妙な現象である。選択は、現象しえない現象、現象の否定であるような現象だからだ。

このことは、行為に「自由」という規定性を与える選択は、どこに存在するのか、と問うてみることによって、あからさまにすることができる。たとえば、私はいま、誰に強制されたわけでもなく、コンピュータに文字を入力している。これは自由な行為であろう。だが、その行為の実現を導いた選択は、どこに——行為そのものとの関係においてどの時間的な様相に——所属しているのか？　まさに選択を意識しつつ行為を遂行することはできない。キーボードで文字を入力しようと意識しつつ——たとえば「a」のキーを押そうと意識しつつ——、文字を入力したならば、たちどころに行為は麻痺してしまうに違いない。それが選択だということは、行為が完了した後の反省の中で、つまり「何をしていたのか」という問いへの応答として、初めて意識されるのだ（「私は今文字を入力していたのだ」等々といったかたちで）。選択の意識は行為に対して常に遅れるのである。つまり、選択がまさに選択として現象するのは、行為の後、行為にとっての未来である。この事実から、選択は、行為を完了の相（「既に終わった」）において捉える「行為の未来」に所属している、と見なすべきか？　「否」である。選択が行為を「完了」の相においてとらえる場所に所属するのであれば、もはや、それは選択ではありえないからだ。選択が行為に自由という規定性を与えうるのは、それが、行為の現実化に対して、（論理的に）先行する要件だからだ。選択が可能であるためには、行為が偶有性を帯びたものとして、つまり「他でもありうる」という不確定性を帯びたものとして現れていなくてはならない。それゆえ、選択は、当然にも、行為の現在を自らにとっての未来として――「行為」を「未だない」ものとして――位置づける、「行為（にとって）の過去」に属しているのでなくてはなるまい。

それならば、選択という「行為の過去」は、いつ――どの瞬間に――、現在だったのか？「選択の現在」を特定することはできない。今述べたように、選択は、行為を――したがって自分自身を――完了の相において位置づけられることを通じてのみ、認識にもたらされるからである。選択は、常に、「既に終わった」という形式においてしか、現れないのである。[*1] シェリングは、こうした選択が所属する時間の様相を、「先験的（超越論的）過去」と呼んでいる。それは、「選択の現在」の瞬間を特定しようとする意識の追想が決して到達することがない永遠の過去だからである。しかし、そうだとすれば、その先験的過去は、どこにあるというべきか？ 時間軸のどこにも位置づけられないとすれば、それは、（行為の）「未だ（ない）」から「既に（終わった）」への移り行きのうちにある、と言うほかあるまい。つまり、行為に「自由」という性格を与える選択が所属している永遠の過去は、行為の現在と共存しているのである。

述べてきたように、時間の成立は、相互に排他的な関係にある異なる時間的様相の共存によってこそ基礎づけられる。そうであるとすれば、時間の基礎をめぐる問いは、選択が所属する先験的過去の存立の仕組みについての問いと、同一視することができるだろう。われわれは、こう問うべきなのだ。現在からどこまでも背進していく永遠の過去は、いかにして可能か？　その永遠の過去は、いかにして、自由の可能性を保証するのか？

自由な行為を構成する選択は、現在のうちに現前しえない、しかしそれゆえにこそ現在している永遠の過去に所属する。選択のこうしたあり方を念頭におくことによって、次のような、個人の「性格」をめぐるわれわれの「誤謬推理」の由来が、理解可能なものとなる。それは、選択の見てきたような構成を、人生におけるもっとも基本的な選択――人生の中の他の諸選択の前提になるような選択――に適用し、局在化させたものなのだから。この「誤謬推理」に最初に注目したのはカントである。近年では、ジジェクが、ラカン派の精神分析の観点を媒介にして、この問題にしきりに言及している。カントは、『単なる理性の限界内の宗教』の中で、人がしばしば個人の性格をめぐって、一見矛盾した推論を行うことに注目した。人は、たとえば極端に性格の悪い人物に会ったとき、その人物の性格の悪さは、ほとんど先天的なものであって、治しようがない、という印象をもつことがある。つまり、その人物の性格の悪さは、彼の本性のうちに刻み込まれており、彼は、その本性に従っているだけだ、という印象をもつのだ。だが、興味深いことは、人は、こうした印象をもちながら、他方でこの印象に反するような推論を行うということである。われわれは、その本性の内にあらかじめ悪い性向が組み込まれているようにみえるその人物を、なおまさに「悪い」と、すなわち倫理的に過っていると見なす傾向があるのだ。つまり、われわれは、彼の生まれつきの悪さに対して、彼に責任があるかのように、ほとんど無意識のうちに推論しているのである。この推論は、悪さは先天的なものであるという、もうひとつの推論（印象）と矛盾している。一方で、「先天性」は、その当人が選択しえなかったということを含意し、他方で、「倫理的な責め」は、選択の可能性を想定していることになるからだ。

もちろん、この矛盾は、シェリングの言う、「先験的過去」を媒介として導入することによって、解消される。性格は、人生の経験的な時間のどの時点としても特定できない過去、つまり先験的な過去において選択されたものとして感受されているのである。

フレデリックとアルマン

カントが想定した場面は、主として、他人の性格についての推論にかかわっている。このことから、先験的な過去における「先天的性格」の選択という構成が、主要には、他人の性格への判断に対してのみ関与的だと考えるとしたら、それは間違いである。つまり、こうした構成は、自己の性格に対する自分自身の態度のうちでも、作用しているのである。このことを、われわれは、芹沢俊介の短いが印象深い文章から借用した事例によって、示すことができる。この事例は、重要な論点をいくつか付加するので、ここで紹介しておこう。これは、もともと、フランスの著名な精神分析医フランソワーズ・ドルトが彼女の著書の中に記した臨床例である。*2

その男の子は、誕生したときに生みの親に捨てられ、施設に収容された。そして生後十一ヵ月のときに養子縁組が成立し、この子は引き取られた。このとき、養父母は、彼に「フレデリック Frédéric」という名前を与えた。だが、成長したフレデリックは、知力障害や便失禁などの精神病的な症状を呈し、七歳になっても、これらの症状は消えなかった。両親が、この子をドルトのもとに連れて行ったのは、そのためである。ドルトの治療は、ただちに一定の成果をあげた。が、それは完全ではなかった。どうしても消えない症状がひとつだけあったのだ。フレデリックは、文字を読もうとも、書こうともしなかったのである。フレデリックの文字に対するこうした抵抗は、彼のもうひとつの症状、ある特定の文字への過剰な固着を思わせる特異な行動と、相関しているように見える。「特定の文字」とは、「A」である。文字の習得を拒否していたフレデリックは、にもかかわらず、彼が描く絵の随所に、「A」という文字を書き込んでいたのである。ドルトは、この「A」は人の名前を指しているのではないか、と推測した。フレデリックの、養子になる前の——つまり施設での——名前は、「アルマン Armand」だったのだ。

ドルトは、この解釈をただちに治療に適用した。彼女は、フレデリックに、「A」は「アルマン」の頭文字ではないかと問い、「あなたは養子にもらわれたときに名前が変わったのでつらい思いをしたのでしょうね」と語りかけてみた。しかし、残念なことに、この解釈と語りかけは、治療的ないかなる効果をもたらさなかったのである。ドルトが、熟達した有能な精神科医であるということを示しているのは、しかし、この後の彼女の対応である。ドルトは、フレデリックを直接に正面から見つめず、その上、声の調子や強さをいつもと変えて、「アルマン」という名前を呼びかけてみたのである。彼女は、顔をあらぬ方向に向けて――天井やテーブルの下などに向けて――、まるでどこにいるのかわからない人に声をかけるように呼びかけたのだ。「アルマン……アルマン……」と。この呼びかけに、男の子は、劇的に反応した。彼は、彼の本来の名前を呼びかける声に聞き耳をたてたのだ。ドルトは、呼びかけながら、少しずつ視線の方向を変えていった。そして、やがて、ふたりの視線は出会った。ドルトは、最後に、フレデリックと互いに顔を見つめあうような姿勢のなかで、彼にこう言ったのだ。「アルマン、あなたが養子になる前の名前はアルマンでしょ」。最初に、フレデリックに向き合って、「アルマン」と呼びかけたときにはなんらのインパクトも与えることができなかったが、こうした迂回路を経た後には違った。ドルトの記すところによれば、このときアルマンのまなざしがきらりと強く光った。このまなざしの印象が、ドルトのセンチメンタルな思い込みではなかったということは、実際に、二週間後に、この男の子が読み書きができない状態を脱し、すべての病的な症状が消え去ったということによって、示されているだろう。

さて、この事例に関して、誰もが問わざるをえない第一の疑問は、なぜフレデリックではなくてアルマンでなくてはならなかったのか、ということである。男の子が、「フレデリック」という名前を拒否し、「アルマン」という名前を受容していることは、明らかだ。名前によって対象を指示することは、言うまでもなく、対象を同定する、最も原初的な操作である。それは、名指される「なにものか」としての同一性のもとで対象を浮上させ、「他」からそれを区別・選択する。目下のわれわれの論脈の中で理解するならば、「フレデリック」と「アルマン」の差異に関して、次のように言うことができるだろう。「あなたは『フレデリック』である／私は『フレデリック』である」という命名行為は、経験的な時間の内部での経験的な選択として機能するほかないが、「あなたは『アルマン』である／私は『アルマン』である」という命名行為は、先天的な水準に属する先験的な選択として機能するのである。誰にとって？ フレデリック＝アルマンにとって、である。いくぶんか説明が必要だろう。

言うまでもないことだが、実際に、この男の子に、「アルマン」なり「フレデリック」なりの名前を与えた乳児保護施設の保母や養父母にとっては、命名は経験的な行為である。だが、「あなたは『アルマン』である」という指示は、アルマン自身にとっては、言わば先験的な過去に属する選択として現れるだろう。なぜならば、アルマンは、まさに「アルマン」であるということを既定された必然として、つまり「アルマン」であるほかないものとして、その生の全期間を生きることになるからである。だが「あなたは『フレデリック』である」という指示に関しては、こうした転換——命名者にとって経験的な行為が被命名者にとっては先験的なものとして現れるという転換——は、期待できない。その理由は、「フレデリック」という名前が、「アルマン」という名前のあとから導入されているからである。あるいは、もう少し慎重に言い換えるならば、「フレデリック」という名前が「アルマン」に順接することなしに導入されているからである。この男の子は、すでに「アルマン」としての生を開始している。そこに唐突に「フレデリック」という名前を導入することは、「アルマン」としてのその生の――少なくとも部分的な――否定を含意してしまう。

「アルマン」という最初の名前は、彼がその後どのように生きたとしてもやはりアルマンであるという意味で、言い換えれば彼が所属する可能世界（可能性）のすべてを貫徹する同一性であるという意味で、彼にとっては必然的な同一性を指示している。「フレデリック」という名前は、――後から導入されているというそのことによってだけでも――その必然的な同一性の否定を構成してしまう。つまり、すでにアルマンである者に「フレデリック」という名前を与えることは、アルマンがまさに「アルマン」として生きうる諸可能世界のうちのあるものを否定的なものとして拒否し、あるものを肯定したのと同等な効果をもつのである。「アルマン」である、という指示は、彼の人生が開始されたときにはすでに決まっており、その生の全期間を通じて離脱しえない同一性を区画している。そうであるとすれば、それは、カントが見出した「先天的な性格の先験的な過去における選択」と類同の選択を構成していることになるはずだ。それに対して、「フレデリック」である、という指示は、それが彼が所属しうる特定の可能世界だけを肯定している以上は、つまり彼がその生の中で「他でもありうる」と見なしうるような特定の可能性を区画している以上は、「先天的な性格」の先験的な選択とはなりえないのである。

だから、「フレデリック」という名前のもとで生きていたとき、この男の子は、言わば、彼の（生まれつきの）性格を選択することなく生きていたのである。彼の諸症状は、このことの帰結として理解することができるだろう。先験的な過去に所属する、「（先天的な）性格」の選択という構成は、他人の性格についての判断を枠取る図式としてのみ、実効的なわけではない。この男の子の症例は、人が自らを世界の中の何者かとして定礎するとき、まさにこのような構成によって概念化したくなるような選択を機能させているということ、このことを示唆しているのである。この男の子の場合、「アルマン」という名前を蘇生させることによって、あるいは「フレデリック」を「アルマン」と順接させることによって（「フレデリックとはアルマンのことだったんだ！」）、あらためて、（先天的な）性格の選択を果たしたのである。

ここまでの考察にいくぶんか哲学的な厳密性を付加しておけば、われわれはさらに次のように言うべきである。「アルマン」は、確かに、名前（固有名）だが、「フレデリック」は、そもそも、名前（固有名）ですらなかったのだ、と。われわれの右の議論は、「フレデリック」という名前においては、名前（固有名）の固有（名）性が否定されている、ということを含意しているからだ。この主張を理解するためには、ソール・クリプキの非常に有名な論考『名指しと必然性』（の前半部）を、少しばかり復習してみるだけで十分である。[*3]

クリプキのこの論考があらがいようのない緻密さにおいて論証したことは、名前は何も意味しないということである。ここで否定されているのは、名前についての記述説だ。クリプキの論考が発表されるまでは、言語哲学の主流は、名前を、名指された事物の性質（の束）についての記述の代用品であると考えていた。固有名の場合は、事物を唯一的に指定しうる記述（確定記述）と相互に置き換え可能な関係にある、というわけだ。記述説によれば、たとえば「夏目漱石」という固有名は、「日本の国民的小説家」、「『吾輩は猫である』の作者」等の、夏目漱石についての「性質」の記述を意味していることになる。こうした記述説の誤りは、容易に見て取ることができる。たとえば、われわれは、「夏目漱石が『吾輩は猫である』を書かなかったとしたら」という可能性（可能世界）を想定することができる。もし「夏目漱石」ということが、「『吾輩は猫である』の書き手である」ということを含意しているならば、このような想定はナンセンスなはずだ。名前を記述に還元できないということは、名前は概念ではない、ということである。要するに名前は、純粋な「シニフィエなきシニフィアン」なのだ。よく知られているように「シニフィエなきシニフィアン」とは、ラカンが「ファロス（男根）」に与えた定義である。ファロスは、自らの不在（去勢）のシニフィアンであり、その意味で、シニフィアンのみに還元された純粋なシニフィアン、シニフィエなきシニフィアンと見なすことができるからである。[*4] フレデリックの事例は、すべての記号は、「シニフィエなきシニフィアン」を設立したことの効果である、とするラカンの理論を、裏書きするような症例となっている。フレデリックが最後まで離脱できなかった症状が、文字への拒絶ということであったことを思い出そう。ここで、文字、つまりシニフィアンの困難は、彼が、最初のシニフィエなきシニフィアンとしての名前「A」の樹立の失敗ということと相関しているのだ。彼が、「シニフィエなきシニフィアン」としての「アルマン」（という名前）を受容することを通じて、文字というシニフィアン一般の獲得に成功するのである。

それならば、「フレデリック」というもうひとつの名前の場合はどうなのか。名前の反記述説に立脚した場合には、「フレデリック」は名前とは見なしえない。「フレデリック」は、実は、「記述」になってしまっているからだ。フレデリックの養父母は、なぜ、彼を施設から引き取ったときに、彼の名前を変えたのだろうか？　なぜ、彼らは、赤ん坊が保護施設で呼ばれていたときの名前を、そのまま継承しなかったのだろうか？　想像が難しいことではない。フレデリックの養父母は、生まれてすぐに親に見捨てられ、施設での生活を余儀なくされていたこの子を不憫に思ったことであろう。彼らは、アルマンをその惨めな過去から断絶させようと願い、言わばそれまでの生をキャンセルするために、アルマンに、もうひとつの別の名前を与えたのかもしれない。その場合、もうひとつの名前「フレデリック」は、それが両親によって発せられるたびに、不可避に、両親の（フレデリックへの）期待を、固有の規範的な価値を担ったものとして、表出してしまっただろう。つまり、「フレデリック」は、養父母が、引き取るまでの過去の廃却を前提にした上でフレデリックに期待したことを、意味する記号となるのである。このとき、この期待が、フレデリックのあるべき、あるいはあるはずの像を記述しているのだ。要するに「フレデリック」は、単純に、そう名指された個体を指示しているのではなく、記述の代用品となるのである。

ドルトは、しかし、養父母が、アルマンの名前を変えた理由については、何も記してはいない。だから、この点について、これ以上勝手に詮索することは、やめておこう。改名の理由が何であれ、「アルマン」の突然の中断を前提にした、「フレデリック」への転換は、「フレデリック」を、名前としてではなく、記述として機能させることになるからである。名前が記述と代替しえないのは、名前が、諸可能世界――さまざまな想定される可能性――の全体を通じて同一の対象に照準する固定指示詞だからである。名前が指示しているのは、あらゆる可能世界を貫通する同一性、つまり必然性である。他方、記述が主題化しているのは、あらゆる(名前において固定されている対象が)ある性質をもつ場合ともたない場合との区別である。言い換えれば、記述は、あらゆる可能世界の集合の内に、(対象が特定の性質をもって存在しているような)部分集合を指定する操作に相当しているのだ。ところで、「アルマン」を突然中断するような形で導入された「フレデリック」は、先に述べたように、「アルマン」であるほかない者が参入しうるあらゆる可能性のうちの、ある特定の可能性のみを、肯定していることになる。「フレデリック」という「名前」が、どのような意図のもとで与えられ、発せられようとも、あるいはそもそもいかなる意図もなしに使用されていたとしても、本来の名前としてではなく、むしろ「記述」として機能するのはこのためである。だから、この男の子は、「アルマン」を無化され、「フレデリック」と呼ばれていた長い期間、そもそもいかなる名前ももたなかったのである。

だから、名前を与えられるということと、「(先天的な)性格」の選択とは、同一のことに帰せられるのである。だが、これは、非常に奇妙なことだと言わざるをえない。この奇妙さを理解するために、たとえば、クリプキの決定的な論考が公表されるまで、名前は端的にその対象を指し示しているだけだとする反記述説よりも、名前を記述の密かな置き換えと見なす記述説の方が、断然、優勢だった理由はどこにあるのか、を考えてみよう。一見したところ単純な反記述説よりも、媒介的な置き換えを想定する複雑な記述説の方が、なぜ好まれたのだろうか？

名前の本性が記述ではないとすれば、われわれが名前を使っているとき、とりわけ、名指されているその対象が現前していないような場面で――さらに現前の可能性がそもそも完全に奪われてしまっているような場面で――名前を使っているとき、われわれが実際のところ何をやっていることになるのか、われわれが有効に対象を他から弁別できるのはなぜなのか、ということがまったく謎めいたことになるからだ。記述の代替物ではない以上、名前は何も意味してはいない。それは、まったく無内容な記号であるように見える。それにもかかわらず、名指すという空虚な身振りが、絶大な余剰的な効果を発揮する。それは、対象を――ときにまったく単一的なものとして――特定して、ねらいを定めることすらできるのだから。ある人が、「ナポレオン」について知っている唯一のことが「フランスの皇帝」だったということだったとしてみよう。このときには、この人物が、「ナポレオンは……」と語るときには、いつでも「フランスの（ある）皇帝は……」ということを意味しているように見える（現に、この人物に、「君が言うところのナポレオンとは誰（何）か？」と問えば、そう答えるだろう）。だが、反記述説が妥当だということは、こうしたごく単純な見解は間違っているということである。その端的な証拠は、ナポレオンについてこうした乏しい知識しか持ち合わせない人物でも、ナポレオンが皇帝にならなかった場合について、あれこれ思いをめぐらすことができる、という事実に求められる。[*5] 名前は、対象について、いかなる実質的な知識をもたらしはしない。その個体が「ナポレオン」と呼ばれている、というトートロジカルな知識以外には。だが、本来いかなる内容も付加しないトートロジーが絶大な効果を発揮して、対象を有効に特定するのである。[*6] ある人物に名前を、たとえば「アルマン」という名前を与えたとしても、その人物について、なにごとかを積極的に規定しているわけではない。だが、名前を与えられるということと、何らかの特定の――つまり他から区別されうる――「(先天的な)性格」を選択することとが、ある人物の生にとって、論理的に等価な意義を担う、とわれわれは示唆した。この等価性を支えているのは、名前の空虚が発揮する、述べたような余剰的な効果である。だが、それにしても、この余剰はどこから出てくるのだろうか?

この問いは、とりあえずわきにおいておこう。フレデリック=アルマンについての事例が喚起せざるをえない、もうひとつの疑問の方に目を向けておきたいからだ。それは、治療の過程でドルトが発揮した機転に関するものである。ドルトがすぐに洞察したように、鍵は、「アルマン」という名前にあった。だが、それならば、なぜ、フレデリックは、ドルトが最初に「アルマン」と直接呼びかけたときには、何の反応も示さなかったのだろうか? 「アルマン」という名前が、それによってまさに名指されている個体――つまりフレデリック当人――にではなく、誰とも特定しえない虚空に差し向けられているときにこそ、まずはフレデリックが劇的に反応したのは、なぜだろうか? 常識的には、むしろ、逆であるべきではないか、という印象をもつ。

この問題を考察する前に、名前の付与と「性格」の選択との等価性を示唆したときに、われわれは、非常にあからさまな転換を、しかしそれとして明示的に宣言することなく遂げてしまっていたということを、まずは確認しておかなくてはならない。われわれは、人がしばしば、他人の基底的な（もののように見える）性格に対して、その他人が自己責任を負っているかのような、誤った推理を行う、というカントの観察から考察を始めたのだった。こうした推理を行うとき、われわれは、性格が先天的であるという印象に抗して——そしてその「性格」を規定する客観的な因果関係についての経験的な事実にも反して——、その当人が性格を自己決定・自己選択したかのような想定に立脚しているのである。他方、ドルトの事例の考察から得た教訓は、意味作用の上ではまったく空虚な「名前」を引き受け、受容することが、こうした「性格の選択」の操作に対応しているということであった。だが、名前は、与えられたものではないか。名前は、他者が選択するのである。それは自己決定の産物ではない。たとえば、「アルマン」という名前は、最初は乳児保護施設の職員が与え、そして、その原初の命名行為を——いわゆる「転移」の機制によって——幻想的に再現するようにして、ドルトが与えたのである。少年の「A」という文字への執着が示しているように、彼は、無意識のうちに、みずからが「アルマン」であることを知っている。だが、彼の精神的な障害は、「私はAである」ということの知は、自己決定の閉回路の内にあるだけでは、実効的ではありえないことを示唆している。名前は、どうしても、他者の声を——ドルトの声を——媒介にして措定されなくてはならなかったのである。

ドルトの治療がわれわれに提起する疑問は、だから、この他者のあり方、名前の効力を保証する他者の本態をめぐる疑問である。意味作用的には空虚な名前が、その指示作用のうちにもたらす余剰的な効果は、名前の決定——命名の選択性——についての責任が帰属している「他者」の独特なあり方に由来しているかもしれないのだ。ドルトは、どことも特定できない方向へと顔を向けて、名前を呼んだ。呼びかけが直接に自己へと差し向けられていないがゆえに——そしてまた呼びかける声が裏声であったこともあずかって——、フレデリックにとっては、名前を呼ぶドルトの声は、ドルト当人に帰せられる声としてではなく、特定の誰にも確定的に帰しえない匿名の声として聞かれたに違いない。それは、彼が今いる現実の空間の外部からの声となる。それゆえ、ドルトは、この声を、「『オフ』の声」と呼んでいる。「オフ」の声とは、映画やテレビなどで、画面の外からかぶせられる声のことである。すると疑問はこうである。名前を実効的なものたらしめる他者の声が、オフの声でなくてはならなかったのはなぜか？　そして、この他者による指示が、自己による性格の自己決定として、転換して接続されるのはなぜか？

症例の報告を子細に観察するならば、事態はより錯綜している。というのも、ドルトの治療において、「オフ」の声は、漸次その性格を弱め、最終的には、通常の正面からの声へと還元されていくからである。すなわち、ドルトは、視線と声の調子を少しずつ変化させ、最後には、通常の対話の場合と同様に、相手の顔を正面からとらえ、普通の声で、その名前を呼ぶのである。この最後の「あなたはアルマンでしょう」という呼びかけは、それ自体として捉えるならば、功を奏することがなかったフレデリック＝アルマンへの最初の問いかけと、同じ態勢をとっている。中間に、「オフ」の声を挿入することによって、まったく同じ態勢での呼びかけが異なった価値を帯びたのである。この事実は、「オフ」からの間接的な声と正面からの直接的な声との間に、断絶だけではなく、連続をも見るべきであることを暗示していないか。

待つり

いくつもの問いを積み残しながらやって来た。さらに前進しようと望むならば、ここまでのように、言わば「間接的な痕跡」を手がかりにした考察だけでは、不十分である。時間の成立と自由の関係をめぐる探究をさらに深化させるためには、端的に、時間が生成してくる現場へと、考察の視線を遡行させるしかない。

そのようなことが可能か？ 常に既に時間性を帯びて存在するしかないわれわれにとっては、それは、不可能な欲求であろう。だが、時間の生成を、観察と考察が成立可能な平面の上に——言わば——射影させた形において捉えることならば、可能であるように思われる。たとえば、本章の議論の中で、われわれは、自由の本質的な契機たる選択という現象が一般に帯びる先験性が、他人の性格への判断や自己の名前への関係の内に、まるで結晶のように凝結し、分離可能なかたちでその姿を現しているのを見たのである。これと同様に、時間が生成してくるさまを——もちろんそれ自身すでに時間化された関係のうちに転位させながら——結晶させている、宇宙内的な局所を見出すことができるのではないか。

そう、たとえば、古来、儀礼や祭りは、しばしば、時間の更新を印づけていた。折口信夫は、「まつり」という日本語について次のように述べている。「まつり」の語根「まつ」は、焦心の域に達するような強く期する心をもって到来を待つことを意味している、と。[*7] この説にしたがえば、祭りは、一般に、未来（到来）への、あるいは時間性一般への参照を含意しているのである。もちろん、われわれは、祭りの内的構造や、その内部の諸要素の記号論的な布置のようなものには、興味がない。祭りのうちに転位された形式で射影されている体験の相を、抉出してみたいのである。

1　ここがちょうど適切な文脈なので、近年話題になっている脳科学の次のような研究にコメントを加えておこう。最近の研究によれば、脳の活動を詳細に追ってみると、人が何らかの行動を起こそうと決断するよりわずか前に、脳の内部では、その行動への準備を意味するような変化が始まっている。たとえば、肘を動かそうと決断するよりも〇・三―〇・五秒前に、脳の運動中枢の準備活動を示す電位の変化が検出される（Benjamin Libet, "Do We Have Free Will?", Libet, Anthony Freeman and Keith Sutherland eds., *The Volitional Brain : Towards a Neuroscience of Free Will*, Thorverton UK : Imprint Academic, 1999）。この研究は、自由意志なるものが、脳内の物理・化学的因果関係に規定された幻想に過ぎないものだということを含意するものとして、注目を集めている。ど的に認識しているだけだ、というわけである。しかし、私の考えでは、この研究は、一般に顕揚されるほど衝撃的なものではない。実験で、人が行動への決断をした瞬間を、どのようにして確定していたかを考えてみればよい。被験者に、決断した瞬間を報告させているのである。つまり、それは、決断の瞬間ではなく、決断したことを意識化した瞬間なのだ。決断そのものと決断の意識化との間に、わずかなタイムラグがあるはずだ。脳科学の実験が取り出した、「〇・三―〇・五秒」という時間は、このタイムラグにほかならない。したがって、この実験は、自由意志の存否という主題に関して、とりたてて重要な含意をもっているわけではない。ただ、それは、選択という事実が選択主体に対してつねに「既に終わった」という形式でしか現前しないということを、ミクロな時間の中で、再確認したという意味はある。

2 芹沢俊介『現代〈子ども〉暴力論　増補版』春秋社、一九九七年。フランソワーズ・ドルト『無意識的身体像』言叢社、一九九四年（原著1984）。私は、すでに、この事例について、かなりていねいな考察を加えたことがある。大澤真幸「自由の牢獄」『アステイオン』49号、一九九八年。

3 クリプキ『名指しと必然性』産業図書、一九八五年（原著1972）。

4 ラカンの場合もファロスは、名前、つまり「（父-の-）名」と関係づけられている。

5 概念に関しては、こういうことは決してありえない、ということを思うと、名前の固有性は明白である。たとえば、「三角形」は、三本の直線によって囲まれた図形である、と教えられた者には、三角形の辺が曲線である場合や、三角形の辺が四本になる場合を仮定してみることはできない。

6 クリプキや彼の支持者たちは、この謎を、端緒の命名儀式から連綿と続く、指示の因果列によって説明する。この説明は、名指しの効果が、名前と対象との結びつきを保証する他者の存在を仮定する場合にのみ確保されうることを示唆しているのである。そうであるとすれば、この説明は、われわれのこのすぐあとに提示する論点に接続することができるだろう。

7　折口信夫「ほうとする話」一九二七年。

4 触《フ》るとき

発生の儀礼

時間がまさに時間として発生する現場を捉えることはできないのか？　われわれが経験するあらゆる存在者が時間的様相を帯びていることを思えば、時間発生の現場とは、存在者の存在が成立する場だということにもなる。もちろん、存在が時間的様相を帯びて分節化されてくる現場を直接に観察するということは、その本性上、不可能なことだ。観察された何かは、まさに観察されている以上は、時間的な存在者としての存在をすでに開始してしまっているのだから。だから、時間が発生してくる現場への遡行は、抽象力を媒介にした洞察によって敢行されるほかない。だが、それにしても、まさに「それ」からの抽象において洞察に至り得るような

「手がかり」はないのか？ それは、ある。前章の議論の最後に示唆しておいたように。共同体の祭りや儀礼は、そうした手がかりのひとつである。そこには、時間がまさに時間化されている体験以前の体験が、その固有の実践的な布置のうちに転位されていると、考えることができるからである。われわれがなすべきことは、その転位を、発生の現場の方へと「逆写像」してやることである。

　このような問題意識に立脚するとき、とりわけ示唆的な論材を与えるのが、折口信夫である。言うまでもなく、折口は、日本の古来の「民俗」を研究対象としているわけだが、そこで真に探究されている主題は、「……の発生」と題する彼の多くの論文がよく示しているように、常に「発生」だからだ。折口にとっては、あらゆる儀礼は、煎じ詰めれば、発生を共同体に反復的にもたらすべく無意識の配慮がなされた、制度的実践以外のなにものでもない。そして、そうした発生の儀礼の至高の形態こそは、天皇を代ごとに反復的に生成する大嘗祭《だいじょうさい》である。言い換えれば、あらゆる他の儀礼は、大嘗祭の派生形だということにもなろう。

　大嘗祭とは、要するに、新天皇が、まれびととしての神を迎え、神から「魂（天皇霊）」を受け取る儀礼である。まれびととは、もちろん、共同体に外部から来訪する神のことを言う。だが、外部とはどこのことだろうか？ まれびとがそこからやってくる共同体にとっての異郷とは？ 折口は、「異郷意識の起伏」という副題を有する有名なエッセーの中で、二種類の異郷を挙げている。「妣《ハハ》が国」と「常世《トコヨ》」である。妣が国は、現在のこの地に移住する前に住んでいた「本つ国」として、常世は、これから移り住むことになるかもしれない未知の豊かな土地として定義されている。つまり、妣が国が過去を、常世が未来を、それぞれ表象するユートピアなのである。だが、「大嘗祭の本義」の文学的解題とも見なしうる折口の小説『死者の書』の冒頭で、まれびとたる死者・滋賀津彦（大津皇子）がその中で覚醒した岩窟《イハムロ》は、妣が国や常世のような温暖なユートピアとはとうてい思えないのである。

彼《カ》の人の眠りは、徐《シヅ》かに覚めて行つた。まつ黒い夜の中に、更に冷え圧するもの、澱んでゐるなかに、目のあいて来るのを、覚えたのである。

した した した。耳に伝ふやうに来るのは、水の垂れる音か。たゞ凍りつくやうな暗闇の中で、おのづと睫と睫とが離れて来る。

「彼の人」滋賀津彦が目覚めたこの暗黒の他界は、どこか？ 折口が「とこよ」について、次のように述べていることが解答を与える。すなわち、「とこよ」は、「常夜」でもあり、古義の層においては、「常暗の恐怖の国」「死の国」をも意味していた、というのである。死者が覚醒したのは、この常夜にほかなるまい。覚醒とともに、死者に、「おれは、このおれは、何処に居るのだ。……それから、こゝは何処なのだ。其よりも第一、此おれは誰《ダレ》なのだ。其をすつかり、おれは忘れた」と叫ばせたこの永遠の闇の空間は、時間以前の空間、時間をもたない空間と言うべきであろう。『死者の書』のこうした構成から判断するならば、折口にとって、大嘗祭をその至高の形態とするような生成の儀礼とは、無時間的な空間（常夜）から、過去（妣が国）と未来（常世）とが分節された世界への展開をこそ、すなわち時間の生成をこそ、そのもっとも中核的な主題としていたと見なしても、決して無理な理解とは言えないだろう。

大嘗祭がまさに時間についてのこうした主題をめぐって組織されているということは、さらに、次のような「事実」によっても、確証されよう。折口によれば、本来、大嘗と、毎年の収穫を寿ぐ新嘗《にいなめ》との間には、区別はなかった。毎年、宮中で行われることは、起源における発生の反復であると考えられていたからである。興味深いのは、この新嘗祭に関して、秋／冬／春の祭りが、四季の流れに沿って、それぞれの時点で行われたわけではなく、「一夜の中に、秋祭り・冬祭り・春祭りが、続いて行はれたものであつて、歳の窮《キハマ》つた日の宵の中に、秋祭りが行はれ、夜中に冬祭りが行はれ、明け方に春祭りが行はれ」たということである。「歳の窮り」の時に、つまり時間が枯渇した瞬間に時間を蘇生させるために執行され、しかも一年の時間の展開を先取りするかのようにして一挙に紡ぎ出してしまう、新嘗＝大嘗は、すぐれて時間の発生を主題としていたと結論すべきであろう。

水の女と触覚体験

「時間の発生」という主題に即して、歳の窮った夜に執り行われたという秋／冬／春と分節された祭りをとらえるならば、その中でも中心は、歳の窮った中にあって最も窮った瞬間、枯渇していく時間と発生してくる時間とのターニング・ポイントをなすような祭り、つまりは冬祭りであったと考えてさしつかえないだろう。冬祭りを、折口は、「歳、窮つた時期に、神がやつて来て、今年の出来たものを受けて、報告を聞き、家の主人の齢を祝福し、健康の寿ぎをする所の、祭り」と定義している。この冬祭りとの関係で、折口は、「冬」という言葉の本来の意味にふれて、少しばかり不思議なことを言っている。それが考察のための始点を与えてくれる。

> 此処で「冬」といふ言葉を考へて見る。ふゆは、殖ゆで、分裂する事・分れる事・枝が出る事などいふ意味が、古典に用ゐられてゐる。枝の如く分れて出るものを取り扱ふ行事が、冬の祭りである。ふゆは、又古くは、ふると同じであつた。元来、ふるといふ事は、衝突する事であるが、古くは、密著するといふ意味である。此処から「触れる」といふ意味も出て来る。

冬が「殖ゆ」、つまり植物の枝の増殖を意味していた、ということはわかりやすい。それは新たな実りや生長への転換を画す瞬間なのだから。だが、冬が、「ふる」「触れる」でもあったということは、どういうことであろうか？　これには、一応の説明がある。冬こそが、外部からやってくる魂が――つまりまれびとが――、人間の身体に付着してくる時期だった、というのが折口自身の説明である。だが、この説明は、この発生の儀礼が、まれびとの到来の時として了解されていた、ということを論じているだけであって、それが、なぜ「ふる」あるいは

「触れる」だったのか、ということを理解させてくれるものではない。ここで問いたいことは、まれびととの交流が、ふること、触れることの、つまり触覚的な体験の密着性として理解されていたのはなぜか、ということなのである。しかも、こうした理解は、すぐ後に述べる大嘗祭のもうひとつの中核的な特徴と、一見したところでは、矛盾するように見えるのである。だが、その「矛盾」を説明するためには、もう少し大嘗祭の構成を見ておく必要がある。

　まれびとは男である。その男であるまれびとは、しかし、ただ待っていればやってくるというわけではない。『死者の書』では、死者＝まれびとは、一人の女性・耳面刀自《ミヽモノトジ》（藤原鎌足の娘で、不比等の妹）への熱烈な思いとともに記憶を回復していく。[*1] そして滋賀津彦は、耳面刀自と同一視された藤原南家《ナンケ》郎女《イラツメ》との幻想的な性愛関係を通じて、来臨するのである。『死者の書』のこうした展開が暗示していることは、男としてのまれびとの到来を導くためには、女の媒介が必要だった、ということである。

　折口は、まれびと＝神を迎える女の機能を、「水の女」という語のもとに要約している。たとえば、『古事記』の垂仁天皇についてのくだりの中に、次のようなエピソードが記されている。天皇が皇后に皇子の養育法について質問すると、皇后は、「御母《ミオモ》を取り、大湯坐《ユヱ》・若湯坐《ユヱ》定めて、ひたし奉らば宜けむ〔養育を担当する女性として老若の二人を定め、皇子を産湯につかわしたらよろしいでしょう〕」と答えたというのだ。折口によれば、産湯をつかさどった女性についてのこうした記述は、古代に神＝まれびと――このケースでは天皇・皇子がそれに対応する――に仕えた「水の女」が存在していたことを、証拠だてている。さらに、たとえば、折口の考えでは、「ミヌマ（水沼）」「ミツハ（水葉）」「ミブベ（壬生部）」などの語が、水の霊力を通じて、貴種の復活や誕生などにかかわった女性が存在していたことを暗示している。[*2]

それならば、大嘗祭においてはどうだろうか？　やはり、女のこのような役割を見出すことができるのか？　もちろん、できる。が、構成はいくぶんか複雑である。というのも、大嘗祭においては、「まれびと（男）／女」の関係が複層化しているのである。まず、本儀に先立つ、「小忌《ヲミ》の御湯」と呼ばれる沐浴の儀礼において、「水の女」が登場する。この沐浴は、明らかに、新天皇の誕生を表象するものだが、それは、産婆役の女の介助によってのみなしうる儀礼となっているのだ。ここでは、もちろん、新天皇が、神＝まれびとの役を演じている。だが、大嘗祭の最も驚くべき特徴はこの点ではなく、次の点にある。

> 大嘗祭の時の、悠紀《ユキ》・主基《スキ》両殿の中には、ちゃんと御寝所が設けられてあつて、蓐・衾がある。褥を置いて、掛け布団や、枕も備へられてある。此は、日の皇子となられる御方が、資格完成の為に、此御寝所に引き籠つて、深い御物忌みをなされる場所である。実に、重大なる鎮魂《ミタマフリ》の行事である。此処に設けられて居る衾は、魂が身体へ這入るまで、引き籠つて居る為のものである。裳といふのは、裾を長く引いたもので、今の様な短いもの、みをいうては居ない。敷裳など、いうて、著物の形に造つて置いたのもある。此期間中を「喪」といふのである。

つまり、ここでは、天皇自身が女なのであり、男であるまれびとを迎え、交わったのである。だが、女とは何か？　とりわけ水の女とは？　とりあえず、こう言ってよいのではないか。水の中の神＝まれびとが子宮の中の子を連想させるものであることを思うならば、水に託された女とまれびとの関係は、「冬」という語に含意されていた、「ふること」の触覚的な密着性ではないか、と。『死者の書』は、女（郎女）とまれびと（滋賀津彦）との出会いを、大嘗祭の褥・衾が換喩的に表現していた性愛の関係として描くことで、こうしたわれわれの理解を裏打ちしてくれる。郎女（姫）は、夢の中で海の中道を歩んでいる。つまり水の中へと突き進む。そこに彼女は白玉を発見する。白玉は、死者（滋賀津彦）の裸身を象徴している。

> 姫は――やつと、白玉を取りあげた。輝く、大きな玉。さう思うた刹那、郎女の身は、大浪にうち仆《タフ》（ルビ引用者）される。浪に漂ふ身……衣もなく、裳《モ》もない。抱き持つた等身の白玉と一つに、水の上に照り輝く現《ウツ》し身。
> ずん〳〵と、さがつて行く。水底《ミナゾコ》に水漬《ミツ》く白玉なる郎女の身は、やがて又、一幹《ヒトモト》の白い珊瑚の樹《キ》である。脚を根、手を枝とした水底の木。

ここで、女は白玉（まれびとの身体）に触れ、そしてこれと一体化する。

触れることの、つまり触覚という体験の特徴はどこにあるのか？　私の考えでは、身体に所属する任意の心の操作――現象学の用語を拡大適用して「志向作用」と呼んでおこう――は、対立的な二つの作用の合成において成り立っている。「求心化」「遠心化」と私が呼んできたそれぞれの作用の共存性が、際立って明示的であるという点にこそ、他の知覚から区別されうる触覚の特徴がある、と言ってよいだろう。どのような志向作用も、対象を確保し、それを認識したり、それに働きかけたりする。このことは、対象が、志向作用が直接に帰属しているこの身体――つまり〈私〉と呼びうる身体――に対するものとして存在しているということであり、言い換えれば、その対象を、〈私〉であるところのこの身体を中心とする「近傍」のうちに配置することである。志向作用のこうした側面を、〈私〉の身体への求心化作用と呼ぶことにしよう。さて、同時に、志向作用には、これと背反する動きを有するもうひとつの働きが随伴している。すなわち、求心化作用が準拠していた、「近傍」の中心を、遠隔へと――「近傍」の内部では決して対象化しえないその外部へと――移転させる作用が存在しているのである。これを「遠心化作用」と呼ぶ。求心化／遠心化作用の必然的な連動を明示しているのが、触覚の体験にほかならない。というのも、（対象に）触れることは、同時に、（その対象に）触れられることでもあるからだ。指で対象に触れるということは、その対象を、指の――この身体の――近傍の内に確保することである（求心化）。だが、われわれは指で対象に触れているとき、この指こそが、まさに触れられているのだということに気づく。触れられているということは、「触れている」と感じていた指の方がむしろ対象なのであって、触れることの能動性は、あちら側にある、ということである。あちら側の触れることとの能動性は、こちら側の指の触れる作用の単なる対象には還元できない。この指の触覚の対象ではありえない限りにおいて、向こう側に、この指の能動性に匹敵するもうひとつの能動性が現れるのである（遠心化）。

　自己（〈私〉）に帰属する能動的な志向作用の内的な対象に還元しきれない――その意味で自己から無限に隔たった外部に――もうひとつの能動性を、つまり固有の意味での〈他者〉を顕現させるのは、遠心化作用である。求心化／遠心化作用が連動する中で、ある志向作用が対象を捉えている場合、その志向作用は、求心化／遠心化作用を媒介にして同時に顕現する〈私〉と〈他者〉の双方に――まさに双方にとって「同じ」対象を把持する作用として――共帰属することになる。このとき、〈私〉と〈他者〉は、同じ志向作用の担い手としてみずからを直観しうる限りにおいては、両者の差異を無関連化することができるのであり、一つの間身体的な連鎖のうちに組み込まれている、と解しても差し支えないことになる。先に引用した『死者の書』の一節において、郎女と滋賀津彦は、一個の白玉あるいは白い珊瑚の樹へと転形する。この白玉あるいは珊瑚は、言ってみれば、間身体的連鎖を具現する形象である。

　折口は、水の女が操る「みづ」は、通常の水ではなく、「斎《ユ》」であった、という点に注意を喚起している。「斎」は、常世から流れてくる水であって、普通の水より温かい。身体の表面に女の手によってあびせられる斎は、身体の求心化／遠心化作用、とりわけ遠心化作用を活性化する触媒のようなものである。体温に近い温度の斎＝湯の中では、身体の個体的同一性を区画する表皮についての意識が希薄化し、身体は、自身を外部へと、つまり他者の方へと拡散させていくだろうから。

　だが、こうした触覚性の体験は、時間の発生とどのような関係があるというのか？　このことを明らかにするためには、ここまで論じてきた、「ふること」――「水の女」の系列とは異なる契機が、大嘗祭のうちに編み込まれていることを、示す必要がある。

衣

女には、水の霊力によってまれびとに触れることとは異なる、もうひとつの重要な役割がある。大嘗祭において、女は、特別な衣装を用意し、それを新天皇に着せなくてはならないのだ。衣装は、「天の羽衣」と呼ばれる。先に、大嘗宮の脇に仮設された湯殿で行われる沐浴の儀礼「小忌の御湯」が、水の女に主導される、と述べておいた。この儀礼で、新天皇は、「水の緒紐」(褌)を締め、「天の羽衣」を身に付けたまま湯槽《ゆぶね》に入る。槽中で、天皇はこれらを脱ぎ捨て、新たな天の羽衣に着替えるのだが、緒紐を解き、羽衣を着替えさせることができるのは、神に仕える処女である水の女のみだとされていた。『死者の書』でも、常夜で目覚めた死者・滋賀津彦が最初に要求するのは、「著物」である。死者は叫ぶ。

を、寒い。おれを、どうしろと仰るのだ。尊いおつかさま。おれが悪かつたと言ふのなら、あやまります。著物を下さい。著物を――。おれのからだは、地べたに凍りついてしまひます。

寒いのは、死者が素っ裸だからだ。このすぐ後で、死者は、裸の自らを、「赤ん坊」に、つまり胎児に見立てている。この裸の身体は、著物によって包み込まれなくてはならないのだ。発生の儀礼――大嘗祭――において、こうした「衣」が決定的な物語的要素をなしている、ということの洞察は、松浦寿輝が与えてくれる。[*3]

まれびとは、衣を通してしか到来しない。たとえば折口は、後代にはまれびとが天皇にもたらす天皇霊と著物がほとんど同一視され、天皇霊を分割する儀礼が、著物の分配（衣配《キヌクバ》り）の形態をとった、と解説している。著名な講演「大嘗祭の本義」の中で、折口は、タイトルに反して、大嘗祭の行事の実際の執行の様態には、一言も触れていない。行事の実際に最も肉薄している場面は、先に引用した、悠紀・主基両殿における寝所についての論述である。ここで折口が話題にしていることは、天皇の寝具についてのみだということに注意しなくてはならない。逆に言えば、寝具こそが、大嘗祭の核心なのである。折口は、褥と衣（衾）を併置しているが、松浦は、この点にふれて、両者は、合体し溶融してしまってひとつの装置を形成しているのではないか、と示唆している。つまり両者は、生の身体を包み込む仕掛けであるという点で同じ機能を担っているのである。すぐ後の「裳」についての記述も、それが「裾を長く引いたもの」であって、包み込む機能を主眼としていることが強調されている。

すると、ここでわれわれは気がつかざるをえない。「ふること」、身体に触れることの密着性に連なる「水の女」の系列と、同じ女によって用意される「天の羽衣」の系列とは、まったく対立しており、両系列は反対の方向を向いたベクトルを形成している、ということに。一方は、身体の間の関係が、直接的であることを指向している。他方、衣は身体を包み込むものであって、したがって、身体の間の関係を間接化することを指向する。

　この二つの主題の系列の対立は、またしても『死者の書』がよく示している。すでに引用した、水の中での、郎女と滋賀津彦の交合の場面を、あらためて読み直してみよう。ここでは、二つの身体が裸体であるということが、「衣もなく、裳もない」という一句によって強調されている。二つの身体の間を隔てる布は何もないのだ。この場面は、大嘗祭の小忌の御湯の儀礼において、水の女（処女）が、新天皇の古い「天の羽衣」と「水の緒紐」――要するに性器を包む布――を解き放つ局面に対応するイメージであると、考えてよいだろう。しかし、小忌の御湯においては、この後すぐに、水の女は、新天皇に新しい「天の羽衣」を着せるのである。『死者の書』のストーリーも、これと並行的な展開をとげる。郎女は、死者とのあの幻想的な交合のあと、これをきっかけにして、初めて「衣」を織ることを思い立つのである。以後、彼女は、死者の「白い肌」を覆うための藕糸《ハスイト》織りに専念することになるのだ。

　だから、水の女は、棚機《たなばた》つ女《め》でもあるのだが、水の主題の系列と衣の主題の系列は対立していると考えなくてはならない。両者は、「女」という蝶番によって結ばれてはいるが、それでも、対抗関係にあるのだ。折口自身は、あの悠紀殿と主基殿の寝具――これは衣の拡張したものであった――について、断定的に、こう述べている。「或人は、此お寝床の事を、先帝の亡き御身体の形だといふが、其はよくない」と。つまり、衣は、身体そのものの代理物、身体の隠喩や換喩的な表象ではない、というわけだ。

それでは、この対立する二つの主題は――大嘗祭を構成する二つの基本的な契機は――、どのような関係にあるのか？ 両者が合して、発生を――時間の発生を――導くのは、いかにしてなのか？ 今のところ、われわれにわかっていることは、まず触れることの直接性に連なる「水」の系列があり、ついで「衣」による間接化の系列が現れるということ、こういった両者の先後の関係である。

神の顔

触れるということは、皮膚への直接性である。エマニュエル・レヴィナスは、『存在するとは別の仕方であるいは存在することの彼方へ』の中で、皮膚に関して、こんなことを述べている。皮膚とは、常に顔の変容なのであって、顔はいつも皮膚の重みを課せられているのだ、と。皮膚が顔である、とはどういうことだろうか。

このことは、触覚こそが、つまりは皮膚という表面こそが、求心化作用と遠心化作用の最も明示的な交替の場であったことを思い起こすと、理解可能なものとなる。たとえば、他者の顔を見るときのことを考えてみよう。顔は特別な対象である。というのも、〈私〉がそれを顔として見ることができるのは、その顔が〈私〉を見ている――と直観できる――からである。つまり顔の方に、〈私〉がその顔を見るのと同権的な見る作用が属しており、それによって〈私〉こそが見られていることを知るのである。無論、他者の顔の見る作用は、〈私〉の見る作用の内的な対象には還元できない。それが、〈私〉の視覚の対象の一つに過ぎないのだとすれば、それは、もはや、〈私〉の見る作用と拮抗する、もうひとつの固有の見る作用とはなりえないからである。このように、顔へと直面する場面を観察してみるならば、そこにおいて、求心化作用と遠心化作用が、まさに触覚の場合と同じように、非常に明示的な形態でたち現れているのを知るのである。〈他者の〉顔を求心的に〈私〉の視覚の対象として確保した瞬間に、まさにそれが顔として現れている限りで、あの向こうの顔の方へと遠心化したもうひとつの視覚が、顕現することになるからだ。触れることが触れられることへと反転したのと同様に、見ることが見られることを伴ってしまうのである。このように考えることで、顔と皮膚が本質的に同じものであるという、レヴィナスの主張も理解可能なものとなる。

こうした顔と皮膚との連続性を念頭において、ここで、考察を前進させるための補助線を一本引いておこう。それは、レヴィナスによっても解釈の対象となっている、「顔」をめぐる、旧約聖書中のあるエピソードである。旧約聖書によれば、人は神の顔を見ることはできない。神の顔を見たものは死ぬ、とされているのである。だが、顕著な例外がある。ヤコブの不思議な体験がそれである。ヤコブは旧約聖書中でも特別に重要な人物のひとりである。彼はイスラエル十二部族の共通の始祖であり、「イスラエル」という名も、以下に紹介するような奇妙な体験に由来する彼のもうひとつの名前に端を発しているのだから。ヤコブは、長い間仲たがいしていた双子の兄エソウのもとへと戻る途中、「神」と出会うのである。このカナンへの帰路にあったある晩、ヤコブの前に、謎の人物が現れた。そしてヤコブとこの人物は、夜明けまで、死をかけて闘った。最後に、この人物は、ヤコブの強い要請に応ずる形で、ヤコブを祝福して去っていく。最後の祝福の振る舞いを通じて、この人物は神として振る舞い、自らが神であったことを示したのである。だから、謎の人物が去った直後にヤコブは言う。「私は顔と顔をあわせて神を見たが、なお生きている」と。そして、彼らが闘った土地に、「ペヌエル（神の顔）」という名前をつけた。

　ヤコブについてのこの神話は、見ることが不可能でありかつ許されていない「神の顔」が、顔との直接的な対面の体験に媒介されている、ということを暗示している。興味深いことに、『死者の書』の筋が同じような展開をたどる。最初、まれびと（滋賀津彦）は女（郎女）に、「顔」として立ち現れる。彼女が初めてまれびとの存在を感知するのは、彼女が仏典の手写を発願して三年目にあたる年の春分の日の夕刻、夕日沈む二上山の「二つの峰の間に、あり〳〵と荘厳《シヤウゴン》な人の俤が、瞬間顕れて消えた」のに立ち会ったときである。以降、彼女は、この「俤人《オモカゲビト》」の立ち現れを、何度も経験する。が、例の幻想的な交合を経て、俤人の衣を織り始めてからは、「あれほど、夜々《ヨルヽヽ》見て居た俤人《オモカゲビト》の姿も見ずに、安らかな気持ちが続」くのである。すると、われわれが解明しなくてはならないのは、顔の圧倒的な現前が顔の隠蔽へと転換していく機序である。その転換は、ちょうど、「水」の主題から「衣」の主題への転回に対応しているはずだ。そして、この転換の機序こそが、まれびとが共同体にとって実効的な超越性として設立される仕組みを示すものでもあろう。

時間の発生と「第三者の審級」

今や、集めてきたさまざまな手がかりを総合すべきときである。あらためて「触れる」体験の現場へと遡行してみよう。あるいは顔に直面する現場へと遡行してみよう。われわれは、こうした体験において、たとえば触覚の体験において、遠心化作用を通じて、不可避に〈他者〉と直面することになる。一方で、〈私〉の存在は、志向作用の求心的な原点として、もろもろの対象の把持を通じて示唆されている。他方で、〈私〉にとっての〈他者〉の存在は――求心化作用と遠心化作用の一体性を考慮すれば――、「〈私〉の存在」とまったく同値の関係にある、「〈私〉の存在」の厳密な裏面である。〈他者〉は、〈私〉に相関した求心的な対象把持に随伴する遠心化作用を通じて、その存在の可能性を必然的に示さずにはおかないからである。とはいえ、〈他者〉が顕現する仕方は、〈私〉自身に対して〈私〉の存在が示唆される仕方とは、根本的に異なっている。〈私〉の存在は、言わば肯定的《ポジティヴ》に示唆されるが、〈他者〉の現れは、徹底的に否定的《ネガティヴ》だからである。たとえば、手がもうひとつの手に触れた瞬間、その手は、みずからが触れられているのを感覚するだろう。あるいは、他者の顔に直面するとき、〈私〉は、〈私〉を捉える視線の存在を直観する。だが、触れている手が、自身に触れているもうひとつの手を、まさに触れることの能動性のままに捉えようとするや、そのもうひとつの手は対象化され、ただの「触れられている事物」に転換してしまう。同様に、〈私〉が他者の顔の内に、〈私〉を見る作用を捉えようとすればかえって、顔は、観察された対象へと転落してしまう。このように、〈私〉を見たり、〈私〉に触れたりしている固有の異和的な志向作用は、〈私〉の触覚や視線の、捉えようとする働きから逃れ去っていく――遠心化していく――ということの内に、否定的な仕方で示されるのである。だから〈他者〉は、言ってみれば、〈私〉〈に帰属する対象把持〉からの退却を通じてのみ、〈私〉に対してその存在を告知するのだ。だから、〈私〉が、自らが触れられたり、見られていることに一瞬気づいたとしても、〈私〉は、〈他者〉が〈私〉に触れたり、〈私〉を見ていたりしていることの現在性には、決して立ち会うことができない。〈他者〉は、〈他者〉の見たり、触れたりする作用は、もはやそこにはないからである。

たとえば、レヴィナスは、「触診であることに気づいてしまう愛撫」という例を挙げている。愛撫が成り立つのは、触れることの相互性が成り立っている場合だけである。つまり、指が触れている相手の皮膚を、それ自身、生ける能動性として感受している場合にのみ、それは愛撫たりうる。だが、触れている最中に、みずからを意識してしまった愛撫は、もはや愛撫ではありえず、触診に成り下がってしまう、とレヴィナスは指摘する。われわれは、さらにこう付け加えるべきだろう。愛撫は、常に触診への堕落と隣接している、と。そして堕落は、ほとんど必然ですらある、と。

〈他者〉が〈私〉の志向作用の求心性からどこまでも撤退していく、ということは、実践的には、〈他者〉の原理的で解消不能な不確定性として現れることになる。〈他者〉は、〈私〉に所属する宇宙の内部における意味づけから常に逃れる可能性をもつ、〈私〉自身とは異なるもうひとつの固有の能動性＝選択性なのだから。〈他者〉以外のあらゆる現象は――それがいかに不確定で予想困難なものに見えていようと――、それに対する意味づけによって、予期の可能性の範囲に収容しうる相対的な不確定性へと馴致することができる。だが、〈他者〉は、どのような意味づけ（予期）をも裏切りうる可能性を留保し続ける、まさにその限りで〈他者〉なのだ。要するに、〈他者〉は、いかようにしても馴致できない、不意打ちの可能性である。

さて、〈他者〉のこうした否定的な現前――現前が同時に現前からの退避を含意しているような現前――は、（〈私〉にとっての）〈他者〉の存在に独特な分裂をもたらす可能性を宿している。第一に、〈私〉が〈他者〉の存在を認め、〈他者〉を追い求めても、――論じてきたように――そこにはもはや〈他者〉はいない。〈私〉はそこに、〈他者〉がいたことの痕跡を見るのみなのだ。これだけでは、「〈他者〉の不在」という否定的・消極的な条件のみであって、〈他者〉に積極的に分裂をもたらすことはない。だが、第二の、次のような条件が付加された場合に、〈私〉が直面するこの〈他者〉とは異なる、もうひとりの他者が、この〈他者〉から分離してくる可能性が胚胎されるのである。先に述べたように、求心化／遠心化作用の連動がもたらす志向作用の共帰属性を媒介にして、〈私〉と〈他者〉（たち）は同一の間身体的連鎖のうちに編み込まれている。このとき、間身体的連鎖は、その内に編入されているどの単一の身体にも還元しえない固有の実在性を帯びて――連鎖内部の個別の諸身体たちに対して――現れることになるだろう。言い換えれば、間身体的連鎖内の個別の身体に帰属する複数の志向作用とは別に、間身体的連鎖の全体に直接に帰属する半ば抽象的な志向作用が存在しているかのような仮象が生み出されるのである。

以上の二条件のもとで、次のような転換の可能性が待ち受けている。〈私〉が〈他者〉を追い求めると、その〈他者〉はもはやそこにはいない。このことがさらに、〈私〉の前に立つこの〈他者〉とは異なる――同じ空間のうちにあって〈私〉と顔を合わせて対峙することがありえない――、「かつて（〈私〉を）見ていた」「かつて（〈私〉に）触れていた」と見なしうるような他者が存在していたことを含意するものとして、感受されることになるのだ。「もはやいないがかつていた」と見なしうる他者――言い換えれば「既に（いた）」という様相においてのみ立ち現れる他者――とは、実際のところは、実体化された間身体的連鎖である。つまり、「かつて」あるいは「既に」という形式で〈私〉を捉える志向作用は、この間身体的連鎖によって担われているのだ。この実体化された間身体的連鎖は、〈私〉が「あなた」と呼びうるような形態で〈私〉に向かい合うことがありえない他者である。それゆえ、こうした他者を「第三者の審級」と呼ぶことにする。

こうして構成される、第三者の審級は、次の二つの意味において、超越（論）的＝先験的な性格を帯びることになる。第一に、それは、常に、既に存在していたものとしてのみ、定位されることになる。つまり、その起源を、どの経験的な現在――想起可能な現在――にも位置づけることができない。第三者の審級は、過去へと退却する形式において現前＝現在しているのである。第三者の審級が位置づけられる「どの経験的な現在でもありえないような過去」は、先験的過去と見なさざるをえない。第二に、——今は詳述しないが——第三者の審級に帰せられる志向作用は、〈私〉に対して、規範性を帯びたものとして機能するのである。すなわち、それは、〈私〉の「あるべき」——あるいは「あるはずの」——様態を指定する承認のまなざしとして、〈私〉に対して立ち現れるのだ。このような、二重の意味における、第三者の審級の先験的な過去性は、述べてきたように、〈私〉と〈他者〉との現在における触覚的な交流の反作用として構成される。このような、特殊な超越性を帯びた第三者を、〈他者〉から分離し、自身の経験に先立つ過去へと投射する機制が、「（第三者の審級の）先向的投射」である。

さて、われわれが結論的に提起しておきたいことは、まれびととは、こうして構成される第三者の審級の一形態ではないか、ということである。ここで注目されるのは、まれびとの身体を覆うあの「衣」である。繰り返し強調してきたように、「触れる／触れられる」関係を通じて、〈他者〉は開示されるが、まさにその〈他者〉を捉えようとするや、〈他者〉は、その捉えようとする営みから退いてしまう。つまり、「水」が表象している触覚的な溶融体験の中で、〈他者〉の露呈と退却が、一瞬のうちに交替するのだ。この交替の瞬間に〈他者〉の皮膚の表面を覆うべく与えられる衣は、〈他者〉の現前からの退却を作為的に強化する装置となりうる。言うまでもなく、衣は、物理的に、〈他者〉の皮膚への接触を阻み、皮膚を、それに触れようとする指から隔てるからである。衣によって、現前からの撤退の運動を強化するとき、衣の向こう側で、述べてきたような機序に従って、〈他者〉が超越的な第三者へと変成するのである。大嘗祭に即して言えば、天皇の身体に天皇霊（まれびと）が入るのだ。たとえて言えば、こんなことである。今、われわれが宝物を探しているとしよう。宝物はどこからも現れない。このことは、どこか未知の場所に、宝物が存在していることを含意するものではない（端的に宝物はないかもしれない）。だが、もしここに、どうしても剝がすことができない覆いのようなものが発見されたとしよう。われわれは、たちどころに、その覆いの向こう側に宝物があると確信するに違いない。衣は、この覆いの効果をもった装置なのである。

だから、大嘗祭を構成する二つの対立的な主題の系列、つまり「水」の直接性の系列と「衣」の間接性の系列は、断絶を挟むような形式で接続されている。その接続の様を、一挙に圧縮して見せているのが、ヤコブの神話である。そこでは、顔の圧倒的な現前（謎の人物との対面）が、顔の完全な退却（神の不可視の顔）へと、一夜にして転換する。顔は、その退却を通じて、神（の顔）となるのだ。だから、顔や触覚をめぐる経験的な内在性と神の超越性は、明確に飛躍の瞬間を確定できないようなかたちで、結びついている。こうした内在的平面と超越的平面の屈折した連続を、そのまま体現しているのが、『死者の書』における、折口の不思議な文体である。われわれは、最初に、『死者の書』の有名な冒頭部分を引用しておいた。この行文が、奇妙な、言ってみれば呪術的な雰囲気を与えるのは、松浦寿輝が指摘しているように、語り手の視点がどこにあるのか、判然としないからである。最初の一文は、三人称の主語をもつ、「彼の人」についての客観的な記述なのに、そのすぐ後の文は、その「彼の人」自身の一人称の主観的な語りになっている。後者が、超越的なまれびとに帰属する発話であるとすれば、前者は、まれびとの支配下にある人々の内在的な（経験的な）発話である。[*4] こうした二つの平面の自在な往還の中でこそ、『死者の書』の世界が展開するのである。

大嘗祭とは、外来魂（天皇霊）を迎え入れる「鎮魂」の儀礼である。折口は、「鎮魂」という語は、「たまふり」とも「たましづめ」とも読むことができる、という点に注目している。つまり「鎮魂」という語の上で、霊魂の力を「振り」立たせることと、昂ぶった霊魂を「鎮め」ることという、まったく対立する意味が交錯しているのである。こうした両義性を理解しうる場所に、すでにわれわれはいる。大嘗祭は、たとえば「触れること」を通じて、〈他者〉の魂を活性状態に導くことを要件として含んでいる。この点からすれば、大嘗祭は「たまふり」の儀礼である。魂は、活性状態に置かれることによって、自己同一性を失い個体の身体から遊離してしまうだろう。こうして遊離した魂は、超越的形象の中に定着させられる。この点からすると、大嘗祭は、「たましづめ」の儀礼である。

さて、われわれの本来の問いは、「時間」はいかにして可能か、という点にあった。時間は、同一の事態がすべての時間的な様相（過去／現在／未来）を帯びることができなくては、成り立たない。しかし、それらの諸様相を表現する述語は、互いに排他的な関係にあった。そして、これこそが、マクタガートにとっては、時間の非実在を示す論拠だったのだ。逆に言えば、時間の可能性を示すためには、この否定的な条件が時間にとって構成的な条件でありうることを示さなくてはならない。言い換えれば、時間は、ただ、互いに背反的な関係にある時間的な諸様相の共存を通じてのみ、その可能性を与えられるのだった。

われわれは、今や、この共存を支える機制に関して、ひとつの見通しを得たと考えてよい。

第三者の審級は、決して現在ではありえなかった過去の次元に所属している。その先験的な過去は、「現在」における、〈他者〉との相互的な交流を媒介にして（先向的に）投射されることによって拓かれている。つまり、この永遠の過去は現在と共存しているのであり、その意味では、現在が既に過去なのである。〈他者〉との関係そのものの内には、未だに時間は孕まれておらず、それは、言わば時間以前――始まり以前――である。第三者の審級を永遠に過去へと投射することによって――より精確に言い直せば、第三者の審級の投射が（永遠の）過去を切り拓くことによって――、この関係が、時間化されたのだ。これによって、現在のうちに時間的な持続の「厚み」が孕まれることになるのである。[*5]

求心化／遠心化作用を媒介にして顕現する〈他者〉は、先に述べたように、原理的に解消しえない不確定性として現れる。この点からすると、〈他者〉は、「未来」とその存在の性格を共有している。〈他者〉を第三者の審級へと転換させる先向的投射は、だから、〈他者〉の本源的な「未来性」を、「過去性」「既在性」へと変換し、その不確定性を緩和する仕組みであると考えることもできるのである。あるいは、〈他者〉の他者性は、〈他者〉が第三者の審級の内に吸収されて時間が成立した後にも、「未来性」の内に、その痕跡を留めている、と言ってもよいだろう。

1　滋賀津彦は、無念の最期――叔母である持統天皇による粛清――を迎える直前に、耳面刀自をひとめ見て、彼女を愛してしまう。この愛が滋賀津彦の「此世に残る執心」となったとされている。

2 「ミヌマ」「ミツハ」は、蛇あるいはその他の水中の動物の格好をした女神——あるいは巫女のような神に近い女——である。また「ミブベ」は、貴種の誕生の際に、禊《みそぎ》の水を濯ぐ女である。

3 松浦寿輝は、折口の文章において、衣は「仮名」であり、裸身によって象徴される「漢字」と対照させられている、と解釈している（『折口信夫論』太田出版、一九九五年）。私はここで、松浦のこの独創的な解釈をそのまま踏襲するものではない。しかし、彼の解釈が思考に対する強い刺激になったことは確かである。

4 折口は、「国文学の発生」（第一稿）において、「かみごと」（神語）をめぐって次のように論じている。「わが国にくり返された口頭の文章の最初は、叙事詩であ」り、その叙事詩は、普通は三人称で語られるのだが、その中にときどき一人称の文が混入している。たとえば、大国主神の沼河比売《ヌナカムヒメ》への求婚の歌謡は、「八千矛《やちほこ》の　神の命《みこと》は　八島国　妻枕《ま》きかねて」と三人称の叙述で始まるが、途中に、「嬢子《をとめ》の寝《な》すや板戸《いたと》を　押そぶらひ　我が立たせれば　引《ひ》こづらひ我が立たせれば」と一人称の表現が入り込む。また敬語の使用法などにも混乱が見られるという。こうした事実から、折口は、叙事詩は、本来は神（まれびと）の独り言だった、と結論する。『死者の書』の文体は、一人称（神の独り言）と三人称が違和感なく切り替わる、叙事詩のこうした古形を再現するものだと、解釈することができるだろう。折口の考えでは、古代の文学は、神に帰属する言葉の反復なのである。ところで、松浦寿輝は、折口が、弟子たちが講義するときには、弟子たちが語るべき内容をほとんど口移し（口写し）とも言うべき厳密さであらかじめ教示していた、というエピソードを重く見ている。このとき、折口は、まれびととして弟子たちに君臨し、その言葉を弟子たちに反復させたのである。

5　レヴィナスもまた、触覚（愛撫）の体験を時間と結び付けている。『存在するとは別の仕方であるいは存在することの彼方へ』（朝日出版社、一九九〇年。原著1974）におけるレヴィナスの論は、こうである。愛撫において、私は他者に遅れをとっている。言い換えれば、他者において、既に時が過ぎ去っているのであり、したがって、他者は、既に老いているのである。他者の老いの先には、さらに他者の死が予感されている。愛撫を通じて感受されるのは、他者の老いの印としての皺であり、そこでは、他者の死が告げ知らされている、というわけだ。こうした他者（の死）に対する私の必然的な遅れから、レヴィナスは、私の他者への無限の責めを導き出す（レヴィナスの時間論については、熊野純彦の『移ろいゆくものへの視線』がきわめて鮮やかにその核心的な意義を抽出している）。さて、われわれがここで提起してきた議論は、レヴィナスのこうした論と、重要な点で、その構図を共有してはいる。だが、私の考えでは、「他者の現前からの退却」からのみでは、時間は発生しない。時間的な様相が結晶するためには、「退却」をさらに既在性として――つまり「既に〜であったこと」として――構成し、選択する積極的な作用素が必要である。つまり、他者が既に現前していないということは、他者がかつて何者かであったこと（あるいは既に何者か――たとえば老人や死人――であること）をそのまま含意するものではなく、前者の消極的条件を後者の積極的な断定へと変換する因子が必要なはずだ。同じことは、倫理的な責任に関しても言える。「他者の現前からの退却」だけでは、倫理性や規範性を構成することはないだろう。私に対して倫理や規範が構成されるためには、退却した他者が、命令や要求や承認の担い手として、つまり固有の妥当性（／非妥当性）を区画する選択性の担い手として、回帰してくることが必要条件になるだろう。要するに、レヴィナスの論の中で決定的に不足しているのは、未規定的な（あるいは規定不能な）〈他者〉の消極的・否定的な非・現前を、超越的な他者（第三者）へと質的に飛躍させる機制についての説明である。この欠落が、理論的にも（時間論の水準で）、実践的にも（倫理的責任の扱いに関して）由々しき問題を導く可能性がある。

5　男と女

数学的／力学的アンチノミー

前章で、われわれは、大嘗祭についての折口信夫の記述を媒介にしながら、いわば、「ときの発生する現場」を捉えようと試みてきたのであった。大嘗祭では、まれびとは男であり、彼を共同体に導入する媒介者は（水の）女でなくてはならない。たとえば、大嘗祭において、天皇は、自らまれびととして振る舞う限りでは男であり、またまれびと（天皇霊）を迎える者としては女である。こうした性別の配分がなされるのはなぜだろうか？　あるいは、そもそも、大嘗祭という特定の文脈を離れて、性別とは何であろうか？　自由をめぐる一連の論究の一種の間奏曲として、ここで、こうした問いを立ててみよう。というのも、第一に、時間の発生の機制をめぐる前章の考察が、われわれが二種類の、つまり男と女という二種類の他者に対しなくてはならない必然性を説明するからであり、第二に、その二種類の他者が、後の考察が示すことになる、自由と責任をめぐる諸態度を、象徴的に代表してもいるからである。ここでの考察は、その副産物として、ジャック・ラカンが提起した有名な「性的差異の公式」に解釈の道を拓くことになるだろう。

ジジェクは、哲学と精神分析の相違はどこにあるのか、という問いを立て、こう答えている。両者の決定的な相違のひとつは、哲学は、主体の性別に対して無関心だが、精神分析は、性別を主体が出現するためのア・プリオリな形式的条件と見なしている、ということにある、と。[*1] 確かに、精神分析の性別に対するこうした意味付けには、首肯しうるものがある。現に、われわれは、相手の性別を無視して、その人物と親密になる、ということは絶対にできないからだ。他の属性については、たとえば国籍や年齢等については、ときに無関心でいることができる。その人物と親しくなるにあたって、国籍やら年齢やらは関係ない、という態度をとることができるだろう。しかし、相手の性別は不明だが、その人物とは親密だ、ということはありえないだろう。要するに、われわれは、性別の刻印を受けていない主体に出会うことはないのだ。ジェンダーは社会的な実践の遂行的な産物であると主張する構築主義が説明することができないのは、こうした性別の抹消不能な執拗性である。たとえば「国籍」は明らかに、固有の制度的な配置が帰結する構築物に過ぎず、実際、人は、ときには、それを経験的な構築物にふさわしいものとして、つまりはどうでもよいものとして、処理することもできる。だが、性別については、そうはいかない。構築主義の説明は、おそらく、間違っているというより、肝心な何かを欠いているのである。[*2]

よく知られているように、ラカンは、たいへん奇抜な仕方で性的差異を定義している。ジョア・コプチェクが指摘しているように、ラカンの男と女の定義は、カントが『純粋理性批判』で提起しているアンチノミーの二種類に、それぞれ対応させることができるのだ。[*3]アンチノミーとは、理論理性によっては、真偽を一義的に決定できない命題のことである。カントは、アンチノミーを数学的なそれと力学的なそれとの二種類に分けている。数学的なアンチノミーとは、肯定と否定の両方がともに真になるアンチノミーであり、力学的なアンチノミーとは、逆に、肯定と否定のいずれもが偽になってしまうアンチノミーである。通常は——排中律が認められる論理では——、肯定／否定の関係にある二つの命題において、一方の真は他方の偽を、そして一方の偽は他方の真を含意している。数学的アンチノミーと力学的アンチノミーは、それぞれ、別のやり方で、こうした肯定／否定の命題の相互の背反的な関係を破っているのである。第1章で言及した、自由意志の存否に関する命題は、カントによると、力学的アンチノミーのひとつである。ラカンの独創は、力学的アンチノミーが男性を定義し、数学的アンチノミーが女性を定義している、と見なした点にある。それはどういうことであろうか。

力学的なアンチノミーは、量化子（「すべての（∀）」「ある（∃）」）をもった論理式によって次のように表現される主張を行っていることになる。

テーゼ　$\exists x \sim \Phi(x)$　〔Φではない x が存在する〕

アンチテーゼ　$\forall x \Phi(x)$　〔すべての x はΦである〕

もちろん、両者をともに主張することは、通常の意味では、矛盾している。力学的アンチノミーの特徴は、次の諸点にある。第一に、アンチテーゼは、宇宙内のすべての対象 x が従うような、ある普遍的法則Φを表現している。第二に、テーゼの方が表現していることは、この普遍的法則の支配を逃れる例外が存在しているということである。さらに、第三の点として付け加えておけば、力学的アンチノミーは、問題の普遍的法則の妥当性が、その支配から逃れる例外の存在にこそ依存しているような場合に、成り立つのである。たとえば、「Φ」を、「因果律に従っている」という性質として解釈するならば、われわれが最初から問題にしているパラドクスを導くことができる。この場合、「一切の自然が因果律に従っている」というアンチテーゼと「自然の因果律に従わない無制約者（自由）が存在する」というテーゼがともに妥当してしまう、というわけだ。ラカンは、「Φ」を「ファロスの作用を受けている」という性質を表現する述語と見なすことによって、これを男を定義する公式と解釈するのである。だが、普遍的法則と構成的例外との間のこうした分裂が生ずるのはなぜなのか？　この点を究明するためには、あとの説明が示すように、まずは女の定義の方から入るほうがわかりやすい。

女を定義する数学的アンチノミーは、テーゼとアンチテーゼがともに偽になる場合であった。言い換えれば、数学的アンチノミーは、テーゼの否定とアンチテーゼの否定をともに主張することを意味する。したがって、それは、次の論理式の組によって表現されるはずだ。

テーゼの否定　$\sim\exists x \sim \Phi(x)$　〔Φではないxは存在しない〕

アンチテーゼの否定　$\sim\forall x \Phi(x)$　〔すべてのxがΦであるわけではない〕

まず理解すべき肝心なことは、数学的アンチノミーが生ずるのは、宇宙の全体性が指示されているような場合に限られる、ということである。たとえば、「宇宙は（時間的・空間的に）限界をもつ」か、それとも「宇宙は（時間的・空間的に）無限か」という対立は、数学的アンチノミーを構成している。この二つの命題のそれぞれが、どのような意味で論理式で表現しうるかということについては、すぐ後で述べよう。ともあれ、両者をともに偽として斥けても不合理が生じない。なぜか？　カントによれば、宇宙は、通常の意味では、つまり他の現象と同じような意味では、存在していないからである。端的に言えば、宇宙の存在は不可能なのだ。不可能な存在者についての命題に関して、どちらが真であるかを問うこと自体が、無意味なことになるのだ。つまりカントは、「無限」に関する排中律の妥当性を、括弧に入れたのである。カントの議論が、今日の数学基礎論の領域との対応では、直観主義に近いとされるのはこのためである。

女の定義

さて、問題は、これら二種類のアンチノミーが性的差異を定義している、ということはどのような意味なのか、ということである。われわれの結論を先に述べておこう。誤解の可能性をあらかじめ回避しておくとすれば、アンチノミーのそれぞれの型を男性と女性に対応させる必要はない。つまりアンチノミーと生理的性別の間の対応関係は、重要なことではない。われわれの考えは、これらのアンチノミーが他者の二種類の極端な場合を表現している、ということである。極端な場合とは何か？　第三者の審級の導入に先立つ他者（〈他者〉と表記してきた）の体験と第三者の審級以後の他者の体験である。

まず数学的アンチノミーを成り立たせている論理をあらためて理解することから始めてみよう。カントの議論は、次のように解釈することができる。

現象が存在し、われわれの何らかの経験の――あるいは志向作用の――対象となりうるのは、その現象が、他の現象から、つまりそれに先行したり後続したりするほかの諸現象から区別されるからである。ここで、宇宙という――諸現象を完全に包括する――全体性もまた、一個の現象であると仮定してみよう。つまり宇宙が有限で、経験の対象として存在しうるのだと仮定してみよう。すると、われわれは、宇宙という現象を、他からまったく隔絶した特権的な現象として、他の現象との区別を主題化できないような現象、現象とは呼べないような現象として、認めなくてはならなくなる。宇宙の外部に、それと宇宙との区別を主題化しうるような現象の存在を想定することは、できないからである。というのも、その現象もまた、定義上、宇宙という全体性の内部に存在しなくてはならないはずだから。このような、現象としての自己を否定するような現象は、存在することができない。要するに、コプチェクがカントのアンチノミーをラカンの文脈に翻訳しながら述べているように、「経験（志向作用）の可能的対象ではないような現象は存在しない」のである。今、「（現象が）経験の可能的対象である」という性質を「Φ」で表せば、この命題は、「テーゼの否定」を意味する論理式（$\sim\exists x\sim\Phi(x)$）によって表すことができる。

だが、ここから、「宇宙は無限である」という結論を導きだすことはできない。示されていることは、宇宙は常に未確定である、ということなのである。現象を次々と追いかけていっても、なお、常にこれと区別されうるさらなる現象が存在している。つまり、いつまでも現象の総体に到りつくことはないのだ。このことは、コプチェクが述べるように、「すべての現象が経験（志向作用）の可能な対象になるわけではない」ということを含意している。もちろん、それは、「アンチテーゼの否定」を含意する論理（$\sim\forall x\Phi(x)$）で表現することができる。

しかし、この数学的アンチノミーが女の定義と解釈できるのは、なぜなのか？　ジジェクは、こんな状況を想像することを勧めている。[*4] 女が誰かを愛している、としよう。女はその恋人を全身全霊で愛しており、すべてを恋人のために捧げている。制限も留保もなく、愛にすべてを捧げるのだ。恋人の方も、彼女が自分への愛にすべてを与えているということを、認知するかもしれない。しかし、そんな状況にあってすら、恋人の方は、究極にある不安を払拭できないものである。彼女は、本当に自分を愛しているのだろうか、という不安を。つまり、彼女の愛に対して、確信を抱くことができないのだ。彼女の愛の彼方に、何に差し向けられているとも特定しがたい、根源的な無関心が宿っているのを、恋人は感じざるをえない。彼女の経験の中に、恋人との愛のためではないものは何もない（テーゼの否定）。にもかかわらず、彼女の生のすべてが愛と等置されるわけではなく、そこには、いわく言い難い無関心が残存する（アンチテーゼの否定）。

ドニ・ド・ルージュモンは、『愛と西洋』において、西洋的な愛の原型を、中世の宮廷の情熱的愛に見ている。情熱的愛は、女性の愛の核心部にある汲み尽くしえない無関心を——愛への全身全霊の献身の方ではなくて無関心の方を——、真の女性の条件として極大化し、半ば制度化された、愛の技巧の中に組み込むことによって可能になった、と言うことができるだろう。情熱的愛の特徴は、その充足の否定である。とりわけ、結婚の否定である。だから、情熱的愛の論理にしたがえば、真の愛は姦淫であるほかない、ということになる。中世の騎士は、愛する婦人と結ばれる瞬間へと漸近していく。が、しかし、その瞬間は、その度に回避されてしまう。なぜ最終的な結合に到ることができないのか？　その最後の瞬間に、男は、女の無関心によって突き放されるからである。男は、女の不可解さによって拒否されてしまうのだ。

逆に言えば、その女の不可解さ、無関心は、男の、女についてのどのような想像・幻想をもそこに投影することができる、スクリーンのようなものになりうる。男にとって、女は、何を想っているのか特定しえない、不可解な無関心を最後まで残している。それは、何であるとも決定できないがゆえに、どのようなものとしても想像できる。だから男は、女と積極的に関係しようとすれば――つまりあの不可解を乗り越えようとすれば――、常に女についての幻想を抱くほかない。それは、女の核心にあるあの無関心を隠蔽することを意味する。だから、ラカンが述べるように、女としての女は存在することができない、ということになるのだ。男が、女を自らの腕の中に真に抱き留め、完全に我が物にしえたと思い込むことができるためには、その女が開く捉えようのない不可解を、自らの幻想によって埋め合わせておかなくてはならない、というわけだ。

　さて、こうした女のあり方は、第一に、触覚的な関係を起点にしながらわれわれが一般化した〈他者〉のあり方の実例になっており、そして第二に、数学的アンチノミーのきわめて完全な表現にもなっている。これらのことをあらためて説明しておこう。

　ただ、それに先立って、特に第二の論点の十全な理解のために、確認すべきことがある。それは、宇宙の存在と〈私〉の存在とは、同値な事態だということ、それゆえ宇宙の本性上の単一性と〈私〉の本源的な孤独とは表裏一体のことだということ、これである。[*5]〈私〉の志向作用に対して現れるすべては、言い換えれば〈私〉の経験しうるすべては、〈私〉（の身体）に求心化して現象している。たとえば、ハイデガーは、『存在と時間』において、あらゆる存在者は、「用具的存在者 Zuhandensein」「客体的存在者 Vorhandensein」に分類しうるとした上で、さらに、結局は、あらゆる存在者は、前者に帰着させることができる、と論じている。

Zuhandensein とは「手元存在」ということであり――それに対して Vorhandensein は「手前存在」である――、したがって、ハイデガーは、あらゆる存在者が、「手」が代表する特定の実践的構えのもとに宇宙にかかわる〈私〉への「近さ」によって、整序されている、と見なしていることになる。この認識は、われわれの言葉で言い換えれば、あらゆる存在者が、〈私〉に対して求心的に配備されている、ということである。宇宙内のすべてがこのように求心性を帯びているとすれば、この〈私〉が単一的なものとして存在しているということと、宇宙が存在しているということとは、まったく同じことの二つの表現である、ということになるだろう。

〈他者〉は、この宇宙の内的な要素として現象することはありえない。〈私〉に対して求心化している宇宙の内的な要素であるとすれば、それは、もはや、〈私〉と対等するもうひとつの固有の志向作用の帰属点――もうひとつの固有の宇宙の準拠点――とはなりえないからである。〈他者〉は、宇宙の全体がそれと区別されるような外部である。そのような〈他者〉は、述べてきたように、宇宙の内的な現象であるということから背進し続けることによってこそ、存在するのだ。こうした背進こそが、遠心化（作用）であった。志向作用が自らに対してそれを定立し、それを何ものかとして断定する。〈他者〉は、こうした断定から必然的に逃れて行ってしまう。たとえば、われわれは、他者について、何ごとかを予期し、期待する。実際、こうした予期が高い蓋然性をもって満たされると期待できるような状況でなければ、われわれの日常生活は営めない。だが、それでもなお、まさに相手が〈他者〉である限りにおいて、その相手に対する予期は、常に裏切られる可能性が残っている。われわれは、〈他者〉に対する限り、こうした留保のもとで、その相手に関係しているのである。そうして、こうした留保が極大化するのが、愛の関係においてである。愛において、人は相手を知り尽くしたと思う。しかし、それでも、相手の愛についての不安を消し去ることはできない。愛すれば愛するほど、相手を知れば知るほど、なお、それが裏切られるかも知れないという不安は昂じてくるのである。

　だから、今や、こう言うことができる。すべてのものは宇宙の内的な現象として存在する（テーゼの否定）。が、それでも、なお、本源的に、そこから逃れ、そこから退却する未規定の何かがある（アンチテーゼの否定）。それが、〈他者〉である。だから、数学的アンチノミーを不可避なものとするのは、〈他者〉である、と言ってよいだろう。それを「女」と名づけるかどうかはともかくとして、数学的アンチノミーの形式で、〈他者〉の与えられ方を表現しておくことができるのである。

　パーヴェヴ・ヒューレの小説「初恋」は、こうした〈他者〉のあり方への、悲しい寓意として読むことができる。[*6] 主人公は、グダニスクに住む非行青年「ジャズ」である。彼は、裕福な家の娘パーシャを一目で愛してしまう。だが、非行青年と裕福な令嬢とはつりあわない。パーシャは、だから、彼女の親によってジャズから引き離されてしまう。そこで、ジャズは、オートバイで、戦争によって破壊された橋の橋脚から橋脚へと飛び移り、世界的な名声を得ることで、認めてもらおう、と考える。ジャズは、オートバイが得意なのだ。だが、結局、ジャズの跳躍は失敗し、彼は橋桁の下に転落して死亡してしまう。こちらの岸の橋脚から向こう岸の橋脚への跳躍は、もちろん、〈私〉(の宇宙)から〈他者〉への跳躍である。しかし、〈他者〉は決して、こちらの岸からは届かない。〈他者〉は架橋しえない無限(遠)なのである。

男の定義

さて、われわれは、〈他者〉の(〈私〉にとっての)必然性から、数学的アンチノミーの不可避性を導いてきた。次は、ラカンが男を定義すると見なした力学的アンチノミーである。われわれの結論的な配備を示唆しておけば、こうである。〈他者〉が第三者の審級へと飛躍を含んで連続していたように、数学的アンチノミーと力学的アンチノミーは関係しているということ。だから、力学的アンチノミーが必然であるということは、数学的アンチノミーの方から説明することによって、導き出すことができる。

力学的アンチノミーにおいて、通常ならば矛盾する二つの命題が、ともに真になるのは、なぜだろうか? コプチェクの議論がガイドラインを与えてくれる。[*7] まず、数学的アンチノミーにおいて、肯定/否定の二つの命題がともに偽になった理由を、もう一度確認してみよう。アンチテーゼ(の否定)が、現実的にも、可能的にも存在しているとは見なしえないような対象について――あるいはまさに(可能的な宇宙の内部に)不在であることが存在の条件であるような逆説的な要素について――、それが存在しているかのように潜在的に仮定しているからである。もちろん、われわれは、現実の世界に存在していないもの（たとえば「ユニコーン」）に関して、何かを言明することはできる。しかし、可能的な想定のうちにあってすらも存在していないもの、可能世界のうちに「それがある」と言い得ないもの、いかなる世界においても「これは〜である」と指示しえないものについては、積極的な言明を構成することはできないはずだ。だから、数学的アンチノミーは、そうとは意識することなく、余分に言い過ぎていたのである。この「余分」に対応する余剰的な対象を自覚的に切り離すと、力学的アンチノミーが得られるのだ。「余分」を切り離すということは、次のことを意味する。第一に、余剰が除去されたことによって、現象の全体性（宇宙）が、その余剰との反照によって区画された統一性を有する領域として――たとえば「因果律が妥当する領域」として――たち現れることになる。第二に、このことは、除去した余剰分を、例外性の身分で、積極的に実在する実体として、自覚的・顕在的に承認することを意味する。だから、力学的アンチノミーの二つの言明は、実は、異なった対象に言及しているのである。テーゼの方は、例外的な余分を含む異種的な全体に言及している。それに対して、アンチテーゼは、例外的な余剰を除去することによって得られる同種的な全体に言及しているわけだ。

数学的アンチノミーから力学的アンチノミーへの以上のような転換――余剰的な対象の実体化――は、〈他者〉との関係から第三者の審級が投射される機序に正確に対応している。〈他者〉の存在は、徹底的に否定的・消極的である。〈私〉の宇宙から退却しつづける――それゆえ宇宙内的にはその存在を決して肯定・断定しえない――〈他者〉を、先験的な永遠の過去に実在する他者に置き換えたものが、第三者の審級であった。だから、力学的アンチノミーは、第三者の審級のもとで可能になる他者体験の位相を表現しているのである。大嘗祭において は、退却し続ける〈他者〉を決して現在化したことのない超越的他者へと転換し、同時に〈他者〉から切り離す装置が、「羽衣」であった。（まれびとの身体を覆う）羽衣は、身体の表層を〈触覚に対して〉あえて間接化することによって、〈他者〉の否定的現前を、超越的他者の圧倒的な実在へと変換させるのであった。羽衣による覆いは、積極的にはなにものとしても——存在しているとさえも——同定しえない何かを、中心的な意味を担う実体へと変容させる詐術のような操作である。剝がしえない覆い、開けられない箱が、まさに剝がされない限りで、開けられない限りで、その内側の空虚を宝として確信させるようなものである。この操作は、数学的アンチノミーと力学的アンチノミーとの間の、述べたような関係にちょうど対応している。羽衣は、言ってみれば、アンチノミーを数学的な形式から力学的な形式へと変換する関数の役割を担っていたのである。まれびとが男で、彼を招き入れる水の呪力の使い手が女でなくてはならなかった、必然性は、ここにあるのだ。

力学的アンチノミーが男を定義している、ということを直観するために、ここでもう一度ジジェクが提起しているイメージを借用してみよう。[*8] 先に愛にすべてをささげる女のイメージを描写した。では男はどうなのか。恋する男もまた、一切を女のために捧げる。男にとっても、その恋人は絶対的なものであり、恋人との愛は、彼の人生のすべてを「普遍」的に支配している、と言えるだろう。しかし、まさにそれゆえにこそ、男は例外にぶちあたるのである。すなわち、彼は、公的で崇高な任務のために、恋人との関係を犠牲にせざるをえなくなるのだ。公的な使命との間に強い緊張を形成するような愛でなくては、本当に深い愛とは言えない。もちろん、これらの公的使命に強い規範的価値を与え、まっとうせざるをえない必然性を与えるのは、この使命を与え、その遂行を命令する超越的な第三者の審級である。たとえば、職務を、愛よりも低い価値のものと見なして、それを、あっさりと放棄したり、犠牲にしてしまう「マイホーム・パパ」のような男のことを考えてみよう。愛と拮抗しうるほどの使命をもたない男は、男として魅力に欠けるようにみえるだろう。そして、さらに、そういう男が恋人との関係を選んでも、不思議なことに、その愛は本物には見えてこないのだ。つまり、愛は、それが貫かれていない例外が存在している限りで、生のすべてを支配していると見なしうるような真実の深みにまで到達することができるのである。

このような点に留意した場合に、少しばかり興味深い現象は、若い女性が、主として男性向きに作られているマンガや映像作品に対して示した、ある奇妙な態度である。日本でもアメリカでも見られる現象なのだが、マンガなりテレビ・シリーズなりのある特定の作品を愛する熱狂的な女性ファンが、その作品を独特な仕方で書き改めたマンガや小説をみずから創作し、同人誌などを通じてできあがったその作品を互いに交換しあっている。重要なのは、その改竄の「独特な仕方」である。日本では、それらの作品は——初期の作品の水準が低かったところから軽蔑的な含みをもって——かつて「やおい」と呼ばれたのだが、要するに、男性主人公たちが同性愛的な関係にあった、と想定するのである。今日では、このジャンルは、（日本では）

単純に「ボーイズ・ラヴ」と呼ばれている。[*9] これらのパロディの生産者や消費者は、圧倒的に女性なのだが、彼女たちの性的な嗜好に特別な傾向は見られないこと——レズビアンが多いということは決してないということ——、彼女たちがゲイの世界に通暁しているわけではないことなどが知られている。[*10] ここで注目すべきは、パロディの餌食となる作品は何でもよいというわけにはいかない、ということである。実際、日本でもアメリカでも、多くのパロディが作られた原作は、ごく少数の作品に限られている。圧倒的に多くの作品の準拠となったのは、日本では、マンガの『キャプテン翼』であり、アメリカではテレビ・シリーズの『スター・トレック』である。たとえば『スター・トレック』では、宇宙船USSエンタープライズのキャプテン、ジェームズ・T・カークとそのファースト・オフィサーのスポックが恋仲にあるものとして描かれるのである。

だが、なぜ、これらの作品なのか？ 若い女性ファンは、なぜこれらの作品をとりわけ好むのか？ 選ばれる作品の特徴は、主人公たちが日常を絶する超越的な使命のために彼らの人生を捧げ、団結している、ということである。『キャプテン翼』では、その使命はサッカーにおける勝利である。『スター・トレック』では、使命の超越的な崇高性は、さらに圧倒的である。登場人物たちは、アメリカの国際秩序における役割をそのまま銀河系大に拡張した使命を、つまり銀河系での自由と平和を実現する使命を担って、銀河系の辺境への冒険に従事しているのだから。若い女性たちは、彼女たちに欠けているものを、これらの作品に見出すのである。その欠けているものが充足されている設定を投影するためには、女性の（男性への、あるいは女性への）愛の世界では難しく、男性の愛を思い描きうる世界でなくてはならなかったのであろう。そして、彼女たちは知っていたのだ。愛を凌駕するほどの重要な大義こそが、逆に、愛を真に深めることができるということを。

四種類の他有

われわれは、ラカンが定式化した女性と男性の定義が、第三者の審級に先立つ〈他者〉の経験と第三者の審級の成立を前提にした経験とに対応させることができるということ、それゆえ、両者を、断絶を孕む連続性として関係づけることができるということ、これらのことを示してきた。わけても、重要なことは、身体の女性としての様態と男性としての様態が、つまり数学的アンチノミーと力学的アンチノミーが、独特な仕方で対立するだけではなく、〈前者から後者への〉飛躍をともなう移行関係の中で理解しうる、ということである。それゆえ、あらためて、もう一度強調しなくてはならない。ここで記述したような、他者の二様のあり方を、男／女の生理的区別と固定的に対応させてはならない。むしろ、情況を逆に描写すべきである。すなわち、われわれの宇宙は、述べてきたような理由によって、二様の他者によって構造化されている。その二様の他者が、男女の性的な差異の上に写像されているがゆえに、われわれは、性的な差異の束縛から逃れることができないのだ、と。

もっとも、以上の男／女の二分法は、身体の可能的な諸様態を表現する図式としては、まだ第一次近似である。第三者の審級が、〈他者〉に後続するようにして樹立されたこと自体が、男／女の二分法的関係に及ぼす反作用が考慮に入れられていないからである。その点について、ここで詳述する余裕はないので、ごく簡単に概略的な見通しのみを示しておこう。まず、男性的極が、王のごときものとして君臨する第三者の審級そのもの（①）と、第三者の審級に呪縛され、それへの従属によってみずからの宇宙を確保する男（②）とに、二分されなくてはならない。これと同時に、女性としての〈他者〉が、第三者の審級に従属し、その効力のもとで被る変容（③）を考慮に入れなくてはならない。②と③は、第三者の審級に従属する男／女の形象を与えるわけだが、両者は、次の点で異なっている。すなわち、②も③も、第三者の審級が肯定的に承認する価値へと疎外されているその限りで、第三者の審級に従属するのだが、それと同時に、③は、そうした価値から疎外されているという意味で、二重に疎外されているのである。両者は、「――への疎外」として特徴づけられる指向的な疎外という点では共通だが、③のみが、その上で、「――からの疎外」という剝奪的な疎外をも被るのだ。[*11] 要するに、②にのみ、第三者の審級が規定する価値への接近可能性が許容されるわけだ。

　これら、それぞれに第三者の審級の存在に依存して定立される三つの男女の形象に対して、最後に、固有な純粋性のままにある〈他者〉――純粋な〈他者〉としての女（④）――が、――これのみが第三者の審級の欲望からの規定から逃れているという意味で――対立している。

　最後に、この〈他者〉としての〈他者〉のイメージを、再び、折口信夫から引いておこう。

松浦寿輝の繊細な読解によれば、折口は、晩年に到って、「まれびと／共同体」、つまり「神／（土地の）精霊」という、それまで執拗に繰り返してきた二項対立には回収されない精霊という観念に取りつかれるようになる。[*12] それは、霊魂になりきらない霊——まれびと（第三者の審級）の超越性のうちに統合されない霊——であり、「完全なる霊魂の居る場所（もちろん他界）に屯集することを得ぬ未成熟」を特徴としている。他界にいないとすれば、それらの霊はどこにいるのか？　折口によれば、それらは、人々の周りの物の内に入っている。そうした物として、折口は、「竹のよ（節と節との間の空間）」「うつぼ舟」「ひさご」「石」などをあげている。松浦は、これらの物体の中で、「石」だけが、中に空洞をもたない充実した物体であることに注目している。それは、内部に「入る」という想像力を拒むものがあるからである。この謎は、「うつ（空）」とは、空虚であると同時に——というかそれ以前にむしろ本来は——「ほんとうに充実して居る」を意味していたのだという、折口一流の語源論によって解くことができる。この「まれびと」の超越性へと回収されることをかたくなに拒む霊という他者、共同体の中にありながら物に入ったまま出てこないという意味では遠くにいる他者、空虚が超越性へと接続されずあくまで「石」の——物としての——内在性の場に繋ぎ止められている霊、これこそは、〈他者〉たる限りの〈他者〉の文学的比喩になっているのではないか。

　われわれは、第三者の審級を先向的に投射する機制についての仮説にもとづいて、他者の可能的な様態を演繹してみた。ここで導出した諸形象の関係は、自由と責任に対して取りうる諸態度を探究する際に、それらの布置を示す地図のような役割を果たすことになるだろう。

1 S. Žižek, "Four Discourses, Four Subjects", *Sic 2*, Duke University Press, 1998, p. 81.

2 性的差異についての構築主義の最も徹底したヴァージョンは、ジュディス・バトラーによる説明であろう。バトラーは、フロイトの「メランコリー」に関する説明を、性的差異が構築される仕組みの説明に転用する。フロイトによれば、自我は、自らが深く愛している他者を失ったとき、その他者の性質を自らの身体に内化することで、喪失を否認しようとする。バトラーは、原初的な状態において、人は同性の他者に深い愛着をもっていると仮定する。しかし、社会的な規範は、同性への愛を禁止する。こうして、人は同性への原初の愛を断念するのだが、このとき、メランコリックな同一化の機制が作用すると、バトラーは主張する。すなわち、女は女（母親）を身体化することで「女」となり、男は男（父親）を身体化して「男」となるというわけだ（J. Butler, *The Psychic Life of Power*, Stanford University Press, 1998）。このバトラーの説明には、いくつもの難点がある。最大の難点は、性的差異の構築を説明するのに、まさに性的差異を前提にしているということである。女が「女」になるためには、女に愛着をもち、女と同一化しなくてはならないのだが、自他の性的差異が確立する前に、女はどうやって、男から女を識別するというのだろうか。

3 J. Copjek, *Read My Desire*, MIT Press, 1994, pp. 220-221.

4 S. Žižek, op. cit. p. 84.

5 大澤真幸『性愛と資本主義』青土社、一九九六年、第一章、参照。

6 『新潮』一九九六年二月号。

7 J. Copjek, op. cit. pp. 230–231.

8 S. Žižek, op. cit. p. 84.

9 パロディの対象となった作品から推測すれば、このようなジャンルが現れたのは、日本では、一九八〇年代のごく初頭、アメリカでは、もう少し早く、（一九六〇年代末期から）一九七〇年代初頭である。

10 C. Penley, "Feminism, Psychoanalysis, Popular Culture," L. Grossberg, C. Nary, P. Treichler eds., *Cultural Studies*, Routledge, 1992.

11 「への疎外」と「からの疎外」の区別については、真木悠介『現代社会の存立構造』筑摩書房、一九八六年、参照。

12 松浦寿輝『折口信夫論』太田出版、一九九五年、とくにⅣ章参照。

Ⅱ　現代社会における自由の困難

6　消極的自由

バーリンの「消極的自由」の擁護

今日、自由を主題化するすべての論者が、ときには明示的ではない場合があるにせよ、必ず念頭においている、自由に関する最も重要な分類は、自由の積極的概念と消極的概念の区別であろう。自由についての思想史の中に、「消極的自由」と「積極的自由」の二種類の自由が存することを最初に明確に指摘したのは、おそらく、ルッジェロである。ルッジェロは、『ヨーロッパ自由主義思想史』において、イギリス、フランス、ドイツ、イタリアと各国別に自由主義の思想を追尾した後、思想史上の自由概念が、結局、この二つに還元しうる、と結論部で論じている。だが、現在では、自由概念のこの区分は、ルッジェロの名よりも、アイザィア・バーリンの名とともに人々に記憶されている。バーリンは、オックスフォード大学での著名な就任講演において、二つの自由が截然《せつぜん》と区別されうることを示した後、これらの概念に立脚した自由の政治思想の可能性と危険性について、きわめて周到かつ明快に議論したからである。[*1]

自由の消極的な（negative）意味とは、他者からの干渉の欠如のことである。すなわち、他者が具体的には誰であるにせよ、他者が介入しえない自分だけの行為の選択領域が与えられているとき、われわれは消極的な意味での自由を保有している、と見なされうる。これに対して、積極的な（positive）意味での自由とは、要するに、自己支配のことである。自己が自己の選択を支配する主人と見なしうるとき、人は積極的な自由を保有している。消極的な自由を特徴づけているのは、「いかなる他者からの干渉も受けずに放任されている行為の範囲はどの程度あるか（あるべきか）?」という問いである。これに対して、積極的自由を特徴づけている問いは、「ある人があれではなくてこれをすることを決定する統制の根拠は誰（何）であるか?」である。消極的自由は、たとえば政治的な権力が誰に属しているかということを問わない。誰が彼の主人であろうと、その主人が、十分な程度に彼を放任しているかどうかが問題なのだ。それに対して、積極的な自由は、主人が誰であるかを問題にする。[*2] 自由を消極的な意味で解した主要な論者としては、イギリスのロック、アダム・スミス、バーク、ペイン、ミル、アメリカのジェファーソン、フランスのコンスタン、トクヴィルなどを挙げておくことができる。これに対して、自由を積極的な自由として解した論者として、通常挙げられるのは、スピノザやルソー、コントのほか、カント、ヘルダー、フィヒテ、ヘーゲル、マルクスなどのドイツ観念論の周辺にいた思想家・哲学者である。[*3]

さて、バーリンの主張は非常にはっきりしている。真正な自由の概念は、消極的自由の方のみであること、つまり一見したところまったく皮相的で単純な消極的自由が、深遠な印象を与える積極的自由に対して優越しているということ、このことをバーリンはきわめてわかりやすい理路を辿って説得しようとする。その論旨をごく簡単に復習しておこう。

バーリンが積極的な自由の概念に対して警鐘を鳴らすのは――バーリンの考えでは――、この概念の内に、自由の反対物へと転化するきわめて強力な傾動が孕まれているからである。積極的自由は自己支配のことであった。自由のこうした理解は、自我を、支配する層と支配される層へと二重化する、相当に高い程度の蓋然性を含んでいる。支配される層とは、具体的な種々の欲望を有する感性的な存在者としての経験的自我である。それに対して、支配する自我は、こうした経験的自我を統御する高次で超越的な存在者と見なされる。ただし、この高次の自我による経験的自我の支配が（自我の）自己支配である以上、高次の自我は、経験的自我が発展し成熟したときには、当然にも目指すところのものを指令し、また体現するものでなくてはならない。つまり、高次の真の自我は、理性の体現者と見なされるのである。たとえば学校の生徒にとって、複雑な数学の定理は、最初は、自分の自由な心の動きに対する障害として現れるが、理解が進捗した後には、自分自身の理性的活動の自然な動きの不可避の到達点を表示するものとして現れることになるだろう。これと同様に、高次の自我は、理性的なものにとっての必然性を、つまり理性的である以上はそれ以外に欲しようがない目的を、指示するものと解されることになる。その理性的な目的は、万人にとって妥当する必然的に単一の目的でなくてはならない。それゆえ、目的をめぐる葛藤がありうるとすれば、理性的なものと十分に理性的でないものとの間の衝突以外にはありえない。しかも、普遍的な理性の目的は、調和的なので、この葛藤は原理的に克服しうるものであって、万人が理性的になってしまえば、消え去るはずのものである。バーリンによれば、積極的自由の擁護者の推論は、こう進められていく。

このように、理性を体現する高次の自我が、さまざまな偶然的な欲望に翻弄される経験的な自我から切り離されるとすると、前者は、まさにその理性の実現を指導すると見なされた、(自我にとって)外的な権威をまとった制度と容易に同一化されることにもなる。たとえば、理性的な国家、真理を有する教会、必然的な歴史の発展法則を体現する党などとそれは同一化されうるだろう。要するに、バーリンによれば、積極的自由の概念は、まさに自由の名において、こうした外的な制度の支配を正当化しうるのである。それは、自由のまったき反対物、たとえば全体主義すら、正当化することを許す。「われわれははじめの自由主義的な出立点からずいぶん遠いところにまでさまよい出てしまった」[*4]。それに対して、個人の自由な選択の領域を確保することをのみ目指す消極的自由の理念は、経験的な自我の欲望に概して肯定的であり――あるいはこれを禁圧すべき特別な理由をもたず――、述べたような転倒の危険性から免れている。

以上に概観した積極的自由の危険性は、それを定義する自己支配の理念が、他者への攻撃的な支配へと転態しうる、ということにあった。バーリンは、これとまったく反対向きの危険性をも、つまり攻撃性が自己自身へと言わばマゾヒスティックに向かうことから生ずる危険性をも、積極的自由の概念が宿している、と指摘している。彼は、それを「内なる砦への退却」と呼ぶ。ある欲望の充足がきわめて困難な状況に置かれたとき、人は、欲望の水準を充足可能な程度にまで低下させたり、さらにはその欲望を断念することによって、不充足の挫折を回避するような傾向をもっている。[*5] こうした、言わば「禁欲」による、自分だけの砦への退却は、個人の生に準拠した場合には、ときには、(欲望の枷からの)解放であったり、成長であったりするものとして意味づけることができるかもしれない。だが、全体としての政治システムにとっては、それは、自由の拡大とは、とうてい見なしがたいだろう。たとえば選挙権をもたない女性が、選挙権を要求して反体制運動に従事しているシステムと、女性が、そもそも選挙権を欲望しないがゆえに、選挙権の欠如にとりたてて痛みを覚えないでいられるシステムとを比べた場合に、後者が前者より自由な社会であるとは言えまい。

禁欲的な自己否定は誠実さや精神力の一源泉ではあるかもしれないが、どうしてこれが自由の拡大と呼ばれうるのかは理解しがたい。もしわたくしが室内に退却し、一切の出口・入口の鍵をかけてしまうことで敵から免れたとした場合、その敵にわたくしが捕えられてしまった場合よりはたしかにより自由であるだろう。しかし、わたくしがその敵を打ち負かし、捕虜にした場合よりも自由であるだろうか。もしもそのやり方をもっと進めて、自分をあまりに狭い場所に押しこめてしまうとしたら、わたくしは窒息して死んでしまうであろう。自分を傷つける可能性のあるものをすべてとり除いてゆくという過程の論理的な到達点は、自殺である。わたくしが自然的世界に生存するかぎり、完全ということは決してありえないのだ。この意味における全面的な解放は（ショーペンハウアーが正しく認めていたように）ただ死によってのみ与えられるのである。[*6]

「自己が支配する範囲はどの程度か」を問題にする消極的自由の立場からすれば、選択肢の量をあえて制限する、内なる砦への退嬰的な逃避は、否定的に評価されるほかない。だが、「支配するのは誰か」を主題とする積極的自由の観点からすれば、こうした、欲望の断念は、経験的な自我を統御するひとつの方法であって、自由の確保として肯定されるだろう。だが、こうした「自由」は、述べたように、自由な社会には繋がらない。

以上のような諸点において、バーリンは、消極的な意味における自由の概念が、積極的な意味におけるそれに対して、優越していると主張する。もちろん、影響力のある論文や著書が一般にそうであるように、バーリンの議論も、きわめて多くの批判の攻撃に曝されてきた。それらの批判を勘案したとしてもなお、述べてきた諸点における、消極的自由の優位についての、バーリンの議論は、基本的には説得的である。実際、「自由」のもっとも重要な擁護者のひとりは、バーリンとほとんど同一の見解に到達している。それはハイエクである。ハイエクは、まがい物ではない真の自由を、「自由の自由主義的概念 the liberal conception of freedom」と呼んでいる。それは、バーリンが擁護した消極的な自由と、同じものだと言ってさしつかえない。

「消極的自由」概念への諸疑問

しかしながら、バーリンの議論のこうした説得力を承認した上でも、彼が自由の真の概念と見なす消極的自由に関して、われわれはいくつかの疑問を提起することができる。

第一に、われわれは以下のように問うことができるだろう。消極的自由の本性は、選択可能な領域を制限する外的な障害の排除にこそある。消極的自由の厳密な定義は、こうした障害の中で、「他人による干渉」のみを取り上げることによって得られる。だが、こうした区別――自らを制限するものが他の人間なのかその他の障害なのかという区別――は、消極的自由の概念の設定を促す本来の動機の観点からすれば、まったく恣意的なものではないだろうか？ 外的な障害の中で、他人の意図をもった干渉のみを特権視する根拠を、消極的自由の本来の含意（外的障害から自由な行為の範囲）の中から引き出すことができるだろうか？ たとえば「頻繁な落石」のような自然の条件によろうが、あるいは法的な禁止のような人為的な条件によろうが、ある人にとって、ある道の通行が不可能であるとすれば、それが消極的自由の内に含まれていない、という点では選ぶところはない。もともと、「行為を制限するものは何（誰）か」を問わず、「行為がどの程度制限されているのか」のみを問題にするところにこそ、この概念の利点があった、ということを忘れるべきではない。[*7]

だから、われわれは、消極的自由を制限する外的な条件として何を考慮すべきか、を問わなくてはならない。行為への不干渉——あるいは行為の形式的な許可——が、その行為を直ちに選択可能な領域に組み込むとは限らない。たとえば——井上達夫が挙げている例だが——「職業選択の自由」が付与されたとしても、教育や資金調達への保障が与えられていなければ、その自由は、なきに等しいのではないか？　そうであるとすれば、これらの保障の欠如も、また消極的自由への制限に含まれるのではないか？　また、たとえば、できることなら制御したいと願っている欲望が、それでも抑えがたく湧き起こってしまうような場合、その欲望もまた、外的障害ではないのか？　もちろん、こうした欲望までも外的障害の内に数えてしまえば、消極的自由と積極的自由の区別はなくなってしまう。さらに意地悪く問い詰めていくこともできる。そもそも、人間の行為は、物理的・社会的等の因果関係のネットワークの中で、全的に規定されているのではないか？　こうしたネットワークの内にあって、行為を規定する諸原因は、すべて、選択の可能性を制限する外的障害と見なすこともできるだろう。この場合には、消極的自由は、単に、そうした原因に対する無知が招来する幻想だということになってしまうだろう。直ちに理解しうるように、ここには、われわれの考察を動機づけた最初の疑問——責任と因果関係の間の区別と関係についての疑問——と同じ問題がある（第1章参照）。

こうした疑問に対して、バーリンの議論は、あらかじめ二種類の解答を用意しているように見える。第一の解答は、ごく単純である。つまり、他人の意図的な直接の干渉以外の障害は、消極的な自由の定義の上からして、無関係である、というのである。定義上、行為者の身体の内側にあるような原因や、直接の他者の干渉とは見なしえない、自然的・社会的な諸原因は、消極的自由の概念に関与する外的な障害とはなりえない、というわけだ。だが、こうした解答は、われわれの疑問に対しては無効である。疑問は、自由の消極的概念の設定を促す本来の動機とその定義の間に、あるいはこの概念の固有の利点をなしている条件と定義との間に、不整合がある、という点にこそ向けられているからである。つまり、消極的自由の概念を支える本来の動機からみれば、あるいはこの概念を積極的自由に対して優越したものたらしめている特徴を擁護するという立場にたてば、定義の上でのこうした制限は、まったく恣意的なものに見える、ということが問題なのだ。[*8]

バーリンの第二の解答は、自由そのものと自由の行使のために必要な諸条件とは区別されなくてはならない、ということである。たとえば、職業選択の自由が与えられたとしても、十分な経済的な保障や教育へのアクセス可能性が与えられていなくては、その自由を行使することができない場合もあるかもしれないが、それらの条件は、自由以外の価値、たとえば平等や博愛などの価値からの要請であって、自由という価値からの直接の要請ではない。だから、これらの要請を、自由の定義の内に組み込んでしまった場合には、自由そのものに即して主題化されるべきこと、つまり価値の多元性とその間の選択の保証という問題が、曖昧なものになってしまうだろう。バーリンは、このように論を進める。[*9]

こうした議論が、われわれの疑問への十全な解答にはなっていないことは、明らかであろう。外的障害の候補の中には、何らかの特定の価値（やその否定）と関係がないもの——外的・内的な自然の条件など——も含まれているからである。その上で、さらに決定的な難点は、井上達夫が指摘する次のことがらである。井上は、消極的自由の定義そのものが、バーリンのこの「第二の解答」の内に含意されている条件——自由とそのほかの価値とを区別すべきであるとする条件——に反している、と指摘している。自然の障害によっては侵されることがないが、他者の強制によっては侵されることになる、私の規範的な地位とは何か？ それは、私の自由ではなくて、私と他者との間の人格的対等性だ、と井上は述べる。[*10] 消極的自由の要請は、本来、「何であれ私の選択肢を縮減するものを拒否すること」でなくてはならず、平等からの要請は、「私の上に立つ命令者を拒否すること」である。[*11] そうであるとすれば、バーリンの消極的自由の定義は、ひそかに、平等からの要請によって補完されていたことになる。あるいは、次のように言ってもよいかもしれない。消極的自由の定義の内に、「選択可能な行為の範囲はどの程度か」という問いだけではなく、「その範囲を限定している要因は何か」という問いが、つまり積極的自由を定義するときに動員されていた主題に近接した問いが、混入しているのだ、と。消極的自由の定義に、不自然な恣意的区別が組み込まれているように見えたのは、その定義が純粋ではなかったからだ。そこに、平等への要請が、あるいは積極的自由への妥協が、入り込んでいたからだ。だが、後のわれわれの考察が、こうした不純物の混入が、ある観点からすれば、必然であったことを示すことになるだろう。

以上に示してきたバーリンの消極的自由の概念へのわれわれの疑問は——自由が具体的な政治的実践に即して主題化されるべき価値であることを思うと——、あまりに「理論的」に過ぎる、という印象を与えるかもしれない。そこで、具体的な実践の場面に直接に焦点を合わせた、第二の疑問へと歩みを進めていこう。

バーリンにとっては、消極的自由のイメージは、各個人に与えられた個室に開けられているドアの数である。開けることができるドアの数が多いほど、消極的自由の範囲は大きい。「ある人の消極的自由の範囲は、言わばどのドアが、いくつ彼に開かれているか、各ドアのかなたにどんな見晴らしが開けているか、どのくらい広く開かれているか、の函数である」[*12]。バーリンは、こうした単純なイメージを極端に推し進めることを戒めてはいる。すべてのドアが等価であるとは限らないからである[*13]。とはいえ、消極的自由の概念そのものの内に、それらのドアの価値の差異を決定する要因が含まれているわけではない。それは、せいぜい、他人の部屋のドアを閉じてしまうことに繋がるドアを否定的に評価するのみである。だから、消極的自由のみに定位した場合には、つまり夾雑的な事情を無視するならば、個室とそのドアというイメージは、この概念の真意を伝えるきわめて的確な図式を提供していると見なすことができるだろう。バーリンが批判した「内なる砦への退却」とは、ドアに進んで鍵をかけてしまうこと――あるいはドアであることを否定して壁にしてしまうこと――である。

ここで問題にしておきたいことは、次のことである。「内なる砦」を批判している、先に比較的長く引用した文章が端的に示していることだが、バーリンは、自由に関する閉塞状況を――選択不能の状態に立ち至って前進ができなくなってしまうような状況を――、ドアの数の少なさと完全に同一視しているのだ。だが、このあまりにも単純な閉塞のイメージに、ミヒャエル・エンデの「自由の牢獄」という寓話を対置してみよう。[*14] それは、ある傲慢で冒瀆的な男の物語である。彼はたいへん成功した商人だった。そしてその成功を、自身の賢明さと能力によるものだと信じて、うぬぼれていた。あるとき、彼は、美しい女に化けた魔王にそそのかされて、「以降、自分自身の意志以外の何ものにも従わない」ということを誓わされる。その直後、彼の身体は宙に浮き、気がついたときには、巨大な円形の建物の真ん中にいた。そこには無数のドアがある。彼はただちにそこから脱出しようと考えるが、結局、どうしても脱出することができない。ドアは十分な数だけあるのだから、脱出路がないわけではない。困難は、むしろ、ドアが多すぎることにこそあった。ドアがあまりにも多すぎて、どのドアを開けるべきか決定することができないのだ。このドアを開け、あのドアを開けない根拠を見出すことができず、特定のドアを開けるように自分自身に指示を与えることができないのだ。こうして、彼は、あまりにもドアの多い部屋に閉じ込められてしまったのである。

　この寓話は、バーリンが想定していた単純な閉塞とはまったく逆のタイプの閉塞がありうる、ということを示唆している。ドアがないことも牢獄かもしれない。だが、ドアが多すぎることが、それ以上の牢獄を作り出すこともあるのだ。もちろん、哲学的な厳密さに忠実であろうとすれば、この寓話に、若干の異議を提起したくもなる。たとえば己の意志のみに従うという男の誓約は、積極的自由に関わるものであり、男が円形の建物で与えられているのは、消極的自由であって、両者の間に不整合があるのではないか、といった反論もありえよう。だが、こうした反論は、今ここでわれわれが引き出しておきたい、この物語の本質的な寓意には、とりあえず影響はない。いずれにせよ、消極的自由という点からすれば、この男は円形の建物の中にあってすでに十分に恵まれている。しかし、そのことこそが、彼の閉塞の条件となっているのである。エンデの寓話の含意を直接引きうけるとすれば、われわれは、（過剰な）消極的自由は、自由の否定でもありうる、と結論せざるをえないのだ。

ここで、作為的な寓話に基づいて結論を導いたことに不満を覚える人もいるかもしれない。だが、今日のわれわれは、現実に、実にしばしば、この男と類似した状況の中におかれている、ということに思い至るべきである。こうしたことは、とりわけ、メディア環境との関係において、われわれの状況を捉えた場合に、典型的に見て取ることができる。発達した技術メディアのおかげもあって、今日、われわれはあまりにも多様な情報へのアクセス可能性が与えられている。特に頼まなくても膨大な数の広告が押し寄せる。インターネット上で、ある特定のキーワードを検索してみれば、すぐに何千・何万というサイトがヒットする。つまり、あまりに多くの情報へのドアが開かれているのである。[*15]だが、このことこそが、われわれの苦痛の源泉である。どの情報が自分にとって重要なのか、どの情報が自分の欲するものなのか、選択することができなくなるからである。メディア環境は、われわれに広大な選択の可能性を、つまり消極的自由を提供する。しかし、このことによってこそ、われわれは選択する自由を実質的には奪われてしまう。あまりに強力な検索装置は、かえって検索の機能を否定してしまうように、あまりにも完全な消極的自由は、自由の反対物に変じてしまうのである。[*16]

「積極的自由」へ

そうであるとすれば、消極的自由を与えるのみでは、自由は保証されない。[17] そこには何かが欠けている。その「何か」を、われわれはどこに見出せばよいのか？　ここで、バーリンへの第一の反問を追求する中で、彼の消極的自由の定義の内に、積極的自由に関わる主題への妥協的な歩み寄りが混入している、ということが発見された、ということを思い起こしてみよう。このことは、消極的自由を、(自由の)否定への反転から防止する要因があるとすれば、それは、何らかの意味における積極的自由であるかも知れない、という予感をわれわれに与える。消極的自由と積極的自由との間の有効な補完的関係が成り立つかもしれない。

バーリン自身は、積極的自由の信奉者の目標と消極的自由の擁護者の目標とを比較した後に、つまり前者は権威を自分の手中に獲得しようとするのに対して、後者は権威の抑圧をこそ欲するのだと論じた後に、こう断定するまでに到っている。「それらは、一つの概念についての二つの異なった解釈というのではなく、人生の目的に対する二つのまったく相異なる、和解せしめがたい態度なのである」[18] と。しかし、それでも、バーリンは、積極的自由の概念と消極的自由の概念が何ものも共有していないとは考えていない。確かに、両者の含意を徹底して引き出していけば、両者は、ときに大きく隔たっていくこともあるだろう。しかし、大きく隔たる二つの道の分岐点に、両者を繋ぐ小さな蝶番のようなものがありうるということを、バーリンは、彼の「二つの自由概念」と題する講演に対する反論への再反論を試みた論文の末尾の方で示唆している。

こうした疑問（自由そのものにはどんな価値があるのかという疑問）に対してはつぎのようにこたえれば十分であろう。即ち、自由それ自体を価値ありと考えた人びとは、他人に選択されるのではなく自ら選択する自由を、人間を人間たらしめる不可譲の要素であると信じた。そしてこの信念が、次の二つの積極的な要求の根底にあるのだ。一つは自分の属している社会の法や慣行について発言する権利、今一つは自分自分が主人である一定の領域、すなわち、自分の行動について、組織された社会の存続に抵触しない限り、誰にも説明する必要のない《消極的》領域を、必要とあらば人工的に切り分けて、与えられることを求める要求である。[*19]

蝶番とは、要するに、「（自己自身に帰属させうる）選択」である。ここに記されている「二つの積極的な要求」の内、前者が積極的自由に、後者が消極的自由に対応していることは明らかである。両者は、社会の中で、「選択」としての自由が実現されるときの、二つの可能な様態として描かれているのだ。

ところで、われわれも、自由のこれ以上譲ることができないミニマムな本態が、選択にこそある、ということをすでに繰り返し主張してきた。だが、第3章で述べたように、選択こそまことに不思議な現象である。「積極的自由／消極的自由」の関係にかかわらせてその不思議をあらためて確認するならば、真に重要な選択、真に選択に値する選択は、しばしば、選択の可能性の否定として現れる、という体験を想起してみるのが最もよいだろう。われわれの多くは知っているだろう。真にコミットしうるもの、熱烈な欲望の対象となりうるものは、独特な両義性を呈するということを。すなわち、そういった対象は、選択しうる（選択しえた）対象でなくてはならないと同時に、他方で、選択しえなかった、他ではありえなかったという印象を回顧的なまなざしに対して残すような仕方で選択されなくてはならないのだ。このことを理解させる最もわかりやすい事例は、恋愛である。恋愛において、人は、愛のパートナーをきわめて多数の人間の中から、ただひとり選び出している。しかし、パートナーを、百貨店でネクタイを選ぶときのように、多数の選択肢の集合の中から十分に比較・吟味した上で選び出したのだ、と告白する者がいたとすれば、その人は、そのパートナーを愛しているとは、われわれは思わないだろう。だが、消極的自由を付与するということは、百貨店の店員が、顧客にたくさんのネクタイのサンプルを見せるような仕方で、行為者に選択肢（ドア）を提供してやることであるように思われる。しかし、真に重要な選択は、ネクタイを選ぶときの選択とは異なった体裁を取る。それは、選択でありながら、選択としての自己を抹消するような選択、他には選択しえなかったものの選択としてたち現れるのだ。

選択のこうした奇妙な性格を考慮しながら、あらためて、消極的自由と積極的自由の関係を考察することから、自由そのものの条件が抉出されるだろう。消極的自由についての伝統的な考察の中には、選択について述べたような自己抹消の動きを説明する要素がまったく欠けているように見えるからである。そして、実は、われわれのここまでの（全章の）考察が、すでに、両者を繋ぐ線についての洞察を与えてくれているのだ。

1　バーリン『自由論』みすず書房、一九七一年（原著1969）。

2　たとえば、あなたが、明日までに仕上げたいと思っていた仕事があったのだが、つい長時間テレビを見てしまったがために、できなかったとしよう。このケースで、誰も、あなたに干渉しなかったのだから、あなたの消極的自由は侵されてはいない。しかし、欲望に屈し、自分自身を統御できなかったという意味では、あなたが積極的自由をもっていたかどうかには疑問が残る。

3　もちろん、こうした振り分けには必ず曖昧さが伴う。たとえば、バーリン自身、カントの政治論における言葉、すなわち人類の最大の課題は、市民社会を普遍的に支配する法による正義の確立であり、それは最大の自由を有する社会でのみ可能なのであって、「そこには〔各個人の〕自由が他のひとびとの自由と共存しうるため、自然の全能力の展開という自然の最高目的が人類において達成されうるために、〔各個人の〕自由の限界のきわめて精確な確定と保証とが伴っている」（バーリン、前掲書、三五七―三五八頁）という言葉を引用しつつ、目的論的含意をはずせば、ここでのカントの自由は、自由の消極的理念とほとんどすれすれのところに到達している、と述べている。

4　バーリン、前掲書、三五五頁。

5 ジョン・エルスターが「順応的選好形成」と呼んでいる現象である。

6 バーリン、前掲書、三三四頁。

7 選択肢の数の問題に関しては、以下の著書が参考になる。Ian Carter, *A Measure of Freedom*, Oxford University Press, 1999.

8 バーリンの「消極的自由」の概念が、他者の意図的な干渉だけを問題にしているという点は、しばしば批判されてきた。この概念は、社会構造や経済構造が原因となって引き起こされている自由の制限や剝奪に対しては、つまりエンゲルスが「社会的殺人」（『イギリスにおける労働者階級の状態』岩波文庫、一九九〇年。原著1845）と呼び、ガルトゥングが「構造的暴力」（『構造的暴力と平和』中央大学出版部、一九九一年。原著1969）と呼んだ現象に対しては、無力になってしまうからである。極端な貧困からくる自由の制限などは、ほとんどの場合、不特定多数の者による、意図的ではない、干渉（援助）の不在が原因である。他者の作為的な干渉があったかどうかだけを見ていた場合には、こうした自由の剝奪は守備範囲の外になってしまう。

9 バーリンとは逆に、行為者に実質的・実効的に開かれている選択肢を重視したのは、A・センである。センは、ある人に与えられている実質的な選択肢の集合を、つまり人が達成したり享受したりすることができる状態や行動の可能集合を、「ケイパビリティ」と呼んでいる。

10 井上達夫「自由の秩序」『新・哲学講義』岩波書店、一九九八年。

11 Q・スキナー、Ph・ペティット、M・ヴィローリら、現在の「共和主義者」たちが、自由は、「干渉の否定 non-interference」ではなく、「支配の否定 non-domination」であり、自由の前提として「自治 self-

government」が必要だ、と主張するとき主題化しているのも、同じ問題である。たとえば、家父長制の下にあっても、寛大な夫の妻は、夫からの干渉を受けずに「消極的自由」を享受できるように見えるが、しかし、家父長制という支配の形態が続く限りは、妻の自由は、いつでも制限される危険性にさらされている。こうした危険性を除去するには、人々は、法を自らの手で設立できるように、民主的な意志決定の権限をもっていなくてはならない。これが共和主義者たちの議論である。詳細については、以下の諸文献を参照。スキナー『自由主義に先立つ自由』聖学院大学出版会、二〇〇一年（原著1998）。Ph. Petitt, *Republicanism : A Theory of Freedom and Government*, Oxford University Press, 1997. M. Viroli, *Republicanism*, Hill and Wang, 2002.

12　バーリン、前掲書、七三頁。

13　チャールズ・テイラーは、自由の領域に入る選択肢の量ではなく、その質的な差異にこそ留意すべきだとして、消極的自由の概念を批判している。単なる外的な障害の欠如ではなく、人間にとって大切な行為に対する外的な障害の欠如こそが、自由の意味するところだ、というわけである。週末にサーフィンで遊ぶ自由と信教の自由とを、同列に扱うべきではない（"What's wrong with negative liberty", D. Miller ed. *Liberty*, Oxford University Press, 1991）。だが、テイラーの批判に対しては、次のような疑問を提起しうる。それならば、選択肢の重要度はどのようにして評価するのか、と。評価のためには、「重要度の先行的地平」が前提になる。いわゆる「コミュニタリアン」であるテイラーは、それを、共同体内の人々に共有された「共通善」の中に求めるだろうが、しかし、ときには、「共通善」自体が、マイノリティにとっては、自由を制限する抑圧の要因として現れるだろう。

14 エンデ『自由の牢獄』岩波書店、一九九四年（原著1992）。私は、かつて、「自由」をめぐる現代社会の困難と課題とを探究する論考の中で、この寓話の意味を検討したことがある。大澤「自由の牢獄」『アステイオン』49号、一九九八年、参照。

15 かつて立花隆は、インターネットを、人気マンガ『ドラえもん』でドラえもんがときどき使うSF的な装置「どこでもドア」に喩えられる、としたのは、示唆的である。どこでもドアとは、空間上の任意の望む地点に直結することができるドアである。したがって、ひとつのどこでもドアは無限個のドアに相当する。インターネットに接続したコンピュータを有する個室にいることは、どこでもドアを部屋に装備しているのに似ている、というのである。

16 いわゆる「オタク」という現象を、こうした過剰に対する防衛的な反応という観点から、説明することもできるかもしれない。実際、森川嘉一郎の指摘によれば、オタクは、オウム真理教団の「サティアン」に典型的に見ることができるような「窓（外への通路＝ドア）のない空間（個室）」への極端な選好によって特徴づけられる（『趣都の誕生』幻冬舎、二〇〇三年）。まさに「内なる砦への退却」（引きこもり）である。オタクは、もちろん、ある特定の主題への常軌を越えた拘泥によって特徴づけられる現象である。私は、もう少し厳密には、「オタク」を、情報の濃度と意味の濃度の比例関係の破綻によって定義することができると考えている。通常は、情報の濃度は意味の濃度に正に相関している。要するに、何らかの観点にとって意味があるからこそ情報が収集されるのだ。だが、オタクにあっては、異様な情報の密度が、意味による裏付けを欠いているところに、示差的な特徴を見ることができる。オタクの一つの主題への特化は、無限にある情報へのドアのうちの大部分を無視し、あたかも、その特定の主題に関するドアだけが存在しているかのようにふるまうことである。こうして、過剰なドアの大幅な縮減が果たされる。が、こうしたことを、ドアの過剰への「反動」としてのみ記述するとすれば、あまりに単純に過ぎる。というのも、オタクは、ドアを特定の領域に縮減しておきながら、その縮減した領域の中に、また無限のドアを穿つからである。つまり、オタクは、選択した特定の領域の内部で、探究すべき情報をどこまでも細部化していくことで、結局は、無限の情報へと連なるドアを作るのだ（これは、オタクが窓のない個室に引きこもりつつ、同時にその個室に、インターネットに接続したコンピュータを置き、再び、無数の情報的な窓を穿つという事情と類比させることができるだろう）。だから、オタクは、メディア環境の全体で生じていることを、そのまま特定の主題に関わる領域の内部に、回帰的に再現していることになる。ここでは詳述しないが、メディア環境全体とオタク的現象との関係は、だから、短期的・局所的にはある方向へと差し向けられている現象が、長期的・全域的には逆の方向の帰結を導くダイナミズムと、たとえば利潤率を上昇させようとする一資本の短期的な努力が、総資本の長期的な全体を捉える見地からすると利潤率の低下に繋がってしまうようなダイナミズムと、似ている。ともあれ、この文脈では、次のことだけは述べておこう。しばしば、オタクを、学者やその他の専門家の一専門領域への没頭と似たような現象と見なす論者がいるが、このとき、ある決定的な相違が見逃されている。学者やその他の伝統的な専門家は、たとえその専門領域に極端に没頭しているように見える場合でさえも、その成果の意味を、その専門領域の「外」との関係で弁証しなくてはならないと考えている。彼らは、それが、何らかの実用性を有するとか、あるいは何らかの崇高で普遍的な価値——真理や美などの価値——に奉仕している、ということを示す必要に迫られている。それに対して、オタクが関心を示す情報は、そうした「外」への参照を一切欠いている——だからオタクは「外」が存在しないかのようにふるまっている——という点に顕著な特徴がある。情報が意味的な裏付けを欠くように見えるのは、そのためである。そして、オタクを、過剰な情報のドアへの防衛的な応答と見なし得る根拠もここにある。

17 「消極的自由」の概念へのこれまでなされてきた多くの批判は、齋藤純一『自由』（思考のフロンティア）（岩波書店、二〇〇五年）第2章が、遺漏なく、まとめている。また、W・E・コノリーの *The Terms of Political Theory* (Blackwell, 1993) の第4章も参考になる。

18 バーリン、前掲書、三八一頁。

19 バーリン、前掲書、九一頁。

7　積極的契機の追補

小括

伝統的に自由の概念は、積極的自由（自己支配）と消極的自由（他者の干渉の欠如）に分けられてきた。われわれは、この二つのうち、真の自由概念は、後者のみであるとするバーリンの有名な議論を検討してきた。バーリンの積極的自由の概念への批判は、明確で説得力をもつ。だが、バーリンが顕揚する消極的自由の概念にもまた、内在的な困難が伴っているように見える。第一に、理論的には、消極的自由の概念は、決して純粋ではありえないということが問題になる。それは、一貫性を保とうとすれば、かえって、夾雑物を内部に招き入れてしまう。夾雑物とは、積極的自由の概念、あるいはもう少し慎重な表現を使えば、積極的自由の概念を動機づけているモチーフである。第二に、この概念の実践的な困難は、自由のための余地を消極的に用意するのみでは、必ずしも自由（選択の可能性）は保証されないように見える、ということである。それどころか、過剰な消極的自由は、自由の可能性を窒息させているようにすら見えるのである。消極的自由が真の自由に転化するためには、何かが必要だ。もし、消極的自由の概念が、自らの一貫性を保持しようとする努力の果てに、かえって積極的自由の方へと歩み寄ってしまうのだとすれば、消極的自由の概念に追補されるべき何かとは、何らかの意味での「積極的自由」でなくてはならないだろう。前章の最後に示唆したように、私の考えでは、この問題、つまり消極的自由はいかにして真の自由たりうるかという問題への解答は、ここまでのわれわれの考察の中にすでに暗示されている。だから、ここまでの理路をあらためて整理し、その含意を引き出すことから、考察を続けていくのが都合がよい。

われわれの考察は、自由（選択）とは何か、自由はどこにあるのか、と問うことから始まった。因果関係が埋め尽くしている世界にあって、自由がその場所を確保しうる場所は、どこにあるというのか？これが最初の問いであった。こうした問いの立て方は、自由の消極的概念に準拠している。あるいは、もう少し丁寧に言い換えれば、問いそのものが、自由についての消極的概念を動機づけた直観に、基づいている。自由が、外的な干渉（原因）による規定から逃れた、行為についての中立的な選択肢の領域に宿る、と見なしているからである。だが、因果関係のネットワークとしての世界という像は、そうした規定関係に不関与な、選択肢の中立的な領域を許容しないように思われる。そうだとすれば、自由は存在しないことになる。言い換えれば、自由は、認識論的な効果（錯覚や無知の産物）だということになる。

こうした初発の問いに対するわれわれの最初の提案は、問いへの解答ではなく、もうひとつの問いであった。問いは、反転させた形で立てられなくてはならない。これが、最初の結論であった。すなわち、因果関係の内のどこに自由が存在するのか、と問うのではなく、自由の内から因果関係がいかにして発生するのか、と問うべきではないか、と提案したのであった。問いが反転されなくてはならなかったのは、因果関係が、「客観的」には存在してはいないからである。因果関係の方から始めて、そこに自由が存在しうる余地を見出そうとする通常の立論の場合には、諸事物の作用が、それ自体として、客観的に因果関係の鎖列を構成している、ということが自明の前提となっている。だが、原因が結果に先立つことは必然か、というダメットの奇抜な設問が、容赦なく明らかにしてしまったことは、因果関係は、言わば自立していない、ということである。ダメットは、周到な思考実験を通じて、原因が結果に先立っていなくてはならない、ということを示すいかなる根拠も、因果関係についての概念には内在していないということを示した。このことの含意は、因果関係は、それ自体では、まだ因果関係にはなっていない、ということである。因果関係を因果関係たらしめているものが、因果関係の外部に必要だ、それは自由ではないか、これが最初の仮説であった。

因果関係をまさに因果関係へと変成する要素は、「自由」ではないか？　このように考えることには、理由がある。そうした理由を提供したのが、マクタガートの有名な時間についての考察である。

マクタガートは、時間を想念する仕方の二つの系列のうちで、つまり「過去（すでに）」「現在（いま）」「未来（いまだ）」という語によって想念されるA系列と「（より）先」「（より）後」という語で考えられるB系列のうちで、前者の方が後者よりも本源的であり、後者は前者に還元されうる、ということを論証した。B系列が因果関係にかかわる系列であることは、容易に理解できるだろう。因果関係自体に内在した場合には先・後を決定することができない（原因が結果に先立つとは言えない）、というダメットの結論は、B系列は、時間についての自立した系列たりえないというマクタガートの結論と、対応している。だから、B系列はA系列に媒介されて初めて時間になりうるというマクタガートの議論は、因果関係を補完し、まさに因果関係たらしめている要素は、A系列の内にある、ということを示唆していることになる。

A系列の特徴とは何か？　A系列をB系列から決定的に分かつ性質は何か？　B系列は、事象の間に、「客観的」に備わっている順番である。それに対して、A系列は、「主体」への参照を含んでいる。「過去／現在／未来」は、「主体」が、「どこにいるのか」ということと相関した規定だからである。それに対して、B系列は、「主体」に不関与な性質である。「主体」がどこにいようと、五・一五事件は二・二六事件よりも前だが、それらのいずれが過去なのか、現在なのか、未来なのかは、「主体」の位置――「主体」にとっての現在――を決めないと定められない。それゆえ、因果関係（B系列）を補完して、それを時間的な系列へと完成させる要素は、「主体」に固有に備わる性質、つまり「自由」でなくてはならない。「主体」を定義する条件とは、そこに「選択」の作用を帰属させることができる、という点にこそあるのだから。

われわれは、このように推論したのであった。
だが、奇妙ではないか？　A系列の設定にあたって、「主体」は何をしたというのか？　「主体」はどのような自由を行使したというのか？　「主体」はまだ何もしていないのである。「主体」は存在しているだけ、ただそこにいるだけなのだ。「主体」は純粋に受動的なままであって、「主体」の「主体性」は、まだ発揮されていないように見える。だが、「主体」が、いま、ここにいるという純粋な「主体」の受動性を通じて、A系列が現出し、因果関係（客観的序列）を因果関係たらしめる条件が整えられる。

ここで、われわれは、認識論における伝統的な対立を解消するための手がかりを得ているのである。入門書風に整理すれば、認識についての見解は、二つの図式に要約することができる。模写説と構成説である。模写説によれば、認識とは、客観的な実在を、認識者が鏡のように映し出す受動的な営みである。逆に、構成説に従えば、実在として現れるものは、主体の側の活動の産物である。だが、われわれが今ここで立ち会っているのは、そのどちらにもくみすることのない立場である。確かに、それは、広義の構成説に含まれるだろう。客観的なものの映現は認識する「主体」への参照なしには成立不可能である、とする点においては。だが、「主体」の主体性が発揮されるのは、「主体」がその固有の活動を開始させる以前、つまり、外界の状態を単に映し出すときと同じ、完全な受動性においてなのである。模写説が前提にするような受動性が、それ自身で、すでに構成説的な能動性を含意していることになる。もちろん、この立場が模写説と構成説との緊張を解きほぐす鍵を与えてくれるのだとすれば、それは、同時に、事実と当為の間の古典的な対立に共通の基盤を与えるものでもあるはずだ。というのも、——言語行為論の用語を使えば——事実確認的な態度が、それだけで、すでに、最高度の遂行性を含意していることになるからだ。言い換えれば、受動性の極においてすでに発揮されている自由が、しかもそれが客観的な実在を可能ならしめるという意味においておよそ考えうる自由のうちで最も強力な自由が、ありうるということを、ここでの考察は示唆しているのだ。

だが、「主体」がここにいる、というただそれだけのことが、「過去」と「未来」という非対称的な様相への分岐を含む秩序を、なぜ、いかにして構成することになるのか? こうして、自由とは何か、という最初の問いは、次々と受け渡され、時間はいかにして可能か、という問いへと変形されたのである。ここまでの間に経由してきた問いは、本来、同じ問いである。

ところで、マクタガートが、時間をA系列に追い込んだのは、そこに内在的な矛盾を見出し、時間の非実在を結論するためであった。だが、われわれの提案は、まさにこうした否定的条件こそが、時間が可能であるための根拠と見なすべきだ、ということである。時間の非在条件こそが、時間の存在条件なのだ。時間に関して、非在条件が存在条件であるということは、「現在である」ということが、同時に、「過去である(未来である)」という規定と共存しているということ、現在性が既在性(未在性)を潜在的に随伴しているということである。だから、時間がいかにして可能かという問いは、マクタガートがまさにそこに矛盾を見出した、時間的諸様相の共存が、いかにして可能か、という問いへと特定化されることになる。

　われわれの仮説はこうであった。受動性の極においてある奇妙な自由が、因果関係の可能性の条件（時間性）を構成する、と。この仮説は、自由の概念とも深く連係している、論理的な諸様相の間の関係について、独特の見通しを示唆する。因果関係の鎖列の中に位置づけられているものとして現れるということは、その事象が必然性を帯びている、ということである。それは、他ではありえなかったものとして現れている。他ではありえたもの、つまり偶然性は、それならば、どこにあるのか？　ごく素朴な見解の中では、事象が、本質的に必然的なものと偶然的なものとへ分割されうる、と見なされる。だが、こうした見解は、ほどなく克服され、事象はすべて――たとえときに未知である場合があるにせよ――因果関係のネットワークの内に組み込まれているはずだという見解に取って代わられる。このとき、偶然性は、われわれが因果関係のネットワークを完全には把握していないことの反映として意味づけられる。偶然性は、その生息の場を、実在の側から認識者の側へと移されることになったのだ。だが、こうなると、自由とは何であるかが、皆目、わからないものになってしまう。というのも、自由（選択）と偶然性は、同じことではないが、自由は、少なくとも偶然性を必要条件としているように見えるからだ。本質的に偶然的であると見なしうるものでなくては、選択として理解することはできない。自由はどこに存在しているのか、という問いは、こうした事情を背景に出てくるわけだ。伝統的な見方に対して、われわれの仮説が含意していることは、次のような第三の見解である。偶然性を錯覚としてのみ許容している必然性のさらに基礎に、まさにその必然性そのものを産出するような、根底的な偶然性があるということ。もちろん、その根底的な偶然性を前提にしているのが、目下問題にしている、時間性を構成する自由である。最初の偶然性が必然性へと還元され、その必然性が、もう一度、より根底的な偶然性に還元されるだろう。これが見通しである。

だが、いかにして偶然性が必然性を生み出すことができるのか？　ある根本的な偶然が必然性を生み出しているように見える、という現象の範例とも言うべきケースに、われわれはすでに一瞥を与えている。カントの示唆を受けて観察した、（生まれつきの）性格の選択という現象がそれである。執拗な性格は、ア・プリオリでかつ必然的なもののように現れる。それは、どうにも変えようのないもの、どうにも変えようのなかった（選びようのなかった）もののように見えるのだ。だが、それでも、われわれはその性格に関して、その当の人物が倫理的な責任を負っている、という感覚を払拭できない。つまり、生に先立つ根本的な選択（偶然）が、自らの選択を、必然として固定しているように見えるのである。われわれは、時間の系列（過去／現在／未来）をもたらすその機制を解明することを通じて、同時に、いかにして偶然の一撃が必然性を生み出すのかを示さなくてはならない。

時間が生成される機制は、大嘗祭をめぐる折口信夫の観察を媒介にして導出された。その詳細をここで反復することはできないが、要約すれば、それは、求心化／遠心化作用を通じて顕現する〈他者〉との関係を通じて、超越論的な性格を有する他者——第三者の審級——を先向的に投射する仕組みとして抽出されたのであった。第三者の審級は、決して現在ではありえない、常に過去であるような次元に投射される。だが、まさにそのようなものとして、第三者の審級は、現在と共存している。というのも、第三者の審級の「過去」は、〈他者〉との関係の「現在」に（潜在的に）随伴する形式においてしか、存在しないからである。こうして、マクタガートが見出した矛盾——同じことが過去でありかつ現在であることの矛盾——が、時間にとっての構成的条件へと転じて現れるのだ。純粋で絶対的な差異としての〈他者〉は、（時間が成立した後に回顧的に捉えてみると）「未来」に類する性格を帯びている。このことを考慮すると、第三者の審級の投射とは、「未来」を「過去」へと変形する操作であると見なすこともできる。ラカンの性的差異についての公式と対応させるならば、それは、女性的な〈他者〉を基盤にして、そこに男性的な第三者の審級を追補することであると解することもできる。

さて、以上のように論理が展開してきたとするならば、因果関係を構成する「自由」について、次のように考えなくてはならないはずだ。すなわち、それは、超越論的な他者、第三者の審級に帰せられる、規範的な価値を帯びた承認＝選択の作用である、と。このことが意味しているのは、自由が、その根拠の部分において、偏心的な構成をとっているということである。自由とは、自己自身に選択性を帰せられる行為である。ここで、「偏心的な構成」と呼んだのは、その自己選択としての自由が、それ自身、まず最初、他者（第三者の審級）に帰せられる形式において与えられているからである。言わば、自由は、本源的に疎外されているのだ。疎外が、原初の充実の後からやってくるのではなく、むしろ疎外された状態の方こそ、より一層、基底的なのである。通常の意味における自由は、本源的に疎外された形式においてあることの自由を、自己の内へと固有化することにおいて成り立つと見なすべきなのだ。われわれは、本章の考察の冒頭で、「主体」の完全な受動性が、最も強力な活動性を担った自由として現れている、という逆説に注目した。こうした逆説が生ずるのは、「主体」の受動性が、超越論的な第三者の方の能動的な選択性とちょうど釣り合っているからである。まさに、自由が疎外された形式において発動されているのである。

名前の効果

さて、問題は消極的自由にあった。消極的自由は、いかにして真の自由たりうるのか？　消極的自由には何が不足していたのか？　以上に概観したようなわれわれの議論の内に、解は示唆されている。その解を発掘してみよう。

消極的自由は、それぞれの個人に十分に多くのドア（選択肢）のついた個室を与えようという、発想であった。部屋そのものは、すべてのドアに共通の空間を提供しているだけであり、ドアに対してまったく中立的である。つまり、部屋は、選択（肢）に何の影響も与えない。こうした、一見無害に見える了解が、自由の本性を十分に汲みとるものではない、ということを、すでに前章で論じておいた。ここでは、やはりすでに引用し、考察しておいた事例が、述べたような消極的自由の概念が、何かを決定的に見逃しているということを暗示する強力な素材を提供している、ということをあらためて確認することから、議論の突破口を開いてみよう。

それは、フレデリックと呼ばれていたあの少年の事例である（第3章）。彼は生後十一ヵ月で養子に引き取られ、「フレデリック」という名前を与えられたのだが、発達に障害をきたし、七歳のときに精神分析医ドルトのもとで治療を受けたのであった。ドルトによって、養子縁組み前の本来の名前「アルマン」を見出されることによって、少年の精神病的な諸症状は一挙に消滅した。われわれはすでに次の諸点を確認している。この少年に与えられた二つの名前、「フレデリック」と「アルマン」の内、後で与えられた「フレデリック」は、名前（固有名）としての要件を満たしてはいないということ、したがって、少年は、ドルトによって「アルマン」と呼びかけられるまでの長い間、実質的には名前を失ったような状態を生きていたということ。

この事例が、なぜ、いかなる意味で、消極的自由の概念に対する疑義を浮上させていると解することができるのか？　知力障害等の諸症状に苦しんでいたこの少年は、「自由な主体」になることに失敗していた、したがって「責任を引き受け得る主体」になることに失敗していた、と理解してよいだろう。だが、名前を与えることによって、これらの症状はすべて消え去ってしまったのだ。名前がこうした魔術的効果をもったのは、なぜであろうか？　消極的自由についての例の比喩を用いるならば、名前は、各個人が生涯その中に住むことになる部屋に貼られているラベルのようなものである。この少年の場合、ドルトのもとに訪れた時点では、個室に「フレデリック」というラベルが貼られていた。あるいは、そもそもラベルが剝がれた状態にあった。ドルトの治療は、その個室に、あらためて「アルマン」というラベルを貼ることであった、と言えるだろう。消極的自由の概念に立脚して事態を捉えたとき、両者の間に――ラベルをもたない部屋と「アルマン」という部屋の間に――本質的な変移があったと見なすことができるだろうか？　明らかに、できない。消極的自由にとって重要なのは、ドアの数である。ラベルを貼ったからといってドアの数が増えるわけではない。部屋が、ドア（選択肢）に対して中立的である、というのはこういう意味である。しかし、実際には、この少年は、部屋に名前（アルマン）が与えられる前には、閉塞状態に置かれているのと同じような困難の内にある。つまり、便失禁を繰り返すなど、幼児的な依存状態を脱することがなく、自ら進んで世界に立ち向かうことがなかった。この閉塞を、ドアの数の少なさ、つまり消極的自由の欠如によって説明することはできない。治療を通じて加えられたことは、本人にとっても、養父母を核とする周囲の者たちにとっても、フレデリックが実はアルマンであったという確認のみである。この事例は、消極的自由の概念の視野に収められていない盲点があることを暗示しているのだ。

「あなたはアルマンである／私はアルマンである」という指示は、実際には、何を遂行していることになるのだろうか？　名前による指示が含意する操作は、一見したところ背反する二つの仕方によって説明できる。一方で、それは、言うまでもなく、個体を特殊なものとして――あるいはむしろ特異的（単一的）なものとして――識別する。だが他方で、名前は何も識別していないとも言える。すでに（第3章で）確認してあるように、名前が指示対象の記述ではなく、何も意味していない以上、つまりラカンの言う、シニフィエなき純粋なシニフィアンである以上、「アルマンである」という指示は、まさに「アルマンと呼ばれている」というトートロジー以外には、アルマンについて何も言及してはいない。それは、アルマンと他の者との差異について具体的には何も言及してはいないのである。だから、また、アルマンがどのように変化しようと、あるいはアルマンのどのようなあり方を想定しようと、それがアルマンであることをやめてしまうわけではない。アルマンはアルマンなのだ。極大の識別機能（それは対象を包括的な集合〔の要素〕としてではなく、完全に単一的な個体として区別しているのだから）と零度の識別機能（それは具体的などのような差異をも主題化できないのだから）が完全に合致してしまうところに、名前の顕著な特性がある。

こうした合致が生ずる究極の根拠は、名前が、名前を用いて対象を指示している〈私〉（の身体）に求心的に配備されている宇宙の総体としての同一性／差異を、主題化しているからである。ここで「宇宙」と呼んだのは、すべての現実的・可能的な諸世界のクラス（集合）である。通常は、区別のための差異は宇宙の内部に設定される。だが、名前が指示しているのは、そうした内的な差異ではなくて、宇宙をその外部として分かつ差異なのだ。たとえば、〈私〉が「アルマン」という名前を使うとき、その個体が指示されるのと同時に、「これ」が「アルマン」として存在するほかない、〈私〉にとって到達可能な宇宙が潜在的に指示されているのである。名前は単一的な個体を指示するしかない。それは、宇宙が定義上、単一的だからだ。名前が、指示する〈私〉に相関する宇宙の単一性を潜在的に指示しているということを示すひとつの証拠は、名前が、「これ」「それ」などの直示語を初めとする指標的表現に依存することなしには、機能しえないという事実である。指標的表現とは、発話者が置かれたコンテキストによって異なる対象を指示する語である。命名するとき、あるいは名前を伝達するとき、われわれは、「これはアルマンである」とか「角に立っているあの男はフレデリックである」等の仕方で、どうしても指標的表現を使わざるをえない。[1]これら指標的表現は、「私」（これも指標的表現である）によって指示される原点の近傍にあるものとして、指示対象を定位する。この場合、近傍とは、〈私〉に求心的に配備されうる現実的・可能的な領域の全体、つまり宇宙である。要するに、名前には、この宇宙への参照が必然的に随伴しているのである。[2]

繰り返し確認すれば、名前は、極大の識別機能と極小の識別機能の短絡によって特徴づけられる。この極大の識別機能が発揮されるとき、つまり対象を単一的なものとして指示するとき、その対象が呈する特殊な性質が、対象を固定するために援用される。たとえば、「茶色い髪の毛をしたあの男の子は、アルマンだ」といった具合に。この場合、繰り返し述べてきたように、利用された特殊な性質（「茶色い髪の毛をした」）は、名前を定義する本質的な契機ではない。だが、しかし、これが対象の固定に際して動員される限りにおいては、つまり名前による識別機能が暫定的にその特殊な性質に委託されている限りにおいては、名前が使用されるたびに、その性質が示差性の徴表として言及されていると考えなくてはなるまい。それは、空虚なシニフィアンとしての名前に、暫定的な内容を補充する。あるいはこう言ってもよい。名前は、原理的には、「アルマン」と名付けられた「これ」が存在しているということしか指示しえないが、実践的には、この空虚な指示に、「これ」がどのような特殊な性質を帯びて存在しているか、「これ」が何者として存在しているかという内容を補充しながら使用されるのだ、と。「これがアルマンだ（アルマンとしてのこれが存在している）」という言明は、可能世界の全体を貫通する同一措定であるという意味で、必然的である。だが、他方で、それが言及された特殊な性質を帯びているということは、他でもありえた偶然性として現れるほかない。

だから、名前による指示は、必然的で、内容的には空虚な同一措定に、偶然的で特殊な内容を充塡していくことになる。こうしたことが生ずるのは、名前において、識別機能の両極が短絡しているからである。だが、そのために、ここに、独特の転換が生じうる。名前による指示は、第一に、他でもありえた偶然的な内容に照準した指示である以上は、区別と選択の機能を発揮する。だが、第二に、そうした偶然性を媒介にして、他ではありえない必然性（選びようがないこと）が指示されているのである。そうであるとすれば、ここには、必然性が、原的な偶然性によって支持されていることになろう。あるいは、必然性が、偶然的でしかありえない特殊性の選択によって、発効していることになるだろう。先に見たように、こうした構成こそ、自由についてのこれまでの考察の中で追い求めてきたこと（のひとつ）である。

フレデリックの症例は、必然性の水準の選択なしには、人は「自由な主体」にはなりえない、ということを示唆しているのである。先に活用した「部屋」の比喩に頼れば、必然性の次元とは部屋そのもののことである。部屋にいくつものドアを開ける前に、個人がその内にいるほかない――その個人にとって必然的な――部屋を、つまり彼がその内部にいる宇宙を、しかしまるで他でもありえたかのように選択する必要があったのだ。フレデリックの困難が示していることは、部屋そのものの選択に先立たれていなくては、多様なドアの間の選択へと立ち向かうことができないということである。だが、部屋はどのようにして選択されるのか？　いくつもの部屋を見渡すことができる廊下に出ることによってなのか？　だが、そうした構成は、より包括的な部屋（建物）の中でのドアの選択に再び回収されてしまう。部屋の選択は、ドア（選択肢）の選択とは異なった構成をとっていなくてはならない。

消極的自由への積極的な契機の追補

ここで、ドルトがフレデリックへの治療の成果を上げるためには、「『オフ』の声」で「アルマン」と呼びかけなくてはならなかった、ということを想起する必要がある。ドルトは、フレデリックが「文字」を拒否しているのに、「A」という文字にだけは固執するのを見て、「アルマン」という名前に鍵があると直観する。だが、正面から「顔」を見合わせて「アルマン」と語りかけても、フレデリックは何の反応も示さなかった。だが、声を裏声に変え、あらぬ方向を向いて「アルマン」と呼びかけると、フレデリックは突然反応を示した。つまり「これはアルマンである」という指示は、まず、「オフ」の声によって与えられなくてはならなかった。「オフ」の声とは、同一の経験的な空間に所属することのない外部からの声である。容易に推察することができるように、「オフ」の声は、超越論的な第三者の審級に所属する声として、聞き取られているのである。

〈私〉が何であるかということの必然性は、つまり「〈私〉がアルマンである」ということは、〈私〉自身によっては選択することができない。それは、定義上、〈私〉にとっては「他ではありえないこと」として現れているのだから。つまり自分自身が棲まう部屋を、自分自身で直接に選択することはできないのだ。

それは、〈私〉に外在する超越論的な他者によって、まずは選択されなくてはならないのである。今し方、〈私〉が何者として存在しているかということについての必然性は、それを一個の偶然性として扱う選択に媒介されてこそ、発効するのではないか、と論じておいた。こうした構成の中で、実は、視点が二重化しているのである。必然性という様相は、〈私〉である限りでの〈私〉に属する視点に対して現れる。それに対して、偶然性という様相は、超越論的な第三者の視点に対して現れているのである。第三者の審級の視点をあらためて〈私〉が固有化することによって、あるいは同じことだが、第三者の審級に帰属する選択を〈私〉に帰属する選択として了解し直すことによって、〈私〉による〈私〉の必然的な性格の選択という構成が完結するのだと、考えることができるだろう。

だが「あなたはアルマンである」という呼びかけは、アルマンの行動や性格に何を付け加えているのか？　強調してきたように、名前が原理的にはいかなる意味作用も担わない以上、この呼びかけは、実質的なものを何も含意してはいないし、アルマンに何かを付け加えてもいない。それは、ただ、あるがままのアルマンをその名によってトートロジカルに指示しているだけなのだ。だが、他方で、この指示は、劇的な効果を伴うとも言える。なぜならば、この指示を媒介にして、あるがままのアルマンの性格が、アルマンにとって有意味で実効的な必然性となるからである。つまり、われわれの論点はこうである、人がみずからの性格をみずからの必然性として引き受けるためには、それが、超越論的な第三者の審級に対して選択可能な偶然性として現れ、そして実際に第三者の審級に選択され（たと解釈され）なくてはならないのだ、と。第三者の審級に帰属している（と解釈された）選択や承認が、〈私〉にとっての〈私〉の必然性を規定することができるのは、ある意味で、当然のことである。そこには、何のマジックもない。第三者の審級が選択しているのは、はじめからそうであるところの〈私〉だからである。それは、他ではありえない当然のことを、わざわざ追認しているだけなのだ。だが、他者による追認に媒介されなくては、それは、対自的な必然性とはなりえない。また個室についての隠喩を用いるならば、自らが入るべき個室を選ぶために、廊下に立っている必要はないのだ。〈私〉は初めから個室の中にいるからである。ただ、〈私〉が個室にいるという事実が、部屋の外に視点を有する第三者によって、あらためて確認されるのである。この確認をまって、はじめて、この部屋にいたという事実が〈私〉にとって、有意味な動かしがたい事実として発効し始めるのだ。部屋に開けられているドアが、〈私〉にとって意味をもち始めるのは、これからである。

さて、ここまで選択が二段階のステップをなしているかのように、議論してきた。部屋（先天的な性格）の選択と、部屋の中のドア（個々の行動）の選択である。ここで、ここまでの議論を、さらに一般化し、強化することもできるのではないか。つまり、個々の行動の選択もまた、基本的には、ここで述べてきたような、第三者の審級（他者）の選択と承認を媒介にしているのではないか。実際、われわれは、個々の選択もまた、しばしば、あの「先天的な性格」の選択と類似の構造をもっているということを、つまり、他ではありえない既定的なことの選択という性質を帯びるということを、すでに（前章の考察の最後に）確認しておいた。このように考えると、第1章で言及した、デカルト派の哲学者マルブランシュの機会原因論が、相応の真実をもっているということがわかってくる。マルブランシュは、精神の作用（自由の領域）と物質の作用（機械的因果関係の領域）の連動を説明するために、神が両者の関係を、常にせわしなく同調させている、と論じたのだった。マルブランシュにとっては、「意図」や「筋収縮」のような、通常の物質的・精神的原因は、本当の原因ではなくて、機会原因にすぎない。真の原因は、神にこそある、というわけだ。この説明は、何かばかげたもののように見える。というのも、「機会原因」によってすでに十分に現象の説明が終わっているのだから、神に登場してもらう必要はまったくないように見えるからだ。だが、この神を、述べてきたような、「すでにそうであること」をあえて追認する第三者の審級に対応させて考えてみるならば、神こそが機会原因を原因たらしめる真の原因であるとするマルブランシュの説明にも、一定の合理性があることが理解できるだろう。

今や、消極的自由の概念の欠落部分がはっきりと捉えられたと言えるだろう。他者からの介入の不在という消極的・否定的な条件のみでは、自由な選択は構成されえない。ある種の他者——超越論的な性格を帯びて現れる第三者の審級——の積極的な介入なしには、消極的自由は選択として成立しえないのだ。ただし、この介入は、空虚でトートロジカルな介入である。つまりそれは、消極的自由として与えられている選択肢を制限したり、それに特定の傾向を与えたり、歪曲するような選択ではない。それはただ、消極的自由として与えられている選択肢の領域を、そのまま肯定するだけの介入なのだ。だが、この空虚な介入によって、消極的自由の領域が必然性を帯び、同時に実効的な選択肢の集合として現れることができるのだ。バーリンは、積極的自由の擁護者が、しばしば、理性的な「真の自由」が実現するはずの必然性をア・プリオリに想定するがために、そうした必然性への事実上の強制が自由の名のもとで支持されてしまうことがある、と忠告している。たとえばある種の歴史法則がア・プリオリに仮定され、理性的な主体ならば、まさに自らの自由な意志によってこれに加担するはずだと解されるならば、法則に反しているように見える行動は、非理性的なものとして禁止されたり、排除されたりするだろう。[*3] だが、ここで述べてきたような見解に関して言えば、こうした懸念は無用である。必然性は、第三者の審級による承認・選択を通じて、後からたち現れるからである。カントが数学を（分析判断ではなく）総合判断の一種だと述べたときに、念頭にあったのも、おそらくこのような原理である。数学は、確かに、後から振り返ると、ア・プリオリにあった真理の必然的な展開であるように見える。だが、まさに「ア・プリオリ」であるかのような外観をもった必然性の成立が、述べてきたような一種の社会的な効果であるとするならば、その「必然的な命題」は、確かに、一種の総合判断であると見なすべきであろう。

　消極的自由が自由として成立するためには、超越論的な他者の介入を必要としているということ、このことは、自由が、本源的に偏心的だということを含意している。これは、時間の可能条件を探究することを通じて、われわれが到達した結論とも合致する。

1　D. Kaplan, "On the Logic of Demonstratives", *Journal of Philosophy of Language* 8, 1978.

2　ここでこの論点を展開している余裕はない。詳細については、私の『意味と他者性』(勁草書房、一九九四年)の第4章を参照されたい。

3　バーリン『自由論』みすず書房、一九七一年(原著1969)、三四二—三五九頁。

8　蓋然性について

個人主義的自由主義批判――ハイエクを媒介に

通常、自由主義は個人主義に立脚して主張される。自由主義が、個人に帰せられる選択の可能性を擁護することを目的としている以上、この結びつきは、論理的な必然であるように思われる。たとえばフリードリッヒ・フォン・ハイエクは、自由主義の優越を、個人主義を基礎にして、導き出している。ただし、個人主義と自由主義がいかに親和的なものであったとしても、両者は同じものではない。実際、ハイエクも、個人主義を、「真の個人主義」と「偽りの個人主義」に分割し、前者によってのみ、自由が擁護されうると見なしている。ハイエクの講義「真の個人主義と偽りの個人主義」[*1]によれば、真の個人主義は、ロックをその始祖とし、マンデヴィル、ヒューム、ファーガソン、スミス、バーク、トクヴィル、アクトンらによって継受されてきた。他方、ハイエクによって、「偽りの個人主義」と見なされているのは、デカルト派、百科全書派、ルソー、フィジオクラートなどである。後の論文の中では、ヘーゲル、マルクス、サン＝シモン、コントなども、後者の列に加えられる。こうした人名録の配分があからさまに示しているように、真の自由主義が消極的自由に、偽りの個人主義が積極的自由に、ほぼ対応している。要するに、ハイエクが擁護する自由は、バーリンと同様に、消極的自由である。

われわれは、すでに、消極的自由の概念が、どのような欠落を抱えているかを確認し（第6章）、その欠落がいかなる構図のもとで埋められうるのかということについての大枠を示しておいた（第7章）。だが、この構図に、社会学的な具体性を付与するためには、社会的な現実に直接に対面しつつ議論を構築していった、ハイエクのような「経済学者」の思索を媒介にするのが、好都合であろう。あらためて、ハイエクの「消極的自由」論を概観する理由は、ここにある。ハイエクにとって、（真の）個人主義は、どのような意味において、自由主義の優越性の根拠たりうるのか？

議論の根本前提は、社会システムの全体を合理的に管理し、そこに効率的であったり、公正であったりする、何らかの意味で望ましい秩序を実現することは不可能だ、という認識にある。要するに、社会主義の困難についての認識がある。こうした認識を端的に表明しているのが、有名な「社会主義計算論争」でのハイエクの立場である。論争の主題は、社会主義下で、計算によって市場が実現するのと同じ資源配分を達成することができるか、にあった。この場合、資源配分のためのシグナルとして、疑似価格を計算によって導き出すことができるか、が鍵になる。ハイエクの答えははっきりしている。こうした計算は不可能だ、というのである。計算に必要な情報の量が、事実上、無限であり、かつそれらの情報が、きわめて多くの生産単位や消費者に分散して存在しているからである。こうした情報を集計し、計算することは誰にもできない。

このとき、社会システムの秩序の創出を、諸個人の自由な行為に委ねるのが最も望ましい、という結論が導かれる。つまり、（真の）個人主義が、自由主義を推奨しうる根拠となるのは、それが、どの個人も十分な知識をもっていないということ、誰が適切な知識をもっているかということを誰も知りえないということを含意しているからである。ハイエクは、「個人主義者の議論の真の基礎には、誰が最もよく知っているかは誰も知りえず、もしもそれを見出す方法があるとしたら、それは各人が各様のことをやってみることが許されている社会過程による以外にはないという認識がある」と述べている。誰も十分な知識を持ち得ないとするならば、諸個人にできうる限りの自由を許容し、彼らの間の自由な競争を認めてやることが、社会秩序の生成にとって最も有効なはずだ、とハイエクは結論するのだ。各人に自由な試行錯誤を許容する競争は、それまで気づかれることがなかった諸機会の発見を導き――たとえばそれまで誰も知らなかった人々の欲望を発掘し――、新たな生産物や生産方法の発見を促すことになるだろう。こうして、自由な競争が、あらかじめ誰も予見することができないより優れた知識の、自生的な発見過程を構成することになる。要するに、自由主義の優越の根拠となっているのは――ハイエクによれば――、「個人の無知」なのである。

ところで、われわれはすでに、自由の可能性を消極的に容認するのみでは――他者からの干渉を排した行為の選択肢の領域を保証してやるだけでは――、自由は可能ではない、ということを確認しておいた。ドア（選択肢）がいくつも用意されている部屋の中に人を放り込むだけでは、ドアをあける自由は生み出されないのである。自由についてのこうした消極的（必要）条件を自由の積極的な可能性へと転ずる条件を、ハイエクの議論は、用意しているだろうか？　ハイエクが重視する「慣習」や「伝統」が、こうした転換の役割を担う条件の候補と見なすことができるかもしれない。ハイエクにとって、慣習、あるいは伝統とは、社会的に共有されることで蓄積されてきた知識のことである。消極的自由を、つまりドアがたくさんある部屋を、真の自由へと転換するためには、その部屋自身を――奇妙なことに「必然」として――選択する操作が想定可能でなくてはならない、ということを、前章の議論において示したのであった。慣習や伝統は、もしそれらが行為の選択のための肯定的な前提として採用されるならば、選択肢の領域――ドアのある部屋――を限定する機能をもっていると見なすことができるだろう。実際、ハイエクにとって、真の個人主義を偽りの個人主義から分かつ分割線は、慣習や伝統を個人の自由の前提的な与件として認めているか否かに、つまりその意味における個人の社会秩序への内属を認識しているか否かにある、と言ってよいだろう。たとえば、慣習や伝統のような社会的規範を、それ自身はそうした規範から自由な社会契約の――自由な合意の――産物として定位するような理説は、偽りの個人主義に属する。

それならば、慣習や伝統はいかにして与えられるのか？　ハイエクにとっても、慣習や伝統自身は、自由な行為の、自由な競争の所産なのである。ただし、それらは、自由な行為において、たとえば社会契約の場合にそうであったように直接に措定されるわけではない。慣習・伝統は、自由な諸行為が、それらの間の集合的な関係を媒介にして間接的に、意図せざる結果としてもたらした産物なのである。つまり、競争を通じて、人間にとって有益であることが判明し、生き延びた知識が、慣習や伝統として蓄積されるのだ。だが、そうであるとすれば、議論は全体として循環を描いていることになる。慣習や伝統は、自由の条件であると同時に産物でもあることになるからだ。

しかし、議論がこうした循環を構成しているのだとすれば、さらに問わざるをえない。この循環が、適切に収束する——あるいは少なくとも収束へと漸近していく——と仮定しうる根拠は、どこにあるのか、と。自由な行為の競合的な関係が、さらなる自由な行為の前提条件となりうるような秩序を、みずからのうちに生成するはずだ、とする仮定を支持しているのは、いかなる根拠なのか？　この問いに対して、ハイエクの議論はどのような答えも用意していないように思われる。自由な行為の集合的な関係が、どの特定の行為の直接の意図にも還元しえないような形で、自生的に社会秩序を構成することになる、ということは、ハイエクにとって、説明されざる独断である。要するに、ハイエクの議論には、自由の可能性の条件を導出するために必要な配備を欠いている、と結論せざるをえない。

こうしたハイエクの議論には、キリスト教をめぐるキルケゴールの考察を対置してみたくなる。ハイエクへのわれわれの批判点に対応するような困難が、キリスト（教）を動機づけているからである。ジジェクが指摘するように、キリストが要請されるのは、言ってみればアリストテレス的な宇宙が、失われたときである。[*2]ここで、「アリストテレス的な宇宙」と呼んだのは、総体が目的論的に整序されている宇宙、下層の諸要素の活動がすべて、「不動の動者」と特徴づけられている究極の目的、つまり最高善へと、自生的に向かうように予定されている宇宙のことである。盲目の自由な行為の集まりが淘汰の過程を媒介にして自生的に秩序を生成すべく方向づけられている――したがってそれは未だに実現されていないより高次の秩序へと常に進化している――とする、ハイエクの議論は、社会秩序に関して、こうしたアリストテレス的な仮定をおいているに等しい。だが、アリストテレス的仮定が、常に、自明に信頼されるわけではない。実際、ユダヤ教のうちに芽生えた神義論――善なる者が苦しむのはなぜかという問い――は、アリストテレス的な宇宙への不信を表明するものであろう。そして、キリストが現れるのは、こうした不信が十分に昂じたときである。今や、最高の存在者は、不動の善として、下層の存在者が自らに自然に漸近してくるのを待ち受けるわけにはいかない。最高の存在者たる神の方が、逆に、下層の存在者の方に向かって動かなくてはならない。つまり、自分自身を、そうした下層の存在者のひとつとして、つまり経験的で可死的な人間として具現しなくてはならないのだ。キルケゴールの全思索がささげられた主題は、この人間として具現した神、つまりキリストとは何か、ということであった。

キルケゴールの思索の中で、われわれの当面の議論にとって示唆的なことは、信仰の逆説的な性格についての洞察である。信仰の逆説は、消極的自由／積極的自由の複層性としてわれわれがすでに見出しておいた事態と、正確に同型的な構造を呈している。前章の考察を通じて明らかにしておいたことは、自由は、その核心部において偏心的である、ということである。個人の内面に帰せられる自由な選択は、同時に、その個人に対して外在する、超越（論）的な他者——第三者の審級——に帰せられる選択としても現れることにおいて、まさにいっこの自由な選択たりうるのである。第三者の審級にその個人にとっての必然性を（自由に）選択されることを通じて、まさにその必然に従うことが、当の個人にとっての自由（偶然性）として現れるのだ。キルケゴールは、信仰に関して、これと同じ逆説を見出している。信仰は、純粋に内面的なこととして、つまり内面の自由にのみ帰せられる事態として定義される。純粋に内面的であるということは、それを他人と共有することができない、ということである。たとえば、アブラハムは、神の命令によって、その子イサクを殺し、生け贄として捧げなくてはならないのだが、彼は、その苦しみを他人と共有することもできないし、またこうした不条理な行為を選択せざるをえない理由を他人に理解させることもできない。このような信仰が他人と共有されることに抵抗するのは、それが、信仰する当人にとって、あまりに内面的に過ぎて、かえって外的だからだ。端的に言えば、信仰は、信仰する者の内的な欲望を直接に表現しているのではなく、彼にとっても不可解な外的な超越的他者（神）の命令にこそ由来しているのであり、そうであるがゆえに、それを他人に理解させることができないのである。[*3] 内的であることにおいて外的であるような信仰のこうした構成は、積極的／消極的自由の逆説性を純化させた形式で保持している、と見なすことができるだろう。自由が、キルケゴールが信仰において見出したのと同じ偏心的な構成をその核心部に抱え込んでいるとするならば、自由主義と個人主義の間の自明と信じられていた繋がりは、あらためて審問に付されなくてはならないだろう。自由主義は、必ずしも、個人主義的に基礎づけられなくてもよい。というより自由主義は、個人主義ではありえないのだ。個人に帰属する自由な選択は、それが同時に、その個人にとって外的な超越的他者へと通底し、第一義的には、その他者に帰属しうることにおいてこそ、まさに自由たりえているからである。

偶然的かつ必然的な行為

だが、自由のこうした構成は、まことに不思議なものであると言わざるをえない。一方で、自由な選択は、本性上、「偶然」的なものでなくてはならない。他でもありえたこととして現れていることでなくては、選択の対象とはなりえないからである。だがしかし、他方で、われわれの考察は、まさにこの自由な行為を「必然」として定立するような、それ自身やはり自由な選択（第三者の審級に帰属する）に――論理的な順序において――先立たれなくては、この行為は、「自由な」行為として成立しえない、ということを示したのであった。だから、同じ行為が、二重の論理様相を――偶然かつ必然として――担っていることになる。

シックは、同じ行為がこうした二重の様相を帯びることとの矛盾に着眼して、未来の意志決定を厳密に予期する能力が、その未来の時点における選択を論理的に不可能なものにしてしまう、という証明を提起している。その理路は、著しく単純である。まず、ある個人が、徹底的に演繹的（論理的）であること、そして信念を保持する力があること（途中で信念を変えないこと）を仮定する。さらに、その個人が、t_1時点において、t_2時点における主観的状態（たとえば自己の選好）と客観的な状況（たとえば自分の所得や商品の価格）を知っている、と仮定する。この人物は、徹底的に演繹的であるから、t_1時点において、すでに、t_2時点でXを選択することが適合的であることを知っている。Xが適合的であることが論理的に必然であり、そのことはt_1時点において確定しているのだとすれば、t_2時点においては、裁量のどのような可能性も残っていないことになる。これが、完全な予期が自由な決定の可能性を奪う、というシックの証明の骨子である。[*4]

ある行為が実現されることとの必然性が、シックの想定のように、単に論理的な演繹の帰結として導かれるものであったならば、その行為が同時に偶然的な選択の産物でもあるということは、明らかな矛盾である。自由な選択が帯びる様相上の二重性は、論理的な推論とは異なる源泉をもっていなくてはならない。それは、身体間の社会的関係がもたらす特殊な効果のひとつだということが、われわれのここまでの議論からすでに示唆されている仮説である。だが、ここでは、こうした結論に一挙に飛びつかず、自由な選択に帰せられた、必然かつ偶然であることとの奇妙さにあえて拘泥しておきたい。というのも、それは、シックの生真面目な論証が、ありえない論理的矛盾として排除したくなるほどの、不思議な二重性を呈しているからである。つまり、この神秘の神秘たるゆえんを理解することのほうが、まずは肝心だからである。[*5]

だが、繰り返せば、選択可能な偶然の行為が、ある観点からすると、必然的なものとしても現象するのは、シックの論証が想定しているような理由からではない。つまり、それが、分析的な命題のように、先立つ時点において知られていた知識から論理的に演繹されたがために必然性を帯びるわけではない。自由な選択が帯びる様相的な二重性を、最もあからさまに例示しているのは、ジジェクが「強制された選択」と呼んでいる諸現象である。強制された選択とは、典型的には、結婚式における宣誓、裁判における誓約、結社の入会式での誓約などにおいてあらわれる意志決定である。たとえば、結婚式で、われわれは将来の配偶者を永遠に愛するかどうかという問いを与えられる。通常、われわれはこの問いに肯定的に応ずる。こうした誓約や宣誓が、言語行為として発効しうるのは、それが自由な選択だからである。つまり、それが自動販売機の反応のように一義的に決まってはいないからである。そうである以上、誓約者であるわれわれには、問いに対して肯定的に応ずる可能性と否定的に応ずる可能性、つまり合意することと合意しないこととの、二つの選択肢がともに開かれていたはずだ。だが、しかし、実際上は、われわれは、問いに対して、否定的に応ずることは許されていない。もし誓約者が、公然と否定的に応じたならば、結婚式や入会式は大混乱に陥ることだろう。つまり、配偶者を永遠に愛すること、結社の内規を受容すること、法廷で真実を語ることなどに合意する限りにおいて、それらに合意するか合意しないかのいずれかを選ぶ自由が与えられているのである。言い換えれば、合意することは、実際上そうするほかなかったという意味では必然であり、原理上は、合意しない可能性も与えられていたという意味では偶然である。[*6]

ここであらためて次のことを確認しなくてはならない。すなわち、とりたてて特殊な選択だけがこうした二重性をともなうわけではない、ということを。再三強調してきたように、選択は——少なくとも「重要な」選択は——、一般に、同じ二重性を帯びて、われわれの前に与えられるのである。つまり、それは、「そうであるほかないもの」をあえて選択するという「冗長性」を帯びた形式で現れるのだ。したがって、自由が実効的に構成されるためには、主体は、「そうであるほかないもの」を、つまり宇宙の移り行きを、あらかじめ知らなくてはならない、ということになるだろう。あるいは、もう少し厳密に言い換えれば、自由な選択が可能であるためには、——その選択という現象を事後的に捉え返したときに——あたかも主体が宇宙の移り行きの必然性をあらかじめ知っていたかのように状況が現象するように、事態の全体が構成されなくてはならないのだ。

だから、自由が可能であるためには、宇宙に本源的に随伴している不確実性が克服され、縮減されなくてはならない。宇宙は、原理的に、不確実性を帯びている。この原理的な不確実性こそが、「未来」という時間の様相を構成するだろう。ここで留意しておかなくてはならないことは、「原理的な」という限定である。過去に関しても、もちろん、不確実なことはいくらでもある（歴史の空白）。逆に、未来に関して、確実だろうと予期しうることもいくらでもある（明日も太陽が昇るだろう）。しかし、この「私」にとっては直接的にはいかに不確実なものであろうと、現実的ないしは可能的（仮想的）な何者かにとっては、すでに確実である（確定している）、と了解しうる事態が、過去である。逆に、ある事態について「私」がいかに強い確信をもっていようとも、それを確実なもの（確定したもの）として捉えている可能的な他者の存在を仮想することができないならば、それは未来に所属する。だから、宇宙が時間的な移り行きのうちで与えられるということは、それが、本性上の不確実性を帯びているということだ。自由は、この不確実性に対抗しなくてはならない。不確実性を、原理的に抹消することができないとしても、それを、（部分的に）抹消したかのように扱うことができなくてはならない。要するに、不確実性を馴致することが、自由の実現にとって、前提条件となるのだ。だが、それはいかにして可能か？

　レヴィナスによれば、労働こそが、こうした不確実性に対処する最初の活動である。この点についてのレヴィナスの所論はこうである。[*7] 宇宙に対する人間のもっとも原初的な関係は、享受である。人間は、宇宙の原基《エレマン》を享受する。水や空気や動植物を享受する。こうした享受は、宇宙の無償の贈与によって支えられている。だが、宇宙は恣意的で気まぐれである。つまり、それは、明日もまた過不足なく水を与え、日を与えてくれるとは限らず、まったく不確実だ。こうした宇宙の気まぐれに対処すべく開始されるのが、享受を遅延させつつ、宇宙の原基を統御する活動、つまり労働（労苦）である。レヴィナスによれば、労働を媒介にすることによって、世界のうちにあるということが、そのまま経済《エコノミ》—家政の問題となる。というのも、労働とは、第一に、わが家を建てることであり、第二に、大地を区画し、水を引き、火を起こすことによって宇宙そのものをわが家となすことでもあるからだ。[*8] つまり、レヴィナスによれば、経済の起源は、宇宙の不確実性を馴致しようとする活動のうちにこそあるのだ。

とはいえ、宇宙との関係を「労働」として組織することは、不確実性を馴致する方法としては、はなはだ不十分なものだと言わざるをえない。不確実性の主要な源泉は、事物（原基）ではなく、〈他者〉だからである。事物を対象化し、統御し、所有物へと転換したとしても、〈他者〉に由来する不確実性を解消することはできない。むしろ、〈他者〉は、「未来」と同様に、原理的に除去することができない不確実性と見なすべきである。

だから、不確実性を馴致する活動は、言い換えれば、偶然性に必然性を重ね合せる操作は、〈他者〉との関係を編成する機制でなくてはなるまい。実際には、われわれはすでに、前章までの考察を通じて、この機制がどのようなものなのかということについての見通しを得ている。それは、〈私〉と〈他者〉との関係を作用因として、超越論的な場所へと、第三者の審級を先向的に投射する機制として描くことができる。これがわれわれのここまでの議論から導き得る仮説である。とはいえ、これまでの考察が導いたのは、こうした機制の、抽象的で、完全に一般的な骨格に過ぎない。本源的な不確実性を処理可能な形式へと転換する機制は、〈他者〉との社会的関係に基礎づけられている。そうであるとすれば、この機制の抽象的な図式を得ることを越えて、それが、社会の現実の中でどのように具体化され、また挫折しているかを探究する必要があるのではないか？　冒頭でハイエクの議論をごく大雑把に概観したのは、そこに、こうした探究への糸口を見出すためであった。しかし、ハイエクの議論は、こうした展望を充足するものではなかった。われわれはどこに手がかりを求めるべきか？

蓋然性の直知——ケインズを媒介に

経済学者として、また社会思想家として、しばしばハイエクの対極にその座を与えられている思想家ジョン・メーナード・ケインズの思索の軌跡のうちに、鉱脈が潜んでいるように思われる。こうした展望をもちうる根拠はどこにあるのか？　不確実性に対抗すべく人間に与えられている心的な能力とは何であるかを、考えてみよう。言うまでもなく、それは、予期や期待を抱く能力にほかなるまい。ところで、予期についての理論こそ、ケインズの経済社会論の基礎をなしているのである。[*9]

ケインズの経済理論の中で、つまり経済学上の彼の主著『一般理論』の中で、予期は、経済システムの二つのアスペクト、つまりそのミクロの水準とマクロの水準の両方において、中核的な役割を演じている。ミクロの水準においては、予期は、経済主体の選択（意志決定）に深く関与している。それだけではなく——間宮陽介がケインズの経済論の内から鮮やかに抉出してみせていることだが——、予期の諸形態は、経済システムのマクロな構造を基本的に規定しているのである。すなわち、後にその概略を見ることになるが、予期の形態は、階級や、市場の諸形態と対応しているのだ。ケインズの経済社会論の基礎が、予期の理論によって与えられている、と見なし得るのは、それが、こうした理論構成をとっているからである。

ケインズの予期の理論の由来を、ケインズ自身の思考の軌跡にそって遡ってみるならば、ケインズが青年期に著した最初の著作に到りつく。そこで、ケインズは、「予期」についてのきわめて独創的な哲学的考察を試みている。それは、まったく純粋に哲学的な著書であって、その段階では、まだ経済学や社会論への展開は含まれてはいない。すると、われわれは、通常、ケインズを学者としては経済学の専門家と見なし、彼のさまざまな議論を、経済学を核において配備してみるのだが、ケインズ自身の思索に内在するならば、事態を逆にとらえるべきではないか、ということに気づくことになろう。すなわちケインズの知的なモチーフの核には、(広義の)予期をめぐる哲学的な関心があり、その発展の果てに、たとえば独自の経済学も構築されたと見なすべきではないだろうか? こうした経緯を考慮に入れるならば、ケインズの経済社会論の基礎に予期の理論が置かれるのは、当然だと言わなくてはなるまい。それゆえ、われわれは、「予期」についてのケインズのアイディアを、この最初の著作に立ち返って見ておく必要がある。

一九二一年に発表されたこの最初の著作は、『蓋然性論(確率論)』と題されている。[*10] 題が示すように、それは、G・E・ムーアの強い影響下で書かれた蓋然性(確率)の本性をめぐる考察である。[*11] 蓋然性 Probability(ありそうなこと)とは何か? われわれの議論の文脈の中で、定義するならば、蓋然性とは、宇宙の本源的につきまとう「不確実性」の馴致された形式と見なすことができるだろう。まったく不可能なのか必然(確実)なのか定かならぬ事象が、その両極のどこかに座をしめる蓋然的なこと(ありそうなこと、事実ありうること)へと転換されたときに、その事象についての予期が構成されるのである。ケインズ自身は、蓋然性を、前提となる知識hと帰結される知識aの間の推論的な関係――それはa/hと表記される――として定義している。a/hは、通常の確率のように、明確な数値をもつとは限らない。hを現在の知識と見なせば、a/hは、予期を表明する言明の形式を取っていることは明らかである。

それならば、蓋然的な判断、つまり予期a/hは、どのようにして構成され、いかにして妥当性を保証されるのだろうか？　言い換えれば、ケインズの理論に即した場合、不確実性の蓋然性への馴致は、いかにして可能なのか？　ケインズのこの著作は、この問いに対して、驚くべき独創的な解答を用意している。ケインズによれば、蓋然的な関係a/hは、推論者によって、自明なものとして直知 acquaintance されるのである。「直知」はラッセルに由来する概念であり、対象を直接に見知ることである。人は、知覚、理解、経験といった三つの認識の作用を通じて、対象を、命題以前的な形式で直接に把握する、とされている。たとえば、人は、青色の感覚を直知する。「青色」という感覚は、まったく直接の知覚であるため、それ以上に要素的な認識によって説明することはできない。だから、青年ケインズによれば、われわれは、青色を明証的に知覚するのと同じように、歯痛を直接に感覚するのと同じように、二つの知識の間の蓋然的な関係を自明なものとして、直接に把握するのである。

だが、われわれは、本当に蓋然的な関係について、こうした直接的で明証的な仕方で把握しているだろうか？　そこに「青」が見えるという直接性と同等な仕方で、（現在が「h」であるからには）「a」がありそうだ、という関係を把握しているだろうか？ すぐ後に引用するラムジーを初めとするほとんどの論者が、蓋然性が直知されうるというアイディアを嘲笑し、きびしく批判した。それどころか、ケインズ自身が、このアイディアをみずから自身に対して説得することに成功していないようにすら見える。そのことを示す兆候は、彼が、蓋然性の概念とは独立に、データの量に比例した、「推論のウェイト」という概念を導入していることである。推論のウェイトとは、推論の確信の度合いのことである。これは、蓋然性に比べてわかりやすいアイディアである。われわれは、通常、データの量が増えれば、増えるほど、確信の度合いを深めていくではないか。だが、このきわめて平凡なアイディアと蓋然性が直知によって確認されるとするアイディアとの間の関係は、不明瞭だと言わざるをえない。蓋然的な推論関係が、直知され、それゆえ明証的であるということと、推論的な関係への確信の度合いが、反復によって、帰納法と同じような仕方で高まっていくということとの間には、どのような関係があるというのか？ 推論のウェイトは、見てきたように、主観的な確信の程度に対応している。このこととの反照において解釈するならば、ケインズは、蓋然的な関係を、主観的な根拠なき思い込みとしてではなく、「そこに青がある」と自明に直観されたときの「青」と同等な、「客観性」を有するものとして定礎したかったのに違いない。

ケインズの後に、先駆的で、かつ数学的に洗練された確率論を展開したラムジーは、ケインズを次のように批判している。

ここでケインズ氏の考えにたいするもっと根本的な批判へと転じることにしよう。それは、彼が記述しているような蓋然的関係といったものは、本当に存在しているようには見えないという、すぐに気づかれる批判である。彼が想定するところでは、少なくともある特定の場合には、この関係は知覚可能であるとされている。しかし、私自身について言えば、それが事実ではないと確信をもって言える。私はそれを知覚しないし、それが存在すると納得するには議論による他はない。しかも、私以外の人々もそれを知覚していないのではないかと、疑わざるをえない。なぜなら、人々は二つの与えられた命題のあいだにどの蓋然的関係が成り立っているかについて、ほとんど何の合意に達することもできないからである。[*12]

後にケインズ自身もラムジーの批判を妥当なものとして受け入れる。さらに、ケインズの後の予期をめぐる議論の中では、直知の対象としての蓋然性というアイディアは、明示的には姿を現すことはない。たとえば、『一般理論』の中に登場する「予期の確信度」という概念は、「推論のウェイト」に対応するものである。

しかし、そうであるとすれば、ケインズは、「すぐに気づかれる批判」に晒されるような蓋然性——直知されうる蓋然性——という概念を、なぜ、提起したのだろうか？　騒々しい批判に、ケインズ自身が屈してしまったが、このとき、ケインズは、予期と蓋然性についての彼自身の本来のモチーフをも手放してしまっているのではないだろうか。むしろ、われわれは、ケインズの後の予期についての理論もまた、この「蓋然性」の概念の延長上で再解釈してみる必要があるのではないか。

だが、それならば、蓋然性が直知されている、という状態が何を指しているのかを、明らかにしておかなくてはならないだろう。今、こんなことを考えてみよう。柄谷行人は、かつてごく短いエッセーの中で、スポーツの領域で誰かが、大きく世界記録を更新すると、それまで何年間も誰も到達できなかったその近辺の記録を出すものが、突然、次々と出ることがあるが、それはなぜだろうか、という疑問を呈している。柄谷ならずとも、これは、われわれの多くが目撃してきたことである。たとえば、誰かが、マラソンで二時間四分台の記録を出すと、その後、短期間の間に同じ四分台で走るランナーが次々と現れる。もっと顕著なのは、体操やフィギュアスケートの新技術である。登場するまでは、何年間も誰もなしえなかった困難な技でも、ひとたび登場したのちには、多くの選手によって演じられる平凡な技に転じてしまう。だから、われわれは、たとえば二十年前の体操の映像を見ると、今日との較差に驚嘆せざるをえない。

この現象は、次のように理解することができる。誰かが二時間五分をきるような記録で四二・一九五キロを実際に走ることによって、他のランナーは、言うまでもなく、それを直接に知覚することになる。その途端に、二時間五分で走ることができるかということが、まったくの不確実な事態から、蓋然的な事態——ありそうな事態——へと転換するのである。このことによって、それまでそのような大記録を出すことができなかった後続のランナーにとって、そうした走り方が可能な（自由な）選択の可能性のうちに組み込まれるのだ。これは、自由な選択が可能であるためには、不確実性が馴致され、蓋然性へと転じていなくてはならない、というわれわれのこれまでの立論に、まったく適合的な事態であると言えるだろう。それでは、初めて、二時間五分でマラソンを走りぬいたものはどうだったのか？　初めて驚異的なウルトラEの技を開発したものにとってはどうだったのか？　彼にそれが可能であったということは、彼は、二時間五分で誰かが現実に走る前にすでに――彼の後続するランナーたちが彼の走りを直接に知覚したときと同じように――、その驚異的な走りの可能性を直知していた、と見なすべきではないか。これが、蓋然性の直知という事態である。もし「天才」というものがありうるとするならば、それは、現実に何ものかが実現される前に、それを直知する能力だと言ってよいのではないか。

1　ハイエク「真の個人主義と偽りの個人主義」一九四五年。
2　S. Žižek, *The Ticklish Subject*, Verso, London, 1998, p. 211.
3　この点については、Žižek ibid. pp. 211-212 参照。
4　F. Schick, "Self-Knowledge, Uncertainty, and Choice", *British Journal of Philosophy of Science*, No. 30, 1979. またオドリスコル Jr.とリッツォによる『時間と無知の経済学』（勁草書房、一九九九年。原著1996）も参照。

5 数学者が「カオス」と呼んでいる現象においては、実際に、偶然と必然が合致する。この点に関して、大澤「カオスにおける社会性」(『大航海』16号、一九九七年)参照。
6 大澤真幸「不可視の合意」『カオスの時代の合意学』創文社、一九九四年。Žižek, *The Sublime Object of Ideology*, Verso, London, 1989, pp.165-169.
7 レヴィナス『全体性と無限』国文社、一九八九年(原著1961)。
8 熊野純彦『レヴィナス入門』ちくま新書、一九九九年、一一一頁、参照。
9 この点を重視しているのは、間宮陽介である。間宮は、こう言っている。「知識論がモラル・サイエンス全体の基礎論だとすれば、期待論〔予期論〕はケインズ経済社会論の基礎論に相当している。人間が存在論的に無知だという認識は彼の経済社会論の底流を流れており、そのために、彼は期待〔予期〕という人間活動の要素に従来の経済学と比べると破格とも思えるほどの位置を与えるのである」(『モラル・サイエンスとしての経済学』ミネルヴァ書房、一九八六年、一六三頁)。
10 J.M. Keynes, *A Treatise on Probability*, Macmillan, London, 1921.
11 ケインズのこの論考に関しては、柴山桂太「自由・富・秩序」(一九九九年)を参照した。これは京都大学大学院人間・環境学研究科に提出された修士論文である。以下のケインズをめぐる考察については、私は、柴山桂太氏をはじめとする大学院生たちとの討論に大いに触発された。ほかに伊藤邦武『人間的な合理性の哲学』(勁草書房、一九九七年)。R.M. O'Donnell, *Keynes* (Macmillan, 1989). R.M. O'Donnell ed. *Keynes as Philosopher-Economist* (Macmillan, 1991) が参考になる。
12 ラムジー『ラムジー哲学論文集』勁草書房、一九九六年(原著1990)、八二頁。一部訳語を変更した。

9　江夏の「この一球」と予期の階級的構成

江夏の「この一球」を待つこと

一九八二年の野球シーズンが始まって間もない頃、東北地方のある都市で、日本ハムとロッテが対戦している。この試合の最終回、ロッテは日本ハムを二死満塁と攻めた。このピンチに日本ハムは、「抑えの切り札」江夏豊を送り込んだ。この時期、江夏は、すでにいくつもの大記録を打ち立て、球史に残る大投手としての地位を確立していた。江夏を迎えるロッテの打者は、落合博満である。このとき、江夏は落合を三球三振にしとめた。江夏は、三球連続でカーヴを投げている。落合は、一度もバットを振らなかった。翌日の新聞は、皆、江夏のこの「火消し」を称えた。「さすが江夏」と。だが、この勝負に勝った江夏だけが、ひとり、戦慄した。江夏は、このとき、落合の恐るべき成長を直観したからである。実際、この年、落合は初めて三冠王を取る。つまり、このシーズンは、落合にとって、せいぜい一チームの主力打者に過ぎなかった段階から、一挙に球界を代表する打者へと飛躍した年だったのである。このエピソードは、江夏が、引退後『Ｎｕｍｂｅｒ』誌による長いインタヴューの中で語ったものである。江夏は、落合をして、三冠王を三回も取るような大打者にしたのは、自分自身のアドバイスだ、とこのインタヴューの中で述べているのだ。

圧倒的に勝利したはずの投手の方が、逆に、強い敗北感に慄《おのの》いたという、この奇妙なエピソードから入ったのは、蓋然性が直知される、ということがどのようなことであるかを、これが教えるからである。われわれは、蓋然的（確率的）関係――（hが起きたからには）aがありそうだということ――が、ちょうどわれわれがたとえば「黄色」をこれ以上説明しようのない仕方で知覚するのと同じように直接的に知覚する、と論じた若きケインズの議論を検討している。ケインズ自身さえも後に放棄したこの説に、一定の説得力があるように思われる、というのがわれわれの立場である。たとえば、次のように示唆しておいた。仮に「天才」というものがありうるのだとすれば、現に生起していない出来事に関して――あるいはそれと類似していると見なしうる出来事に先立たれることなく――蓋然性を直知しうる能力にこそあるのではないか、と。もちろん、だからといって、それは神秘的な予知能力のようなものではありえない。だが、それならば、蓋然性の直知とは何か？　江夏豊のこのエピソードは、こうした能力の一端に光をあててくれるのである。

『Ｎｕｍｂｅｒ』誌によるインタヴューの中で、江夏が落合との関係について語ったこの部分は、問題の試合があった一九八二年のシーズンの前のある出来事についての話題から始まっている。江夏も落合も「天才」と呼ぶに相応しいプレーヤーではある。このとき、江夏は、すでに球界最高の投手たる地位を不動のものとしており、当時はいわゆる「抑え」として活躍していた。しかし、最初にも述べたように、落合は、頭角を現しつつあったものの、未だに、せいぜい一チームの主力打者のひとりに過ぎなかった。こんなあるとき江夏と落合は麻雀の卓を囲んだ。江夏が、次々と落合の手を読み、勝ちつづけたため、落合は、閉口して、江夏に尋ねた、「江夏さん、どうして俺の手が読めちゃうの」と。これに江夏は、「お前が待っているものぐらい、麻雀の牌であろうが、野球のボールであろうが、手にとるようにわかるわい」と答えたという。麻雀の牌はともかく、打者としての待ち球までもが見抜かれていると言われた落合は驚き、そしてまじめになった。彼はあらためて問うた。なぜ打者である自分の待ち球が何であるのかわかってしまうのか？　そして二人は麻雀をやめ、長い野球談義に移った。

江夏が落合に諭したことは、こういうことであった。「どうしてお前は『この一球』を待つことができないのか」。江夏は次のように説明する。投手が投げ得るボールには、様々な球種、様々なコースがあるわけだが、落合は、それらのすべての場合を予想し、それらに備えている。それではダメだ、というのが江夏の説である。「この一球」と指し示すことができる、単一《シンギュラ》の球を待つ――待ち続ける――ことができる者のみが、江夏のような傑出した投手の球を打つことができるのだ。素人の考えでは、様々な球種やコースを予想している打者の方が、起こり得るすべての場合に対応できるので、「この一球」を待つ打者よりも秀でている、と推論したくなる。素人どころか、すでにかなりの水準に到達しているプロ（落合自身）ですら、そう思っていたのだ。だが、「天才」の眼からみると、それは間違っている。

このエピソードに関してわれわれが留意しなくてはならないことは、「この一球」を待つという態度のもとでなければ、その未来のボールは直知の対象にはなりえない、ということである。内角低目のカーヴでもあれば、外角高目の直球でもあるようなボールを直知することはできない。不確定で、様々な可能性（可能世界）へと分岐している状態は、判断や推論の対象にはなりえても、直接の知覚の対象ではない。直接に知覚されることとは、常に、「これ」と単一的に指示することができる何かである。量子力学的な比喩を使えば、観測（知覚）によって、様々な可能性が確率的に分布したままであるような状態――波束（可能な物理量の多様な固有値が確率的な重みとともに重ねられている状態ベクトル）――が特定の固有値へと収縮せざるをえない。「この一球」を待つとは、ある特定の球が来るかもしれない、ある特定の球がくることがもっともらしい、いやそれどころか、まさに「この」と呼ぶことができるような他ではありえない様態でその球が来るに違いない、という予期を有することである。要するに、「この一球」を待つ態度とは、未だに到来していない「この一球」を直知している、ということなのである。

江夏のような投手の眼からみると、様々な可能性を予想しながら待っている打者がどの球を待っているかは容易に見破ることができるが、「この一球」を待っている打者がまさにどの一球を待っているかということを見抜くことはたいへんむずかしいという。まったく常識に反した断定だが、そのからくりは次のようなことにあるらしい。すなわち、打者は、様々な球種に備えようとすると自然に、かえって、それまでの投球内容から次の球として最も確率的に高いと判断される球種を待つ態勢を作ってしまう。この確率についての判断は、実際の配球によって変わるので、打者の態勢にも少しずつ変化が見られる。この変化から、投手は、打者が何を待っているかがわかってしまうというのだ。だが、「この一球」を待つことができる打者には、こうした「迷い」からくる態勢の変化が現れないので、どのコースのどんな球種を待っているかを見抜くことができないというのだ。[*1] ともあれ、ここで重要なことは、「この一球」の到来を最初から直知していたときにのみ、つまり現実（現在）の知覚された特定の一球と同等の必然性を有するものとして待っていたときにのみ、まさにその空白の必然性を充たすべく現にやってきた、「この一球」を、打者は打つことができる、ということである。打者は、そのように待っていなければ、どの一球も打つことができない。[*2]

以上が江夏の「理論」（の解釈）である。江夏の述懐によれば、落合は、江夏のこうした解説を実に真剣に聞き入っていた。冒頭に紹介したゲームで、江夏が勝利を通じて、かえって落合に脅威を覚えた理由は、江夏のこうした説明をコンテキストにすれば、理解可能なものとなる。結果としては三振だったが、平然と三つの球を見送った落合が、「この一球」を待つことを覚えたことを悟ったからである。落合は、「この一球」として直球を予期していたのだ。

繰り返し確認すれば、「この一球」を待つということは、「この一球」が到来する蓋然性を直知している、ということなのである。だが、こうしたことが少なくともある「天才」に可能であるとして、なお、それがいかにして可能か、と問わざるをえない。少なくとも、ラムジーは、——前章に引用したように——「私はそれ〔蓋然的関係〕を知覚しないし」、「私以外の人々もそれを知覚していないのではないかと、疑わざるをえない」としている。確かに、この「私」が、蓋然的関係をまざまざと知覚しているとすれば、それはむしろ妄想というべきものではないか？　蓋然性の直知がどのような機制であるかということについての解は、実は、ここまでのわれわれの考察の中ですでに完全に与えられている。

直接の直知の担い手は、実は、「私」ではないのだ。蓋然性を直知しているのは、まずは「他者」なのである。厳密に言えば、それは、私の自由に可能条件を与えるような、超越論的な他者——第三者の審級——である。それゆえ、蓋然性の直知とは、そうした蓋然的事態を直知している第三者の審級を想定することができる、ということなのだ。ラムジーが言うように私はそれを知覚していない。しかし、私はそれを知覚している他者を想定しているのである。

この論点への傍証として、江夏豊のエピソードを再び援用することができる。江夏によれば、打者が「この一球」を待つ態度をもちえないとき、投手の方こそが、逆に、打者の待っている球種への直知を獲得してしまう。この場合、直知は、打者（他者）の「迷い」からくる態勢の微妙な揺らぎを媒介にして形成される。第三者の審級は、〈他者〉への遠心化を踏み切り板にして投射される、と述べておいた（第4章）。打者の態勢の変移は、この場合、投手がまさにそこへと遠心化すべき〈他者〉の知覚場を与えているのである。

この極限のケースを、有名な「江夏の二十一球」の中の奇跡的なウエストボールに見ることができる。「江夏の二十一球」とは、一九七九年の日本シリーズ「広島―近鉄」の第七戦の最終回の裏、江夏が自ら無死満塁のピンチを招きながら、それを無得点に抑えるまでに投じた二十一球のことである。それは、山際淳司の著名なエッセーによって広く知られている。二十一球の中で、真に驚くべきは、石渡茂のスクイズをはずした十九球目のウエストボールである。このボールは、カーヴだった。ということは、バッテリーは、初めからウエストボールを投げるつもりだったのではなく、ボールが手を離れるほとんど直前にウエストボールに切り替えられたということである。捕手の水沼四郎は、これはほとんど考えられない技巧である、と述べている。いかにして、こんなことが可能だったのか？　まず、石渡が直前の球を打ち気なく見逃したことで、その場に居合わせた全員が、必ず、どこかでスクイズがなされるという確信をもっていたということが、重大なコンテキストを与えている。[*3] が、しかし、投球動作に入ったとき、江夏は（そして捕手の水沼も）次の球でスクイズを仕掛けてくるとは思っていなかった。江夏は、どの瞬間に、スクイズを直知したのか？　江夏の証言によれば、彼は、プロ野球入団三年目に金田正一の教示で、腕を投げ下ろす瞬間に打者を見る技術を習得していた。このときも、腕を投げ下ろしつつ石渡を見ると、彼がスクイズすべくバットを動かしたのが眼に入ったという。だが、この瞬間からボールが手を離れるまでは、一秒をはるかに下回る短い時間なので、複雑な推論が介在する余裕はない。ここで作動しているものこそ、まさに身体の遠心化なのである。江夏の身体は、かすかに動く石渡茂の身体の視覚像に触発されてまさに石渡の身体の位置へと遠心化し、スクイズをしようとする彼の身体に共鳴したがゆえに、逆に自らはそれをはずすべくほとんど反射的に反応したのだ。こう言ってもよい。試合に参加しているすべての者に——言わば第三者の審級に——共帰属していた、スクイズの可能性についての潜在的な判断が、この遠心化を引き金にして、その瞬間——江夏にとっては——「この球をスクイズしてくる」という直知へと転換したのだ、と。この一球に関して興味深いのは、当時試合にかかわった者たちの見解の相違である。捕手の水沼は、述べたように、ただただその技巧に驚き、まったく考えられないことだと繰り返す。打者の石渡は、直球ではなくカーヴではずすなどということはありえないから、単なるすっぽ抜けではないか、としている。この二人と対極的なのは当時の広島監督古葉の見解で、彼は、咄嗟の場合にカーヴの握りのままでウエストボールを投げる練習を何度もしてきたのだから、江夏はあの球を投げることができただろう、と言うのだ。水沼と石渡は——激賞と邪推という異なった表現をとってはいるが——、いずれも不可能な球であるとしている点では共通であり、これに対して、古葉のみがこれを可能だとしている。一見、古葉は江夏に味方しているように見えるが、江夏は、水沼、石渡の単純な否定だけではなく、古葉による肯定も斥けているのである。つまり、あの球は練習によって投げることができるようになるものではない、と。なぜか？　練習できることは、あらかじめ予定していることだけである。たとえ「咄嗟」のことや「緊急」の事態に備える練習であっても、まさにそのこと自身を予定しなくてはならない。緊急性は必然的に抹消される。「投球動作の途中で相手のスクイズに気がつく」ということ自身を、初めから予定して練習しなくてはならないわけだ。だから、あらかじめ練習することができるのは、練習ということの本性上、推論の働きによって、次に相手がスクイズを仕掛けてくるだろう、という予想をもつことができる場合のみである。だが、江夏は、このとき、本当に投球動作の途中で反応しているのである。そうだとすると、このときの江夏の直知は推論に媒介されてはいない。それを誘発しているのは、述べたように、身体の遠心化の作用である。だから、古葉が理解していなかったのは、他者の想念についての予期とは区別された、他者の身体への直接の遠心化の作用がありうる、ということなのである。

通常、直知の可能性を支える、超越論的な第三者の審級は、共同主観化されている認知と重なっている。ところで、第三者の審級の「想定」とは、〈他者〉との相関関係を媒介にして第三者の審級を先向的に投射する機制そのものである。そうした機制のもとで、超越論的な場所に設定される第三者の審級は、確かに〈他者〉（と〈私〉）の集合性の効果ではあるが、しかし、経験的な他者たちが構成する特定の共同体の上に成立している共同主観性と、必然的に合致するわけではない。「天才」と呼ぶべき異能が前提にしているのは、蓋然性を直知する能力ではない（それは、誰もがやっていることなのである）。それの前提を構成しているのは、共同主観性からずれたところに第三者の審級を投射する能力なのである。誰かが、現に、公開のマラソンで二時間五分で走ってしまえば、その事実は、共同主観的な知識のうちに直ちに登録され、誰にとっても、そうしたスピードで人間が走り得るということが蓋然的なものとなる。だが、こうした共同主観的な知識への登録に先立って、二時間五分で四二・一九五キロを走ることを直知している第三者の審級を想定しうる者のみが、最初に、そうした劇的な記録の突破を果たすことができるのだ。

ところで、先に（前章）、過去を、現実的あるいは可能的な他者にとって確定的であると了解しうる事態として定義し、未来を、いかなる現実的あるいは可能的な他者にとっても確定しているとは了解しえない事態として定義した。過去／未来の本性がこうしたものであるとすれば、蓋然的事態を直知しうる超越論的他者を想定するということは、未来の未来性に対する抵抗と、言い換えれば未来の本源的な不確実性を過去の方へと引き付けることによって隠蔽する操作と見なすことができるだろう。「過去」「未来」を定義する際に訴求した「他者」は、現実的なものであろうと可能的なものであろうと、経験的な世界に内在する他者である。そうした他者にとっての解消不能な不確実性（未来）を、超越論的な他者にとっての確実性へと――つまり超越論的な他者にとっての過去へと――置換することによって隠蔽しているのだ。私や私と同一の経験的な平面に属する他者たちにとっては、「未だ」到来していないが、超越論的な第三者にとっては、「すでに」終わっている、というわけだ。この論点は、第三者の審級の先向的な投射は〈他者〉の「未来性」を「過去性」へと転回させることに相当すると述べたこと（第4章）の復習である。

予期の階級的構成

経済社会論に立ち向かおう。

「予期」の中核を蓋然性の直知に見出す——最初はケインズによって提起された——理説がどのような立脚点から再建されうるかを考察してきた。この考察を前提にした上で、ケインズの経済社会論に立ち向かおう。

ケインズは、社会システムのマクロな構造を三つの階級への分節として把握している。三階級とは、労働者＝消費者、企業家、投資家（投機家）である。それぞれの階級は、経済的な見地からは、それぞれ何の所有者であるか、ということによって規定される。労働者は労働の、企業家は実物資本の、そして投機家は金融資産の所有者である。マルクスの場合、言うまでもなく、階級は、大きく、労働者（労働力の所有者）と資本家（生産手段＝実物資本の所有者）に分割される。ケインズにあっては、後者の資本家《ブルジョワジ》が、さらに、企業家と投機家へと分けられていることになる。以上は階級についてのごく単純な経済的規定だが、ケインズの経済理論の中では、さらに、諸階級は、それぞれが動員している典型的な予期の構造と対応している。間宮陽介が、ケインズの複雑な説明の中からこの点を明快に抉出してみせてくれる。[*4] 労働者＝消費者を特徴づけるのが、慣習的予期、企業家を特徴づけるのが長期的予期、そして投機家（金利生活者）を特徴づけるのが機会主義的予期である。

予期の最も単純な形態は、慣習的予期である。それは、過去を直接に未来に外挿することによって支えられている予期だからである。共同体の慣習や伝統が、すなわち共同体で持続的に妥当してきた（と認知しうる）社会的規範が、明日もまた持続的に妥当するはずだとの認知において成り立つ予期が、慣習的予期である。ケインズの考えでは、労働者が自らの労働を提供しその対価を得るとき、そして対価である賃金によって諸財を購入し消費するとき、基本的に依拠しているのはこうした慣習的な予期の形態である。これは、財の使用価値が、持続的な社会的規範――慣習と伝統――によってかなりの程度、固定的であるということの帰結である。

　ケインズにとって、企業家の原像は、完全には消去しえない未来の不確実性――言い換えれば人間の無知――を前にしてなお長期的な視野をもった予期をもって行動する者である。もちろん、その目指すところは、将来の収益にある。こうした企業家の像は、アルフレッド・マーシャルが理想とした経済騎士道の精神をもった産業の将帥の像を連想させる、と間宮は指摘している。[*5] 企業家が長期的予期をもたざるをえない理由は、彼らが購入する財の性質を考えると明らかになる。彼らが投資のために購入した財は、――実物資本の場合はもちろん在庫資本の場合も――容易に売却しえない固定性を帯びることになるからだ。この企業家がもつべき長期的予期の内容を、理論化したのが、『一般理論』における「投資決定の理論」である。それは、「資本の限界効率」とケインズが呼んだ、投資の予期される収益率が、利子と均等するような水準で、投資が決定される、と説く。企業家は、実物資本（資本設備）を購入してから最終的に廃棄することになるときまでの長期間の系列に関して、収益率を予期しなくてはならない。利子よりも限界効率（予期される収益率）が高ければ投資がなされるが、利子の方が高ければ、投資せずに貸し付けた方が有利なので、投資は差し控えられる。投資を拡大していくと、いわゆる収穫逓減の法則にしたがって、限界効率は下がっていくと考えられるので、限界効率がちょうど利子率と均等するところで投資がなされる、というわけだ。

株式会社の制度が導入されている場合には、資本の限界効率の変化が株価の変動と相関することになる。株価の変動は、市場参加者の心理の影響を受けるため、株の売買がなされる投資市場は非常に流動的な状態になる。ここに、企業から区別される投機が入り込む可能性が孕まれることになる。投機家の予期は、投資市場の不安定性に対応して、機会主義（日和見主義）的な短期の予期を中心とする。ケインズの考えでは、実物資本の全存続期間への展望をもつ、企業家の長期的予期と、投機家の機会主義的な予期とは、性質を異にする。ケインズが、後者を、経済の不安定性の源泉となる不健全な予期と見なし、後者に対する前者の経済的・倫理的優位を説いていたことはよく知られている。たとえばケインズは、次のように論じている。

投機家は、企業の着実な流れに浮かぶ泡沫としてならば、なんの害も与えないであろう。しかし、企業が投機の渦巻のなかの泡沫となると、事態は重大である。一国の資本発展が賭博場の活動の副産物となった場合には、仕事はうまくいきそうにない。新投資を将来収益から見て最も利潤を生む方向に向けることを本来の社会的目的とする機関として眺めた場合、ウォール街の達成した成功の度合は、自由放任の資本主義の顕著な勝利の一つであると主張することはできない——もし私のように、ウォール街の最もすぐれた頭脳は実際にはそれとは異なった目的に向けられてきたと考えることが正しいならば、このことは驚くべきことではない。[*6]

ケインズにとって、投機は企業からのいびつな逸脱である。また発生の時間的順序に関しても、企業家の通常の実物資本への投資から、投資市場での投機が派生している。投資市場（株式市場）は、企業家の投資のための資金の調達を容易にするために成立したのだから。だが、しかし、ここで、予期の中核的な本態は直知であるというケインズ自身の本来の論点を――経済理論たる『一般理論』ではすでに姿を消してしまった初期のモチーフを――、これに対してわれわれが加えてきた修正や特定化を勘案しながら、導入するならば、事態は異なって見えてくる。投機を特徴づける機会主義的な予期とは、どのような予期なのか？ ケインズが考案した有名な美人投票の例が、その性格を浮き彫りにする。この「美人投票」で参加者は、新聞に掲載された百人分の顔写真の中から、六人の美人を選んで投票する。このコンテストでは、参加者の中から、最大得票を得た組み合わせに最も近い組み合わせを選んだ者に賞金が与えられることになっている。賞金を得ようとするならば、参加者は、自らが「美人」であると認知する女性に投票しても意味がない。彼（女）は、他の参加者が、他者たちが、他者たちの大多数が「美人」と認知するような顔に投票しなくてはならないのだ。ここでは、美人への（自己の）欲望が、完全に他者の欲望によって分節されている。その意味で、これは模範的なまでにラカン的な状況である。この仮想的な美人投票が、投資市場の隠喩になっていることは、容易に理解できるだろう。投資市場で利益を上げようとすれば、自らが最も有望であると見なした企業の株を買っても仕方がない。市場参加者は、値上がりするだろうと予期した株を、つまり他者が有望と見なすだろうと予期した株を、買わなくてはならないのだ。

もし投機の機会主義的な予期の本性を以上のように描き出すことができるとするならば、ケインズが予期の最終的で歪んだ派生態と見なした、この形態こそが、むしろ予期の原型と見なすべきものであることがわかってくる。というのも、ここにおいてこそ、蓋然性の直知が、純粋状態において露呈しているからである。述べておいたように、蓋然性の直知とは、蓋然的な事態を直知している他者を、つまりすでに「それ」を直接に知覚しており、それゆえ知っているはずの他者の存在を、自らの（自由な）行動のための超越論的な条件として想定することであった。ところで、機会主義的な予期とは、支配的な他者の知覚や欲望を、自己の行動を規定する論理的な先行要件としてしまうことを含意している。たとえば、「美人投票」の事例においては、自らの「美人」についての知覚をまずは停止し、他者の「美人」の知覚を、そのまま自己自身の美人についての判断へと転移させてしまわなくてはならない。してみれば、機会主義的な予期とは、直知としての予期が生成してくる過程を、まるでスローモーションの映像のように容易に解析可能な形式で再演させていることになるだろう。

機会主義的な予期の対極を占めるのは、慣習的な予期である。（蓋然性の）直知は、未来性を過去性へと転換し、そのことによって不確実性を馴致する操作に対応している、ということを確認しておいた。しかも、直知が前提にしている（超越論的な）他者は、しばしば、共同体の共同主観性を代表する一般的な他者の内に統合されていく。これらの条件が満たされたとき、蓋然性を直知する予期は、結局、自らが所属している共同体において持続的に妥当してきた（と認知された）規範――慣習や伝統――が含意する期待と、事実上、等しいものとなるだろう。それゆえ、機会主義的予期が、直知の生成局面に相当しているのだとすれば、慣習的予期は、直知の熟成局面――あるいは老成局面――に対応すると、位置づけることができるだろう。

それゆえ、ケインズが企業家に特徴的な予期と見なした長期的予期は、両者の中間に位置づけることができる。先に引いた言葉が示すように、ケインズは、企業（家）の投機（家）への転化を、つまり長期的予期から機会主義的予期への転化を、決定的な堕落として描いている。だがわれわれは、両者は連続しており、それらを完全に一義的に区別することはできないと言うべきである。このことは、次のように考えるならば、直ちに明らかである。長期的予期がどのように企業の投資を導くかは、述べたように、ケインズの「投資決定の理論」によって記述することができる。企業がある実物資本に投資すべきかどうかを決定するとき、考慮に入れなくてはならないことは、言うまでもなく、その実物資本がどれだけの収益を上げるかということについての、つまりそれによる生産物がどれだけ売れるかということについての予期である。それゆえ、実物資本への投資も――株への投機の場合と同様に――、結局は、他者の欲望に準拠しているのである。もっとも、投機の場合は、準拠を与える他者は、投資・投機する他者（企業家、投機家階級）であったのに対して、企業活動の場合には、原則的には、消費する他者（消費者＝労働者階級）だという相違はあるのだが。もちろん、投資において先取りされた、買う他者が、実際にその未来の時点で商品を買う保証はどこにもない。未来において、実際に商品が売れ、収益があがるという蓋然性に対する（主観的な）確信の度合いが、資本の限界効率の大きさを規定するだろう。

他者の欲望の先取り（予期）が、必ずしも現実において充足されるとは限らない。資本（企業）にとってのこの危険性に対する対抗措置が、「信用」である。信用とは、要するに、予期されうる、蓋然的な事態に止まっている、最終局面での「売り」を、現実性として、仮定してしまうことである。実際に売れる前に売れたことにするのだ。そうであるとすれば、信用は、（他者の未来の欲望についての）蓋然性を、制度的な虚構において現実性に置き換えてしまうことにおいて、文字通り——つまり通常の知覚と同じ意味において——直知しうるものにしてしまう操作であると解釈することができるだろう。だから、信用のような取り引きが生じうるという事実は、投機の機会主義的な予期と企業の長期的な予期が連続的なものであること、後者こそ前者の一特殊ケースであるということを証明しているのである。

三つの階級のそれぞれの視座構造を代表する三つの予期は、言わば、歴史的な派生の関係については、慣習的な予期、長期的な予期、そして機会主義的な予期という順序に整理されるだろう。もう少し慎重な表現を使えば、どの歴史的位相においても、三種類の予期が常に共存しているだろうが、しかし、他の諸行為の前提を与えるような基底的な行為が依拠する予期の支配的な形態に関して言えば、ほぼ、述べたような順序を想定してよいだろう。前近代的な定常的な共同体においては、予期は、主要には、慣習や伝統に依存するだろうし、商人的であろうが、産業的なものであろうが、資本主義的な近代が導入されるときには、慣習の桎梏《しっこく》に強く規定されない長期的予期が支配的な形態となり、さらに、資本主義に投資市場が整備されるに従って、機会主義的な予期の活動の領域が広がってくるのである。歴史的には、こうした順序になるのだが、ここまで述べてきたことは、予期の論理的な序列は、これとはまったく逆になるということである。予期の歴史的な最終形においてこそ、その本来的な形態が精練されて現れるのであり、そこからむしろ、予期の本性が――蓋然性の直知としての予期とは何かということが――初めて照らし出されるのだ。マルクスが『経済学批判序説』で「人間の解剖が猿の解剖の鍵である」と述べたような関係が、予期の諸形態の間に成り立っているのである。

1　後に本文でも論及する「江夏の二十一球」で知られた、一九七九年の日本シリーズ「広島―近鉄」の第七戦に、江夏のこうした証言を裏付ける興味深いシーンがある。この試合では、最後の打者石渡に投じた十九球目のウエストボールが最も有名だが、ここで問題にしたいのは、その前の打者佐々木恭介に江夏が投じた一球である。無死満塁で江夏は佐々木を三振に取るのだが、よくみると、その間、江夏はたった一球しかストライクゾーンに球を投げていない。あとはすべてボール球を振らせているのだ。だがその一球のストライクについて言えば、まったく打ちごろの外角への直球である。にもかかわらず、他の球には元気よく反応していた佐々木が、この球だけは見逃してしまったのだ。後に佐々木はこのことをおおいに悔やみ、「もし人生でもう一度だけやり直しを許してもらえる部分があるとすれば、あのシーンをやりたい」と述懐している。だが、こうした後悔の言葉が、佐々木がいかに「この一球」を待つ態度から遠いところにいるかを示している。江夏はそういう打者をまったく容易に手玉にとってしまうのだ。江夏は、佐々木が何を待っているか完全に読んでいたのである。もう少し厳密に言えば、あのとき、様々な種類の球に備えようとする佐々木の主観的な確率分布の中で、カーヴに最も大きなウェイトが配分され、直球にはほんのわずかしかウェイトが配分されていないことを読み取っていたのである。それゆえ彼は、佐々木が打たないことがわかっていたため、(佐々木の予想の中で高い確率が配分されていない)直球をストライクゾーンに投げたのである。逆に、佐々木が高い確率を配分している球種を使うときには、バットを振っても、空振りかファウルにしかならないボール球を投げたのだ。だから、人生のあのシーンの再演が許され、また同じように佐々木が打ちごろの「あの球」を待った場合には、江夏がその同じ球を投げないことはあきらかである。

2　「この一球」を待つときに限らず、「この」とか「これ」といった形式で単一性を指定しうるようなやり方で事態に向かうことが、いかに勝負を決定的に分かつか、ということを示すシーンを、またしても「江夏の二十一球」の中に見ることができる。打者石渡茂は、有名なウエストボールの直前の球——彼に投じられた最初の球——を見逃している。この打席に関して、石渡と当時の近鉄監督西本が、まったく食い違った証言をしているのである。西本は、一球目から思い切り振れと打者に指示したという。江夏のような一線級の投手を打ち崩すには、そうした気迫をもって立ち向かうことが絶対の必要条件だと考えたからである。だが、石渡は、その指示に反して、一球目を見逃してしまう。その消極的姿勢を見て、スクイズしかないと考えた西本は、スクイズのサインを出し、問題のウエストボールの場面へと移行していくのだ。だが、石渡は、どうして、西本の指示に反して一球目を見逃したのか。実は、石渡の証言では、——彼にとっては——西本の指示はまったく違ったものだったのである。彼は、西本に、「スクイズがありうるから、サインを見落とすなと言われた」と言うのだ。だから、石渡は、自分自身、頭の中で、スクイズのときにはこんなふうにバットを出して等と、スクイズのやり方をイメージしながら一球目の打席に立っていたという。西本と石渡の証言はなぜこんなに食い違っているのか。そこで私は次のように推測する。おそらく、意味内容だけ取れば、西本の指示は、「スクイズのサインがあるかもしれないが、それまでは思いっきりバットを振れ」というものだったのではないか。西本にとっては、指示の重心は、「思いっきりバットを振れ」の方にあり、受け取った石渡にとっては、「スクイズがあるかもしれない」の方にあったのだ。もし私の推測通りであるとすれば、西本は、完全に指示の仕方を過ったというべきであろう。「スクイズもあるかもしれず、バットを振ることもあるかもしれない」という、複数の可能性に確率が分岐した曖昧な指示を出すべきではなかったのだ。石渡に「これ（のみ）」という直知をもたらすように指示すべきだったのだ。要するに、「振れ」と指示するときに、同時にスクイズの可能性もありうるかのように暗に示唆すべきではなかったのである。述べたように、江夏は、こういう曖昧な態度で対処してくる相手が何をしようとしているのかを読み取る能力に長けている。後に本文でも論ずるように、石渡のこの態度が、その直後の、江夏の奇跡的なウエストボールを可能にした伏線ともなった。江夏は、そしてまた他のほとんどの広島のプレーヤーやコーチは、石渡の消極的な姿勢から、いずれかの時点でスクイズがありうる、ということを推量したからである。そうだとすれば、西本が石渡に指示を与えたときに、近鉄の敗戦への決定的な準備が整えられていたことになろう。

3　前注参照。

4　間宮陽介『モラル・サイエンスとしての経済学』。特に第七章参照。

5 間宮、同書、一七〇頁。Alfred Marshall, "The Social Possibilities of Economic Chivalry", *Economic Journal* vol. XVII, 1907.

6 J・M・ケインズ『雇用・利子および貨幣の一般理論』東洋経済新報社、一九九五年（原著1936）、一五七頁。

10 資本の原理

異人殺しの伝説

日本の歴史の中で、ごく一般の村落共同体にまで貨幣経済が浸透してきたのは、江戸時代の中ごろのことであったと考えられる。このことを示す傍証として、『政談』における荻生徂徠の次のような言葉を引くことができる。[*1]

その上むかしは在々に銭殊の外に払底にて、一切の物を銭にては買わず、みな米麦にて買いたる事、某田舎にて覚えたることなり、近年の様子を聞き合するに、元禄の頃より田舎へも銭行き渡りて、銭にて物を買うことになりたり。[*2]

実際、経済史的な見地からすると、一七世紀後半には、生産力が上昇したこと、国内交通網が整備されたこと、金融制度が確立したこと、諸侯の屋敷があった大坂に大規模な米穀取り引き市場が生まれたことなどの諸事情から、才覚のある者が大きな貨幣的な富を蓄積しうる現実的な条件が整いつつあった。[*3]

ところで、この時期、実際に共同体の特定の家が急に富を蓄積し始めた場合に、この事実は、しばしば、「異人殺し」伝説の形式で説明されていたという。[*4] このことは、短期間で富が特定の家に集積するという現象が、共同体にとって、理解困難で、秩序侵犯的な出来事として感受されていたということを示しているだろう。「異人殺し」伝説の構造は、ほぼ次のような範型に単純化することができる。①あるとき、旅人（異人）が村を訪れ、ある家に宿泊する。②その家の者は、旅人を殺害し、その金品を奪い、そして、③それを元手にして、富を殖やす。だが、④後に、その家の子孫や村に不幸が生じる。⑤その不幸が旅人の祟りと解釈され、⑥祟りを消すために、旅人の怨霊が祀り上げられることになる。内田隆三が述べるように、富の蓄積の原因を説明する上で中核になっているのは、前半の③までであり、実際、ここまでは、どの伝説にも共通しており、固定的であるのに対して、④以降の後半は、備わっていないものも含めて、さまざまな異型がある。内田隆三は、村落共同体における富の不平等な蓄積に対する当事者（村人たち）の説明と人類学者（小松和彦）の説明の双方に共有されている機能主義[*5]を批判した後に、伝説の中核部の方に主として着眼し、「異人殺し」が表象していることは、ごく単純に、共同体が、富の起源に異人を相手にした反規範的な行為――不等価交換――があったと感受していたということ、に集約することができる、と論じている。[*6]

急速な富の蓄積に対する説明としては、「異人殺し」伝説と類似の形式を備えてはいるが、内容を異にするもう少し古い伝説がある。江戸時代の初期から中期にかけては、富の偏在は、しばしば、「憑き物筋」に関係づけて説明されてきた。憑き物筋と見なされる家筋の周りには、性や婚姻をめぐるさまざまなタブーが張り巡らされており、それは、必ずしも経済的な領域に限った現象ではない。だが、憑き物筋――とりわけキツネモチ――として徴《しるし》づけられる家筋は、しばしば特別に富裕な農家なのだ。[*7] 旅人（異人）に対応しているのが、言うまでもなく、キツネ等の憑き物である。すると、この場合も、均衡を逸した富の増殖には、共同体に外在する他者が関係している、という共同体の直感が作用していることになろう。

とはいえ、「異人殺し」伝説では、第一に、関与する他者が、神話的・幻想的性格を脱して、現実的であり、そして何よりも、第二に、富の増殖が、そのことに即する体裁で――つまり不等価交換を媒介にした外部からの流入として――説明されている。これらの点で、「異人殺し」伝説の方が、憑き物筋に関係づける了解より進んだ説明法だと見なしてよいだろう。おそらく、憑き物筋に言及する説明から「異人殺し」伝説への転換には、本章の冒頭に述べた事実、つまり江戸時代中後期に貨幣経済が農村共同体に急速に浸透してきたという事実が与っていたのだろう。内田が指摘するように、「憑き物筋」による場合には、富は、――憑き物の呪力によって――村内の特定の家から憑き物筋の家へと移動させられた、と考えられている点に留意しておく必要がある。つまり、このとき、富はゼロ・サム的なのだ。富が実質的に増殖するためには、憑き物のような想像上の他者との関係ではなく、旅人——現実の他者——との不等価交換が必要だったということになる。

ここで江戸時代後期の村落共同体で広く見出される、「異人殺し」伝説に言及したのは、ここに、貨幣が交換を経由した後に増殖していくという現象——つまり「資本」という現象——を理解するためのヒントが含まれているからだ。さらに、そうした現象を、正則的なものとして内化させたシステム——資本主義——の本性を理解するための手がかりもまた含まれているからである。しかし、そうした理解へと至るためには、ケインズの経済社会論からの示唆にもう一度立ち戻った方が好都合だ。

資本の原理

われわれはすでに、蓋然性の予期の本性が直知にこそあるとするならば、予期の（論理的）原型は、ケインズが投機家に特徴的なものと見なした機会主義的な予期だということを確認した。機会主義的な予期は、他者の欲望に準拠し、それを自己の欲望へと転換させる。だが、厳密には、その「他者」は、現在の他者ではなくて将来の他者でなくてはならない。このことは、株で収益を上げるにはどうしたらよいか、ということを考えてみると、すぐにわかる。投機家は、現在支配的な他者の欲望に順応していたのでは、決して儲けることはできない。彼は、安いうちに——つまり需要がないときに——株を買い、それが値上がりしたところで——需要が出てきたところで——売らなくてはならないからだ。つまり、彼は、将来の他者が欲望するだろうが、現在の他者はまだ欲望していない株を、現在のうちに欲望しなくては（買わなくては）ならないのだ。機会主義的な予期は、それゆえ、現在の他者ではなく、将来の他者の欲望との間の転移関係を前提にしているのである。

われわれは、ここで、そもそも、本来の他者は、他者たる限りでの他者——〈他者〉——は、未来性を帯びて立ち現れる、ということを思い起こすべきであろう。そうであるとすれば、第三者の審級が、こうした〈他者〉をみずからのうちに統合するような形で投射されたときには、それは、「先取りされた——到来が予定された——未来」としての、つまりは将来の他者としての性格を（も）帯びるはずだ。

もちろん、機会主義的な予期に妥当した同じことは——つまり将来の他者の先取りとしての性格は——、企業の長期的予期についても成り立つ。（広義の）投資にかかわる二つの予期に共通するこの性格から、資本主義とは何かということを、つまり資本主義の本質規定を導きだすことができる。資本主義を根本的に特徴づけているのは、現在においては未だに成立してはいないが、未来において現出することになる他者の欲望、他者の（肯定的な）認知を、現在において先取りする競争である。ところで、超越論的な他者に帰せられる認知、超越論的な他者に帰せられうると想定されている直知こそが、（自己の）消極的自由の範囲を定める超越論的条件を与えるのであった。今、ここで、消極的自由が許容されている行為・経験の集合を、経験可能領域と呼ぶことにしよう。バーリンが依拠した比喩を用いれば、経験可能領域は、各個人に与えられた部屋の広さ、あるいは部屋ごとのドアの数である。他者の未だ登録されていない知を先取りし、それを超越論的な他者による承認の視線の内に統合するということは、経験可能領域をより包括的なものへと普遍化しようとすることにほかならない。他者の将来の知（直知）を、自身の自由の領域（経験可能領域）を同定する承認の視線として採用する者は、現在の顕在的な他者（たち）の欲望に規定されている（限定的な）経験可能領域を、みずからのより包括的な経験可能領域の内で相対化しうるような立場を得ていることになる。

たとえば、長期的予期にもとづく投資を通じて、技術開発が成功するということは——マルクスの用語を使えば「資本の有機的構成」を高度化するということは——、商品の生産に投ずる労働力の価値を相対的に下落させることになるので、労働力への、あるいは商品への「執着《アタッチメント》」を低減させる——相対化する——ことに相当する。あるいは需要の大きい高値の株を放棄し（売り）、あえて安値の株を取得する者は、株式市場で支配的な現在の欲望から距離を取っているに等しいことになる。[*8] 一般に、特定の事物への執着の程度は、その事物の価値を評価する規範的な価値体系——経験可能領域——の普遍性の程度と相即する。[*9] そうであるとすれば、技術革新によるのであれ、投機的な予期によるのであれ、特定の商品や株への執着から離脱する者は、それだけ、普遍化された経験可能領域を先取りしたのに等しいことになるはずだ。こうして資本主義の下では、個別資本（企業家と投機家）は、みずからの経験可能領域を拡大する競争に従事していることになる。この競争を通じて、社会的総資本は、社会システムの総体において規範的に許容されている経験可能領域を徐々に包括化していくことになるだろう。こうした、経験可能領域を不断に普遍化していくダイナミズムこそ――経済的な規定を超えた一般的な意味での――資本主義の根本特徴である。[*10]

資本が、つまり剰余価値が可能なのは、交換が、(将来の)他者が所属する経験可能領域――価値体系――を媒介にしているからである。今、ある規準的な商品、たとえば労働力をとりあげてみる。その規準的な商品の価値は、より普遍化された経験可能領域の下では、相対的に下落して現れる。このことは、逆に、この商品以外の他の商品の価値が、相対的に上昇したのと同じことを意味する。つまり、普遍化した(将来の)経験可能領域に内属した視点から捉えたある特定の事物の価値――それはすでに相対的に価値を下落させている――を規準的なものと見なした上で、未だに限定的な経験可能領域に相関して欲望されている他の諸商品の価値を評価した場合には、それらの評価された他の諸商品の価値が上昇して現れる。この上昇分こそが、剰余価値である。重要なことは、「自己の現在」の外部にいるような他者との交換を媒介にして、剰余価値が生み出されるということである。

ここで参照したくなるのは、ある晩どこからともなくやってきた旅人を相手にした、反規範的な不等価交換(略奪)を媒介にして、富の急激な蓄積が果たされたと説く、あの「異人殺し」の伝説である。伝説では、他者は、時間的な外部(未来)からではなく、空間的な外部からやってくる。しかし、こうした相違は本質的なことではない。特定の同一性の圏内から大きく逸脱した他者との交換を媒介にしているという点で、価値の増殖をもたらす関係の基本的な結構は、伝説の内にも、すでに暗示されている。[*11] 旅人が持っていた——とりわけ村人たちにとって——高価な金品を奪うということは、自らの内に旅人の視点を統合することに等しい。つまり、それは、自らが所属している経験可能領域を、村々を渡り歩く旅人の空間に変移させたことになる。その上で、旅人の殺害者が、村落共同体の限定的な経験可能領域に回帰してきたとき、彼は、村落共同体の内部にとどまっていては決してありえない過剰な富を得ることができるのだ。もっとも、伝説では、他者（旅人）はひそかに殺されなくてはならない。さらに、この殺害は、しばしば、共同体に不吉な結果をもたらすことになる。これらのことは、伝統的な共同体が、他者との（不等価）交換の事実を否認しようとしていることを示している。逆に言えば、そうした共同体にとって反規範的な事態——共同体の同一性を規定する基礎的な経験可能領域の不断の置き換え——を、システムを駆動する条件として許容したとき、資本主義が成り立つのである。

階級分化の必然性

資本主義を以上のように特徴づければ、そこに複数の階級が分化し、それに対応した複数の市場が構成される理由を説明することができる。

前章で論じたように、ケインズは、資本主義社会は三つの階級によって成る、と考えていた。それぞれの階級は、それぞれ異なる市場を棲息地としている。消費者＝労働者が、消費財・労働市場を、企業家が投資財市場を、そして投機家が投資市場＝証券市場をそれぞれ活動の場としている。市場において取得が目指されている賭金に着眼すると、消費財・労働市場と証券市場が対極に位置づけられる。前者においては、財の直接の使用価値が目的で取り引きがなされるが、後者においては、専ら、財の交換可能性のみが、つまり財の資産性・流動性のみが目的を与えるからである。そして、予期形態の場合と同様に、ここでも、企業家の投資財市場が中間的な位置を与えられる。投資の最終目的は、流動性（交換可能性）＝貨幣の拡大にあるが、企業家は流動性をいったん放棄し、それを使用価値（労働力を含む実物資本）に転換させざるをえず、そうした放棄の場が投資財市場（と労働市場）だからである。三つの市場のこうした関係は、市場が慣習や伝統に拘束されている程度に対応している。消費財・労働市場が最も強く慣習や伝統の規定を受ける。言い換えれば、消費財や労働力の価格は硬直的である。とりわけ、労働力の価格（賃金）の硬直性は高い。それに対して、証券市場で、価格は最も弾力的である。

資本主義は、経験可能領域の普遍化を競う競争の形態を取る。このことは、経済的には、貨幣の量的拡張を指向する競争として現れる。貨幣の本性は、流動性が極大である、という点にこそある。流動性とは、現実化を留保された、交換の純粋な可能性のことである。貨幣＝流動性は、具体的にはどのような財にも転換されうるという潜在的な可能性として蓄積される。だが、貨幣が財へと具体化されたとたんに、流動性は（ほとんど）失われてしまう。マルクスが価値形態論で示した、相対的価値形態と等価形態の非対称性とは、現実性（財）と可能性（流動性）との間のこの一方向性のことである。流動性の蓄積は、——市場における——潜在的な自由（交換可能性）の領域の拡張を含意している。

貨幣が流動性（の極大）を本性としているということは、貨幣の流通の場面においてこそ、ケインズが「美人投票」の比喩で示そうとした事態が、最も純化された形で現れる、ということである。ケインズの案出した仮想的ゲームで、投票者は、自分がある顔を美しいと思うから投票するのではなく、他者がその顔を美しいと思うだろうから投票するのであった。貨幣に関しても、これとまったく類比的な状況が成り立っている。貨幣が高度な流動性を有し、それゆえ欲望の対象となるのは、人が貨幣の使用価値を欲求するからではない。そもそも貨幣には使用価値はない。あるいは貨幣の使用価値とは、使用価値の否定である。だから、貨幣それ自身には、直接には、人の欲望を引きつける何ものもない。にもかかわらず、人が貨幣を欲望するのは、他者が貨幣を欲望するからである。つまり、岩井克人が徹底して論じているように、貨幣は、支払いにおいて他者がそれを受け取るということ、そのことだけを根拠にして流通し、まさに貨幣（一般的等価物）としての妥当性を確保しているのである。[*12]あのゲームにおける美人への投票と同様に、貨幣への欲望もまた、他者のそれへの（想定された）欲望によってのみ解発されるのだ。要するに、貨幣によって取り引きするとき、われわれは、予期の機会主義的な形態に依拠して、そうしているのである。

資本主義には三つの市場がある。財を最終的な使用価値へと転換させてしまう市場に棲息せざるをえないということは、つまり消費財・労働市場において財の使用価値のみを欲望の根拠として活動することは、流動性＝経験可能領域を拡張する競争から（交換の度に）離脱せざるをえないことを含意する。消費者＝労働者は、購入された消費財の現実的（可能的ではなく）多様性と労働力の価値に対応する水準の経験可能領域に緊縛されることになるわけだ。これに対して、投資財市場と証券市場に棲息しうる者は、経験可能領域（流動性）のさらなる普遍化（拡大）に対して開かれた位置に身を置いている。彼らは、投資と投機の成功を通じて、剰余価値の分配に与ることができる。剰余価値の取得によって流動性を拡大させることは、市場における選択の可能性、選択の自由を拡大させることを含意している。つまり剰余価値は、経験可能領域の拡大分に対応しているのだ。使用価値への一切の欲望を断念し、貨幣への欲望へと特化することによって得られる人間類型が、守銭奴である。守銭奴は、一切の使用価値への抽象的で普遍的な交換可能性（流動性）を欲望するがゆえに、逆に具体的な使用価値への現実的な欲望をすべて放棄しているのであり、柄谷行人が指摘しているように[*13]、その態度はほとんど宗教的である。守銭奴の対極には、欲望の権化と化した浪費家がいる。だが、内田隆三は、両者は本質的によく似ていると言う[*14]。というのも、浪費家は、具体的などの対象にも執着しておらず、ただ貨幣を使用することにのみ悦びを覚えているからだ。

資本主義が特殊な階級の分化を伴わざるをえないことの究極の根拠を、以上の考察から導き出すことができる。すでに述べたように、資本主義は、根本的には、経験可能領域の普遍化への競争を媒介にして、社会システムの総体としての経験可能領域を拡大していくダイナミズムである。それは、必然的に、言わば時間的に異なる様相に所属する複数の経験可能領域を、社会システムの内部に生み出さざるをえない。資本主義のダイナミズムは、これ以上はみずからの力で自身の経験可能領域を拡大しえず、その意味で現在性の内に拘束されている社会的な層と、将来において現実化（現在化）するはずの、より包括的・普遍的な経験可能領域を先取りしうる社会的な層への、階級的な分化を惹起するのである。先に概略を示唆したように、資本主義的なシステムの中で剰余価値が発生するのは、システムの内部に共存する、これら異なる時間的様相を配分されている社会的な層の間で、交換が生ずるからである。言うまでもなく、こうした階級分化は、今日では、世界システムにおける中核国と周辺国の分化として再編成されている。

企業の投資は、究極的には流動性（貨幣）の増大を目的とした、財の購入である。つまり、企業は、流動性を拡大するために、いったん、流動性を放棄する迂回路を経なくてはならない。企業の長期的予期が的中し、流動性が（増殖を伴って）再回収される保証はないので、投資は、投資者に、常に、リスクを強いることになる。このリスクを軽減させる方法は、資本自身を商品としてたえず市場に流通させてしまうこと、つまり資本を再流動化することである。こうして、商品化した資本（株）のための市場、すなわち証券市場が発達する。商品化＝証券化することで資本の流動性は大幅に上がるが、しかし、貨幣と同等の完全な流動性に達するわけではない。代わりに証券には、利子がつく。それゆえ、利子率は、主観的には、貨幣の完全な流動性を手放し、投資したことに対する報酬として現れることになる。

証券市場の対極にある消費財・労働市場が、慣習や伝統の規定を強く受けるのは、そこでは、商品の価値が行為の担い手としての人間の同一性に結びついているからである。よく知られたフーコーの議論によれば、一九世紀以降の西欧近代のエピステーメーは、人間を「先験的かつ経験的な二重性」として発見し、その「有限な人間」という形象を焦点として言説を配置した。[*15]市場においては、その有限の人間＝主体の本質は、直接的には、「労働力（の価値）」の形態をとって現れ、間接的には、労働力の再生産に必要な（諸商品の）価値の上に反映する。そもそも、近代に限らず、一般に、行為（の選択性）の帰属先となる個人＝人間の同一性が、時間的に持続しているということは、規範が効力を維持するための最小限の必要条件である。だが、行為する人間を一定の持続的な同一性に結びつけておくことを要請する、この条件は、規範的に許容されている経験可能領域を次第に普遍化していこうとする資本主義的な社会変容の圧力と背反する。普遍化は、規範に媒介された一切の諸事物の同一性を変移させざるをえないからだ。ここで、もう一度、「異人殺し」伝説のことを想起しておいてもよいだろう。伝説は、突然の富の増殖と偏在を、しばしば、共同体が見舞われた不幸と結びつけている。このことを、富裕になった家への集合的な嫉妬心からのみ解釈すべきではないだろう。富の急激な蓄積という事実に関して、異人の強盗殺人という——おそらくほとんどの場合は——捏造された出来事を原因として指定していることから判断するならば、ここにわれわれは、富を得た人物の同一性が——異人と同化しうる水準にまで——大きく変化してしまっていることへの直感的な理解と、このことへの共同体の規範的な抵抗を、読み取るべきではないだろうか。こうした抵抗は、資本制を受け入れた近代においても、なお残存する。つまり、人間の同一性の直接の根拠とされる労働力の価値や、その再生産に「必要」――この必要性の程度自身がまた規範的に規定されている――と認知された諸価値が、資本主義的な変容に抵抗することになるのだ。その結果として、賃金や、消費財の価格が、市場の内在的な論理に完全には従わず、硬直性を呈することになる。

マルクスは『資本論』に、ヘーゲルの反省規定の概念に依拠しながら、商品／貨幣を人間の関係に類比させる、非常に有名な注を書き記している。

このような反省規定は、総じて奇妙なところがあるものである。たとえば、ある人間が王であるのは、他の人間たちが彼にたいして臣下として相対するからに他ならない。ところが、彼らは、彼が王だから自分たちは臣下なのだと思い込んでいる。

ここでマルクスは、「王である」という同一性は、人間の間の関係の効果なのに、王そのものに内在している価値であるかのように錯認されている、と論じている。こうして、「王」という同一性は、関係から独立した実体であるかのような固定性を帯びることになる。われわれが、賃金や消費財の価格の硬直性に関して論じようとしたことは、「王」だけではなく「人間」一般に関しても、これと同じことが当てはまるということである。つまり「人間」という同一性が、関係から独立した本質のように現れるがために、市場においてその本質に対応している「労働力」の価値が、資本主義的な市場のダイナミズムから相対的に独立した（擬似）不変項になってしまうのだ。

ところで、引用したマルクスのこの文章は、王と臣下の関係を、貨幣と商品の関係に類比させうるというのが、本来の趣旨だが、肝心の貨幣に関して言えば、マルクスの類比は妥当しない。というのも、ある事物が貨幣であるのは、（他の）人間たちがその事物を貨幣として扱うからであるということは事実だが、市場に参加している誰もがそのことを正しく自覚しているからである。マルクスは、王が王であるのは王と臣下の社会関係の効果であるということが、臣下たちに暴かれてしまった場合には、王の権威が失墜してしまうような状況を想定している。だが、貨幣の場合には、同じことは妥当しない。貨幣の貨幣性は、むしろ王にとっては秘密でなくてはならなかったスキャンダルが全員に最初から暴かれている、ということにこそ依存しているのだ。[*16] マルクス主義者は、しばしば、商品や貨幣に関して、物神崇拝を指摘する。この場合、物神崇拝とは、マルクスのこの脚注が論ずるような事態、社会的関係の効果であるはずのことが、事物（商品や貨幣）の内在的な属性のように現れる事態である。だが、こうした意味での物神崇拝は、——通常は価値の源泉であるがゆえに物神崇拝に最も汚染されにくいと信じられている——労働力商品の周辺には残存するが、貨幣経済の根幹部からはおおかた消え失せてしまう。貨幣の流通に関しては、物神崇拝の原因だと信じられていたものが除去されているにもかかわらず、その症状が消えないのである。言い換えれば、古典的な物神崇拝とは異なる物神崇拝がありうる、ということである。あるいは、物神崇拝＝偶像崇拝を厳しく排するところに成り立つ宗教がありうるように、貨幣の超越性は、物神崇拝の否定を根拠にしていると言うべきかもしれない。

ここに述べてきたように、資本主義は、経験可能領域の普遍化の程度に階級的な落差が生ずるときに成り立つ。言い換えれば、資本主義は、資本主義の原理に抵抗し、それに完全には従わない部位に依存している。そのような部位は、(古典的な)物神崇拝が残存する領域である。資本主義が、資本主義に抵抗するこうした部位に依存しているという事実は、労働力が価値と剰余価値の源泉として現れるということに反映している。労働力は、等価交換の連鎖よりなる市場の中にあって、そこから剰余が発生している源泉のように現れるという意味で、資本主義的な貨幣経済の内部の逆説的な要素として定位される。

労働力商品の内に最も明白に現れる「反資本主義的要素」の作用は、市場が労働力との直接の相関性をもたなければ、もたないほど、小さくなっていく。労働力商品から最も遠い位置にある市場、つまり証券市場においては、資本主義に内在する反資本主義的要素は、貨幣の完全な流動性を放棄したときに得られる利子率のうちにかろうじて間接的に反映されていると解釈してよいだろう。ケインズによれば、投機家が証券を買うか否かということは、流動性への選好と利子率との相関関係によって決まる。彼の「投資決定の理論」においては与件となっていた利子率は、この相関関係から導出されることになっているのである。たとえば金利が低いときには、(将来の金利の上昇を予期して証券の購入が控えられるので)貨幣需要は増大することになる。

ところで、経済学の教科書的な理解にしたがえば、賃金が、あるいは何であるにせよ価格が硬直的であるということは、需要と供給の間の均衡を阻む、負の攪乱要因である。たとえば、賃金が硬直的だということは、（非自発的な）失業——労働市場における供給過剰——の原因となる。実際、ケインズが『一般理論』を著す前には、第一次大戦以来の失業率の高さは、実質賃金が高すぎる——高い水準で硬直化している——せいであるとする、ピグーらの説が、かなり広く支持されていた。[*17] だが、ケインズは、こうした正統的な経済学の主流に反して、慣習によって賃金や価格が（短期的に）硬直化するということを、つまり資本主義における逆説的な要素の働きを、むしろ肯定的に評価している。ケインズの考えでは、それは資本主義の内在的な不安定性を抑止する効果をもっているのだ。だが、もし価格の硬直性にこうした効能があるとしても、それは、資本主義がその展開の中で次第に侵食してしまう「反動的」要素である。それゆえ、もし資本主義に困難が内在しているとしても、それを食い止める契機としては、労働力をはじめとする諸商品の価値が慣習的に硬直化しているという事実は、あまりに弱体であると言わざるをえない。事実、資本主義の前衛においては、ボードリヤールの消費社会論が示したように、「人間の同一性」にまつわる「物神性」は、その神秘的な魅力を次第に失いつつある。だが、それにしても、資本主義に内在している危機とは何であろうか？　少なくとも、ケインズは、それが、若干の慣習や伝統が資本主義の展開に対して外在的なブレーキとなっている、という事実だけでは、克服不可能であるということを知っていた。ケインズが、資本主義の危機に対する——慣習的要素のような残存物とは異なる——もうひとつの対応策として、彼の有効需要の理論に基づく、いわゆる「ケインズ政策」の必要を説いたのは、そのためである。われわれの考えでは、ケインズが直観していた危機は、社会システムの経済的な局面における困難に限定されるものではない。それは、自由の可能性にとっての危機なのである。したがってまた、「ケインズ政策」の内に含意されている態度は、そうした一般的な危機への対抗措置としての意義をも担っている。これらのことを理解する上で、ケインズやマルクス等の経済理論に対してここまでほどこしてきた「社会学」的な一般化は、役にたつだろう。

1　内田隆三『さまざまな貧と富』岩波書店、一九九六年、六一―六二頁より。
2　荻生徂徠『政談』辻達也校注、岩波書店、一九八七年、一三四頁。
3　山口和雄『日本経済史』第二版、経済学全集5、筑摩書房、一九七六年。
4　たとえば、小松和彦が『悪霊論』（青土社、一九八九年）で、またこの著書に依拠して内田隆三が上記書で、このことに注目している。
5　ともに、社会システム（共同体）の統合を、充足されなくてはならない、機能的な要件（目的）とした説明を与える。これは、伝説の後半部分、つまり派生的な部分に力点をおいた解釈になっている。
6　内田、前掲書。
7　内田、同書。小松和彦、前掲書。吉田禎吾『日本の憑きもの』中公新書、一九七二年。
8　もちろん、今買った安値の株が後に値上がりしなかった場合には、単に、「執着」の対象を変移させただけのことになるが、実際にその株が値上がりした場合には、その値上がりの時点から振り返ってみると、より早く、あの「現在」の欲望を相対化しえていたことになる。より包括的な欲望を前提にすれば、その内部にあって、特定の事物への執着は相対化されざるをえないからだ。

9

10 柄谷行人は、トドロフの議論をも参照しつつ、一六世紀に資本主義的な「世界市場」が成立したのと並行して、アリストテレス的な「無際限」な外部に代わって、「無限」な世界という観念がもたらされた、という事実に注目してきた（「トランスクリティーク（七）」）。私の考えでは、「世界市場」が無限だということは、それが、みずからの普遍性を主張する領域だということである。「無限」の特徴は、それが、無規定・無際限なカオスを許容しない、閉じられた領域だということである。それは、普遍的であるということの本質的な意味でもある。市場が資本主義的な世界市場として成立したとき、それは、常にその度に、自身の外部に無限定に広がる外部を許容しない、最高度に包括的な普遍的領域として、自己を提示してきたのだ。

11 実際、商人資本の場合には、空間的に外部にいる他者との関係を基礎にしている。そして柄谷行人や岩井克人が論じているように、近代に固有な資本——産業資本——は、むしろ商人資本をこそ原型にしている。柄谷行人『トランスクリティーク』（批評空間、二〇〇一年）、岩井克人『ヴェニスの商人の資本論』（ちくま学芸文庫、一九九二年）等参照。

12 岩井克人『貨幣論』（ちくま学芸文庫、一九九八年）参照。

13 柄谷行人、前掲書。

14 内田隆三、前掲書、一一八頁。

15　M・フーコー『言葉と物』新潮社、一九七四年（原著1966）。

16　この点に関しては、以下を参照。大澤真幸『ナショナリズムの由来』（講談社、二〇〇七年）第一部第Ⅳ章第5節。

17　クレーが、ピグーに対して、賃金が高い産業の方がむしろ失業率が低いということを示す実証的なデータを出して、批判を加えてはいるが、彼の説明は、産業間の不均衡からくる「摩擦的失業」にこのことの原因を求めており、正統的な新古典派経済学の考え方の枠を越えるものではなかった。

11 不確実性を裏打ちする確実性

（機会主義的な）予期の自己破綻

消極的自由の積極的条件についての考察から導出された帰結は、こうであった。自由な選択が可能であるためには、未来の不確実性が馴致されていなくてはならないということ、未来の本来的な不確実性が還元されているかのようにふるまうことができなければならないということ（第7章・第8章）。だが不確実性はいかにして還元されうるのか？ て、人は、いかにして、それを「ありそうなこと（蓋然性）」として、場合によっては「かくほかないもの（必然性）」として、認知することができるのか？ この地点で参照したのが、ケインズの初期の著作であった。そこで、ケインズは、蓋然的な判断は直知の一種であるとする、奇説を唱えている。ケインズ自身は、この提題に説得的な基礎を与えることに成功していない。だが、われわれは、独特な社会的関係を考慮に入れれば、つまり超越論的な「第三者の審級」を結晶させる関係性を前提にして考えてみれば、蓋然性についての判断は、直知の形式を——第三者の審級に帰属するものとして想定された直知の形式を——取った認知として概念化しうる、ということを示したのであった（第8章・第9章）。

ケインズの理説への迂回は、われわれの議論の展開に、一種の起爆剤を与えた。ケインズは、蓋然的判断を直知の一斑と見なす提題を放棄してしまったが、「（蓋然的なことへの）予期」についての理解は、彼の後年の経済社会論の骨格を与えるものだったからである。蓋然性についてのケインズの初期の棄却された直観を、彼の包括的な経済社会論の内に投入してやることによって、資本主義的なシステムの基本的な構成についての洞察を得ることができる。直知としての予期の本態が、われわれが洞察したように、社会的な関係にあるのだとすれば、予期の本来的な形態は、ケインズが嫌悪した予期の類型である投機家の機会主義的な予期だということになる。予期の他の類型は、すなわち労働者＝消費者の慣習的な予期と企業家の長期的な予期は、論理的な序列に関していえば、この機会主義的予期の転態した形態と位置づけられなくてはならない。予期の諸類型は、資本主義的なシステムを構成する諸階級に対応しており、したがって、階級の相違は、世界／時間に対する視座構造の相違として把握しうることになる（第9章）。

しかし、論理的には原点にある機会主義的な予期が、予期の（社会的に）支配的な形態となるのは、歴史的・事実的には最後である。それは、十分に発達した資本主義——資本そのものを商品化してしまった資本主義——の下でしか、予期の「主流」にはなりえない。それゆえ、機会主義的な予期の特性に着眼することによって、資本主義的なシステムを定義する中核的な特徴を推論することができることにもなる。資本主義は、（消極的自由の範囲に属するものとして）許容されている行為・経験の領域——経験可能領域——をより包括的なものへと向けて普遍化していく競争によって定義することができるのである。階級は、この競争が競争参加者に割り振るポジションである（第10章）。

さて、このような考察を経た上で、われわれは、今や、本来の問いに回帰すべきときであろう。われわれはすでに、自由が、一種の社会的な構成のもとでのみ可能であるということを、抽象的には確認してある。問題は、この構成が、どのような社会学的な具体性のもとで現実化しているのかにあった。だからこそ、われわれは、自由の可能性の前提となる「不確実性の馴致」が、社会システムの中で、いかにしてもたらされているのかを問うてきたのである。

だが、予期がまさに予期として派生してくる原点の様態が、機会主義的な予期と類比しうる構成を取っているのだとするならば、われわれは、ひとつの困難に遭遇することになる。その困難は、機会主義的な予期のあり方を表現する、例の「美人投票」の隠喩を利用することで、容易に浮かび上がらせることができる。このゲームでは、賞金を獲得するためには、各人は、他者が美人と見なすものを予期し、他者が美人として欲望するものを、自らの欲望であるかのように偽装しなくてはならない。だが、このゲームは、不純である限りでしか成り立ちえない。ゲームのすべての参加者が、他者が美人として選択するものを選択しようとしているとすれば、誰ひとりとして、いつまでたっても確実な（と自身が認定しうる）予期に到達することはできないはずだ。誰もが、他者の欲望を自己の欲望に転写しようとするのだが、互いが互いを転写しようとしている限りにおいて、どこにも、転写されるべき真の欲望は存在しないことになるからである。予期が収束するためには、ゲームの参加者の少なくとも一人が本気で自身が「美人だ」と判断する写真に投票していると（ゲームの各参加者が）想定できなくてはならない。ゲームの性格をよく理解していない愚か者がいなかった場合には、予期は決定不能状態に陥ることになる。

つまり、機会主義的な予期は、（蓋然性の直知としての）未来への予期が生成してくる状況を、戯画的に表現しているのだが、それにもかかわらず、同時に、それは、十分に純化された場合には、予期の自己破綻とも言うべき構成をとることになるのだ。機会主義的な予期は、資本主義の展開の先端において、支配的な予期として他の予期の類型を次第に圧倒することになるのだった。そうであるとすれば、今、単純化したケースによって例示した予期の理論的な困難は、実践の社会的領域のうちに具体的に反響を残すことになろう。実際、すでに述べておいたように、ケインズは、投機家の予期が、他の予期、とりわけ企業家の長期的予期を圧倒し、「企業が投機の渦巻のなかの泡沫となる」ような状況を恐れ、嫌悪していた。美人投票のゲームに託して示した、ごく簡単な理論的考察が示唆していることは、こうした状況の極限には、つまり予期が機会主義的なものに埋め尽くされた場合には、「自由な選択」ということそのものの停止が、待ち受けているはずだ、ということである。未来を蓋然性として――あるいは場合によっては（偽装された）必然性として――先取りし、予期しうることが、行為が、まさに自由な選択として実現されるための条件であるということを、われわれの考察は示してきたからである。これこそが、規範の不断の普遍化によって特徴づけられる、資本主義がもたらすことになる、内在的な困難である。

プロテスタンティズムの予定説

この困難はいかにして克服されうるのか？　あるいは、この困難はどのようにして抑止されてきたのか？　資本主義的なシステムの枠内で、機会主義的な予期に対置されるのは、長期的予期である。企業家は、投資に際して、購入予定の資本設備が廃棄されるまでの長期に関して、収益率を予期した上で、投資の適否を判断しなくてはならない。この決定に規定された行為は、不確実・未確定な未来へと投企していく「自由な行動」の原型とも言うべきものだ。それは、行為者自らに帰属させうる判断に規定された「選択」としての外観を、完全に備えているからである。それゆえ、問いは、さしあたって、次の点に集約されよう。機会主義的な予期と長期的な予期とを分かつのは、どのような因子《ファクタ》なのか、と。

長期的予期の歴史的な「起源」はどこにあるのか？　事態をごく単純化してとらえれば、前近代的な共同体の内部における、予期のもっとも一般的な形態は、慣習的な予期であったと見なすことができよう。人生を覆う予期の基底的な形態が、慣習的予期から、長期的な予期へと転換したのは、どの段階であり、またそれはいかにしてだったのか？　このような問題に関して、未だに、尽きることがなき示唆の源泉となりうるのが、「資本主義の精神」の起源に関する、マックス・ヴェーバーの著名な研究である。周知のように、ヴェーバーは、「プロテスタンティズムの倫理《エートス》」が資本主義の精神の発展に対して促進的な意義を担った、ということを論証しようとした。プロテスタンティズムにおける、神の抽象化とそれにともなう宗教生活の（時間的）普遍化がもたらしたものは、ヴェーバーによれば、体系的な「世俗内禁欲」である。すなわち、日常生活の全局面が普遍的かつ一律に宗教的な意義を帯びたことの反作用として、その日常の行為のすべてが、全体として、将来に設定された目的へと向けて、未来志向的に組織化・合理化されることとなった、というのである。要するに、プロテスタンティズムがもたらした人間類型は、長期的予期に基づいて行動する者たちなのである。慣習的予期が支配的な状態から長期的な予期が生を覆う段階への転換は、ここで果たされている。

　長期的予期に立脚した選択こそが、自由な行動についての原型的なイメージを与える、と述べておいた。だが、そうした行動の歴史的な典型が、プロテスタントの世俗内禁欲であるとすれば、ここで、われわれは、「自由」をめぐる奇妙な逆説に遭遇することになる。プロテスタンティズムの最もラディカルな教義が、いわゆる「予定説」にこそあるからである。予定説と自由との逆説的な接合について、いくぶんか説明しておく必要があるだろう。

　キリスト教徒にとって、指向されるべき究極の未来、言わば最終的な「目的」は、神による救済である。プロテスタントがそこから分裂してきたところの、伝統的なカトリックの特徴は、この究極の目的の実現のために、人間的な行為が資するところがある、と見なしているところにある。要するに、善なる行為を蓄積することによって——たとえば慈善や寄付によって——、救済の確率（蓋然性）が高まると見なされているのである。だが、予定説は、人間的行為と救済という究極の指向目的との間の因果的なつながりを完全に断ち切ってしまう。予定説とは、救済されるべく選ばれているごく少数の者と呪われている大多数との間の区別は、神によって完全に既定されている、とする教義である。この教義は、神の人間に対する超越性を完全に首尾一貫して追求したことの論理的な帰結である。神が超越的であるならば、有限な人間の行為に、神の判断が規定されるはずがないのだから。と、同時に、こうした徹底した超越性のゆえに、神の判断、とりわけ救済／非救済の弁別についての判断は、内在的で有限な人間にとっては、まったく不可知なものとならざるをえない。つまり、神にとっては救済されるべき者は既定的で確実かもしれないが、人間自身にとっては、それはまったく不確実性のもとに放置されていることになるのだ。

そうであるとすれば、予定説は、人間的な自由を無意味化するか、あるいは完全に失効させてしまうものであるように見える。第一に、人間の行為の選択性が、まさにそれが指向している究極の目的の実現に何らの影響を与えることがないのだとすれば、それはまったく無意味なものであると言わざるをえない。いや、それどころか、人間の宿命が既定・予定されているのだとすれば、そもそも、そこには本来の意味での自由な選択性そのものが存在してはいないのである。第二に、繰り返し述べてきたように、自由な選択が可能であるためには、未来の本来的な不確実性を縮減する、蓋然性・必然性についての予期に先立たれなくてはならないのだが、予定説は、むしろ、こうした不確実性を極大化し、逆に蓋然性についての判断の確度を極小化してしまうように思われる。つまり、予定説は、蓋然性をめぐる自由の前提条件を、侵食してしまっているように見えるのである。

こうして、予定説は、自由の意味や可能性を解除してしまうような教説であるように見える。だが、それにもかかわらず、長期的予期を随伴する、真に「自由な選択」の名に値する行為は——そうした行為に覆われた生活態度は——、予定説を信奉するプロテスタントの経験の中から生まれてきたのである。人間の自由に積極的な意味を与えているように見えるカトリック——そこではいかなる選択がなされるかによって救済の蓋然性が変わるのだから——においてではなく、そうした意味を熱烈に否認しているプロテスタンティズムにおいてこそ、「自由」がその本性を十全に現すように見えるのは、なぜだろうか？

「有効需要の原理」と「友／敵理論」

長期的予期に関与して現れる、自由についてのこうした逆説を解きほぐし、長期的予期と機会主義的予期との間の分割を規定している要因を抉出する前に、ケインズ自身が、彼の同時代の社会的・経済的な危機に対して、どのような処方箋を書いていたかを参観しておこう。ケインズの処方箋の理論的根拠は「有効需要の原理」として広く知られている説明である。ケインズ政策と呼ばれる施策は、一般に、有効需要の原理の直接的な実践的含意であると考えられている。有効需要の原理のエッセンスは至って簡単であり、経済学の素人の眼から見ると、ごく当然のことであるように感じられる。ケインズ自身、有効需要の原理を定式化している『一般理論』に関して、「本書で長々と説明することは実は、非常に単純なことであり、自明とすら言いうるものである。難しさは新しい考え方の中にあるというよりは、われわれが慣れ親しんできた古い理論からいかにして抜け出るかという所にある」と記している。

有効需要の原理とは、大略、次のような理説である。大量の失業が出るのはなぜだろうか? 企業が多数の労働者を雇用して、生産を増加させようにも、生産物が売れないからであろう。要するに、失業が出るのは、財やサーヴィスに対する総需要が不足しているからである。それゆえ、不況時に政府が取るべき政策は、総需要を増大させることである。総需要の増大策としては、二つの主要な手段がある。言うまでもなく、それらは、第一に、財政政策(政府自身が支出して財やサーヴィスの需要者となること、また減税すること)であり、第二に、中央銀行による金融政策(マネーサプライを増加させることで金利を下げ、投資を刺激すること)である。有効需要の原理についてのここまでの解説は、経済学のごく初歩的な教科書にも書かれている常識の範囲に属している。ここからさらに一歩進んで試みてみたいことは、有効需要の原理の価値を、先に述べた、機会主義的な予期(が純化されたとき)の困難との関係で、評価することである。

機会主義的な予期にもとづいて行動する者は、リースマンの大衆社会論でよく知られた用語を用いれば、「他者指向型」のパーソナリティに含めることができるだろう。社会内の全メンバーが純粋に機会主義的・他者指向的に振舞った場合には、彼等の予期は完全に発散してしまう。言い換えれば、彼等は、いかなる蓋然性についての判断も持ちえない、完全な不確実性のもとに放逐されることになる。このことは、自由な選択の麻痺を帰結することになる。機会主義的な予期が蔓延することに起因するこうした困難を、単に、理論上の想定とのみ見なすべきではない。蓋然性についての判断の困難は、たとえば未来の雇用についての不安は、消費者の需要を低下させる効果をもつだろう。蓋然的な予期をもちえないとき、現在、何を欲望（需要）することが自身の幸福を導くかを、決定することができないからである。それゆえ、消費者は消費を控え、貯蓄に走る——つまり流動性（貨幣）に執着する——ことになる。その結果が、デフレスパイラルであり、そして恐慌であろう。

機会主義的な予期によってシステムが埋め尽くされているとき、その要素となる各予期は互いに他に依存しあっており、システムは全体として完全に自己準拠的である。あの美人投票の事例においては、他者依存的ではない予期が一つでも与えられれば、つまり誰かが一人自律的に美人を欲望するならば、予期の連鎖は収束するのであった。さて、そうであるとすれば、政府が恣意的に創出する「有効需要」は、まさに、「美人投票」ゲームにおける「美人への自律的な欲望」に対応する効果を、市場にもたらしているはずだ。市場が機会主義的な予期（他者指向的行動）によって支配されているとき、有効需要の原理にもとづく政策は、予期の相互依存を収束させ、人々に将来の蓋然性についての判断をもたらすことができるのである。もっとも、この場合、政府の決定が影響力を及ぼしうる範囲と、市場の現実の拡がりとの間に、大きな乖離がない、ということが条件とはなるだろう。繰り返し強調してきたように、蓋然性は直知される。それは、各行為者が、他者に帰属する（と認知された）知覚＝直知を、自ら自身の判断の超越論的な前提として受容することにおいて、可能になるのであった。有効需要は、超越論的な他者の直知に対応する要素を、市場に導入する。有効需要の創出は、何らかの真正な欲望（需要）が――つまり超越論的な他者が自覚している他に還元しえない欲望が――確かに存在している、ということの認知を、市場参与者に示すことになる。このことによって、参与者たちの蓋然的な予期が、無際限に発散していく危険性が抑止されるのである。

ここで重要なことは、創出される需要（欲望）の具体的な内容は、何であってもかまわない、ということである。具体的な内容に関しては何であれ、他者の需要（欲望）に何らかの限定が加えられている（と人々に認知されうる）形式的な所作のみが、述べてきたような蓋然的な予期に対する効果をもちうるのである。このことは、当時のイギリス大蔵省を小ばかにしたような、次のようなアイロニカルな言葉の中に含意されている。

もし大蔵省が古い壺に銀行券をつめ、それを廃炭坑の適当な深さのところへ埋め、次に都会のごみで表面まで一杯にしておき、幾多の試練を経た自由放任の原理に基づいて民間企業にその銀行券を再び掘り出させる……ことにすれば、もはや失業の存在する必要はなく

> なり、その影響のおかげで、社会の実質所得や資本資産もおそらく現実にあるよりもはるかに大きくなるであろう。もちろん、住宅やそれに類するものを建てる方がいっそう賢明であろう。しかし、もしそうすることに政治的、実際的困難があるとすれば、上述のことはなにもしないよりはまさっているであろう。[*1]

要するに、有効需要を創出する政策は、蓋然的であると見なしうる事象の領域を規定し、自由な行為にその可能性を提供するのである。そうであるとすれば、ケインズ政策の含意は、不況に対する経済的な施策としての意味をはるかに越えていることになるだろう。その効果は、むしろ社会的・政治的である。

　有効需要の原理のこうした一般的な含意を引き出すには、これをケインズの同時代人カール・シュミットの政治理論と類比させてみるとよい。シュミットは、ケインズの『一般理論』（一九三六年）の七年前に出版した『政治神学』（一九二九年）の劈頭に、「主権者とは例外状態において決定を下すもの」である、とする有名な提言を記している。ここで「例外状態」とは、法の効力が停止され、人々の行為が純粋に偶有的なもの（不確定なもの）として立ち現れているような状態を指している。そうであるとすれば、それは、経済の領域にあっては、人々が蓋然的な予期をもって将来を見通すことができない恐慌（やあるいはハイパーインフレーション）のような事態と対応させることができるだろう。シュミットの主権者は、何を決定するのか？　その決定は、実は内容的にはまったく空虚である。というのも、それは、社会秩序の具体的な態様について、何も定めないからである。主権者の決定が照準していることは、友と敵、われわれと彼らとを分かつ分割線を引くこと、誰が仲間であるかを規定することなのだ。つまりこの決定は、これに後続する「社会秩序の具体的な内容を指定する諸決定」に従うことになる者たちの集合を定めているのである。主権者の例外状態における決定は、社会秩序の内容ではなく、社会秩序が存在しているということのみに照準する形式的な操作なのだ。ところで、われわれは、ケインズの有効需要の原理に関しても、それは、需要の具体的な内容は問題ではなく、無限に発散していく可能性を有する予期を圧縮し、市場において蓋然的でありうる欲望（需要）の範囲を指定することによって、市場の同一性を定めている、ということを確認しておいた。要するに、有効需要の原理は、市場の内（友）と外（敵）に境界線を引いているのである。このように対応させてみるならば、シュミットが言う「主権者の決定」は、ケインズの有効需要の原理を、経済の範域から政治の範域のうえへと、同型的に対応させたときに得られる像である、と結論することができるだろう。

このようにシュミットの政治理論を媒介にすることによって、われわれは、予定説の問題へと回帰するための準備を整えたことになる。というのも、予定説の神は、言わば、シュミット的な主権者なのだから。彼もまた、友と敵を、つまり救済されている者と呪われている者との分割線を引くのである。

確実性と不確実性

プロテスタンティズムの予定説が、長期的予期のもとに統御された世俗内禁欲を帰結することになるのはなぜか？　ヴェーバーの提題に差し向けられる、きわめて一般的で素朴な疑問は、次のようなものである。予定説によれば、人間のいかなる行為も救済の蓋然性を高めるものではなく、かつ人間のどのような行為が救済と結びついているかに関して原理的にはまったく不確定である。そうであるとすれば、予定説のもとで、人間はなぜ、特定の行為を——長期的な視野のもとで体系的に統御された日常的な禁欲生活を——、あえて選択することになるというのか？　たとえば、教師が学生に対して、「君たちの成績は学期が始まる前にすでに予定されている、君たちのいかなる努力も君たちのその成績を改善するものではない」と宣言した、と考えてみよう。学生たちは勉学への意欲を失い、その学期を怠けて暮らすに違いない。このことを思うと、ヴェーバーの提起した仮説に対する右記の素朴な疑問は、まったくもっともなものである。

補助線を引いてみよう。新宮一成は、自身の精神分析家としての体験やフロイトの著作などを基にして、「夢」について、興味深いことを述べている。[*2]　精神分析の理解では、夢は、われわれの無意識の欲望や記憶、恐怖などを独特な形で加工したうえで表象している。たとえば夢は、そうありたいというわれわれの切実な願望を、隠喩的・換喩的に映し出している。よく見られる夢のひとつに、たとえば空を飛ぶ夢がある。新宮によれば、夢の中での飛翔は、しばしば、言語についての欲望と結びついている。幼児は、大人の言語を、言わば、空中に浮遊しているものとして体験するからである。それゆえ、空を飛ぶ夢は、言語を自在にあやつりたいという強い願望に対応している、というのだ。

新宮の議論の真に興味深い論点は、その先にある。夢の中で真に願望され、指向されていることは、夢の外部に、夢から逸脱した地点にある、というのだ。たとえば、ある大学生は次のような夢を見たという。それは、よくある試験についての夢である。夢の中で、彼は模擬試験を控えている。一方で、夢の中の彼は安心である。というのも、彼は（現実に）すでに大学生なのだから、合格は確実だ——必然だ——と思っているからである。だが、他方で、夢の中の彼、高校生の彼は不安であり、勉強しなくてはならない、とも感じている。そして、自分がまだ受験前の高校生であるにもかかわらず、なぜ他方で合格を必然であるかのように確信しているのだろうか、という疑問を抱くと、ますます不安になってくる（したがって、受験勉強に取り組もうという動機はますます強化されていっただろう）。最後に、彼は、不安があまりに昂じたがために、眼が覚めた。そして、彼は、自分自身が現に大学生であることを確認して安心したという。こうした夢において、抱かれている願望の対象は、夢の内部で積極的に映像化されている何かではなく、端的に夢の外部、つまり夢から覚醒することなのだ、と新宮は言う。この大学生は、覚醒したときの安心感を得ることを目的として、夢の中で（あえて）不安になっているのである。

夢に内在する視点にとっての「現実」――つまり夢そのもの――は、覚醒しているわれわれにとっての通常の現実と同じように、さまざまな可能性のうちの一つとして現れている。たとえば、先の大学生は、夢の中の高校生になっているときには、試験勉強することも怠けることも可能だし、また合格するかもしれないが、しないかもしれない、と感じている。この夢の世界との対照においては、現実の覚醒時の自分は――たとえば大学生に現になっている自分は――、必然である。一方では、夢は、それ自身完結した世界を構成しており、夢に内在している者にとっては、そこから脱出できる（覚醒できる）いかなる保証もない。だが、他方で、夢は、その外部にある覚醒後の世界を、独特な仕方で取り込み、果たされるべき約束のように予定しておくことができるのである。新宮は、われわれが眠りから覚めたときに、ほとんど瞬時に、「これは現実で、あれは夢だったのだ」という結論に到達できるという事実に注目を促す。もし夢が現実と完全に断絶していたならば、こうした結論に到達するために、さまざまな情報を処理する長い推論のプロセスが必要なはずだ。そうした推論が不要なのは、夢が最初から覚醒を予定しているからである。つまり、夢の中にあって、「覚醒後」の世界がすでに直知されていたからである。

さて、夢についてのこうした観察が、予定説の効果について理解するための手掛かりを与える。もちろん、夢を信者の現世における生に対応させてみるのである。夢は、その内部に願望、欲望、目的などを表象することもできる。それは、言ってみれば、カトリック的な世界である。信者は、世俗の善行によって、すでに世俗の内にあって望ましい目的（救済）に漸近していると、感受することができる。予定説と類比させうる状況は、夢と覚醒との関係を主題化したときに現れる。夢（信者の生）の真の目的は、覚醒（救済）である。しかし、夢（信者の生）に内在している限りは、覚醒（救済）の保証はないし、夢（信者の生）の内部から覚醒（救済）を直接に促すことはできない。だが、それにもかかわらず、夢は、覚醒をはたされるべき約束であるかのように、自身の内で予定・想定しておくことができるのである。予定説を信奉するプロテスタントは、これと類比的な関係を、自身の生と救済の約束との間に打ち立てているのだ。[*3]

予定説に従えば、ある信者が救済されるのか否かということは、その信者にとっては、あるいは人間にとっては、まったく不確実なことである。だが、他方、神にとっては、確実で既定的である。だから、予定説の世界にあっては、純粋な不確実性が純粋な確実性に裏打ちされているのである。言い換えれば、蓋然性に関してまったく空白であるような状態（何が起こりそうか予期しえない状態）が、蓋然性に関する極大値（何が起こるか完全に明らかである状態）の上に積み重なっているのである。こうした二重性が生ずるのは、二つの視点が動員されているからである。言うまでもなく、それらは、人間の内在的な視点と神の超越的な視点である。

ヴェーバーによれば、プロテスタントは次のように行動する。彼は、もちろん、自身が救済されるべく選ばれているかどうか知ることができないので、「不安」である。[*4] このとき、信者は、次のような心的な操作を行う。彼が救済されるかされないかいずれかであることは既に確定しているのだから、彼は、とりあえず、自身が救済されるべき者の側に属しているということを想定してみるのだ。ちょうど、夢が自ら確証しえない「覚醒」の瞬間を予定してしまっているように。このように、最後の結論を先取り的に前提にしてしまった上で、信者は、因果関係を逆に遡るような推論を試みる。信者の行為が救済の確率を高めるわけではないが、救済されるほどの者であれば、救済されない多数者とは異なる何らかの兆表が、つまり選ばれている者に相応しい具体的・地上的な現れが、あるはずだ。信者は、このように推論し、まさに兆表・現れに合致するように行動するのである。そうした行動の列が、世俗内禁欲として結晶することになる、というわけだ。

神の超越的な視点と人間の内在的な視点は、信者の最終的な目的、つまり救済の瞬間を準拠にして、それぞれ次のように特徴づけることもできる。前者は、結果をすでに知ってしまっているのだから、その最終的な目的を「すでに追い越してしまった視点」である。それに対して、後者は、それに「未だに追い着いていない視点」と見なすことができよう。プロテスタントは、前者の視点に帰属するはずの直知を、先取り的に想定してしまうことによって、その生の全体に及ぶ長期的な禁欲を組織することになるのだ。神の予定がこのように徹底した禁欲を導き、信者の行為を劇的に成形することができるのに、教師の学生の成績に関する予定が、学生の積極的な勉学を組織することができないのは、教師が、神と違って、超越者ではないからである。すなわち、教師は、「すでに」の視点を持ち得ないからである。なるほど、この変な教師は、学期末の成績を最初に決めてしまっているかもしれないが、その成績に至るまでのプロセスを見通してはいないという意味で、「成績評価」の時点をすでに追い越してしまった事後の視点を所有しているとは見なしえない。プロテスタントは、神の「すでに追い越してしまった」視点が知覚（直知）しているはずのこと（であると彼が想定すること）に合致させるべく自身の行為を選択し続けることによって、体系的な禁欲生活を築き上げるのである。それに対して、生徒と同じ、有限な人間である教師は、未来に生起するはずのことを未だに何も知覚してはいないのだから、生徒の行為に影響を与えることはできないのだ。

ヴェーバーの有名な仮説は、プロテスタントの世俗内禁欲の独特な転態の結果として、資本主義の精神を位置づけようとするものである。一般には、この転態は、堕落をともなう惰性化として理解されている。だが、われわれは、資本主義に固有な活動が、ここに説明してきたようなプロテスタントの禁欲生活とちょうど対応する、二重の視点を不断に再活性化し続けることによってこそ営まれうる、ということに注目すべきだろう。たとえば、企業家が投資を決定するときには、彼は投資した財が完全に収益を上げきってしまった後の、「すでに通り越してしまった視点」を先取り的に想定せざるをえない。その先取りされた「すでに」の視点に対して、十分に高い収益が――利子率よりも高い収益率――がたち現れているとき、投資が決断されるのだ。企業家の長期的予期とは、投資した財が減価償却してしまった後の「すでに通り越してしまった視点」を想定することにほかならない。同じような視点の活用は、投機家の資本市場での売買に関しても見出すことができる。投機家は、たとえば、未来の「すでに売れてしまった時点の視点」に対して現れる株価の「値上がり／値下がり」との相関で、株の現在の売買を決断していくからである。投資家が、資本の循環に応じて新たな投資を決断しようとするその度に、また投機家が、株を購入・売却しようとするその度に、プロテスタントが予定説に対するときに作動していたのと同じ、視点の関係性が再生産されるのである。要するに、資本主義の精神は、プロテスタンティズムの倫理の磨耗の先に成立するのではなく、むしろその先鋭化の産物として姿を現しているのだ。

シュミットのいう「主権者の決定」やケインズの「有効需要の原理」は、予定説の神に帰せられていたような「すでに通り越した視点」を、政治の領域に、あるいは市場にもたらそうとする手法であると言ってよい。たとえばシュミットの決定は、友を敵から区分することによって、後続の不確実な諸決定をすべてその内部に包摂してしまうような確実な前提領域をあらかじめ確保する。というのも、後続の諸決定は、いかにさまざまな分岐を伴おうと、「友」として囲い込まれた集合に（肯定的に）関与していることだけは、最初から必然化してしまっているからだ。プロテスタントの不確実な判断が神にとっての確実性によって支持されていたのと同型的な関係が、ここには出来する。

冒頭に提起した問いに答えておかなくてはならない。長期的な予期と機会主義的な予期との根本的な相違はどこにあるのか、とわれわれは問いを出した。長期的な予期の「出生地」とも言うべき予定説の構成についての考察を媒介にすることによって、われわれは問いに答え得る場所にまで来た。過去をそのまま外挿的に延長する慣習的な予期の場合とは異なり、長期的な予期も機会主義的な予期も不確実な未来を前にした予期である。だが、長期的な予期を設定するときには、その不確実性自身が潜在的な確実性によって支持されるような構成が取られているのである。それに対して、機会主義的な予期においては、不確実性が直接一枚岩的に露呈している。長期的な予期が直面している不確実性が、確実性によって裏打ちされうるのは、その予期が、「すでに」の様相で過程の全体を遡及的に直知している超越的な視点の所有者の存在を想定しうるときに成り立つ予期だからである。こうした超越的な視点の存在の想定可能性の有無こそが、長期的な予期と機会主義的な予期とを分かつのである。言うまでもなく、こうした超越的な視点の帰属点は、われわれが「第三者の審級」と呼んできた超越論的な他者の一種である。

こうした超越（論）的な他者の存在を想定しうるということは、次のことを含意する。このとき、宿命化・必然化しているものとして意味づけられている自己の行動が、同時に同じその行動を偶然的で選択可能なものと見なしうる超越（論）的な他者の視線に捕らえられている、ということを。ここに認めうるのは、消極的自由をまさに自由として構成する積極的条件について探究した際に見出した視点の二重の構成と同じ関係性である。一方では、生の全体を既定されてしまっているように見えるプロテスタントが、他方で、自由な行為の積極的な選択にコミットしているように見えるのは、このためである。それに対して、いかなる規定も受けずにまったくの不確実性の前にさらされている、機会主義的な予期の所有者は、かえって、自由な選択をなしえぬままに麻痺するばかりである。

1　J・M・ケインズ『雇用・利子および貨幣の一般理論』東洋経済新報社、一九九五年（原著1936）、一二八頁。

2　以下は、新宮一成が、京都大学人間・環境学研究科の公開シンポジウム「世紀末の不安と希望」（一九九九年九月）で講演したことを基礎にしている。

3　夢が試験に関するものであった先のような事例においては、類比はより細部にまで及ぶ。試験は、もちろん最後の審判に対応する。試験に合格してしまっている現実の自己は、最後の審判を経て救済されている信者に比定することができる。

4　この「不安」を、あの大学生の夢の中での不安、合格するかしないかということについての不安と対応させてみることもできよう。

12 そして知っている者はどこにもいなくなった

キリスト教信仰の両義性——法則と奇蹟

われわれは、前章の考察の中で、「長期的予期」は、常に、未来の不確実性が潜在的な確実性に裏打ちされるような構成を通じて、その可能性を得る、ということを確認した。予期は、ある事態を確実性の相のもとにとらえる事後の視点——追い越してしまった視点——とその同じ事態を不確実性の相のもとにとらえる事前の視点——追い着かない視点——との協働において可能になっているのだ。行為の自由は、通常、こうした長期的な予期を前提にして、その実質を得るのである。つまり、長期的予期に立脚した選択として特徴づけられることにおいて、その行為は、まさに自由の所産と見なすことができるのだ。[*1] われわれは、長期的予期の純化された構成を、ラディカルなプロテスタントの予定説のうちに見出したのであった。予定説においては、言うまでもなく、事後の「追い越してしまった視点」は、神に帰属する形式において確保されている。

　ところで、キリスト教は、神の全能の超越性に関して、二つの一見したところ背反しているように見える了解を示しているということに注目を促しておこう。物理法則や数学の法則は、事態に、因果の関係や論理の関係に即した必然性の様相を与えることになる。こうした必然性と神とは、どのように関係しているのであろうか？　つまり、それらの法則は、たとえば三平方の法則は、神の意志とは無関係に、神の意志からまったく独立して妥当しているのか？　そうではありえない。もし神の全能性を最も徹底させた上で理解するならば、人は、それらの法則は、まさに神がそのように意志するがために成り立っている、と理解しなくてはならない。つまり、神が、「直角三角形において、直角を挟む二辺の平方の和が斜辺の平方に等しくなること」を欲したがゆえに、そうなっているのだ、と。実際、デカルトは、神についてのこうした主意主義的理解の徹底したあり方を提示している。こうした理解は、最後の審判へと至る世界の帰趨は、全能の神によって既決されている――最初から選択されている――とする、予定説ときわめてよく整合する。しかし、キリスト教には、これとは異なる、これと対立しさえする、神の超越性についての理解の線も、存在しているのである。

　そのもう一つの線は、キリスト教における「奇蹟」の位置づけのうちに、よく現れている。奇蹟は、自然の法則性に反する、あるいはそうした法則性を無視しているかのように現れる、常軌を逸した現象である。それは、現象に、因果や論理に準拠した必然性の様相ではなく、徹底的な恣意に随伴する偶然性の様相を与える。旧約にも新約にも——とりわけ後者には——、数多《あまた》の奇蹟が記されている。たとえば、イエスによって盲人がたちどころに眼が見えるようになる。こうした恩寵の配分には、その盲人がイエスに出会ったということ、そして何よりもイエスがその人物を気に入ったということ、こうした事情に支配された偶然性が宿る。ここには、完全に普遍的であり、それゆえに必然的であるような物理法則の無私の公平性が欠けている。物理法則そのものを神の意志の選択に帰属させて理解することができるとすれば、奇蹟への信仰は不要なのではあるまいか？　そもそも奇蹟への信仰は、物理法則を神の意志に帰属させる理解と矛盾しているのではないか？　われわれは、こうした疑問を掲げざるをえない。しかし、キリスト教の中から奇蹟を除去することはできない。奇蹟は、神の超越性が存在しているということを示す「しるし（記号）」として了解されているからである。そして、何よりもイエス・キリストが存在していたという事実こそが、イエス・キリストの復活の事実こそが、聖書中の最大の奇蹟なのだから。こうしたキリスト教信仰のうちに見出される「不整合」を、つまり神の超越性についての二つの理解をつなぐねじれを、今後の考察の中で解消されるべき疑問のひとつとして、記憶にとどめておこう。

第三者の審級の不在

ともあれ、ここまでの考察の含意のひとつを確認することから始めたい。われわれは、先に、自生的秩序をめぐるハイエクの有名な議論にごく簡単に触れた（第8章）。ハイエクは、消極的自由を与えられた諸個人の間の競争的関係が、社会内に自然発生的に秩序をもたらすと仮定している。われわれは、こうしたハイエクの仮定に関して、競争が秩序へと収束していくことを保証する条件についての考察が欠けているということを、つまりこれが独断以上のものになっていないということを批判した。だが、ハイエクの論と最も明確な対照をなすとされているケインズの理説への解釈を経由したことによって、われわれは、ハイエクの論のこの欠落を埋める「条件」について、ひとつの見通しを得ることができたのである。この点を説明しておこう。

ハイエクの自生的秩序についての仮定は、人間の知識（の限界）に関する、独特の見解を基礎にして主張されている。彼が、社会主義的な計画経済や市場へのケインズ主義的な介入を拒絶したのは、誰も最適な知識が何であるかを確定できないからである。つまり誰も真理の内容を知らないからである。政府が、資源の最適配分状態を実現すべく、計画を立案するとき、収集しなくてはならない情報の量は、ほとんど無限である。誰も、その情報をすべて一箇所に集中させ、総合することはできないだろう。他方、すべての者は、自分自身の周辺に関わるローカルな、つまり有限な知識をのみ所有している。そうであるとすれば、特権的な主体による全体的な設計を排して、社会内に分散している相対的に無知な諸個人に創意工夫の自由を許容し、秩序の生成を彼らの間の自由競争にまかせるのが最も賢明な処置だということになるだろう。そうした競争の中で、不適切であったり、有益ではなかったりする知識は、やがて失敗し、淘汰されていくはずだ。この競争をさしあたって生き延びてきた知識、それがハイエクの言う「慣習」や「伝統」である。以上が、ハイエクの自生的秩序に対する信頼を支持する原認識である。要するに、ハイエクが消極的自由を擁護するのは、すべての個人が無知だからなのだ。彼は、「個人的自由を擁護するのは、われわれの目的と福祉の成就を支配する非常に多数の要素に関し、われわれがいずれも無知を免れないことを認める点にある」とし、また、真のリベラリズムは、「いかなる人も、他人が所有しているか、もしくは行為することを許さるべき諸能力について、最終的判断をくだす資格をもたないことだけを前提としている」と断じている。

ハイエクが原認識として掲げた、すべての個人が免れることができないこうした無知は、あのプロテスタントの無知と――誰が救済されており誰が呪われているのかということの弁別の不可能性と――類比させることができるだろう。ハイエクが前提にしている諸個人が、常にローカルな知識しかもちあわせないのと同様に、プロテスタントは、せいぜい、誰かが（自分が）救われているかも知れない、という推論をなしうるだけであり、決して、この点に関して十全な確実性には至りえない。ところで、われわれは、すでに次のことを確認したのであった。プロテスタンティズムにあっては、有限な人間の内在的視点に帰属する不可避的な無知は、神の超越的な視点に帰属する完全な知の存在についての想定を背景にして、初めて、人間の行為に固有の効果を及ぼすことになるということを。超越的視点に帰属する知の内容は、

（内在的視点＝人間にとっては）不可知である。だが、そうした知が存在しているということについては、確実なこととして想定される。この想定によってこそ、（救済の可能性について）いかなる確実な知をももちえないという否定的条件が、行為の鎖列の総体を体系的に合理化する世俗内禁欲を導くような、積極的条件へと転ずるのである。この考察をハイエクの議論へと類比的に対応させることによって、無知な諸個人を競争へと駆り立て、自生的秩序の生成に可能性を開く必要条件を、すなわちハイエク自身によっては明示的に語られなかった条件を、導出することができる。その条件とは、プロテスタントにとっての神の知に対応する条件だ。

それは、人々の競争的な相互作用が最終的な地点に到達したときに現れるはずの知識を予め所有している、つまり最適な自生的な秩序が何であるかをすでに知っている超越的な「第三者の審級」が存在しているということを、（競争的に相互作用する諸個人が）想定することができること、これである。述べたように、ハイエクは、それぞれの人がそれぞれにローカルな知識を有しながら、試行錯誤的に世界に立ち向かい、相互に競争することが、知識の進化をもたらす、と考えている。だが、こうした進化が効果的に生じ、人々がその度に蓄積された知識を信頼することができるのは、「現在」においては、どの具体的な個人の知識も局所的で不十分であっても、まさにそれを不十分なものとして定位しうる全体的な真理の存在が、したがってまさにその真理をすでに知っているはずの超越的な他者の存在が、想定可能だからである。というのも、こうした全体的な真理——最適な知識——の存在についての見込みだけが、競争の中で生き残る現段階の知識を、そうした真理への漸近の過程として位置づけ、慣習や伝統として蓄積することを許容するからである。その真理の内容は——プロテスタントが神の意志を測り知ることができなかったのと同様に——、経験的な世界の内部にあっては、決してあからさまになることはない。だが、それが——超越的な場所に——存在していると見なしえなくては、秩序へと向かう調和的な競争は喚起されえない。要するに、真理の本質存在（それが何であるか）は本源的に不確実であっても、その事実存在（それがあること）は確実でなくては、消極的な自由の集合が自生的な秩序を帰結する保証は得られないのである。

このような理解に立脚すれば、一般には対立的なものとして理解されているハイエクとケインズの理論を、相補的でもありうるものとして捉え直す道が開かれる。前章の考察の中で、私は、こう述べた。ケインズの「有効需要の原理」に基づく政策は、予定説の神に帰せられている視点に対応するような機能を、市場にもたらすことになるのだ、と。そうであるとすれば、有効需要の原理は、ハイエクの議論においては暗黙の前提になっている、「自生的秩序」のための（必要）条件を、明示的・作為的に創出することだと要約しておくことができるだろう。と同時に、両者のこうした対照は、今述べたような「自生的秩序」の条件が充足されていることに対する社会的信頼は、常に調達されているとは限らない、ということを示唆しているだろう。この条件が——つまり真理を知っている超越的な第三者の審級の存在に対応する条件が——満たされているということをハイエクは自明の前提にしえたのに対して、ケインズは同じ条件を作為的に構成しなくてはならないと見なしているからだ。

実際、われわれは、現代社会が直面している困難を、この条件の不在として特徴づけることができるのだ。すなわち、消極的自由と自生的秩序の可能性の条件となる「真理を知っているはずの超越的他者」の不在こそが、現代社会の困難なのである。このことの意味について、すぐ後で、いくぶん原理的な場面にまで遡行して議論することになるが、その前に、ごく簡単にイメージの概略を示すために、こうした超越的他者——第三者の審級——の不在を兆候的に示すごく些細な現象に、一瞥を与えておこう。

こうした超越的他者が所有することになる知を、われわれは、通常、科学的知識に託している。もう少し厳密に言い換えれば、(永遠の)未来に現実化するはずの理想化された科学的知識こそが、予定説の神の世俗的対応物としての第三者の審級に帰属されるべき知の形態なのである。だから、たとえば、医療の現場においては、言うまでもなく、医学的知識の専門家としての医者が、第三者の審級の位置を暫定的に代行する。ところで、今日では、治療にあたって、患者に、いわゆる「インフォームド・コンセント」を求めるのが通例となってきた。インフォームド・コンセントとは、患者が、医療措置の内容とその可能な結果について医者から説明を受け、これを理解した上で、医療措置を自ら選択(同意・拒否)することである。患者のこうした自己決定権の重要性についての認識は、一九世紀末頃から、一部の判例に現れてはいる。だが、インフォームド・コンセントという概念が急速に普及するのは、おそらく一九七三年に、アメリカ病院協会が「患者の権利章典」を採択して以降であろう。

インフォームド・コンセントの導入は、患者の自由(と責任)の領域の拡張として(のみ)

理解されてきた。事実、これは歓迎すべき規範である。だが、かつてはほとんど問題にされていなかった、患者の自己決定権が、なぜ、許容され、また要請されてさえいるのか、と問うてみよう。それは、今や、医学の専門家でさえも、医療措置の結果について、確信をもった蓋然的な予期をもちえないからではないか？　医者でさえ、何が最も適切な措置なのかわからないのである。だからこそ、選択権が患者に委ねられるのだ。ところで、医者のような科学の専門家は、それぞれの専門領域において、あの「すべてを知っているはずの超越的な他者」を代行しているのであった。そうであるとすれば、インフォームド・コンセントの概念のうちに露出しているような、専門家の無力・無知は、こうした知を託されている第三者の審級がそもそもどこにも存在していない可能性を暗示するものではないか？　適切な知を所有する第三者の審級は、どこにも――いかなる可能的未来にも――待ちうけてはいないかもしれないのだ。次のように言い換えてもよい。かつて人は、極限の未来に想定された科学的洞察のもとでは――つまり究極の「追い越した視点」から振り返れば――最適な選択肢を確定することができるはずだと想定できたのだが、今や、科学的知識の蓄積は、こうした理想の状態への漸近をいささかも保証していないかもしれないのだ、と。

これは些細な、部分的な事例である。だが、不気味な兆候でもある。今し方述べたように、通常は、インフォームド・コンセントの導入こそ、自由の拡大と勝利を示す、まったく疑問の余地なき実例であると考えられている。だが、ここに考察してきたように、「知っているはずの超越的な第三者」の存在の想定可能性こそが、われわれの自由の可能性を保証する不可欠の条件のひとつであったとするならば、まさに自由の拡大が祝福されているその現場でこそ、自由の条件が侵食され、切り崩されている可能性があるのだ。

第三者の審級を消耗する機制

こうして、われわれは、前章の冒頭の問題設定に回帰することができる。資本主義のもっとも包括的な定義は、第三者の審級のもとで正則的なものとして承認されている「経験可能領域」を次第に普遍化していく運動ということだった。経験可能領域の普遍化は、第三者の審級の抽象化と連動している。それゆえ、この運動の極限には、第三者の審級の経験的な現前の可能性からの完全な撤退が、要するに、第三者の審級の端的な不在が、待ち受けていると言わなくてはなるまい。インフォームド・コンセントについての祝福の背後にわれわれが垣間みたのは、そうした極限ではないか？

第三者の審級の存立可能性を次第に侵食していく機序を、次のように説明してもよいだろう。第三者の審級は、規範的に正則的なものとして許容・承認されている行為・体験の領域——経験可能領域——の統一性を代表している。経験可能領域を包括化し、その外部にあった異和的な行為・体験を統合していくということは、言わばその領域の境界を弛緩させていくことであり、それは、領域の同一性を指定する、外部からの区別を、次第に曖昧なものにしていく過程を随伴するだろう。そして、極限にある完全な普遍性は、外部をもたない、それゆえに何ものとしても同定しえない、弛緩しきった包括性を呈することになるはずだ。第三者の審級は、経験可能領域の統一性と対応しているのだから、この普遍化の極点においては、その同一性は完全に解除され、霧消してしまうはずだ。

こうした説明は抽象的なものだが、その経験的含意を想像することは、それほど難しいことではない。何度も言及してきた、ケインズの「美人投票のゲーム」は、こうした極限の戯画として理解することができるだろう。ここでは、どのような顔が「美人」として肯定的に承認されうるのかということについての、ア・プリオリな限定が一切ない。つまりどの顔を美人と見なしてもさしつかえないのだ。それは、「美人」という判断を規制する規範が完全に普遍化し、弛緩しきった状態なのである。こうした状態が帰結するのは、他者に依存することなく自律的に誰が美人であるかを判断する超越的な第三者が、このゲームから排除されているからである。言い換えれば、美人についての諸個人の判断が相互に依存し、その総体が完全に自己準拠的なネットワークを形成しているからである。

われわれは、この事例をただの戯れや絵空事として片づけるべきではない。実際に、すでに、これと類する事態が起きてしまっているからである。たとえば、現代美術や現代音楽の領域で美術や音楽がどのように定義されているかを見ればよい。少なくとも伝統的な芸術の理念の観点からすれば、今や、ほとんど何であれ、芸術に、つまり美の表現になりうる。芸術を非芸術から区別する規範が普遍化しきっているのだ。芸術とは、芸術と見なされた事物のことであり、ゴミや雑音を含む任意の事物がその潜在的候補である。こうしたことは、美が「主観的趣味判断」の領域に属するがゆえに生じているわけではない。知の領域でも、つまり真理に関する判断の領域でも、ときには似たようなことが見られるからである。いわゆるサイエンス・ウォーズの渦中で生じたソーカル事件[*2]が示したことは、ちょうど美術作品が、美術館の展示場に置かれているという事実によって自己準拠的に定義されてしまうように、また音楽が、演奏会で演奏されたという事実によって定義されるように、妥当な知が、学術誌に掲載されているという承認の挙措によって定義されることがありうる、ということである。

われわれは、前章の考察の中で、カルヴァン派の予定説の構成が、長期的な予期のあり方を言わば誇張して提示しているということを、確認しておいた。資本の回転は、予定説的な構成に基づく予期を、投資の度に、反復することによって維持される。ここで、予定説が、長期的な予期の特徴を強調して映し出しているだけではなく——あるいはまさにそれゆえに——、長期的な予期としての成立可能性の限界にあるような事例でもある、ということを付け加えておく必要があるだろう。予定説にあっては、到来すべく約束されている未来に、具体的な内容が充塡されることは、決してない。最終的な目的である未来（最後の審判）が、具体的な内容をともなって直知されることはないのだ。最後の審判における救済される者と呪われた者との区別は、いつまでも内容を備給されない、空虚な形式としてのみ存在しているのだった。それゆえ、ある具体的な行為が、最終的な救済へと通じているかどうかは、原理的に、確定することができない。そうだとすれば、予定説は、人間の将来についてのどのような直知も与えはしない。むしろ、それは、具体的内容をともなって蓋然性を直知することを、つまり長期的予期を積極的に抱くことを、熱烈に禁止しているのである。この点からすれば、予定説に立脚する未来への展望は、無への予期であり、したがって長期的な予期の否定である。それゆえ、こう言うべきである。つまり、資本主義的な普遍化がもたらす、長期的な予期の自己破綻が、すでに、予定説のうちに先取りされているのだ、と。

ジジェクは、冷戦の終結以降、市場が脱政治化したと論じる。[*3] かつては、社会主義者にとって、市場経済の制限や撤廃は、もっとも重要な政治的課題であった。しかし、冷戦終結後の今日では、グローバル化した市場は、ほとんどの重要な政治的勢力や党がその抜本的な改革を問題にすることができない、政治的にニュートラルな機構であるかのごとく現れるようになった。われわれは、この現象を、資本主義的な普遍化の帰結として理解することができるだろう。普遍化の直接の対象は、もちろん、貨幣経済の現場、すなわち市場である。その結果、市場は、あらゆる政治的勢力がその内部で共存しうる普遍的な空間として定位されるに至るのだ。だから、資本主義的な市場の存否までを政治的な対象として扱おうとすれば、資本主義を上回る普遍性に立脚するしかないだろう。たとえば、人間以外の自然環境のすべてを視野におさめ、将来世代の利害をも考慮に入れる、エコロジー主義は、そうした数少ない選択肢である。

もっとも、われわれは、市場の脱政治化が——市場の中立的な機構への転換が——、一見、これと正反対の方向に進んでいるかのように見えるもう一つの動きに補償されているという事実にも注意を払う必要がある。もう一つの動きとは、ジジェクが、ビル・ゲイツの社会的なイメージ——超大型の企業を媒介にして市場に影響を与える特権的な人物についてのイメージ——を引照しつつ指摘している傾向、市場の「人格化」とも呼び得る傾向である。かつてマルクス主義者は、市場において、人格的な関係が物象化しているという事実を批判的に指摘したものである。今、われわれが目撃しているのは、これと対をなすような現象、すなわち市場における物象的な関係が、ときに、特定の人格に帰せられて了解されるという現象である。いったん徹底して物象化・機構化して把握された市場が、再人格化するのはなぜなのか？　この疑問には、後の考察の中で立ち向かうことになるだろう。

リスク社会

ともあれ、資本主義的な普遍化の運動の帰結を最も一般性の高い水準において捉えておけば、それは、第三者の審級の存立の困難、その不在への漸近であると、さしあたって要約しておくことができる。U・ベックや彼に触発された論者たちが「リスク社会」と呼んでいる現象を、第三者の審級の真空において現れざるをえない社会状態として理解することができるだろう。簡潔に言えば、リスク社会とは、先に「インフォームド・コンセント」に着眼して確認しておいた関係の地球的な規模における実現なのである。

ベックらは、われわれが今日、リスク社会の内に生きている、と論ずる。[*4] リスク社会の名のもとで彼らが指摘している問題は、主として、人間の技術力の極端な上昇に随伴して現れる、環境破壊等の地球的な規模の多様なリスクである。その中には、地球温暖化問題、オゾン層の破壊、原子力発電所のリスク、遺伝子工学技術の予期しえない帰結等々が含まれる。これらのリスクの共通する特徴としてしばしば指摘されてきたことは、それらがいずれも、それが出現する蓋然性（確率）は低いが、しかし、それがもたらしうる結果はきわめて深刻だという点である。たとえば、原子力技術の開発者や管理者は、工場や発電所はきわめて安全なはずだと主張するが、ひとたび事故が生起すれば、それは、瞬時にして多数の命を奪う、致命的な惨事となる。また、これらのリスクは、人間の社会の外部から襲ってくるものではなく、人間の社会的な営みが製作したものだという点に、もうひとつの特徴がある。リスクは、自然の生態系に人間の技術力が大規模に介入し、その内的なプロセスを大幅に変更してしまった結果として生じているのである。それゆえ、自然の自浄力にゆだねるような形で、リスクの解消を図ることはできない。ベックは、もはや、自然は人間社会に外在しているのではなく、「産業化によって作り出された第二の自然」と化していると論じている。今や、自然は、社会システムにとって外的な与件ではなく、社会システムが自ら生産するシステムの内的な要素だというわけだ。

つまり、これらのリスクの直接の原因は、人間の科学技術にある。だが、同時に、その認識も、また解決策の提案についても、われわれは、やはり科学に全面的に依存せざるをえない。しかし、困難は、その先にある。科学的な知識が蓄積されればされるほど、未来の予想についての判断が、そして適切な対策についての判断が、ますます分散し、両極端に分裂していってしまうのだ。たとえば、遺伝子工学の安全性について科学的に立証されると同時に、その致命的な危険性もまた、同じような科学的な厳密性のもとで警告されることになる。結局、大方の科学的知識が収束していく、相対的に安全な「中庸」が、いつまでたっても現れないのである。

このことは、次のように疑わせるに十分なものがある。すなわち、そこから捉えるならば、正確な予期が得られ、適切な対策が判定できるような視点の存在を、人間の知識の歴史の理想化された極点におけるものとしてすら、想定することができないのではないか、と。先に、リスクの蓋然性（確率）は低い、と述べた。だが、むしろ、こう言い換えるべきである。これらのリスクに関して、われわれは、蓋然的な直知が得られないのだ、と。あるいは、蓋然的な直知に到達しえない未来についての不安が、リスクとして意味づけられるのだ、と。蓋然性についての直知は、第三者の審級に帰属する（と見なされうる）認知として与えられる。今、われわれが遭遇している事態は、蓋然的な判断がそこへと投射されることにおいて確実性の保証を得ることができる第三者の審級が欠落している状態である。地球的な規模のリスクの生起を制御・選択する権力も、またそれについて信頼にたる判断を下すことができる視座も、ここにはない。最も先端的な専門知識を有する技術者や科学者ですら、こうした視座を代弁する任にはない。それゆえ、専門家は、未来への見通しについての、彼らの分散・分裂している見解を披瀝した上で、対策についての最終的な決断を、一般の人々の民主的な決定にゆだねるしかない。その態度は、患者にインフォームド・コンセントを求める医者のやり方と同じである。要するに、これらのことが示していることは、リスク社会が、第三者の審級を欠落させている社会だということである。[5]

ヴェーバーが述べているように、かつて、予定説の教義を受け入れたプロテスタントは不安のうちに生きただろう。自身が救済されているのか否かを、知ることができないからである。だが、その不安、その不確実性は、何度も述べてきたように、神の確実性の内部で馴致されるような配備になっていた。不安は、強迫神経症的な世俗内禁欲によって補償されえたのである。だが、リスク社会が直面している不安は、もっと深刻な不安である。それは、確実性の裏打ちのない、生《なま》の一枚岩の不安だからである。つまり、今や、不安が、あるいはリスクの不確実性がそれにとっては確実性として転化して現れるような超越的な視点が欠けているからである。

リスクの反対語は、「安全性 security」である。この語について、市野川容孝は、興味深いことを述べている。[6] 安全性 security、あるいはラテン語の securus, securitas とは、「気遣い cura（ケア）」が「欠如 se」している状態のことである。[7] つまり気遣いの必要性から解放されている状態が、安全性ということなのである。なぜ気遣いの必要がないのか？ 誰かが代わりに気遣っているからである。すなわち、気遣いの大半を第三者の審級に託すことができる状態、それが安全性ということの本来の意味なのである。

市野川によれば、この security の状態は、西洋の思想史の中で、肯定的にも否定的にも評価されてきた。たとえば、ギリシアのエピクロスやローマのルクレティウスにとっては、この語によって表示される「心の平静」は、人間が達成すべき最高の境地であった。これに対して、securityの心的状態を否定的に評価した代表的な立場が、キリスト教である。市野川が紹介するヴィンクラーの研究によれば、キリスト教の中にあっても、旧約においては、この状態を評価する面もあるが、新約においては、否定的な調子が高まってくる。[*8] さらに、securityのうちに安住することへの否定的な論調は、宗教改革期の思想において、より一層高まっていく。われわれは、宗教改革期の原理主義者の教義、要するに予定説が、資本主義的な態度への臨界点にあり、さらにはそれを先取りしてすらいた、と論じてきた。それに並行して、宗教改革の思想の中に、言わば、リスクへの感性が先取りされているのである。今しがた述べたように、プロテスタントの不安は、神の確実性によって裏打ちされてはいたが、その神の裏打ちの薄皮をはいでしまえば、われわれが今日直面しているのと同じ不安が出来するはずなのだから。

ところで、「気遣いcura」とは、対象への選択的な関与を示す態度である。要するに、それは、自由な対象への関わりを構成する必須の要件である。逆に言えば、securityとは、自由が奪われている状態である。だが、securityの喪失は、自由を解放するどころか、もっと深刻な閉塞へと導いてしまうのだ。

1　念のために述べておけば、ここでいう「長期的」予期とは、予期の構造によってこそ定義されているのであって、予期が視野に収めている時間の量によって規定されているのではない。つまり、どの程度以上先の未来までが視野に含められていれば、長期の予期と見なされる、というわけではない。

2 物理学者アラン・ソーカルは、カルチュラル・スタディーズ系の雑誌『ソーシャル・テキスト』の一九九六年春・夏号に、物理学の理論的な問題を「ポストモダン」風に解釈する論文を寄稿した。論文は、同誌の審査を通過し、掲載された。しかし、この論文は、実はまったく内容のないパロディだったのであり、ソーカルは、論文掲載直後、このことを別の雑誌で暴露したのだ。これがソーカル事件である。

3 S. Žižek, *The Ticklish Subject*, Verso, 1999, pp. 347-359.

4 ベック『危険社会』法政大学出版局、一九九八年（原著 1986）。他に、N. Luhmann, *Risk: A Sociological Theory*, Gruyter Auflage, 1993.

5 ジジェクも、例によって、ラカンの用語を用いて、リスク社会には大文字の他者が存在しない、と論じている。「大文字の他者」とは、もちろん、われわれの用語系に対応させれば、「第三者の審級」である。

6 市野川容孝・村上陽一郎「安全性をめぐって」『現代思想』一九九九年十月号。また市野川容孝「安全性の装置」『現代思想』一九九七年三月号も参照。

7 ラテン語 securus, securitas は、ギリシア語「アタラクシア」の訳語として用いられた。「アタラクシア」も、これらのラテン語と同様に、否定的な意味の接頭語 a- と「混乱」を意味する tarassein の合成語で、「心の平安」を意味していた。

8 たとえば、旧約と新約の次のような対照が、その証拠としてあげられている。旧約中の「イザヤ書」では、「正義が造りだすのは平和であり、正義が生み出すものはとこしえの静けさと安寧（securitas）である」と記されているのに対して、新約の「テサロニケ信徒への第一の書簡」には次のようにある。「兄弟たち、その時期についてあなたがたに書き記す必要はありません。盗人が夜やって来るように、主の日は来るということを、あなたがた自身よく知っているからです。人々が『平和だ、安全だ（paxetsecuritas）』と言っている、その矢先に突然、破滅が襲うのです」。ここで注目すべきことは、securitas の否定が、神による終末的な決定と関係づけられていることである。つまり、神の決定が到来しないままでいること、約束されながらその到来がいつまでも遅延され、経験的なこの世界の内に現れないということが、不安の源泉なのだ。この状態の延長上に、ついに神がやって来なかったときの「リスク（社会）」が待っている。

13 リベラリズムの不可避の変質

リスク社会における「自由な選択」の空虚

安全性 security とは、人間から主体的な配慮 cura（の必要）が奪われている状態である。配慮は、ひとが何ものかを選択しようとする際に、不可避に前提になっているような、対象に対する態度である。「配慮 cura」に対応する語を、ハイデガー哲学の用語系の中に見出すとすれば、それは「Sorge（気遣い）」だろう。『存在と時間』において、ハイデガーが現存在の頽落と見なしたのは、本来の「気遣い」を失った状態である。つまり、ハイデガーは、安全性の内にまどろむ者を、「世人 Das Man」と呼んだのだ。『存在と時間』の目標は、市野川容孝が述べているように、現存在を、「配慮の欠如 securitas（安全性）」の状態から救出することにあったのである。いかにして、現存在は「配慮の欠如」から回復するのか？　ハイデガーによれば、それは、「死への先駆」によって、つまり自身の終結の必然性――自身の有限性――に対する自覚によってである。「積極的には何ものでもありえないこと（つまり無＝死）」が終極の目的の位置に存在していることの確実性のみを想定した上で、言わば「長期的予期」をもって世界へと立ち向かうこと、ハイデガーによれば、これこそが気遣いが十全に覚醒している状態である。つまり、それこそが現存在がその本来の「自由」を確保している状態である。ところで、この構成は、救済か呪いという内容については規定しえぬままに、それが決定されていることの確実性のみを想定して生を組織したプロテスタントの態度と、つまり不確実な極点の存在の確実性を前提にしていたプロテスタントの態度と、構造的にまったく同型であると言ってよいだろう。

もし安全性への埋没が自由の固有の可能性が奪われている状態であるとするならば、逆に、リスク社会こそが自由の可能性が全的に開花する段階、つまり「自由な社会」であることが不可避に要請される段階である、と見なすことができるはずだ。リスク社会は、ウルリヒ・ベックが近代の後期の段階――「産業社会」に引き続く段階――に対して与えた名前だが、前章の考察において暗示しておいたように、それは、医療現場における「インフォームド・コンセント」に対応するような関係をその全体において組織せざるをえなくなった社会システムだと見なすことができる。

リスク社会は、環境や生命にかかわる大きなリスクに直面せざるをえない。たとえば、社会に必要なエネルギーを確保する際に排出された大量の二酸化炭素が、地球の未曾有の温暖化を招くかもしれない。死と生の法的な再定義が、結果的に、「大量殺戮」の認可を意味しているかもしれない。食糧不足に対抗すべく開発された遺伝子組替え食品に、人体に有害なタンパク質が組み込まれてしまうかもしれない。こうしたリスクは、科学技術の開発に随伴する現象だが、前章に述べたように、これらに対する評価も、対策案の提案も、再び科学的な知識に基づかざるをえない点に特徴がある。しかも、科学の発展は、評価や実践的対策に関して一義的解決をもたらすわけではなく、逆にむしろ、それらについての判断をより一層深刻に分裂させていくのである。どこにも「真理を知っているはずの超越的他者」は待ってはいないのだ。そうであるとすれば、これらの案件に関して、十分に科学的な情報を与えられた一般の市民が民主的な決定手続きを通じて結論を下さざるをえない。あるいは、市民から民主的な仕方で委託を受けた代表者の委員会が、決定するほかない。要するに、ここで、人は、リスクへの対処に関して、患者と同様に、インフォームド・コンセントが求められているのである。インフォームド・コンセントが、患者の（自分自身への医療措置についての）自己決定する自由の拡張を含意しているのだとすれば、これと同様な意味において、リスク社会は、不可避に、一般の人々の自由な自己決定の領域を拡張していることになるだろう。

だが、リスク社会の「自由」は、まさにここにおいてこそ、困難に遭遇する。リスク社会の本質的な特徴は、前章に論じたように、そこでは第三者の審級がすでに退去してしまっている、という点にある。ところで、われわれは、自由な選択は、第三者の審級に帰属している

（と想定された）認知＝直知の形式で確保される蓋然的予期を媒介にしてこそ可能だ、という仮説を提起しておいた。この仮説が妥当であるとすれば、第三者の審級の社会的効力が失われたリスク社会は、自由の困難として現れるはずだ。事実、われわれは、リスク社会としての現代において、自由な選択のまさに選択としての実効性が空洞化している様に、立ち会わざるをえない。

このことは、たとえば、患者が、きわめて困難な医療措置について、インフォームド・コンセントが求められているような場面を想像してみれば、容易に理解することができる。患者は、ある手術に合意することも、それを拒否することもできる。つまり、彼には自由がある。だが、医学の専門家でさえも蓋然性について――つまり手術の結果の確率について――いかなる確証をももちえないときに、患者のなしうることとは何であろうか？　結局、患者自身もおよそ蓋然的予期をもちえないのだから、彼が何を選択しようとも、それは、まったく純粋な「盲目の飛躍」以上のものではありえない。つまり、それは、ルーレットによる決定と異なるものではない。そうであるとすれば、彼に与えられている自由は形式的なものであって、いかなる実質ももたないものであることがわかる。彼は、自身にとって利益や幸福につながることを選択しようとするだろうが、未来についてのどのような視界をも開かない闇を前にして、いずれの選択肢に関しても確証をもちえないままに、そのどれかを実行することに、形式的に合意のサインを与えるしかないのだ。これと、同じことは、リスクへの実践的対処法についての、われわれの民主的決定の自由についても成り立っている。たとえば、遺伝子組替え技術の認可／禁止について、民主的決定の自由が与えられたとしても、それは、暗黒の中での偶発的な賭以上のものではありえない。

未来の最終的な結果が闇に閉ざされている、という点では、予定説を信奉するプロテスタントの場合と同じだと考えるかもしれない。しかし、予定説のもとでは、その結果を知っているはずの超越的な第三者の審級の存在を、信者たちは想定することができた。この想定によって、闇に光が射すことになる。第三者の審級の存在が確実であれば、そこに帰属するはずの知を推測すること——によって予期をいだくこと——が可能だからである。だが、リスク社会からは、このようにして予期を固定するために訴求される、第三者の審級が、奪われているのである。このとき、闇は、いつまでも闇にとどまり続けるだろう。

リスク社会のこうした状況は、いかなる主観的な自覚をももつことなく、——しかし客観的には——大きな罪を犯してしまう危険性に、人を常にさらし続けることになる。「選択」としてはほとんど「無」に近い彼の決断が、結局、彼自身に、あるいは（特定の、または不特定の）他者たちに、大きな不幸をもたらすことになるかもしれないのだ。たとえば、遺伝子組替え食品を認可することが、将来世代に大きな災厄をもたらす可能性を誰も否定できない。しかも、有責性は、原理上、必然的に、事後的にのみ——手遅れであるほどに事後的にのみ——、発覚されるしかない。リスク社会が、形式的には、諸個人に自由な選択の可能性の領域を広く開きながら、常に、その選択としての実効性を空無化していく、ということは、こうした罪責の可能性を決して解消しえない、ということを含意しているのだ。ジジェクに倣って、人が何が罪であるかを知ることすらなく、すでに常に罪をおかしてしまっている（かもしれない）リスク社会の状況を、「カフカ的」と形容してもよいかもしれない。

リスク社会のインフォームド・コンセント的な構成は、一方で、「自由」な選択の領域を育成しつつ、他方で、その「自由」を空洞化していることになる。こうした背反の関係を、正確には、次のように捉えることができる。「消極的自由」に関して言えば、リスク社会の「インフォームド・コンセント」は、自由な選択肢の領域――経験可能領域――をかつてなかったほどに拡張したと言ってよい。単純な技術発展が、制御可能・選択可能なことがらの範囲を拡張している上に、インフォームド・コンセント的な民主化が、決定を一部の専門家や権力者による独占や干渉から解放するからだ。ここに欠落しているのは、しかし、「消極的自由」を実効的な自由へと成形する「積極的条件」である。自由の「積極的条件」とは、「消極的自由」の領域を必然へと転換する、超越的な他者からの承認である（第7章参照）。

リベラリズムとアメリカ社会

ここまで論じてきたような自由の可能条件――「第三者の超越（論）的審級の存在が想定しうること」――や（リスク社会に見出した）そうした条件の危機は、哲学的リベラリズムの構成の内に、そしてまたリベラリズムに対する批判的理論の構成の内に、明確な反響を残すことになる。

政治哲学としてのリベラリズムの基本的なモチーフをよく表現しているのが、ロールズによる定義である。ロールズの定式化によれば、リベラリズムの本質は、「正義 justice の善 good に対する優位」にこそある。この見解は、その後、ロバート・ノージック、ロナルド・ドゥオーキン、ブルース・アッカーマン、チャールズ・ラルモア、井上達夫ら、リベラリズムを標榜する有力な論者たちに、基本的に、受け継がれている。「正義の善に対する優位」とは、次のようなことである。各個人、各共同体は、それぞれ、「善」についての特殊な見解を抱いている。すなわち、彼らは、人生において、遵守されるべき規範が何であり、追求されるべき理想は何であるかなどについての、それぞれ特殊な構想を持っている。正義は、こうした多様な善の共存を許容し、それらのすべてが公平なものとして受容しうる前提的な枠組みを提供するものである。したがって、正義は、どのいずれの善からも独立した理由によって正当化されなくてはならず、正義といずれかの善とが矛盾したときには、正義が優先しなくてはならない。正義に対する違背に対しては、公権力の行使が正当化されるが、善の間の対立に対しては、公権力の行使は認められない。*1

リベラリズムのこうした見解が、宗教的な寛容論の伝統の延長上に現れるものだ、ということを理解するのは難しいことではあるまい。それぞれの宗教、それぞれの善の絶対化は、異なる宗教＝善の信者の排除や宗教間の戦争を導くことになる。宗教改革期の過激な排除と宗教戦争に対する反省から、神学的な妥当根拠をもたない規範の探究や、宗教的な寛容論が生み出されることになる。たとえば、グロティウスは、「神が存在しなかったとしても」という「反実仮想」のもとでも妥当根拠を保ちうる規範として自然法を再定式化しようとするのだが、その試みは、彼が目撃した悲惨な三十年戦争への反省に端を発するものだった。あるいは、ロックの寛容論は、イギリスのプロテスタントたちの宗教戦争——ピューリタン革命から名誉革命——に対する哲学的反応であった。現代のリベラリズムは、こうした議論の伝統の中から出てきている。リベラリズムの正義が指向する社会状態は、多様な善（宗教）の共存を許容し、それゆえそれらの間の選択の自由が受け入れられている状態、多様な善の間の相克的な対立が制限されると同時に、それらの間の相乗的な交流までもが生じうる状態である。

リベラリズムの起源が、このように、厳格なキリスト教徒の——とりわけプロテスタントたちの——宗教的不寛容からの離陸にこそあったがために、一般には、哲学的なリベラリズムとプロテスタンティズムとの間の不連続ばかりが強調されてきた。だが、このように論を立てた場合には、ただちに次のような疑問が生ずるのを避けがたい。すなわち、リベラリズムが逸早く定着し、また発展してきた地域が、まさにリベラリズムが否定しなくてはならなかったその（西側）キリスト教の厳格な支配圏であったのはなぜか、とりわけ、それがラディカルなプロテスタンティズムが浸透していた地域だったのはなぜか？ たとえば、われわれは、アメリカ合衆国の思想的統合の拠点が、リベラリズムであることを知っている。ところが、アメリカ合衆国は、本来は、あまりにも原理主義的であったがために、イギリス国教会との共存が不可能であると判断した、分離派《セパラティスツ》プロテスタントが建設した植民地社会だったのである。[*2] 初期植民地社会は、実際、キリスト教徒の宗教共同体の集合だったのだ。「寛容」を、それゆえ「消極的自由」を支持するリベラリズムは、まずは、こうした共同体（の集合）の中からこそ生み出された。そうであるとすれば、リベラリズムのキリスト教（プロテスタンティズム）からの離陸そのものが、キリスト教の伝統に支持されていた可能性があったのではないか、と仮定してみないわけにはいかない。不連続が連続性に規定されていたかもしれないのだ。

こうした観点からアメリカの「建国神話」を見直した場合に、われわれはある事実に気づくことになる。よく知られているように、アメリカへの最初の入植者は、一六二〇年にメイフラワー号に乗ってイギリスから渡ってきた者たちである。彼らは、上陸直前、船上でメイフラワー誓約と呼ばれる契約を結んでいる。それは、単一の共同体——政治的身体 Body Politic——を構成することを誓う社会契約であった。社会契約は、ヨーロッパでは哲学的虚構だったが、アメリカでは単純に現実だったのである。これは、世俗の政治共同体を結成する契約だが、その形式に関して言えば、以前からあった宗教的な契約の体裁を——つまりイギリス国教会の信者たちが新たに教会を作るときに取り交わした教会契約の体裁を——取っている。だが、ここで驚くべきことは、通念とは異なり、メイフラワー誓約を結んだ者たちは、つまりメイフラワー号に乗船していた者たちは、全員が分離派プロテスタントだったというわけではなかった、ということである。乗船者の半分強の者が、分離派信者——彼らは「聖徒 saints」と自称した——が「異邦人 strangers」と呼んだ非分離派の者たち——おそらくイギリス国教会の信者——だったことが、実証的な歴史学の研究によって、今日では明らかにされている。[*3] すると、ここでひとつの逆説に、つまりまさに教会契約の形式に準拠して、異なる宗派に属する異邦人をも含みこんだ——理念上は——包括的な共同体が構成されている、という逆説に、遭遇することになる。こうした政治的共同体に、善（宗派）の多様性を許容するリベラルで寛容な共同体の萌芽を認めることができないか。斎藤眞は、メイフラワー誓約に関して、次のように論じている。

> しかし、重要なことは、〔伝統的な〕教会契約というのは同じ信仰を持つ者、本来同質的な者が互いの間で、そして神との間に契約を結んで一つの教会という団体を作るわけです。それに対して、この〔メイフラワー誓約が結成した〕政治団体＝シヴィル・ボディ・ポリティックのほうは、元来別々なもの、異質なもの、相互に他者であり、よそ者であるものが、互いに契約というつながりを結んで一つの団体を作る。教会契約のほうは同質性が前提となり、純粋性が前提となり、したがって、そうでないものは排除する、入れないということになります。この〔メイフラワー誓約という〕政治契約のほうは、ある程度異質的なものも入れるということが前提となり、したがって、必ずしも純粋でない。……互いの考え方が違っても妥協し、できるだけ多くの者を中に入れるという意味で純粋ではない。教会契約と、形式は似ておりますが、その性格はかなり違うのではないかと考えます。*4

それにしても、なぜこのような逆説が可能だったのか？「清教徒＝純粋派《ピューリタン》」と呼ばれた人たちによって、とりわけ、あまりにも厳格であったがために、支配的な「異教徒」＝国教会の内部からの純化を断念して、わざわざ逃れてきた人たちによって、ほかならぬ異教徒を含む、「必ずしも純粋ではない」政治共同体が構成されえたのは、なぜなのだろうか？　それは、彼らが、まさに極度に「純粋」だったから、つまり「神の超越性」ということを驚くべき一貫性において保持しようとしていたから、である。

当時の植民地の共同体にいかにして参入することができたのかを概観することによって、こうした逆説が起こりえた機序を理解するための手がかりをうることができる。アメリカの初期植民地の共同体は世俗の政治共同体であると同時に、宗教的な共同体（教会）でもあるため、この共同体に加入を望む者は、資格審査の試験において、神を真に信仰していることについての、つまり宗教的な回心体験についての告白が求められる。加入志願者は、共同体の長老から、「キリストを崇めることができずにむしろ自分自身の心の道をそのままたどってしまった、そうした心にお気づきになったことはありませんか」といったようなことを問われる。ここで、志願者は、「私は一度としてキリストのことを忘れたことがありませんでした」と絶対の確信をもって答えなければならないように思える。ところが、当時ニューイングランドに住んでいたある清教徒の日記によれば、ある志願者のこの質問に対する回答は、この予測を根底からくつがえすものである。この志願者は、彼がいくたびもキリストのことを忘れ、自分のことを優先させてきたこと、神とともにある生を愛しているかどうかを知ろうと苦心して内省したところ、そのような生を愛していないということがわかったこと、などを告白しているのだ。E・S・モーガンはこの事例を分析しながら、この返答は、信仰とは不完全であるべきだ、という信仰を表現しているのであり、それゆえ「この志願者はきっと入会を認められたに違いない」と述べている。

共同体の基本的な規範を遵守していない可能性を示唆する、こうした否定的な返答によって、志願者の共同体への加入が逆に認められたのは、なぜだろうか？　それは、プロテスタントの神が、純粋に——論理的に完全に首尾一貫して——超越的な水準に措定された第三者の審級だからである。このことは、加入儀礼におけるこうした屈折が、予定説における神と人間の関係を同型的に反復するものであることに思い至れば、理解可能なものとなるだろう。予定説においては、人間（追い着かない視点）が救済について決して完全な確信に至ることができないということと、救済について完全に知り尽くしている神（追い越した視点）が存在している——と想定しうる——こととが、相補的な対をなしていた。これと同様に、人間は自分自身が神を信仰しているかどうかということについて決して確実な知に至ることができないのだが、まさにこの確信の不可能性についての確信こそが、逆にかえって、信仰の真実について知っているはずの超越的な神の存在を肯定する身振りとなっているのである。神を信じているということと、神を信じていると信じていることとは違う。完全に超越的な神は、内在的な人間に決して内面化されえない。すなわち、人間は、自身の信仰についての完全な自覚に到達することはない。それゆえにこそ、この不可能性の自覚が、つまり自身の信仰についての知の否定が、超越的な神の存在を肯定したことになるわけだ。

われわれの議論にとって注目すべきことは、加入志願者は、自分が厳格な信仰を共有していないかもしれないという可能性を、端的に言えば、自身がまさに異教徒であるかもしれないという可能性を告白することでかえって、信仰の共同体に受け入れられた、ということである。共同体は、異教徒であるかもしれない他者を受け入れていたことになる。ここにおいて、不寛容な信仰の共同体が、異教徒をも含む多様性を受容しうるリベラルな寛容へと反転する潜在的可能性を孕んだことになろう。こうした反転の可能性が生じうるのは、経験的世界に内属する人間（の知）の徹底した局所性を認めたことの反作用として、この経験的世界（に属する人間）の全体を——各局所（に内属する人間）の特殊的な差異と無関係に——包括的にそして公平に、要するに普遍的に視野に納める超越的な第三者の審級の存在が肯定されているからである。あらゆる特殊な人間を公平に承認する第三者の審級の普遍的な視線のもとでは、異教徒を含む善の多様性に、存在の権利が与えられなくてはならない。

したがって、「正義の善に対する優位」を原理とするリベラリズムは、それが否定したとされている宗教改革の伝統の連続的な延長上にこそ位置づけられるべきであろう。リベラリズムのこうした位置付けは、自由の可能条件についてのわれわれのここまでの議論ともよく整合する。われわれが明らかにしてきたことは、こういうことであった。自由が実効的な選択となりうるためには、蓋然的な直知の帰属点として機能しうる、超越（論）的な第三者の審級の存在が、想定されていなくてはならないということ、これである。ところで、今、われわれがアメリカの初期植民地社会の宗教共同体のあり方に一瞥を与えつつ考察してきたことが示唆しているのは、リベラリズムは、プロテスタントの神に対応するような超越的な第三者の審級を保持することにおいてこそ、多様な善の間の選択の自由を肯定する哲学たりえていたのでないか、ということである。自由の可能性を支持する不可欠の契機としてわれわれが抉出してきた社会的条件が、リベラリズムに暗黙の前提を供給し、その説得力の源泉を構成していたのかもしれないのだ。

こうした理解を裏書きしてくれるのが、ロールズが『正義論』においてリベラリズムを正当化するときに用いた論証手順である。ロールズは、正義についての構想を、原初状態 original position における社会契約の必然的な結果として説明する。原初状態とは、次のような条件を満足する、全員参加の仮想的な交渉過程である。第一に、参加者は、全員、「無知のヴェール veil of ignorance」を被っていなくてはならない。すなわち、参加者は、全体としての社会についての情報は与えられているが、それぞれの社会の中で自己が占めることになる位置についての情報をまったくもっていないと仮定するのである。第二に、参加者は相互の間で利害関心をもたず、嫉妬も優越感も抱くことがないと仮定する。

この名高い「無知のヴェール」の仮定は、カントが実践理性の公準を導いたときの還元の手続きと同種のものである。カントは具体的な内容をもった一切の善を偶有的・病理的なものとして排除した上で、最高善（正義）を純粋に形式的なものとして導出してみせる。内容的な善の排除は、諸個人が有する欲望や利害関心を消去することである。無知のヴェールは、ちょうどこの排除の操作に相当する。無知のヴェールを被せるということは、個人が社会システムの中で何者として存在しているのかということ、したがって何を欲望し、何に利害を覚えるかということを、どうでもよいこととして、消去することだからだ。個人は、社会システムの局所に埋め込まれることから派生する同一性を一切欠いた存在として、均質な空間の上に並べられた多様な可能的システムを、公平に眺めるだけの、純粋な眼にまで還元されるのである。原初状態は、ゲーム論的な交渉過程だということになっているが、無知のヴェールを被ることで、諸個人の間の差異は無化されてしまうため――特殊な利害をもたず推論過程も互いに同型であるため――、彼らはまとめて「一者」に集約されてしまっており、結局、ここでは、実質的な交渉は一切生起しない。つまり、ロールズが「交渉」と見なしている過程は、そもそも不同意の者が現れえない、実質的には一者の思考過程にほかならない。ここから、ロールズは、正義の二原理――「平等な自由」を定める第一原理と「機会均等」と「格差原理」からなる第二原理――を導くのだが、多くの批判を浴びせられたこの結論の妥当性をここで検討するには及ばない。重要なのは、この結論を導いた手順である。無知のヴェールを被ることによって、社会契約のゲームに参加する者たちは、実質的に「一者」に還元される、と述べておいた。社会の内部に参与することなく、純粋に可能的な制度を外部から比較することができる、この「一者」が、プロテスタントの神と等価な働きを担っていることを見抜くことは、さして難しいことではあるまい。ロールズの「無知（のヴェール）」は、プロテスタントの神の「全知」と同じように機能するのである。

リベラリズムの変質とコミュニタリアンの登場

リベラリズムは、善の、あるいは文化の多様性を包摂しうる社会を求める挑戦だと見なすことができる。ところで、一九九〇年代以降、とりわけアメリカを中心に、文化やライフスタイル（善き生）の多様性を肯定し、また賞揚する運動は、「多文化主義 multiculturalism」を標榜してきた。だが、文化の多様性に対する肯定的な承認を「表看板」に掲げた運動は、多文化主義が初めてだったわけではない。アメリカには、二〇世紀の前半から中盤にかけて、「文化多元主義 cultural pluralism」と呼ばれる運動が、広い支持を受けてきた。よく似た看板を用いた二つの運動は、似たようなことを主張し、推進していたのではないか、と考えたくなる。しかし、奇妙なことに、多文化主義をめぐる今日の論争の中で、反多文化主義の論陣を張る知識人は、しばしば、かつての文化多元主義の唱導者なのである。[*5] たとえば、一九六〇年代の初頭にケネディ大統領の下で特別補佐官を務め、数々の改革を推進したアーサー・シュレジンガー二世は、「文化多元主義は、民族的に多様化された社会においては不可欠である」としながら、他方で多文化主義を批判している。文化多元主義と多文化主義、表現の上ではよく類似したこれら二つの運動は、どのように対立しているのか？　文化多元主義から多文化主義への移行を規定する究極の社会的原因が何かということは、一九八〇年代以降に急速に勢力を拡張した、リベラリズム批判が、どのような必然性に駆り立てられているのかを考察することを介して示すことができる。

一九八〇年代以降、「コミュニタリアン（共同体論者）」と総称される一群の哲学者たちが、ロールズに代表されるような典型的なリベラリズムへの批判の先鋒を切ってきた。マイケル・サンデル、アラスデア・マッキンタイヤ、マイケル・ウォルツァー、チャールズ・テイラー等が、コミュニタリアンの内に数えられている。中でも、リベラリズム批判という点では、サンデルが明快で、また強力である。

コミュニタリアンのリベラリズム批判の骨子を理解するのは難しいことではない。第一にコミュニタリアンは、リベラリズムの普遍主義を批判する。リベラリズムの正義は、可能な限り多様な特殊的善の共存を許容する、普遍化された規範でなくてはならない。正義は普遍化すれば、その分、内容的に貧困なものとなり、結局は、規範としての力を失ってしまう。コミュニタリアンの考えでは、内容のある規範や価値は共同体の歴史や伝統によって育まれた特殊な善や徳についての共通の理解の内にこそある。

もちろん、リベラリズムの「正義」は、十分に抽象化された——そのことによって超越的であるような——第三者の審級の志向的な相関項として、つまり抽象的な第三者の審級の肯定的な承認の対象として、定位されている。ロールズの『正義論』の論理構成が典型的に示しているように、各個人は、この抽象的な第三者の審級の視座へと自身を投射することを通じて、「正義」の普遍的な妥当性を受け入れる。ちょうどリベラリズムの普遍主義が無内容化したように、コミュニタリアンのリベラリズム批判の第二の論点は、ここに矛先を向ける。抽象的な第三者の審級の位置へと自己投射した個人が、無内容化してしまう、というのである。そうした個人——言わばカント的な還元を施された個人——は、共同体のいかなる紐帯《ちゅうたい》からも断絶した「負荷なき自我」であり、抽象的な——あるいは「消極的」と形容してもよいかもしれない——選択能力のみをもってはいるが、選択を方向づけるいかなる原理も前提も受け入れていないので、実質的には何ものも選択することができないだろう。これがコミュニタリアンの推論である。

負荷なき自我に代えて、コミュニタリアンが提案するのは、いずれかの特殊な共同体への内属から決して離脱しえない自我、すなわち「位置付けられた自我」である。位置付けられた自我は、共同体の歴史と伝統の中で育まれる。位置付けられた自我は、正義の普遍性の圏域へと飛躍することはない。それは、共同体が歴史的に形成してきた、共同体の共通善——共同体の特殊的な規範——を人生の指針として受け入れ、その中で意味づけられた理想を、人生の目標として掲げることになるだろう。コミュニタリアンの視点からみれば、リベラリズムは、善を、しょせん個人や共同体の私的関心事に過ぎないものとして、解釈している。それに対して、コミュニタリアンにとって、共通善こそが基底的な事実であり、政治の任務は、共通善が何であるかを論議し、確認し、執行することにこそある。つまり、コミュニタリアンは、共通善を通じて、人間の徳を陶冶する卓越主義的な政治を支持することになるのだ。

コミュニタリアンの以上のような明快な主張の妥当性をここで審問に付してみるつもりはない。ここでは、次のように問いを発してみよう。コミュニタリアンの主張に説得力を与えている社会的現実は何か、と。このように問うことで、コミュニタリアンの議論の明快さが、現実の何を隠蔽しているのかということが、つまり、それが何に対する遮蔽幕として機能しているのかということが、明らかになるだろう。

先に、アメリカには文化の多様性を肯定する思想・運動が二種類あった、と指摘した。一九二〇年代に始まり、六〇年代の公民権運動の時期にピークを迎える文化多元主義と、一九九〇年代に論争的な主題を次々と提起している多文化主義である。文化多元主義の政治哲学的な対応物はリベラリズムであり、多文化主義の対応物はコミュニタリアニズムだと見なして大過ない[*6]。実際、南部諸州の黒人への人種隔離制に対する反対運動、アジア系移民を「帰化不能外国人」として処遇することへの反対運動、五〇年代から六〇年代の公民権運動など、文化多元主義の名のもとで動員された社会運動は、すべて、リベラリズムの「正義」を構成している理念、つまり普遍的な「人権」の理念を根拠にしていた。それに対して、多文化主義の運動は、民族や性のような集団を、それ自身で公共的な価値をそれぞれに保有する、還元不可能な共同性の単位として承認することを求めるものであり、コミュニタリアンの「共通善の政治」に適合的である。文化多元主義（リベラリズム）から多文化主義（コミュニタリアニズム）への転換を導いた要因は何か？

正義を善に対して優位におくリベラリズムを可能なものにしているのは、すでに確認しておいたように、普遍化した経験可能領域に承認の視線を送る第三者の審級である。そのような第三者の審級は、最初、プロテスタントの神によって与えられる。しかし、プロテスタントの神は、言わば萌芽的なものであり、そこに潜在している普遍化への可能性を十全に引き出すのは、プロテスタンティズムによって引き金を引かれた社会的なダイナミズム、すなわち資本主義のダイナミズムであると言うべきであろう。すでに先立つ考察の中に論じておいたように、資本主義とは、第三者の審級に相関する経験可能領域をより包括的で普遍的なものへと次第に置き換えていく運動にほかならないのだから。

第三者の審級のこうした普遍化は、やがて、コミュニタリアンのリベラリズムへの批判の中で指摘された困難を露呈させることになる。すなわち、経験可能領域の普遍化は、第三者の審級の抽象化と、経験可能領域全体を統括する規範（正義）の内容上の貧困化を帰結せざるをえない。包括的な経験可能領域を規範が覆おうとすればするほど、規範は具体的な限定や特殊化を離脱しなくてはならないからである。こうして、規範（正義）は、次第に完全な無内容に漸近していくことになろう。言い換えれば、第三者の審級そのものの不在へと漸近していくことだろう。

こうした傾向に抗して、あえて「正義」に内容を補塡しようとすれば、それは、本来求められている普遍性の水準に比して特殊的に限定されすぎた規範として、つまり、それ自身、ある特定の共同体に妥当する「善」の特殊構想に過ぎないものとして、現れることだろう。要するに、端的に言えば、普遍的な「正義」として提起されていることが、ヨーロッパ的な――したがって特殊な――共同善の偽装された姿であるということが、自覚されるようになるのだ。このように考察を進めてくると、多文化主義論争の端緒となった事件が、アフリカ系アメリカ人の団体から「西洋中心」のカリキュラムを採用しているとして批判されたスタンフォード大学が、これに応じて、教養科目の「西洋文明研究」を廃止した出来事だった、ということは示唆的である。それまで、普遍的な知を代表していることが自明視されていた「西洋文明」が、一つの特殊な地域に過ぎないということが、それゆえ全学生にその研究を強制することはできないということが、突然、気づかれたのである。

こうして、あらゆる共同体の善から独立し、そしてあらゆる善に対して公平でありうるような、普遍的に妥当な規範＝正義などというものは、内容的にまったく無に等しいということの自覚が社会的に定着することになる。言い換えれば、あらゆる善を公平に位置づけうるメタレベルの規範は存在しないということ、多様な善の差異に対して無関心でいられるような普遍的な視点を有する第三者の審級は存在しないということ、こうしたことが自覚されるに至るのだ。このとき、次のような逆説が導かれることになる。すなわち、もし普遍性――メタレベルの規範――の次元が内容的には無であるとすれば、その本来は存在しない普遍性を偽装するよりも、「誰もが、互いに最終的には通約されえない、それぞれに特殊な共同体とその規範（善）のいずれかに内属している」という事実を積極的に肯定してしまうことによってこそ、むしろ、真の普遍性が代表されるとする、屈折した認識が生み出されるのだ。コミュニタリアニズムや多文化主義は、まさに、こうした屈折に対応して現れる哲学であり、社会運動なのである。以上のように考えを進めてくれば、リベラリズム批判の中心的な担い手であるコミュニタリアニズムは、リベラリズムがある限界を越えたときに現れる、それ自身、リベラリズムの変質した姿である、と見なすこともできる。コミュニタリアニズムは、リベラリズムの普遍的な正義への希求を、そのあからさまな否定によって――善の通約されえない多元性を肯定することによって――かえって保存することになるからである。

こうしたコミュニタリアニズムについての理解は、一部のリベラルな論者の実際の変容によって、傍証が与えられる。たとえば、ロールズは、八〇年代に入ってから、『正義論』のようなリベラリズムの哲学的構想を放棄し、「政治的リベラリズム」と自ら名づけた構想に着手する。ロールズは、さまざまな価値観が相互に通約しえないほどに深刻に溝を隔てて林立しているという事実、つまり「多元性の事実」と両立しうるリベラリズムを模索したのだ。そこで、まず、彼は、社会の基本構造を決定する原理を、哲学における一般的・包括的な理論に依存させてはならない、と考えた。誰もが納得しうる、そのような普遍理論は存在しないからである。結局、ロールズは、リベラリズムの政治的構想の基礎を、西欧の民主国家、とりわけアメリカ合衆国の政治的伝統の中で、ときに明示的に、ときに暗黙のうちに蓄積されてきた集合的合意の中に求めることになるのだ。ここでは、リベラル自身がコミュニタリアンに譲歩して、自身が内属している共同体の規範を超えたところに普遍的な規範の水準が存在することを積極的に断念しているのである。ロールズよりはるかに卒直なのは、ロールズのこうした変容を高く評価してもいるリチャード・ローティである。ローティは、自身のリベラリズムを、「謙虚な自民族中心主義」の名のもとに主張しているからだ。[*7]

ここに至って、リスク社会に関するごく簡単な考察と、リベラリズムの変質過程についての考察が、交わることになる。リスク社会においては、第三者の審級が不在である、と述べておいた。ところで、リベラリズムの展開をごく大雑把に辿りなおす中で、われわれが示してきたことは、コミュニタリアニズムの登場もまた、(規範の普遍性に承認を与える)第三者の審級が退去したことを示す兆候だった、ということである。その意味で、コミュニタリアニズムは、リスク社会の哲学だと言うことができるだろう。

だがコミュニタリアニズムや多文化主義は、同時に、リスク社会が直面している真の危機を隠蔽する遮蔽幕としても機能している。ここで論じたことは、コミュニタリアニズムや多文化主義が、それぞれの個人が特殊な共同体に深く根をおろしており、そこから離脱しえないということをあからさまに肯定することによって、逆にかえって、普遍的な規範の次元を、まさに無内容な空白という形式で保存している、ということである。つまり、それは、第三者の審級の根源的な不在を、第三者の審級の空虚を隠蔽することになるのだ。第三者の審級の空虚が隠蔽されるのは、コミュニタリアンや多文化主義者が、この事実を奥深く秘匿しようとするからではなく、露骨に提示してしまうからである。つまり、ここでは、不在の第三者の審級は、あまりにも目立つところにおかれているがためにかえって見つからない探し物のようなものなのである。[*8]

1 井上達夫は、「正義の善に対する優位」という表現は、まるで、善が正義に比べて重要ではないかのような印象を与えるが、実際には、それぞれの善が重要であればこそ、正義が要請されているのだから、この表現は不適切であるとして、「正義の基底性」という表現を用いるべきだ、としている（井上達夫『共生の作法――会話としての正義』創文社、一九八六年。同『他者への自由――公共性の哲学としてのリベラリズム』創文社、一九九九年）。

2　「分離派」という名は、もちろん、国教会からの分離を意味している。

3　なぜこれほど多くの「異邦人」が乗船していたのか？　理由は単純である。分離派の信者たちは、費用を冒険的な投資家たちから集めている。投資家としては、もちろん、利潤をうるために資金を提供しているのだから、この事業が成功してもらわなくてはならない。そのために、彼らは、渡航や植民地の生活を補佐することができる者を募集し、分離派の信者たちと一緒に植民地に送ったのである。その中には、各種の職人、水夫、奉公人などが含まれていたと考えられている。

4　斎藤眞『アメリカとは何か』平凡社、一九九五年。

5　油井大三郎・遠藤泰生『多文化主義のアメリカ』東京大学出版会、一九九九年。

6　実際には、リベラルを標榜する多文化主義者も多い。しかし、ここで問題にしているのは、理念型的な抽象化によって得られた思想の類型である。標榜者の現実の属性や主張と、直接には対応してはいない。

7　ロールズのこうした変化に批判的な井上達夫は、リベラリズムの古典的な定式化のうちに――哲学的リベラリズムに――とどまろうとしている（『他者への自由』）。もちろん、その場合には、正義と善が階梯的に区別され、正義は善とは独立に正当化されなくてはならない。そのために、井上は、いくつもの微妙な区別を打ち立てようとする。第一に、妥当性（正しいこと）と公共性（公平な理由によって正しいこと、そして公権力によって強行されることが許されること）が区別される。無論、善は妥当性のみをもち、正義は妥当なだけではなく、公共的でもなくてはならない。第二に、善にかかわる人格完成価値（「善く生きるとはどういうことか」という問いへの解答）と正義にかかわる人格構成価値（善き生についての問いを発し、追求しうる道徳的人格の可能条件にかかわる価値）とが区別される。これらの区別に関して、ここでは、次のような疑問を提起しておこう。第一に、公共性が妥当性の一般から区別されるとしても、公共性／妥当性の区別が正義／善の区別に対応する保証はない。少なくとも、多くの「善についての構想」は、――強制による正当化が必要かどうかについてはおくにしても――「不公平として拒絶することができない理由によって正しい」ものとして自らを提起するだろう。井上は、善は強制をともなう集合的な決定にはそぐわない、という。強制された善は、もはや善ではないからだ。しかし、同じことは、正義あるいは人格構成価値にも言えないだろうか。ある人格構成価値が、主体の内発的な解釈によって受容されることなく、強制されて与えられているのみであるとすれば、それは、その主体にとって人格構成価値としての意味を担うことはないだろう。第二に、人格構成価値と人格完成価値とを一義的に区別することができるだろうか。どこからが「善き生とは何か」という問いへの解答で、どの部分までがそう問うための前提条件なのか、という区別を一義的に与えることはできないだろう。善き生としての条件の中に、すでに、そのような問いを発したり、自由に追求することができるということが含まれているだろう。それゆえ、その問いや探究をなしうる人格を育てるために必要な条件が何であるかという内容を特定しようとすれば、それは、善き生についての了解に対応した多様性を呈することになるに違いない。

8 コミュニタリアンは、さまざまな特殊な共同体の善の多様な存在を基底的な事実として認めることで、普遍的な正義の次元を承認する第三者の審級を、まさに「空白」として保持することになる、と述べた。ここで第三者の審級は、初めから自ら「裸」であること——特殊な善であること——を認めてしまっている「裸の王様」のようなものだ。裸であることを公言してしまえば、王は、裸であることを暴かれることで権威を失墜する危険性から解放される。つまり、裸であること——王に相応しからぬ者であること——を公言することで、王は延命することができるのだ。

14　回帰する超越性

多文化主義とエスニック・ナショナリズム

一九八〇年代に現れた、リベラリズムに対する批判者・多文化主義は、リベラリズムが自身に内在する潜在的可能性を徹底させたときに現れる、それ自体、変容したリベラリズムであったということ、このことをわれわれは示してきた。リベラリズムにとって、理論上、最も手強いライバル、リベラリズムを最も先鋭に攻撃してきた敵は、徹底したリベラリズムそのものだったのである。そうであるとすれば、リベラリズムと多文化主義の関係は、正確に、ヘーゲルの弁証法の範型に従っていることになる。弁証法的な総合、つまり「否定の否定」とは、何も、形式論理とはまったく無縁な神秘的な境地へと飛躍することではない。否定の否定とは、自身の否定が、つまり自身に対して外的に対抗していると見えていたものが、実は自分自身であったということを――自分自身の発展形であったということを――再認する操作にほかならない。だから、単純な「否定」から「否定の否定」への移行の中で、新たな認識が付加されているわけではない。否定の否定は、文字通り、否定の反復であり、否定からの移行を通じて、むしろ、余分な認識――多文化主義であれば「リベラリズムに外在するオリジナルな思想であるという思い込み」――が脱落しているのである。[*1]

可能な限り多様な「善」の構想の共存を許容する「公共的領域」の構築を指向するリベラリズムは、言うまでもなく、普遍主義に立脚する思想である。多文化主義は、この（伝統的な）リベラリズムの公共的な枠組みすらも特殊的な善の構想の一つとして相対化しうる、包括的な普遍主義として、自己を提示するのであった。この点で、多文化主義は、規範的に許容されうる経験可能領域の漸進的な普遍化の運動としての資本主義に、相関した現象と見なすことができる。

多文化主義が強い普遍主義の一種であるとすれば、このことは、多文化主義の名のもとで動員されている政治運動に、独特なねじれが宿っていることを含意することになる。多文化主義を唱導する論者たちが政治的に擁護し、また顕揚しているのは、常に、ある特殊な共同体の「文化」、特殊な共同体において支配的な――支配的であるべき――「善」だからである。特殊な共同体とは、しばしば、特定の生活様式や善を共有している――と想定されている――民族である。それゆえ、多文化主義は、二〇世紀末期のエスニック・ナショナリズムの隆盛と連動していることになる。たとえば、代表的な多文化主義者チャールズ・テイラーは、ケベック・ナショナリズムの推進者として知られている。多文化主義に内在するねじれは、言語行為論の用語を使って表現すれば、主張の事実確認文《コンスタティヴ》としての――つまり字義通りの――意味とその執行文《パフォーマティヴ》としての効力との間の逆立の関係として、概念化しておくことができる。前者に定位すれば、多文化主義は、リベラリズムの普遍主義を凌駕する普遍性への指向によって特徴づけられる。だが、後者に定位するならば、それは、一九世紀以来の古典的な国民国家の枠を解体するラディカルな特殊主義をその要点としていることになる。アメリカにおいて、かつての文化多元主義の擁護者が、現在の多文化主義を嫌悪するのは、前者の普遍主義の眼には、後者は容認しがたい、民族的特殊性への拘泥として映るからである。

だが、現在のエスニック・ナショナリズムを、古典的なナショナリズムの場合のように、自民族の善の単純な絶対化に由来するもの、と見なしてはならない。それは、各民族がそれぞれに所有する善の相対性を自覚した上での特殊主義だからである。その意味で、今日のナショナリストは、言わば、醒めたナショナリストである。多文化主義の論理は、大胆に単純化すれば、こうである。「すべての特殊な文化＝善は、同様に尊重されなくてはならない。それゆえ、この特殊な文化＝善は尊重されなくてはならない」。ここで、重要なことは、多文化主義においては、前件の普遍主義的な言明と後件の特殊主義的な含みが、全体として釣り合っており、――後件が前件を前提にしているのは当然だとして、それだけではなく――前件も後件の支えなくしては維持されえないように見える、ということである。通常のリベラリズムにおいては、後件の主張の根拠になっている前件の方が、後件に対して優越する（「善に対する正義（公共性）の優位」）。多文化主義者から見れば、これだけでも、すでに十分に、後件の特殊主義的主張をないがしろにしていることになる。[*2] 多文化主義にとっては、命題の表面的な論理的構成に抗して、後件の特殊な文化への固着が前件の普遍主義を条件づけてもいるからである。まるで、普遍主義が、ある限界――古典的なリベラリズムの限界――を越えて拡張していくためには、逆にかえって、徹底した特殊主義への執着が必要であったかのように見えるのだ。[*3]

さて、そうであるとすれば、われわれは、前章の議論にいくぶんかの修正を加える必要が出てくる。われわれは、こう結論したのであった。多文化主義者やコミュニタリアンの主張を必然化しているのは、多様な善の全体を普遍的に承認しうる超越的な第三者の審級が完全に撤退してしまったことによるのだ、と。この論点は、さらに次のように補強されなくてはならない。確かに、これらの思想や政治運動は、直接に公共的な普遍性を承認する第三者の審級の不在を前提にしている。だが、同時に、この不在は、もうひとつの第三者の審級によって、補償されているように見えるのだ。もうひとつの第三者の審級とは、ある特殊な共同体において共有されていると想定されている規範、要するに特殊な共通善を妥当なものとして承認する機能を担った超越性である。一方で、第三者の審級は撤退していく。だが、他方で、特殊主義的な性行を肯定する第三者の審級が思わぬところから回帰し、最初の第三者の審級の退場を補完しているのだ。今、私は、この第二の第三者の審級のあらたな登場を「思わぬところから」と形容した。この第三者の審級は、規範を普遍化していく資本主義の運動の過程で、とうの昔に克服されていたと考えられていた、特殊な共同体への固着をあえて肯定するものとして現れているからである。

第三者の審級のこうした回帰を導く機制は、どのようなものなのか？　なぜ、第三者の審級は、撤退し、同時に回帰しなくてはならないのか？　この問いをそれに最も相応しい場において、あらためて問うてみよう。すなわち、第三者の超越的審級は、資本主義の運動に規定されるようにして排除されるということをわれわれは論じてきたのだが、資本主義に基づくグローバリゼーションが徹底された現在において、イスラーム原理主義運動等に代表される宗教が、つまり超越的なものへの信仰が、大規模に回帰してきたのはなぜなのか、を考えることに手掛かりを求めてみよう。

オウム真理教を素材にして

とはいえ、現在の宗教現象を包括的に扱うことは、ここではできない。資本主義のグローバリゼーションが進行する只中で興隆する現代的な宗教の最も目立った代表例は、日本社会では、オウム真理教であろう。ここでは、オウム真理教にまつわる現象の一端に、ごく簡単に一瞥を与えることで満足しておくしかない。*4

まず、次の点を確認することから始めよう。われわれは、第三者の審級の真空状態を抉出するにあたって、リスク社会についての社会学者の考察を利用したのであった。極端に原理主義的な宗教に基づくテロリズムは、リスク社会に固有なリスクのひとつであると考えてよいだろう。オウム真理教が関与した毒ガス撒布事件は、こうしたテロの――9・11テロと並ぶ――目下のところ最も過激な一例であると言うことができる。[*5]

われわれは、ここで、しかし、オウムによる無差別テロそれ自体が、テロのリスクへの対抗として遂行されていた、[*6]という事実に眼を向ける必要がある。奇妙な話だが、オウムのテロは、まさにおのれ自身の行為がその一例であるようなリスクへの不安に導かれて、決行されたのである。たとえば、われわれにとっては、テロとは、オウムのような集団が地下鉄や住宅地の真中で予告もなく毒ガスをばら撒く行為を指しているわけだが、そもそも、何者かが自分たちの施設に潜入して、内側からサリン等の毒ガスを噴霧している、と主張していたのは、オウム教団の方だった、ということを思い起こしておこう。[*7]だから、われわれがオウムの行為を通じて自覚することになるリスクを、オウムは先取りして予覚していたことになる。言い換えれば、オウムにとって、テロのリスクは、自己準拠的なものである。テロのリスクへの妄想を、彼等自身が予言の自己成就の原理に従って行動化《アクティング・アウト》してしまうことで、それが現代社会にとって十分に現実的でありうることが、実証されてしまったからである。要するに、オウムは、リスク社会の感受性の増幅器になっているのだ。そうであるとすれば、オウム真理教をめぐる諸現象が、リスク社会において起こりうる現象を先取りし、理念型に凝縮させて呈示していると見なすこともできるはずだ。[*8]

オウム真理教にあって、（回帰してきた）第三者の超越的審級を代表しているのは、言うまでもなく、教祖・麻原彰晃である。彼は、オウムの修行が指向している究極の境地、つまり最終解脱の段階に、すでに到達してしまっている、と信者たちによって信じられていたし、また本人もそのように認識していた。

だが、もちろん、サリン事件後、オウム真理教を批判してきたマスコミの認識は、これとは違っていた。だから、マスコミは、オウムを攻撃するにあたって最も有効な戦略は、麻原の身体が――信者にとって――帯びている超越性＝カリスマ性を消し去り、麻原がいかに普通（以下）の人物に過ぎないかを示してやることだ、と考えたのである。地下鉄サリン事件が起きた一九九五年に流された、ワイドショーや週刊誌等を通じた膨大な量の報道の中で、麻原という男を形容するのに最も多く使われた語は、おそらく「俗物」という語であっただろう。さまざまなことが、麻原の「俗物性」を証拠だてている事実として、指摘された。麻原が殊のほかメロンが好きだったこと、ラーメンが好きだったこと、ファミリーレストランで何品もの食べ物を注文し、食べたということ、その中には信者には禁じられている肉も含まれていたこと、あるいは彼が何人もの女性信者と性交し、ときに彼女たちを妊娠させていたということ、女性の陰毛を収集していたこと等々。麻原が性や食についての快楽を存分に享受していたことを示すと考えられる、これらの「事実」は、麻原の俗物ぶりを示す格好の証拠とされたのである。さらに、俗物性の最も強力な証拠と見なされたのは、麻原が金銭に執着していたという事実である。それは、教団に贈与することが求められていた布施の金額の高さによって示されると、見なされていた。教団に出家する際には、全財産を教団に贈与することが望ましいと考えられていたのである。食物や性や貨幣から得られる快楽――誰もが求めていながら、そのことにいささか羞恥心を覚えずにはいられない快楽――を、麻原が、信者の誰よりも存分に享受していた（らしい）ということを指摘することで、彼が「神」ではなく、普通（以下）の「人間」であることが暴かれるだろう、これがマスコミの論理である。俗物性についての証拠の極端な一例としては、麻原が、逮捕されたとき、信者たちが「第六サティアン」と呼んでいた建物の中に急造された秘密の空間の中で、一千万円に近い現金をもって潜んでいた、という事実が何度も言及された。ここには、麻原の小心さや逃走資金と思われる現金への執着の強さが現れている、というわけだ。[*9]

しかし、俗物性の根拠とされるこれらの「証拠」は、どのようにして集められたのだろうか？　麻原彰晃は、地下鉄サリン事件の後、公判が始まるまで、一度も、一般の人びとの前に姿を現してはいない。警察や司法の関係者を別にすれば、誰も、麻原を直接に取材することはできなかったのだ。だから、俗物性の証拠とされる事実は、ほとんど、信者（や元信者）からの伝聞情報を通じて見出されたものであるはずだ。そうであるとすれば、マスコミによる麻原攻撃が前提にしていた図式は、成り立たない。信者自身にとっても、麻原は、最初から「俗物」だった、ということになるからだ。信者たちは、わざわざマスコミから麻原が俗物であったということについて啓蒙される必要はない。逆に、マスコミの取材者たちこそ、このことを信者たちから教えられていたのである。

確かに、俗物であるということ、ごくありふれた人間的卑小さが現れているということ、こうったことを、肯定的に捉えることもできる。たとえば、それは、「親しみやすさ」としても捉えられるだろう。事実、教団発行の書物や雑誌を眺めてみれば、ほとんどの信者が、麻原との初対面時の印象を、これに類する語で表現している。たとえば、ある有力な女性信者は、初対面の麻原について、「優しそうだなというのと、安心感がありましたね」と述べている。俗物性についてのマスコミの表現と親しみやすさについての信者の表現は、完全に対応しており、マスコミや信者ではない一般の人びとには見えていて、信者には見えていなかった盲点などはどこにもない、ということを示している。

ここから、われわれは次のように推定したくなるのである。すなわち、一般の想定とは逆に、信者にとって、指導者が俗物であるということと彼が神的な超越性をもって君臨しているということとは、必ずしも矛盾しないのではないか、と。それどころか、俗物性こそが、その超越性の要件だったのではないか、と。こうした推定の論脈に立ったとき、今ではほとんどの人が忘れかけている、ある挿話が思い起こされる。

一九九五年の日本のテレビのワイドショーは、三月二十日の地下鉄サリン事件以降、そのほとんどの時間を、オウム関係の話題のために費やした。そのワイドショーの中で、秋以降しばらくの間、オウムとは本来、何の縁もゆかりもなかった一人の風変わりな人物に、スポットがあてられたことがあった。その人物とは、麻原彰晃の私選弁護人横山昭二である。彼は、誰も引き受けようとしなかった麻原の弁護を、自らかって出たと言われており、麻原自身にも気に入られて、彼の弁護人についたとされている。[*10] かなり高齢のこの弁護士は、ワイドショーの映像から判断する限り、相当な変人であった。たとえば、こうした大事件の弁護は、十人以上のチームを組んで行うのが普通だが、彼は他の弁護士に協力を要請しようとはしなかった。膨大な量の書類等の資料の検討に取り掛かる様子も見せなかった。そもそもオウム真理教についての知識も乏しく、誰もが忌避した麻原の弁護を引き受ける動機もはっきりしなかったのである。

私選弁護人に着任以来、当然、ワイドショーは、この人物の取材に力を注いだ。言うまでもなく、警察関係者を別にすれば、唯一、麻原に接見することができたこの人物を通じて、麻原についての情報を得ようとしたのである。だが、彼の口からは、たいした情報は得られなかった。それでも、ワイドショーは、彼の取材をやめることはなかった。それどころか、次第に、その興味の中心が、この人物そのものへと移行していったのである。ワイドショーや週刊誌は、サリン事件やオウムとはほとんど独立に、「横山昭二」についていろいろなことを伝え始めたのだ。全体として見れば、この人物は、かなり否定的に描かれた。ワイドショーや週刊誌は、彼をいかがわしい人物として描き出そうとした。とりわけ、彼が金銭に関して貪欲であることが強調された。たとえば、弁護士としての地位を利用した詐欺的な行為によって、訴えられていること、テレビ出演に対して高額のギャラを要求したこと、多額な報酬と引き換えに秘密書類を週刊誌にリークしたこと等が、伝えられたのだ。また、彼のオウム弁護は売名行為ではないかとかんぐる者も少なくなかった。要するに、マスコミによって、横山弁護士は、まさに「俗物」として造形されたのである。

今、オウムのテロの本筋とはあまり関係がないがゆえに、後になって思い起こされることがない、解任された弁護人をめぐる報道にふれたのは、この弁護士が、まさに麻原を形容するのに使われたのとまったく同じ語を用いて描写されていることに注目を促したかったからである。このことから、次のような仮説を立ててみることはできないか。すなわち、横山弁護士は、われわれの無意識の想像力の中で、麻原彰晃の等価物だったのではないか、と。横山弁護士とは、いくぶんか戯画化された麻原彰晃なのではないか、と。事件以降、われわれは、麻原彰晃を見たいと、熱烈に欲望した。しかし、先にも述べたように、麻原は、一度も姿を現すことなく逮捕され、留置場の奥深くに隠れてしまった。麻原を見たい、というわれわれの渇望をもった視線は、結局、彼の弁護人横山昭二のところで遮られ、その先には及ばない。このとき、この視線に宿るあまりに強い欲望のゆえに、この視線は、現実の対象として現れた人物・横山と、それが真に見たいと欲していた――しかし拒否されていた――対象・麻原とを、無意識のうちに混同し始めるのである。要するに、われわれの視線は、自覚することなく、現実に見ているこの私選弁護人を、麻原のように、あるいは麻原として、眺めるようになるのだ。[*11] 麻原彰晃へのわれわれの欲望が、横山弁護士に転移されていたのではないか、これがここでの仮説である。

横山弁護士をめぐるマスコミ報道に関して、重要なことは、彼は確かに否定的に造形されたが、しかし、ワイドショーは明らかに、この人物に魅了されていたようにも見える、ということである。関心の重心が、横山弁護士の向こう側にいるはずの現実の麻原やオウム教団から、横山昭二そのものへと移動してくると、やがて、各テレビ局のレポーターは、芸能人を追いかけるときと同じように、横山弁護士を追いかけるようになり、ときに一緒に地下鉄にのって移動し、彼が週末のショッピングで何を手に入れたのか、移動中には何を食べたのか、好みの芸能人は誰か、といったことまで報告するようになったのである。横山弁護士は、一時的に、人気アイドルタレントのように扱われたのだ。ワイドショーは、横山弁護士を、一方で「詐欺師」と呼びながら、他方で、彼を、憎みきれない親しみやすさの内に捉えていたことになる。

ワイドショーが、そしてまたその視聴者が、俗物として描かれた人物を、親しみやすい人物としても知覚し、この人物にいつのまにかに魅きつけられてもいた。そうであるとすれば、横山弁護士と、彼をテレビで見ていた視聴者との関係は、麻原彰晃とその信者との関係と、少なくとも、「質」においては異なるものではない、と考えることが許されるだろう。つまり、横山弁護士／視聴者は、一時的でごく薄められた形式において、麻原／オウム信者の関係を、自ら反復していたかもしれないのだ。このように推論することが許されるのだとすれば、ここでオウムに即して導き出されたことがらは、われわれの社会の総体としての特徴を表現するものとして、一般化して捉えておくことができるだろう。

麻原に対するオウム信者の関係が例示しているのは、「神」であるということと「俗物」であるということとを重ね合わせた上で、それに人は帰依することがある、ということである。「麻原彰晃」という現象は、この経験世界に内在する俗っぽい人間であるということと超越的で神的な第三者として君臨することとの合致によってこそ定義されるのではないか。逆説的にも、麻原においては、徹底した内在性が彼の超越性の根拠になっているようにすら見えるのだ。たとえば、辺見庸は、事件後、麻原に直接に会っている弁護士・遠藤誠との対談において[*12]、遠藤が、麻原には「俗物性」以上のものは見当たらなかったと言ったのに対して、「それを聞けば聞くほど、逆に麻原ってすごいなというふうに思うんですね。つらいですね、悪と俗物性だけで百パーセント成り立っている人間がいるのだとしたら……」と応じている[*13]。麻原の指導者としての立場を可能にしているのは、ここで辺見が吐露しているような反転の機制ではないか。自らくだらない俗物として記述した横山弁護士に、いつのまにか魅了されてしまったとき、人は、この種の反転の機制の入り口に足を踏み入れていたのである[*14]。だが、それにしても、この機制とは何か? どのようにして、内在性がそのまま超越性へと転換して機能することができたのか?

第三者の審級の逆説的回帰

ここまで取り揃えてきた素材をもとに、その機制の様態を推論してみよう。

第三者の審級を超越（論）的なものとして首尾一貫して確保しようとすれば、それは、必然的に抽象的な他者たらざるをえない。たとえば、われわれがすでに考察の俎上に載せてきた、ラディカルなプロテスタントの予定説は、超越神の抽象的な性格を、純度の高い状態で提示している。予定説は、人間の経験的な操作の対象には絶対になりえない抽象性において神を措定するときにのみ可能な教説なのである。第三者の審級の抽象度は、それが被覆している経験可能領域の普遍性の程度が高まれば高まるほど上昇していく。普遍性の程度が高い包括的な経験可能領域のすみずみにまで第三者の審級の視線が及んでいると想定することができるのは、第三者の審級が、具体的な対象が不可避にもたざるをえない――経験的な世界の特定の場への――局在性から、十分に解放されていることを必要条件としているからである。第三者の審級の抽象性は、それが承認する規範の普遍的な妥当性の必然的な代償である。

ところで、資本主義は、第三者の審級（に相関した経験可能領域）の普遍化の運動として概念化することができるのであった。それは、したがって、社会システムを統括する第三者の審級を、抽象度の高いものへと純化していく過程でもある。この過程の極限には何がまっているのか？　完全に抽象化し尽くしているということは、経験的な世界への現前の可能性が一切奪われているということ、経験的な世界との一切の関係が奪われてしまうということである。結局、それは、完全な空無と異ならない。そうであるとすれば、資本主義的なダイナミズムの極限に導かれるのは、第三者の審級の無化である。実際、われわれは、後期近代のリスク社会は、第三者の審級の不在によって、つまり第三者の審級が排出されているということによって特徴づけられる、ということを確認しておいた。このことは、資本主義についてのわれわれの理解とよく整合する。

第三者の審級の支配領域を徹底的に普遍化しようとすれば、第三者の審級は、言わば消尽されてしまい、したがって、その機能を解消してしまう。このことは、経験可能領域の完全な普遍化は不可能だ、ということである。言い換えれば、現実には、第三者の審級に相関する経験可能領域の普遍化は常に不完全で、未了だということを意味する。経験可能領域をいかに包括的なものに移行させようとも、それが規範的な承認によって統一性を維持している限りにおいては、そこから無条件に排除されている、異和的な体験の可能性が取り残されることになるのだ。

だから、経験可能領域の普遍化は、「第三者の審級によって未だに承認されていない領域がある」という否定性の確認によってのみ、その持続が保証されていることになる。このとき、やがて、否定性自体が、つまり「完全な普遍化の不可能性」自体が、志向の対象としての同一性を獲得することになるだろう。言い換えれば、規範の普遍化の不可能性を表現するような逆説的な第三者の審級が、志向の対象として結晶することになるのだ。常に「未だに規範の完全な普遍性に到達していない」という否定を媒介にしてのみ、規範の普遍化へと向かう第三者の審級が肯定されているからであり、それゆえ、その否定こそが第三者の審級を規定する積極的な性質へと転ずることになるからである。経験可能領域の普遍化は、まさにその普遍化の不可能性を具現するような第三者の審級が措定されることによって、かえって、擬制的なやり方で完結することができる。「未だに普遍化されていない」ということを、第三者の審級が先取り的に表現してしまえば、原理的に、その承認から逃れてしまう外部はもはや存在しえないからだ。つまり、その第三者の審級の承認の視野の内に包括されない外部であるということ——まだ普遍化されていないということ——自体が、承認されていることになるからだ。それは、

「すべて真実を言うわけではない――嘘が含まれている」ということを自身の言明の究極の前提にしてしまえば、何を言っても、嘘をついたことにはならないのと同様である。

「経験可能領域の普遍化の不可能性」を具現する第三者の審級とは、しかし、どのような第三者の審級であろうか？　普遍化は、先に述べたように、第三者の審級の抽象化と連動しているのであった。それゆえ、逆に、普遍化の不可能性の表現となっているような第三者の審級は、抽象化されることに頑固に抵抗する第三者の審級でなくてはならない。要するに、それは、具体性を、つまり経験的な世界への徹底した内在性を、その本質としているような第三者の審級であるはずだ。このような具体性を本質とする第三者の審級が措定されているとき、この――具体的であるがゆえに特殊であるほかない――第三者の審級に徹底して固執することのみが、人を、普遍的な妥当性への関心へと、つまり他のあらゆる特殊性への拘泥からの解放へと、導くことができるはずだ。それは、特殊的な関心から人を引き剝がす引力のように機能するのである。

以上の理路からの暫定的な結論としてここで示しておきたい提題は、次のことである。信者にとって麻原彰晃は――あるいは（あのときの）われわれにとっての横山弁護士は――、ここに述べてきたような意味における、「規範の普遍化の不可能性」を具現する第三者の審級として君臨していたのではないか、ということ。オウム真理教の教義に内在して、このことに対応する痕跡を見るならば、それは、たとえば「真我《アートマン》」の理論のうちに認めることができる。オウム真理教の信者の究極の目標は、「解脱」である。解脱とは、自我の同一性から解放されることだ。それは、自我を定義するような、あらゆる関心や価値観に対する拘泥を捨て去ることを意味する。たとえば、麻原彰晃は、仏教の「四無量心《しむりょうしん》」に独自の解釈＝改釈を与え、その第四項の「聖無頓着」——あらゆる頓着・執着を捨てること——をもっとも重要な教えだとしている。こうした特殊な関心や価値（善）への拘泥を離脱するということは、逆から捉えれば、関心を、可能的な価値の多元性を許容する普遍性の領域へと開放しておくことを含意する。だが、こうした執着からの徹底した離脱はどのようにして可能なのか。それは、オウムにおいては、グル（指導者）である麻原彰晃への絶対的な帰依によって、つまり麻原彰晃への無限の執着によってこそ、もたらされるのである。十分に高い境地に到達した信者が、どのような具体的な関心をも抱くことなく、どのような価値観にも拘泥しないのは、そうしたことへの欲望や判断を、すべて麻原彰晃に委ねてしまうからである。そのためには、麻原彰晃が、徹底した帰依《コミットメント》の対象となりうる実体性を備えていなくてはならない。それこそが、唯一の真実の実体、真我である。他のすべての主体が自我の実体性を還元＝解脱しうるのは、麻原彰晃の身体において（のみ）、実体的な自我が保持されているからなのだ。

だが、それでも、麻原は「最終解脱者」と見なされる。サリン事件の興奮の中にあった頃、仏教についてのいくらかの知識をもっている論者は、麻原がごく短期間の修練しか経ていないにもかかわらず、究極の境地に達していると僭称していることの傲慢を批判し、また嘲笑した。しかし、われわれの仮説が妥当であるとすれば、麻原は、どうしても最終解脱者でなくてはならない。つまり、麻原は、現実の生身のその姿において、すでに、完全に超越的な存在として、肯定されなくてはならないのだ。最終解脱とは、超越性の徹底した具体性をこそ指示しているのだ。[*15]

ここに抽出してきたような機制は、実際に、現代社会のあらゆる局面に見出すことができる。たとえば、第12章に記したような、市場の「脱物象化」を、こうした現象の一例と見なすことができる。十分に普遍化した資本制のもとでは、市場は、政治的な闘争の主題にはなりえず、政治的に中立な抽象的な機構として現れる。こうした市場においては、かつて、マルクス主義者が資本主義的な市場の難点として指摘した現象とは逆の転倒が生ずる。すなわち、人格的な関係が物象的な関係へと転換するのではなくて、物象的・抽象的な関係が人格化して表象されることになるのだ。たとえば「ビル・ゲイツ」が代表しているように、地球規模の企業や金融のネットワークを通じて、抽象化されている市場の機構そのものを操作する人格についてのイメージが生み出されるのだ。この中立化した市場を具現する社会的形象もまた、「最終解脱者」と同じような、逆説的な第三者の審級の一形態と見なすことができるだろう。

多文化主義やコミュニタリアニズムが社会的な説得力を獲得する理由も、こうした文脈の中で説明することができる。具体性を、つまり経験的世界への内在性をこそエネルギー源として超越的な水準に君臨しうる、逆説的な第三者の審級が存在している。これと同様に、どうしようもなく特殊であるほかない特定の共同体の規範、特殊な善への拘泥こそが、――まさに規範や善の究極的な普遍化の不可能性を表現しうるがゆえに――かえって、規範や善の「真の普遍性」を偽装することができるのである。その特殊な善への執着が、他のあらゆる可能的な善からの解放を可能にし、関心を、普遍的な規範の領域へと開くことになる、というわけだ。

キリスト教における奇蹟、「主人と奴隷」

ここに見てきたような逆説的な超越性への「予感」は、伝統的な宗教の内にも、実は、すでに認めることができる。その顕著な一例は、第12章の冒頭に記しておいた、キリスト教に見出される、神の超越性についての理解の「不整合」である。数学や物理等の普遍法則を神の意志に帰属させて理解する場合には、その神は、超越性の「古典的」なタイプに属していると見なすことができる。だが、キリスト教の内には、超越性についての、これとは異なる理解の線が存在している。それは、偶然的に生起する奇蹟に対する信仰によって代表されるのであった。もちろん、最大の奇蹟はキリストの出現である。奇蹟は、自然界を一律に支配する法則とは異なり、恣意的で特殊な偏奇を免れることができない。ここで奇蹟が起きても、そこでは奇蹟は生じないかもしれない。この不公平を説明するものはない。とりわけ、奇蹟がキリストの行いと関係づけられているとき、それは、キリストの人間としての有限性や好みに対応した特殊性を帯びないわけにはいかない。特殊な場所でまったく偶然的に生起するこうした奇蹟こそが、この世界を普遍的に支配する唯一神の存在を示す「記号」であると信じられているのだとすれば、その神は、ここまで論じてきたような逆説的な超越性——普遍性を否定する具体性において普遍性を保証する第三者の審級——であると見なすことができるだろう。キリスト教には、超越性についてのふたつの理解が、最初から共存していたのである。

ヘーゲルが『精神現象学』の「自己意識」の項で描いた、あの有名な「主人と奴隷の弁証法」を、これらの二つのタイプの超越性の間の関係の表現として、つまり古典的なタイプの超越性から逆説的な超越性への交替の劇として解釈することもできる。二つの「われ」は、互いに相手からの承認・敬意を求めて、死をかけた闘争に入る。この闘争の中から、やがて、主人と奴隷の分化が生ずる、というのがヘーゲルの構図である。何がこうした分化を規定しているのか？　つまり、一方を主人に、他方を奴隷に配分している要因は何か？　ヘーゲルによれば、それは、死の恐怖を克服しえたかどうか、ということにかかっている。死の恐怖を克服することができた者が主人に、死の恐怖をついには克服できなかった者が、闘争に敗れ、奴隷になる、というのである。ここで、主人の位置を、「第三者の審級」と対応させて理解することができるだろう。奴隷は、主人＝第三者の審級の承認を媒介にして、自己意識に到達する。

ヘーゲルのモデルの最も重要で、注目されてきた特徴は、この後の展開にある。やがて、主人と奴隷の関係が反転し、最初は敗者であった奴隷こそが、最終的には勝利し、主人となる、というのである。こうした反転は、いかにして生ずるのか？　それは、奴隷を最初は敗者へと追いやっていた同じ条件を、肯定的に活用することによって、実現されるのである。奴隷が、最初、死を恐れたということは、彼が身体を消去しなかったということ、「身体をもたない者」のようには振舞わなかったということである。言い換えれば、奴隷は、身体の有限性を――厳密に言えば、身体をいつまでも終わることなく否定し続ける陶冶の過程を――生きたのである。ところで、われわれが確認してきたことは、身体を消去してしまう――抽象化してしまう――超越的な第三者よりも、経験的な世界への内属を必然化する、身体という具体的根を有する超越的な第三者の方が、ときに、一層包括的な普遍性を具現しうる、ということである。奴隷を最終的な勝者とし、彼を真の主人に転換したのは、この論理である。最初に勝利した主人が、古典的な意味での第三者の審級であったとするならば、奴隷から転じて君臨する主人は、否定性を媒介にしている逆説的な第三者の審級の方に対応している。ヘーゲルの論をこのように解釈することができるのである。

1　齋藤純一は、自由に「共約的次元」と「非共約的次元」がある、と論じている（『自由』Ⅱ第2章、岩波書店、二〇〇五年）。共約的次元を前提にする自由論とは、諸価値を比較したり、その間に優劣をつけたりすることができるような普遍性の水準を想定する自由の擁護論であり、われわれのここでの議論と対応づければ、古典的なリベラリズムがその典型である。非共約的な次元を前提にした自由論としては、多文化主義がその典型である。われわれの主眼は、齋藤のように二種類の自由の擁護論を分類することにあるのではなく、両者の間に移行的な関係があるということを、つまり共約的次元の自由論は非共約的次元のそれへと遷移していくということを認定することにある。実際、このような移行的関係は、齋藤自身の議論からも引き出すことができる。共約的次元における自由の擁護論の一つの典型は、齋藤によれば、――共約的・普遍的な価値を積極的に提起することは実際上はきわめて困難なので――「共通悪」を避けることを「基本的な自由」と定義する立場である。この立場に立つ論者としては、J・シュクラーがいる（「恐怖のリベラリズム」）。しかし、共通悪によって普遍性を確保できるとすれば、それは、せいぜい、共通悪を「最高悪」に限定した場合だけである。ローティのように、共通悪により豊かな内容を与えようとしたり、さらに踏み込んで、A・センのように、すべての人々が享受すべき、基本的な自由（共通善）を積極的に規定しようとすれば、たちどころに、それが真に普遍的であるかどうか、その重要性は万人に共通かどうか、という疑義が提起されることになる。したがって、基本的・共約的な自由の内容については、民主的な議論に委ねるしかない、ということになるだろう。とすれば、それぞれの個人、それぞれの共同体が、それぞれの価値観（善の構想）に基づいて行動し、生きる自由を有するのであり、互いに他者のこのような自由を制約すべきではない、という考え方に道を譲ることになる。これこそ、非共約的次元における自由の擁護論である。この場合、他者の自由を侵害しない限りで、それぞれの個人や共同体が己の固有の価値を追求することができるということになる。しかし、このとき、「他者の自由を侵害しない」ということが何を意味するかが問題になる。たとえば、他者の価値観を侮辱する言動は、他者の自由の侵害に当たるだろうか？

2　前章に述べたように、井上達夫は、コミュニタリアン（多文化主義者）のこうした感覚にも配慮して、「正義の優位」とは言わず、「正義の基底性」という表現を用いる。もちろん、言葉を置き換えても、基本的な構図は変わらない。

3　多文化主義とエスニック・ナショナリズムの関係の詳細については、大澤真幸『ナショナリズムの由来』（講談社、二〇〇七年）の特に第二部第Ⅳ章参照。

4 オウム真理教事件についての、私の詳細な分析に関しては、大澤真幸『虚構の時代の果て』（ちくま新書、一九九六年→ちくま学芸文庫、二〇〇九年）を参照されたい。

5 9・11テロと、それに関連するイスラーム原理主義運動については、大澤真幸『文明の内なる衝突』（日本放送出版協会、二〇〇二年）で詳しく論じた。

6 ちょうど、9・11テロが、アメリカ合衆国による「暴力」への対抗として敢行されていたのと同様に。

7 教団のあらゆる建造物に、彼等が「コスモクリーナー」と呼んでいた空気清浄機が取り付けられていたのは、このような認識のためである。

8 組織犯罪防止法（通信傍受法）とオウム関連二法（団体規制法、被害者救済法）が成立した一九九九年は、オウムを「触媒」とするリスク意識が、あらためて高まったときであった。

9 もっとも、冷静に眺めて見れば、この程度の規模の教団としては、オウムは——またその指導者麻原は——、決して贅沢な方ではない。ファミリーレストランで食事をすることが「豪遊」と見なされたという事実は、むしろ、いかに彼等が平均的日本人よりも質素な生活をしていたか、ということを示してさえいる。彼等の着物も、出家者が住んでいた建造物も、まったく貧弱なものである。富士のふもとの極寒の地での、出家者たちの生活は、厳しいものだっただろう、と想像される。

10 結局、公判より前に、彼は解任された。

11 風貌の点でも、この高齢の弁護士は、厚く覆われた髭のせいで実際よりもかなりふけて見えた麻原を、連想させないでもなかった。

12 最初、麻原は、仏教者でもある遠藤に、自分の弁護を依頼した。だが、遠藤がこれを断ったため、横山弁護士が登場することとなったのだ。

13　辺見庸・連載対談「屈せざる者たち　6」『RONZA』一九九五年十一月号。

14　一九九九年以降、日本では、「カリスマ美容師」等の「カリスマ〇〇」という語が流行し、さらに定着した。この語が人々を捕らえたのは、「〇〇」の部分に入るごくありふれた職業と「カリスマ」という神的・超越的異能を指示する語の組み合わせがおもしろかったからである。つまり、この語に、内在的なものの超越性が圧縮されて表現されていると見ることができるのだ。

15　これと対照的なのが、強迫神経症者の強迫的期待である。強迫神経症者を片時も離さない観念は、彼の主人（父）の死に対する期待である。彼が主人の死を欲するのは、主人の支配から解放されたいからではない。逆である。真の主人は、目の前に現前している生身の人物ではなく、その人物が代理している、死という形式において――つまり抽象性において――君臨する主人でなくてはならないからである。つまり、強迫神経症者にとって、具体的なこの身体は、未だに、真に超越的ではないものとして現れているのだ。だから、本当に主人が死んでしまえば、強迫神経症者は、たちどころに激しく混乱せざるをえない。

Ⅲ 記憶の困難

15 私は伝送された？

現代社会における責任概念の失効

資本主義の「後期近代」的な展開の先端に現れるリスク社会においては、第三者の審級は退去する。だが、われわれはすでに確認しておいた。第三者の超越的審級の存在に関する想定可能性が、自由の構成条件になっているということ、を。そうであるとすれば、現代社会は、自由についての根本的な困難に遭遇していることになる。つまり、われわれは、社会を基礎づける理念としての自由の優位を証明してきた世紀のその最後以来、自由の未曾有の危機に対してもいるのだ。この困難を超克することはできるのか？ できるとすれば、それはいかにしてか？

前章で、われわれは、第三者の審級が退去した後に生じた空地に、逆説的な仕方で第三者の審級が回帰してくる機制について、考察した。こうして回帰してくる第三者の審級のもとで、再び、自由のための条件は整えられるだろうか？　否、である。回帰してくる第三者の審級は、独特な「反転」を被っている。ちょうどそれに対応した反転を、自由の方も引き受けざるをえないことになるからである。このことは、「責任」の概念が今日見舞われている情況を瞥見するだけで、容易に理解することができる。

責任と自由は不可分の関係にある。言い換えれば、自由が選択の可能性を含意している以上、自由は必然的に責任を随伴している。だが、責任とは何か？　考察の冒頭（第1章）に記したように、責任こそ謎めいた概念である。責任は原因とは独立の概念である。つまり、責任は、「原因」の一種ではない。われわれは、個人の自由ということが、本源的に、社会性を前提にしているということを、すなわち特殊な形式の他者の存在を前提にしているということを、示してきた。ヴィトゲンシュタインは、「私的に規則に従うこと」が意味をもちえないことを明らかにしたが、同様に、私的に自由であることは不可能なのである。「消極的自由」の擁護者が自覚していないのは、このことである。「自由」が社会性を不可欠の要件としているのだとすれば、同様に「責任」の概念もまた、社会性をはずすことができない契機として含んでいるのでなくてはならない。まさにその意味で、責任とは、しばしば指摘されてきたように、「応答可能性 responsibility」にほかならない。だが、それは、「誰」に対する応答可能性なのか？　無論、目下の文脈では、こう答えるべきである。責任とは、第三者の審級に対する応答可能性なのだ、と。自由な個人は、第三者の審級から呼びかけられているのだ。その呼びかけへの応答において、責任は構成される。[*1]

だが、一旦排出された後に、逆説的な形式で回帰してきた第三者の審級の下では、責任の宛先となるべき、「応答」の帰属点が、第三者の審級の逆説性にちょうど見合うようなかたちで、シフトしてしまうのである。このことの「大衆社会」的な兆候を、ロバート・ヒューズが「不平の文化」と呼んだ現象に認めることができるだろう。ヒューズは、大衆社会のルサンチマンの現代的表現をこの語によって代表させている。[*2]「不平の文化」とは、誰もが「責任は私にはない、他人にある」という不平を口にしている情況にほかなるまい。ここでは、まず、自己に帰属する限りでの責任＝自由が否認される。つまりここでは、私に応答を迫るような第三者の審級の声は、有効に立ち現れてはいない。だが同時に、不平は、第三者の審級への要請でもあり、独特の仕方で第三者の審級を措定する操作にもなっている。すなわち、他人に責任を転嫁する所作を通じて、結果的に、まさに他人に責任を認定するような規範的な視線を、超越的な場所に再措定したことになるのである。このことは、「不平」が法廷に持ち込まれた場合には、とりわけはっきりしている。そこでは、私を免罪しつつ、他人の責任を追及する第三者の審級が、文字通りの法的な形象において与えられるのだから。ここに示されていることは、第三者の審級が排出された後に、逆説的に回帰してきたときには、責任（自由）は、「自己」に帰属する形態においてではなく、外部の「他人」に帰属するような形態で、つまりは転移された形態で、回復するということである。自由や責任は、誰にとっても、自分自身には帰属しない、疎遠な形式として機能するのだ。[*3]

こうしたねじれた構成は、第三者の審級の逆説的な回帰をあからさまに「実演」してみせる、現代的な宗教においては、より一層顕著であり、ときに「教義」としての表現さえも得ることになる。たとえば、われわれは、オウム真理教の事例に即して、第三者の審級の逆説的回帰の機制を描出した。そこでは、回帰してきた第三者の審級は、「最終解脱者」という形象において現れるのであった。オウムに対して絶大な影響を与えたと言われている、チベット密教の書『虹の階梯』によれば、密教固有の加行の最後で、かつ最も重要な修行は、「グル・ヨーガ」と呼ばれている瞑想である。それは、師《グル》への、まったく疑念をもたない、絶対的な帰依を前提にする修行である。密教の修行者は、行を完成させるためには、こうした帰依に値する師を見出さなくてはならない。オウム信者にとって、師は、言うまでもなく、最終解脱者麻原彰晃である。師への徹底的な帰依は、弟子の側における、固有な関心や意志の全的な抹消を含意する。つまり、それは、弟子の「自由意志」を消去し尽くしてしまうことを含意する。このことは、オウムが仏教の四無量心《しむりょうしん》に独自な解釈を与え、その第四項「聖無頓着」――あらゆる頓着＝執着から離れること――に特別な重要性を与えていた、ということの内に端的に表現されているだろう。要するに、自由は、あの逆説的な第三者の審級（師）に全的に奪われてしまい、個々の信者は、自由な主体としては、あるいはそもそも意志する主体としては、完全に無化されてしまうのだ。[*4]

第三者の審級を逆説的なやり方で回帰させることは、瀕死の自由を蘇生させる、苦肉の対処策であったと、見なせないこともない。だが、結局、自由は、疎外された形式でしか、つまり他者に帰属する形式でしか帰ってこない。つまり、ここでは、自由が窒息死している状態が、あからさまに是認されるのみである。自由は結局、本来の内的な形式においては、回復されてはいない。われわれは、別の道を模索しなくてはならない。[*5]

私の伝送をめぐる思考実験

今、「責任」が外へと転移してしまう現象を観察することを通じて、自由が見舞われている現在の困難を検出した。「責任」の概念の現代的な不安定性の上に、困難が結集しているように見えるのだ。そうであるとすれば、われわれはまず、打開への手がかりを、「責任」の概念の周辺に、「責任」概念を成り立たせていた諸契機の中に、求めるべきではないだろうか。

責任の帰属は、言うまでもなく、必ず、自由な選択と見なされた行為の後になされる。だが、私が、事後において、事前の行為についての責任を問われるのはなぜなのか？　今日の私が、昨日の私が犯した交通事故の責任を負わなくてはならず、それゆえ、損害賠償の請求に応じざるをえないのはなぜか？　それどころか、人は、十年以上前の犯罪に関してすら、責任を帰せられることがあるが、それはなぜか？　昨日の私と今日の私が、同一だからである。十年前の私と現在の私もまた、同一であると見なされているからである。

ここで、それに対して選択の作用を帰属させることができる実体を、「人格」と呼ぶことにしよう。人格とは、選択の主体と見なされるがゆえに、責任の宛先として機能しうる実体のことである。人格は、個人、あるいは個人に内在する――個人と不可分に結合した――実体と見なされる場合が、圧倒的に一般的だが、ここに定義したような意味での人格が、常に個人（に内在する実体）であるとは限らない。たとえば、いわゆる「法人」は、言説のある領域においては、明らかに人格である。だが、いずれにせよ、個人としての人格が、人格の原型であり、人格の他の形態は、個人＝人格の類比的な転用と見なしてよいだろう。

さて、今、われわれが確認したことは、次のように要約することができるだろう。責任の概念が成り立つためには、人格の（ある程度の）持続的同一性が必要だ、と。だが、何が人格の同一性を規定しているのだろうか？　昨日の私と今日の私は、あるいは十年前の私と現在の私は、さまざまな点で異なっている、と見なしたくなる。その間に、私の身体的特徴は変化しただろうし、基本的なものの考え方も変わったかもしれない。たとえば私は、十年前にはマルクス主義が世界に幸福をもたらすと信じていたが、今では、そのようには微塵も考えていないかもしれない。こうした諸変化にもかかわらず、ときに、両者は同一であると見なされるのだとすれば、それは何によってだろうか？　どのような規準を満たしていれば、人格は同一であると見なしてもかまわないのだろうか（逆に、どの程度変化していれば、もはや人格は同一ではないのか）？

人格の同一性についての、デレク・パーフィットの著名な論文は、こうした問いに、あるSF的な技術についての思考実験を補助線にして、迫ろうとしている。それは、実に挑発的な思考実験である。もっとも、この実験を通じてパーフィットの論文が到達する解答は、すぐ後に示すように、実験そのものに比して凡庸で、常識的なものなのだが。[*6]

パーフィットが論文の冒頭で提起しているのは、未来の「遠隔輸送機」についての想像である。それは、光速の移動を可能にしていると解釈することができる装置である。通常の宇宙船では何週間も、何ヵ月もかかる、地球外の惑星への旅行には、この装置は便利だろう。ところで、今、光速移動と「解釈することができる」と述べたのは、別の解釈もありそうだからである。たとえば、この装置を使う人は、これによって一旦死ぬのだ、という解釈も成り立つように思えるのだ。だから、初めて、この装置を使う人は、たいてい、とても神経質になるに違いない。だが、慣れてしまえば、飛行機に乗るのと同じくらい、気楽に、人はこの装置を使うだろう。この装置は、次のような仕組みで作動する。

たとえば、私がどこか遠くに――火星にでも――行こうとしているとしよう。このとき、私がなすべきことは、ただ装置に入ってスイッチを押すだけである。すると、私はすぐに意識を失うが、一瞬後には覚醒する。そこはもう火星である。「一瞬後」と述べたが、それは私にとってそうなのであって、第三者から見ると、もう少し長い。すなわち、客観的には、出発点の地球から到達点の火星まで光が移動する時間と、さらにいくぶんかのプラス・アルファの時間が経過していたのだ。この装置は、いったい何をしたのか？　実は、地球にあるのは――私が入ったのは――、高性能のスキャナーなのだ。スキャナーは、私の身体の全細胞についての正確な情報を記録しながら、同時に私の身体を破壊し、さらに情報を電波で火星に向けて送信する。この電波は、約三分後、火星にあるレプリケーターによって受信される。レプリケーターは、送信されてきた情報に従って、別の物質から、私の身体を寸分たがわぬ正確さで再現するのである。

さて、ここで哲学的問いが提出される。出発点で気を失った私と到着点で目覚めた私は、同一の私なのか？　この装置によって、私は地球から火星に移動したことになるのか？　物質としての私の身体は、移動しているとは言えないかもしれない。地球にあった私の身体は破壊された後、私の身体は、火星で、異なる物質によって再現されているからだ。もちろん、使われている物質の種類やその組成はまったく同じなのだが、私の身体の物理的連続性は、装置によって絶たれている。だが、問題は、人格としての私の連続性である。確実なことは、私が目的地で目覚めたとき、部屋が異なっているということについての自覚を別にすれば、自分自身が出発前から完全に連続していると感じるだろう、ということである。たとえば、私は、爪や髪の伸び具合がまったく同じで、意識も完全に連続しているのを見出すだろう。もちろん、われわれは、通常のケースにおいて、一瞬前の自分と直後の自分は連続しており、両者は同一であると見なしている。そうであるとすれば、この遠隔輸送機による移動のケースでも、出発点の私と到着点での私は同一であるとしなくてはならないように思われる。遠隔輸送機は、人格の同一性に、断絶をもたらしはしないのである。

実は、パーフィットの思考実験は未だ終わらない。以上の部分は、助走に過ぎなかったのだ。それは、もうひとつの思考実験のより受け入れがたい結論へと人を誘導するための、撒餌《まきえ》だったのである。先の遠隔輸送機によって、人は、光速で地球から火星へと移動しうる、と見なしても、差し支えない。この結論を保持したまま、パーフィットは、より先進的な遠隔輸送機についての思考実験へと進む。最初に断っておけば、電子メディアとしては、これから紹介する「先進的な装置」の方がはるかに自然だということ、したがって、もし実際にこの種の装置が開発されるとすれば、パーフィットが後においた新装置の方が、最初に作られるだろうということである。「先進的な装置」は、「旧来の装置」ができなかった何かをやるのではなくて、「旧来の装置」がやっていたことのひとつをやらなくなる、ということに過ぎないからだ。それが後で現れるのは、工学的な順序によるのではなく、思考の順序によるのだ。ともあれ、パーフィットにつきあおう。

ある日、私は、遠隔輸送機で火星に行こうと思い、いつものようにスキャナーの中に入り、スイッチを入れた。だが、私は意識を失わない。いつまでも、この小部屋に留まったままである。私は装置が故障しているのだろうと思い、すぐに係員に尋ねるだろう。すると、係員はこう答えたのだ。故障はしていません、これは新スキャナーで、あなたの身体を破壊することなく、その設計図だけを向こうに電送するのです、と。電子メールにしても、ファックスにしても、送信したときに、普通は、わざわざこちら側の原稿や文書を破壊したり、抹消したりはしない。同様に、新装置は、私の身体を破壊せずに、私の身体についての詳細な情報のみを相手に送信する。その情報をもとにして、ほどなくして、火星で、私の身体が再現されるだろう。そうすれば、向こうの私と電話で話すことができるだろう、と係員は教えてくれた。だが、これは変ではないか？　私はここにいる。このとき、電話の向こうにいるのは誰か？　それも私なのか？　それとも私によく似た別人か？　旧装置によって、私は、――ある意味で――火星に移動した、と見なすことができる。そうであるとすれば、新装置によっても私が移動した、と見なすことが妥当でなくてはならない。だが、私はここにいるではないか？　私がここにいて、かつ向こうにいる、ということは背理ではないか？

この話には、さらに問題の本質を劇的に浮かびあがらせるためのエピソードが後続する。私が新装置による「移動」を終えて、スキャナーから出てくると――もちろん地球でのことである――、エンジニアが寄ってきて、私に話があると言う。彼のオフィスで、私は、次のようなことを告げられる。新スキャナーに小さなエラーが発見された、このスキャナーは、「オリジナル（出発点）」の方の心臓に傷を与えてしまうのだ、と。だから、――彼の説明によれば――（地球の）私は数日後に死ぬだろう。しかし、このエンジニアは言う、でもご安心を。あなたの設計図は完全に正確に火星に送られていますから、向こうのあなたは健康で、問題なく生き続けるでしょう、と。

さて、そこで、パーフィットの問いはこうである。この新装置のケースで、私は本当に死んだ、ということになるのか？　もう少し繊細に言い換えておこう。この新装置のケースは、私の通常の死――たとえば私が何かの不治の病に侵されており、近く死ぬだろうと告知された場合――と同じくらい、私にとって悪いことなのか？　それとも、このケースは、私の通常の生――私が健康に生活している場合――と同じくらい、私にとってよいことなのか？　あるいは、エンジニアの過失責任を主題化するような形で、こう問題を立てても同じことである。エンジニアのミスは、通常の過失致死と同じくらい悪いのか、それとも、特に何もしない場合と同じくらいよい（悪くない）のか、と。

パーフィットの結論ははっきりしている。（エラーのあった）新装置のケースで、私は特別に不幸なわけではない。このケースで、確かに、地球にいる私は死ぬのだが、それでも、これは、私の通常の生と同じくらいよいこと（悪くないこと）だ、というのがパーフィットの結論である。私の通常の死（不幸）と私の通常の生（幸福）の振幅の中で、このケースは、前者よりも後者に遥かに近い、というわけだ。私が大きな人生の目標をもっていたような場合に関して、少なくとも、次のことは言えるだろう。しばしば、早すぎる死の不幸は、そうした目標への途上で倒れたことの無念さと関連付けられているが、このケースでは、遠大な目標は、「向こうの私」に受け継がれ、彼が実現のために努力してくれるだろう、と期待することができるのだ。もちろん、火星の私は途中で気が変わって、目標を放棄してしまうこともありうるが、それは、地球の私が――仮に死ななかった場合に――目標を放棄してしまう蓋然性と正確に等しいはずである。

しかし、パーフィットに対して、こう反論する人は多いだろう。これは、私そっくりの他人が――双子のパートナー以上に私に酷似している他人が――生きているが、しかし私は死んでしまう、というケースであって、私の通常の生よりも私の通常の死に圧倒的に近いのではないか？　仮に私自身が死んでしまうのであれば、どこかで私そっくりの誰かが生きているという事実は、死にゆく私にとってどれほどの慰めになろうか？　私の代わりに誰かが私の目標を果たしてくれるということは、私にとってときに若干の慰めになる場合もあろうが、私自身がまさにその目標を果たすという場合とは比べようがあるまい。たとえば、私がオリンピックで金メダルを取りたいと長い間思っていたとして、私そっくりの相棒が金メダルを取れば、私が取ったのとほとんど変わらない、ということになるのだろうか？　私がひそかに愛してきた人がいたとして、私そっくりの誰かが、私に代わって、その人と結ばれれば、私がその人と結ばれたことになるのか？

パーフィットの側に立てば、こうした反論に再反論することは、そう難しくはない。前者の古い装置のケースで、われわれは、すでに、これを「私が移動した」と解釈しても問題がない、ということを確認している。言い換えれば、このケースで、地球にいた私と火星に来た私の間に、通常の生における一瞬前の私と一瞬後の私の間に認められるのと正確に同程度の同一性を想定することができるのだ。そうであるとすれば、当然、新しい装置のケースでも、火星に現れた者は、地球にいた私と連続しており、事実上、私自身と同一である、と解釈できなくてはならない。したがって、火星で現れた者が生き続ける以上、私が生き続けているのと同じことになるのだ。これがパーフィットの論であろう。

それでも、数日後に地球の私が死ぬだろう、と言われたとしたら、それは、私にとって——だが「どちらの私にとってなのか？」、そう問うこと自身が間違っているのか？　——悲しく、不幸なことに思える。それは、「通常の生」のように平穏な日々であるとは考えられない。パーフィットもまた、地球の私にとって、もうじき死ぬということが、特別な不幸であることを否定しないだろう。だが、それでも、パーフィットは、この新装置が故障していたケースは、総体としてみれば、通常の死よりも通常の生に近いと考えるに違いない。パーフィットは、そこでの不幸は、通常よりも特別によい生との比較から生ずる「相対的剝奪感」として捉えているからである。新しい装置について知ることによって、私は、そういう恵まれた生である。地球の私と火星の私がともに生き続けるならば、それは、特別に恵まれた生も十分にありえたという可能性を想定することになる。その特別に恵まれた生との比較において、私は、「通常の生」を相対的に不幸だと感じているのである。しかし、破格に恵まれている状態よりも不幸だからといって、それが通常よりも不幸だということにはなるまい。

こうしたパーフィットの説明に、われわれは説得されるだろうか？　とりわけ、私と私の複製が同時に存在することがありうるケース（新装置が導入されているケース）——これをパーフィットは「分岐線ケース」と名づけている——に対するパーフィットの説明に、われわれは納得できるだろうか？　一方で、それは、確かに、強い説得力をもっている、と認めざるをえないように思える。分岐線ケースにおいて、たとえ、一本の枝が短く切れてしまったとしても、それは、少なくとも、通常の一本だけの枝のケースと同じ程度にはよい、と考えないわけにはいかない。つまり、一本の枝が生きているならば、私は「生きている」ということの喜びを覚えるだろう、と想像することに十分な根拠があるように思える。

だが、他方で、分岐線ケースの一本の線が死に行くことの悲しさは、特別に贅沢な生と比較することからくる「わがまま」に由来しているという説明には、われわれは違和感を覚えないわけにはいかない。それは、通常の「私の死」と同じように苦しい体験ではないのか？　たとえ分岐線の向こう側の枝が残っていたとしても、それは、私の死後、私の子どもや兄弟、友人などが私の遺志を継いでくれるだろう、と想像することからくる慰め程度のものしか得られまい。パーフィットの説明のどこがおかしいのか？　パーフィットは、誰も、分岐線の両方を通過するような贅沢な生を生きることができない、ということを見逃している。地球の私と火星の私が共存していることが、とりわけ贅沢な生であると見えるのだとすれば、そう見る視点は、分岐した二つの枝を対等に見渡し、両者を比較することができるような場所に属しているからだ。だが、そんな場所は、どこにもないのだ。生きている者の視点は、必ず、いずれかの枝に内属しているからである。視野は、いずれかの枝に属する場所から開かれるのであって、複数の枝を対等に見比べたり、合算したりすることができる場所には、生ける者の視点は属してはいないのだ。もし、仮に分岐する複数の枝を対等に含み得るような地点があるとすれば、それは、まさに分岐の瞬間に属する視点のみである。

そうすると、われわれは、パーフィットが案出した分岐線ケース――一方は長く生きるが、他方はすぐに死んでしまう分岐線ケース――に対して、一見したところ論理的に両立できない矛盾した感覚をもっていることになる。それは、通常の生と同じような喜びに満ちているようにも見えるし、通常の死と同じように救いがたく悲しいようにも見える。繰り返し述べてきたように、パーフィットは、前者のみが合理的であるということを示唆している。実際、この後すぐに概観する、パーフィットの「人格の同一性」についての説明は、前者の感覚のみを説明することができる構成になっている。だが、こうした説明は、説明されるべき事態を、説明する論理の構造の方に強引に合わせるような転倒を感じないわけにはいかない。パーフィットが用意した「人格」についての説明は、彼自身が提案した思考実験の当惑させるような性質に追いついていないように見えるのだ。われわれは、矛盾しているように見える二つの感覚をともに掬い取るような説明を与えなくてはならない。だが、それは、「人格」についてのパーフィットによる理解を、内側から破るようにして乗り越えることによってしか、得られないだろう。

人格の同一性の条件

概観してきたようなパーフィットの議論は、人格についてのどのような理解によって、支えられているのか？　パーフィットは、人格の同一性についての彼の理論を、可能なさまざまな説を周到に批判しながら提起している。だが、われわれとしては、彼の生真面目すぎる「他説への批判」を、たどり直すにはおよぶまい。パーフィットの最終到達地点からわれわれは出発すれば十分だ。

簡単に言えば、パーフィットの説は、ロックの説の改良版である。かつてロックは、人格の同一性とは、結局のところ、記憶の連続性なのだ、と論じた。だが、この説は、少し考えてみただけでも、不都合だとわかる。私は、十年前のことを大部分忘れているだろう。それどころか、ほんの数時間前のことでさえも、私は、多くを忘れている。しかし、それでも、たいていの場合、十年前の――あるいは数時間前の――私と今の私は同一の人格である、と見なすべきだと思われる。もちろん、今日の脳科学では、記憶には、いくつもの種類があることが知られている。短期記憶、長期記憶、そして意識化されない潜在記憶などの多層的なからまりあいによって、記憶は構成されているらしい。いずれにせよ、ロック自身が知らなかった、記憶のこれらすべての層を合わせても、なおロック説は十分に改良されないだろう。どの種類の記憶に関しても連続性が認められなくても、人格としては同一だと見なさなくてはならない場面は、少なくない。

記憶の継続が人格の同一性の定義であるとすると、すぐに物忘れをしてしまう犯罪者は、得をすることになる。彼が十年前に強盗したことを完全に忘れてしまっている以上は、十年前に強盗を働いたその人物は、もはや彼ではありえない、ということになるからだ。しかし、記憶の摩滅によって犯罪者を免罪させてしまうような、人格についての理解は、適切なものとは言えまい。ロックの主張が妥当だとすれば、かつて経験したことを人は決して忘れることがない、という場合に限られよう。しかし、それは明らかに実態にあわない。

この明らかに間違っているロックの見解を適当に拡張し、洗練させれば、妥当な見解が得られる、とパーフィットは考えている。たとえば、ある人物Xが、二十年前にYがもった経験を思い起こしているとすれば、両者の間には、直接的な記憶連結がある、と見なすことができる。ロックは、このことは、XとYが同一人物である――Yは二十年前のXその人である――証拠だと考えた。記憶以外にも、さまざまな心理現象に、直接的な連結を認めることができる。たとえば、意図と、その意図に規定された実行された将来の行為との間にも、直接の連結がある。あるいは、信念や欲望の単純な持続にも、同じような直接の連結が認められる。このように、直接に重なったり、直接に関係している心理状態のあり方を、パーフィットは、一般に「心理的連結性」と呼んでいる。ついで、心理状態の間に直接の連結がなかったとしても、直接の連結性の連鎖によって間接的に関係している、ということがありうる。このような場合を「心理的継続性」と呼ぶ。たとえば、現在の私は、一昨日のあることを思い起こすことはないが、昨日のことならば記憶しているかもしれない。そして昨日の私であれば、一昨日のことをよく記憶していたかもしれない。このとき、一昨日の私と今の私は心理的な継続性がある、と考えられる。心理的連結性は、鎖の一つひとつの環に、そして心理的継続性は、それらの環が連なる鎖そのものに喩えることができる。

パーフィットの主張は、人格の同一性とは、心理的連結性と心理的継続性に還元しうる、ということである。あるいは、もう少し厳密に言い換えれば、それは、「正しい種類の原因」をもった心理的連結性・心理的継続性――両者を合して「R関係」と呼ぶ――に還元できる、ということである。ここで、何を「正しい種類の原因」と見なすかによって、同一性の範囲が変わってくる。たとえば、地球にいた私と、遠隔輸送後の火星の私（のレプリカ）が同一人格であるかどうかという判断は、この「正しい種類の原因」の範囲をどう認定するかによる。その規準を最も緩くすれば――つまり原因は何であってもかまわないということにすれば――、当然、地球にいた私と遠隔輸送後の私は同一人格と見なしてもかまわない。そして、実際、パーフィットは、この最も緩い規準を支持している。

人格の同一性が、R関係（心理的連結性・心理的継続性）に還元できる、ということは、R関係とは別に、あるいはR関係を超えたところに、人格の同一性はない、ということである。言い換えれば、R関係があるかどうかさえ確認できれば、その上でさらに、人格として同一であるかどうか、ということを問題にする必要はない、ということになる。たとえば、分岐線ケースで、地球に残っている私も、火星にいる私のレプリカも、出発前の私とR関係がある。その上で、移動後のどちらの私が出発前からの私なのかを決めることには意味がない。つまり地球に残っているのが本来の私で火星にいるのは私によく似ている別人なのか、それとも私は火星に移動してしまっており、残っているのは私ではないのか等々を決定することには意味がない。これがパーフィットの見解である。

このことを、パーフィットは「集団」の同一性についての比喩によって、説明してみせる。あるクラブが数年間持続した後に、解散したとする。その後、このクラブにいたメンバーの一部が、同じ名称で同じ規則を有するクラブをまた結成したとする。このとき、後者のクラブは、かつてのクラブと同一のクラブなのか、そっくりではあるが別のクラブなのか、と考えてみよう。この問いには答えがない。つまり、それはどう答えても真でも、偽でもない。というのも、そんなことを決定しなくても、われわれはすでに、このクラブについて必要なことはすべて知っているからである。その上で、これがかつてのクラブと同一であるかどうかという判断を加えても、クラブについて、何ら本質的な知識を増やしたことにはならないのだ。人格の同一性もこれと同じだ、とパーフィットは言う。重要なのは、R関係の方なのである。

パーフィットの以上の主張は、実に、もっともらしく見える。先にも述べたように、彼は、非常にていねいに、異なる諸説を——まったく取るにたらないくだらない説も含めて——斥けていく。パーフィットに拒否されてしまった説の中に、彼の説を凌駕しうるものがあるとは思えない。とりあえず、ここでは、後の展開への起点を設定するために、ひとつだけ疑問を提起しておこう。パーフィットの説に立脚した場合に、「多重人格（解離性同一性障害）」のようなケースは、どのように解釈されるだろうか？　まことに不思議なことに、パーフィットは、彼の問題にとって非常に挑戦的な論材になると思われる多重人格に、まったく論及していない。

多重人格について、普通、次のようなイメージが抱かれている。通常、人間は、あるいは一つの人格は、複数の自我＝役割を担っている。この点では、正常者も多重人格者も変わらない。だが、後者においては、複数の自我を全体として束ねる高次の自我が欠けている。これが、多重人格についての通俗的な理解であろう。

こうした多重人格を、パーフィットの用語で記述したらどうなるだろうか？　相互に心理的連結性・心理的継続性をもたないように見える、複数の「人格」が、一つの物理的身体の上に共存しているように見える現象が、多重人格である、ということになるだろう。一つの身体の上に現れている分岐線ケースだと考えてもよい。先の、「新タイプの遠隔輸送機」についての事例では、分岐線は、物理的にも異なる身体の上に割り振られていた。こうした分岐線が、同一の身体上にあれば、それが多重人格である。遠隔輸送後、地球の私と火星の私の間には、もはや心理的連結性も継続性もなくなる。これと同じように、相互に交叉することがない、複数の心理的に連結・継続している鎖が、一つの身体を舞台にして、現れてくるとき、われわれはこれを多重人格と呼んでいる、というわけだ。それに対して、正常者の場合には、この種の複数の枝が、結局は、一本の大きな幹に統合されている。つまり、それらの枝は、相互に連結するか、継続させられているかして、一本の太い幹を形成している、と見なすことができるのが、正常者の人格だ、ということになるだろう。

だが、ここで立ち止まって、こうした通俗的イメージを反省してみよう。複数の自我を統合している高次の自我とは何であろうか？　複数の自我に共通の地盤を与えるような、それゆえ、複数の自我の間に共有されている性質によって同定されているような自我である、と、通常、考えられているだろう。あるいは、パーフィットの説に即して考えるならば、「高次の自我」とは、複数の自我に対応している分枝がそれへと連結・継続している幹、あるいはそれらの枝の絡まりあいによって形成されている幹だと見なすことができるだろう。

しかし、少しばかり考え直してみれば、直ちにわかることは、複数の自我＝役割を貫く共通性など、ほとんど何もない、ということである。言い換えれば、複数の心理的連結性・継続性の分枝は、多くの場合、ほとんど交叉することはないのだ。もちろん、相互に強い連結性・継続性を持っていると見なし得る枝もある。たとえば、大学教師としての私と社会学者としての私の間には、強い連結性がある。だが、互いに強い連結性や継続性がない場合は――あったとしてもごく弱い場合は――、いくらでもある。たとえば大学教師としての私、誰かの子としての私や、誰かの恋人としての私などは、互いにほとんどつながっておらず、一本の幹へと束ねられてはいない。

しかし、それでも、通常は、多重人格的な解離は生じないのである。なぜなのか？　さしあたって言い得ることは、複数の自我の間に、まさにその「何もなさ」が、「無」というものが共有されているからだ、と見るほかないということである。「無」と呼んだのは、それが、どのような心理的連結性としても、あるいはどのような心理的継続性としても現象しないからである。つまり、われわれの多くが多重人格症状を呈することがないという事実は、R関係の鎖の環としては積極的には存在していない「無」が、異なる分枝を媒介しているということを暗示しているのだ。逆に、この「無」が、分枝をつなぐ「虚の鎖」に転ずることなく、まさに端的な不在にとどまっている場合には、多重人格が現れるということになるだろう。パーフィットの議論では、この心理的連結性や継続性としての積極的な内容をもたないにもかかわらず、媒介的な環のように機能する、この「無」が、位置づけをもたない。それは、心理的連結性や継続性ではないからだ。だが、多重人格についてのここでの簡単な考察が示唆しているのは、心理的連結性・継続性の連鎖ではなく、まさにそれに還元することができない何かこそが、人格の同一性という現象を、つまり人格が持続的に同一性を保持しつづけているように見えるということを、説明する中核的な契機になっている、ということである。

1 第1章、第2章の考察で示唆したように、原因が責任の部分集合であるどころか、責任概念こそが、原因概念を可能なものとしているのである。原因／結果とは何か、を考えてみよ。原因／結果を定義することは、意外と難しい。たとえば、通常、「原因」の必要条件として、「結果」として現れる事態に、先立って必ず見出されるということがあげられている。しかし、われわれはすでに、原因が結果に先行するということに、論理的な根拠がないことを示しておいた。さらに百歩譲って、先・後の順序で必然的に継起しているということを、原因／結果であることの必要条件として認めたとしても、なお、原因／結果を定義する十分条件には至らない。たとえば、夜〔昼〕は昼〔夜〕に常に先立っているが、夜〔昼〕が昼〔夜〕の原因であるとは言われない。何かの原因になるためには——その何かに先立って常に生起するだけではなく——、その何かを「引き起こしている」と見なされなくてはならない。「引き起こす」という作用を帰属させうるということは、結果となる事態に対して、「責任」を負っている（ように見える）ということなのである。

2 R. Hughes, *Culture of Complaint*, Oxford University Press, 1993.

3 一九九〇年代の末期以降、「自己責任」という語が流行している。自己責任の強調は、一見、ここでの議論を反証しているように感じられるかもしれない。しかし、そうではない。逆である。「自己責任」が言い立てられるのは、責任を取ることができる者がどこにもいないからだ。誰も責任を取ることができない以上は、自己責任に帰着させるしかない（「私はこの結果に責任を取ることはできないし、取るつもりもない、あなたは自分自身で責任を取りなさい」)。すべての人が責任を、外へと、他者へと受け渡そうとしているとすれば、その責任は、結局、すべてそれぞれの人のもとに帰ってくる。つまり、すべての者が責任を他者に転嫁させようとし、誰も責任を取ることができないとき、逆に、かえって「自己責任」だけが最後の砦のように生き残り、強調されることになるのだ。自己責任論の流行は、責任概念が風化していることの何よりの証拠である。

4

私は、地下鉄サリン事件勃発後、一月も経ていなかった頃、つまり事件がオウム真理教徒の犯行であったのかどうか、ということについて、人々がまだ一抹の懐疑をもっていた頃、田原総一朗が、あるオウム幹部の印象について述べたことが、忘れられない。「あるオウム幹部」とは、殺害された村井秀夫のことである。当時すでに、大多数の人々は、事件がオウムの犯行である蓋然性がきわめて高いと信じてはいたが、オウム幹部は、確定的な証拠はないとして、こうした風評に激しく反論していた。村井もまた、田原が司会するテレビ番組に出演して、オウムの建造物から発見された薬物がテロとは無縁の用途をもっていることを説明し、犯行を否認した。無論、田原はオウムの犯行とほぼ確信していたから、番組内では、村井を責めたてた。その番組終了後、田原が、偶然、村井とエレベーターに乗り合わせたときのことだ。村井は、真顔で、田原にこう問うたのだという。「皆さん、ほんとうに、オウムの犯行だと思っているのでしょうかね〔オウムのような貧弱な組織があんな大それたテロを企画し、実行するなどということは、到底信じがたいことなのに、皆、そんなばかげたことを本気に信じているのでしょうか〕?」不意をつかれた田原は、村井が、およそ邪意を感じさせない素直な目で、あまりに率直に、問うので、一瞬、「あれはオウムの仕業ではなかったのではないか」と信じかけたほどだったという。実際に犯行を指揮した者が、あれほど純真な表情で、あれほど単刀直入にこうした問いを発しうるだろうか？　田原の念頭に浮かんだのは、こうした疑問であろう。村井は、到底、嘘をついているようには見えなかった、と田原は言う。後になって、事件がオウムの犯行であるということが動かしがたい事実であると明らかになってから、とりわけ、村井が首謀者中の首謀者であることが発覚してから、何人かの評論家は、このとき（番組外とはいえ）、村井にいともたやすく「騙された」田原の甘さを、嘲罵した。だが、われわれは、次のように考えるべきではないか。このとき、村井は、ほんとうに、嘘をついていなかったのだ、と。かといって、また、真実を語ってもいなかったのだ、と。真実を語ること、そして嘘をつくこと、とりわけ後者は、固有の強い「意志」を背後に想定しなくては成り立たない、言語行為である。だが、もし、事実についての信念をあえて否定する内容をもった発話を選択する意志の作用が還元されてしまっていれば、あるいはそうした偽りの内容を相手が事実と誤認することをもくろむ意図が還元されていれば、発話は、その場限りでの反射的反応でしかなく、「嘘つき」としての適格性条件を満たしてはいないことになる（たとえば統合失調症患者の、妄想についての描写は「嘘」ではない）。田原が、（結果的に）騙されたとき、彼は、オウム信者としての村井のこうした本性に触れていたのではないか。実際、信者たちの証言から判断すると、「意志の還元」という点で、村井は信者たちの中でもずば抜けて徹底していたように思われる。村井が、他の信者から特に尊敬されていたのも、また麻原に重用されたのも、おそらくこのためである。村井は、相当な科学の専門家でありながら、麻原が提案する非現実的・SF的な技術の開発を、次々と安請け合いしていったと言われている。それは、村井が、自分では固有には判断しないからである。地下鉄にサリンをばらまいた実行犯たちが、――彼らの証言によれば――麻原から直接に指令を受けてはいないにもかかわらず、村井の言葉を通じて、犯行を麻原の意志に合致したものと確信した、という事実はこの点で興味深い。村井は、固有の欲望や判断による雑音をおよそさしはさむことがない、麻原の意志への透明な媒体だったのであろう。

さらに、付け足しておけば、「皆さん、ほんとうに……」という村井の疑問は、実は、あの文脈で、ごく自然で、常識的な問いだった、ということである。普通の状況ならば、たいていの人が同じような疑問を抱くに違いない。だが、われわれは、さまざまな事情を勘案して、この自然な疑問をあえて排除した（排除しうると考えた）のである。ところが、自己の意志や判断を無化してしまっている村井は、最も自然な――ほとんど条件反射のような――反応しかできない。われわれの側は、と言えば、ごく自然な疑問をあえて非問題化したことの代償として、オウムを「とてつもなく普通ではない集団」と見なさざるをえなくなる。あらん限り普通ではないはずの人から、あまりにも普通の疑問が提起されたがために、田原は、基本的な前提――あれはオウムの犯行だということ――が間違っていたのではないか、という動揺を覚えたのではないか？　この前提が正しければ、彼が、あんな普通の疑問を素直に出してくるはずがないではないか、というわけである。

5　責任概念の現代的な困難については、大澤真幸「責任論」（『論座』二〇〇〇年一月号）でより詳細に論じている。

6　D・パーフィット『理由と人格』第Ⅲ部、勁草書房、一九九八年（原著1984）。

16　分身

人格の同一性と名前の同一性

責任の観念は、人格の持続性・同一性を前提にしている。前章で確認したように、パーフィットは、人格の同一性を、彼が「R関係」と呼んだ心理的事象の間の関係に還元しうる、と主張した。R関係とは、心理的事象の間の直接の連結性と、連結の連鎖によって形成された心理的継続性によって定義された関係である。われわれは、しかし、いわゆる「多重人格」の症状に想起を求めることによって、パーフィットの理解に対して疑念を表明したのであった。

人格の同一性は、通常、名前によって指示される。すなわち、名前の同一性が、人格の同一性や継続性と対応している。名前が完全に同一であるとき、あるいは複数の名前が同一の個体を指示するものとして等値されうると見なされているとき、その名前によって指示された人格は、同一であるとされる。この単純な事実から、考え直してみよう。

われわれは、先に、精神分析医フランソワーズ・ドルトの診断例に即しながら、名前をもつことの驚くべき効果について考察したのであった（第3章）。ドルトの患者となった少年は、生後すぐにアルマンという名前を与えられ、養子として引き取られた後には、フレデリックと呼ばれていた。一見、少年は、その短い人生の経過の中で、二つの名前をもったように見える。だが、われわれは、アルマンは確かに名前だったのだが、フレデリックは名前としては機能していなかった、と推論した。それゆえ、ドルトの治療は、名前を喪失していた少年に、あらためて名前を返してやることだったことになる。

ここでは、まず、同じように名前をもたなかった別の少年の事例を一瞥しておこう。「別の少年」とは、一九九七年に、神戸で小学生を連続的に殺傷した少年A、「酒鬼薔薇聖斗」と名乗った少年Aである。少年Aは──彼の日記風の手記によると──、「バモイドオキ」なる神に捧げる儀式として、殺人を犯している。それは、「聖名をいただくための儀式」なのだという。「聖名」とは、おそらく、彼が犯行声明文に記した「酒鬼薔薇聖斗」という名前のことであろう。彼は、この名前をバモイドオキ神から得るために犯行を遂行したのである。

この事件は、当時、責任の観念に対する根本的な挑戦として受け取られた、ということを、想起すべきであろう。彼の犯行は、ただの殺人ではなかった。殺した小学生の首を切断し、加工した上で、自身が通っていた中学校の校門に晒すという、そのやり方は、あまりにも残虐であった。そのため、彼が、殺人に対しておよそいかなる罪責感をも覚えていないのではないか、という印象を、人々に与えたのである。「人を殺してはならない」という命令は、あらゆる倫理の基礎である。たとえば、レヴィナスは、他者の「顔」が訴える「汝、殺すべからず」を、初発の基底的な命令と見なしている。ところが、少年Aは、あえて顔と対面して人を殺し、顔を晒しものにしたのだ。[*1]あるいは、カントは、「他者を手段としてのみならず同時に目的として扱え」という命令を、普遍的な道徳法則だとしている。他者を「目的として扱う」ということは、他者が私に対して何を行おうと、他者の存在を、それ自体として承認することであり、必然的に殺人の否定を含意している。それゆえ、もし他者を殺すことが罪を構成しないのだとすれば、あらゆる責任は無効になっていただろう。少年Aの犯罪は、こうした倫理の危機として直観されたのである。したがって、この事件をきっかけとして提起された問いは、「なぜ人を殺してはいけないのか」という疑問であった。

ところで、少年Aは、名前に対して——自分の本名に対して——、奇妙な感覚をもっていたらしい。朝日新聞大阪社会部によると、中学三年生に進級して間もない四月下旬のある日——今振り返ってみると、このときすでに彼の一連の犯行は始まっていた——、次のような、ちょっとした出来事があった。その日は、保護者の授業参観日だったのだが、担任の教師は、国語の授業を使って、生徒にそれぞれの名前の由来について答えさせた。名前にこめられた親の思いを知ろう、というのが趣旨だったという。少年Aが指名されると、彼は、次のような返答をして、教師を当惑させた。「名前に意味はないと思います。単なる記号でしかありません」

と。名前に対して、このようなシニカルな見解を示した少年は、他方では、わざわざ「聖名」[*2]を受け取るための儀式を執り行なっていたことになる。このことから、われわれは、次のような理解を導くことができるのではないか。少年にとって、本名は、「単なる記号」であって、固有の意味での「名前」ではなかったのだ、と。それゆえ、彼の手の込んだ殺人は、バモイドオキ神による命名儀式であり、これによって、初めて彼は名前を得ることができたのだ、と。もし、このように考えることができるのだとすれば、少年Aにとっての「A」という本名は、フレデリックにとっての「フレデリック」に対応し、「酒鬼薔薇聖斗」は、フレデリックの「アルマン」に対応している、と見なすことができるだろう。それにしても、皮肉なことに、彼が未成年であったがために、われわれは、実際にも、この少年を、「A」という「単なる記号」によって指示するしかないのである。

つまり、生まれてこのかた、少年Aは、名前をもっていなかったのだ。とりあえず、われわれが確認しうることは、彼の猟奇的犯罪が喚起する、責任（罪）の観念の徹底した抹消が、名前の不在と対応しているということである。さらに、目下の考察にとって興味深い事実は、少年Aに、多重人格への兆候が見られたということである。彼自身、「僕は二重人格だ」と友人に語っていたという。二重人格の証拠としてA自身が挙げている事実は、幼稚園に通っていた頃、棒を持った二、三人の子に追いかけられ、泣いていたのだが、気が付いたときには、逆に自分の方がデッキブラシをもって倒れた相手を殴っていたというエピソードである。少年の反撃は、いわゆる「キレタ」状態だが、ここでは、文字通り、彼の記憶の連鎖が――あるいは心理的継続性が――、人生の他の部分から切断されてしまっている。少年が自ら分析しているように、こうした切断こそが、多重人格の要件である。少年は、このエピソードに言及しながら、「その頃からぼくはおかしくなった」と述べていたという。他にも、少年Aの「多重人格的な解離」への兆候を示す事実は、いくつかある。たとえば、彼には、万引きをした記憶がまったくないのに、盗品と思われる時計やナイフを持っていたり、どうやって来たかわからぬままに、この犯罪とも深く関係している、「タンク山」や「向畑ノ池」に立っていたり、といったことがしばしばあったという。また、小学校の修学旅行の記憶が、彼の通常の記憶の蓄えの中から、完全に脱落しているらしい。少年Aを「多重人格者」と呼ぶには、症状があまりに軽微だが、しかし、彼が多重人格への傾向をもっていたことは否定しがたい。実際、少年Aの精神鑑定書は、彼に「離人症状、解離傾向」が見られる、と記している。[*3]

それゆえ、通常は人格の同一性を指示している「名前」が脱落していたという事実が、多重人格的な分解と符合している、ということになる。前章の考察の中で述べたように、パーフィットは、集団の同一性を人格の同一性と類比させながら、二つ（の時点）の集団について、メンバーの重なり具合やルールの類似性など、さまざまな性質についての継続性をすべて知ってしまえば、それらの集団が同一であるかどうか、ということについてこれ以上追究することは無意味だ、と述べている。それらの集団を同一である――厳密に同一の名前で指示しうる――と見なそうが、別である――同一の名前を有してはいない――と見なそうが、この集団について何ら新しい知見を加えはしないからである。つまり、この場合には、二つの集団が同一であるか否かという認識は、空虚だからである。だが、酒鬼薔薇聖斗の事例は、パーフィットのこうした考えが間違っている可能性を示唆している。なぜならば、この少年Aの生の中での心理的継続性は、それを同一と認定する名前の有無に規定されているように見えるからである。つまり、少年の人生の複数の時点を同一と見なすかどうかという、純粋に空虚でトートロジカルな認定だけが、心理的継続性の存否を決定しているように見えるのだ。

名前の識別機能

名前（固有名）とは何か、ということについて、われわれはすでに、若干の考察を試みている（第3章・第7章参照）。その折に述べたように、クリプキの画期的な論考が出て以降確認されたことは、名前は記述ではない、ということである。クリプキの論考が出る前は、名前を、それによって名指されている個体の性質についての記述の代用品である、と見なす説が有力だった。記述説を唱えたのは、たとえばラッセルである。今日でも支持者がいる記述説が不都合である理由を、ここでは繰り返さない。名前が記述ではないということは、名前は、直接の個体を指示しているのであって、何も意味していないということである。それゆえ、少年Aが言っていたことは、ある観点からみれば、正しいのだ。つまり、クリプキの反記述説にしたがえば、名前は、「単なる記号」――ラカンならば「シニフィエなきシニフィアン」と呼ぶところのもの――なのである。

だが、名前の本性が記述（の置き換え）にはない、ということの発見は、名前に関する謎を一層深めることになる。名前がそもそもどのように働くのか、まったく理解できなくなってしまうのだ。名前が記述ではないとすれば、名前によって、いかにしてある対象が単一的なものとして他から区別されうるのかが、まったくわからなくなってしまうのである。記述によって対象を区別しているのであれば、事態は単純である。まさに記述に合致する性質を対象が備えているかどうかを確認すればよいのだから。だが、名前による同定の場合は、そうはいかない。

ジジェクは、クリプキの反記述説に対応する経験は、一九五〇年代のSF映画『ボディ・スナッチャー／恐怖の街』に喩えられる、という気の利いた指摘をしている。[*4] 日本のサブカルチャーの文脈でならば、同じことを岩明均のマンガ『寄生獣』に喩えてもよいかもしれない。ボディ・スナッチャーも寄生獣も、宇宙からの侵入者なのだが、人間とまったく同じ姿形を取ることができる。彼等は人間と外観上まったく区別がつかない。要するに、われわれが普通「これは人間である」と判断するときに訴求している、すべての記述可能な性質を備えているのである。それにもかかわらず、彼等は、人間ではなく、人間そっくりの別物である。だが、このとき、彼等と人間は何によって区別されているのか？　あれが「ボディ・スナッチャー（あるいは寄生獣）」で、これが「人間」である、というトートロジカルな認定以外に、それらを識別するものは何もないのではあるまいか？　同じ疑問は、反対側から出すこともできる。すなわち、その対象を本来同定するときに利用していた記述的な性質をひとつも備えていなくても、それはまさにそれである、と見なされる場合もある。「ナポレオン」について、「過去のフランス皇帝」ということ以外にいささかも知識をもたない者にとってさえも、「ナポレオン」という名前が、「過去のフランス皇帝」以上の――あるいはそれ以外の――指示の機能を有する、というすでに確認した事例が、そのケースにあたる（第3章）。

名前の識別機能に関しては、われわれは、すでに「第一次近似」的な解答を与えている。簡単に復習しておこう。第7章で、われわれは、名前は、極小の識別機能（それは、対象を他から弁別するいかなる性質にも言及していない）と極大の識別機能（それは対象を集合としてではなく、単一の個体として同定する）の短絡によって特徴づけられる、と述べておいた。こうした短絡が生じうるのは、名前の意味の空虚を、指示されている個体を暫定的に同定する際に動員された、その個体の性質の特殊性が、代理しているからである。名前は、可能的には、どのような述語をも受けつけうる。その意味で、名前は、完全な普遍性を指示しており、それゆえ、最も緩い識別機能しか発揮しえない。この普遍性を、対象同定の際に用いられた偶然的な特殊性が代理する。要するに普遍性の代用品として機能するのである。

原理的には、どのような特殊性についての記述も、名前の空虚を代理することができる。このことは、名前の使用やその伝達の中で、名前の空虚な普遍性の座を占めようとするさまざまな暫定的な特殊性の間の、見えない覇権争いが常に生じている、ということを意味している。言語と普遍性／特殊性の関係についての、伝統的な哲学上の立場の中で、消去されてきたのは、こうした名前の指示作用のうちに胚胎している葛藤の次元である。

常識的な仕方で、整理をしておけば、中世以来、この問題については、二つの主要な立場があった。言うまでもなく、普遍論争において対峙しあった、実念論と唯名論がそれらである。実念論によれば、存在しているのは、真なる普遍的概念であり、個別的なものは、その偶然的な現象形態に過ぎない。他方、唯名論によれば、存在しているのは、個物のみであり、普遍性は多数の個物の共通性質を見出す帰納によってのみ抽出される。対象の性質の記述とは、その性質によって定義しうる、一定水準の普遍的集合を構成することに対応している。このことを思うと、実念論は、記述説と親和性がある。だが、唯名論が、名前（固有名）の——記述からの——独立性を認める反記述説に近い、というわけではない。唯名論が主張する個物の定義とは、いわゆる確定記述のことである。つまり、それは、要素がその個物一個になるような——つまり普遍性の最も低い水準の——集合に、内包的な定義を与えることにほかならない。そうであるとすれば、唯名論もまた、記述とは独立した名前を排除しようとしていることになる。実念論に従えば、真なる普遍概念が存在しているはずだから、葛藤は、ただ誤った概念化の間でのみ生じ得る。唯名論においても、複数の個物が、それぞれに弁別されて定義されるならば、それらの間の平和的な共存が可能なはずだ。だが、もし名前の意味の空虚が、普遍性を偽装する偶発的な特殊性によって、埋め合わされているのであるとすれば、まさにどの特殊性がそうした機能を占有することになるか、ということについての葛藤は、原理的に解消しえないはずだ。名前の反記述性は、伝統的な実念論と唯名論の双方が必然的に取り逃す、こうした名前の伝達の背後にある葛藤の水準への視野を開いていることになる。

だが、問題はまだ解消しない。反記述説に従えば、仮に、ここでわれわれが論じてきたように、名前の意味作用の空虚が、個体の特殊性についての記述によって、常にその度に埋め合わされていたとしても、それは常に暫定的なものであって、名前の指示対象を決定するものではない、ということになる。そうした記述は、いつでも取り替えられるからである。名前の指示対象はどのようにして決定されるのか？

反記述説に立つ論者がここで提起してくるのが、名前の「因果説」と呼ばれる構図である。それは、名前とその指示対象となる個体との結びつきは、最初の命名行為に遡ることができる、伝達の因果連鎖によって保証されている、と見なす考えである。この構図の含意を、ドネランは、興味深い反事実的な仮想によって例示してみせる。

ある話者が、タレスについて知っていること、あるいは知っていると思っていることのすべては、万物は水であると言ったギリシアの哲学者である、ということに尽きると仮定してみよう。そして、そんなことを言ったギリシアの哲学者はいなかったと仮定してみよう。アリストテレスやヘロドトスは、「すべてが水だったらなあ、そうすればおれは井戸掘りなんぞしなくてもよかったのに」といつも言っていたある井戸掘りのことを書いているのだと仮定してみよう。このようなケースにおいて、話者が「タレス」という名前を使っているとき、彼はあの井戸掘りのことを指しているのだ。さらに、他人とまったく交渉がなかった隠者がいて、彼が実際に万物は水であると考えていたとしてみよう。それでも、われわれが「タレス」と言うとき、われわれはこの隠者のことを指してはいない。*5

「タレス」について知っている、記述された性質だけに着目すれば、それは、井戸掘りではなく、隠者の方に適合する。しかも、われわれは、このような井戸掘りがいたことをまったく知らない。それにもかかわらず、「タレス」という名前の指示対象は、隠者ではなく、井戸掘りになる。それは、因果連鎖の端緒にある、命名行為において、この井戸掘りが「タレス」と名づけられているからである。

この文脈で、ドネランは、きわめて重要なことを述べている。歴史を――あるいは因果連鎖を――見渡すことができる全知の観察者がいたとすれば、その観察者は、われわれが「タレス」という名前を発するに至るまでの因果連鎖が、端点において、この名前が指示対象となる井戸掘りと結び付けられていたことを、知ることができるだろう、と。だから、名前の指示対象を決定しているのは、その名前を発する者の志向性ではない。つまり、話者がどのようなつもりでこの語を用いているか、ではない。たとえば、この話者は、万物は水だという深遠な認識に達したある隠者のことをイメージしながら、この名前を使っているかもしれないが、この隠者は、この語の指示対象にはならない。名前がどの個体を指示しているのかを決定しているのは、歴史の全知の観察者に帰属すると想定されている、「客観的」な知識なのである。容易に見て取ることができるように、ドネランの「全知の観察者」は、われわれの論脈の中では、「第三者の審級」に対応している。全知の観察者＝第三者の審級に帰属する、「客観的」な知識の内容を、名前を使う個々の話者は知らない。にもかかわらず、この知識は、話者の名前の使用に作用する、ということが重要である。この話者が、タレスについて、「万物は水である」と言った哲学者であるということ以外何も知らなくても、なお、「タレスが『万物は水である』という説を唱えなかったならば」という可能世界を想定することができるのは、このためである。最初の命名儀式において、この井戸掘りが「すべてが水だったらな」とぼやいていたということは、この人物を現実世界の中で固定するために便宜上用いた偶有的な事実に過ぎなかった。このことが、後代の話者の仮想――タレスが「万物は水だ」と唱えなかったこともありえたという仮想――を可能なものにしているのだ。

〈同一性〉と根源的偶有性

さて、考察の焦点は、人格の同一性を規定する契機は何か、であった。本章の考察の冒頭で、われわれは、人格の同一性はそれが名前によって指示されているということと深く相関しているらしい、ということを確認した。それゆえにこそ、どのようにして、名前の指示対象が同定され、その同一性が保持されるのか、を見てきたのである。われわれが概観したのは、名前の伝達の連鎖の中で、指示対象が固定的に維持されていく仕組みであった。この連鎖は、人類史の上で展開する因果の連なりだが、同じ形式の連鎖を、生活史の上に見出すことができれば、それが名指された人格の同一性が保持される機制を映し出しているに違いない。

名前の伝達の因果連鎖の中で指示対象の同一性が保持されるためには、歴史の全体を見通す全知の観察者＝第三者の審級の存在が想定されていなくてはならなかった。人格の同一性に関しても、生活史に対してこれと等価な機能を果たす――つまり生活史の全体を見渡す――観察者＝第三者の審級が存在していなくてはならないだろう。人格の同一性は、この第三者の審級に帰属すると想定された、「客観的」な知の中で、構成されるのではないか？

だが、人格の同一性との関係で想定される――生活史上の――第三者の審級に関しては、ひとつの付加的条件が重要である。この第三者の審級は、言うまでもなく、人格に対して――つまり「私」に対して――名前で呼びかけてくる、超越（論）的他者である。ここで重要なことは、この呼びかけてくる第三者の審級の存在が、呼びかけられた人格によって、つまり呼びかけられた「私」によって認知されていなければ、私の人格の同一性に対して、いかなる効果も発揮しない、ということである。第三者の審級の存在を認知するということは、そこからの私への呼びかけに私が応ずるということを意味している。たとえば、ドルトによるフレデリック少年の治療を思い出してみよう。ドルトは、機転をきかせ、あえて裏声で、あらぬ方向に顔を向けて、少年の名「アルマン」を呼んだのであった。彼女自身は、こうした声を、映画やテレビの「『オフ』の声」に喩えていた。この声に、フレデリックは、敏感に反応した。彼は、呼びかけに応じたのである。その瞬間、彼にとって、彼をその名「アルマン」で呼ぶ第三者の審級が存在していることになるのだ。言い換えれば、呼びかけに応ずるという所作が、遂行的に、呼びかけてくる超越的な他者――第三者の審級――の存在を構成している、と見なすこともできるわけだ。呼びかける第三者の審級が存在していても、呼びかけられた人格＝私の方が、第三者の審級の存在を認知しなかったならば、呼びかけは無効だと論じたが、逆に、人格＝私の方が呼びかけに応ずる態勢にあれば、客観的には第三者の審級が存在していなくてもよい、ということになる。たとえば、少年Aは、聖名「酒鬼薔薇聖斗」としての呼びかけに応ずることにおいて、「バモイドオキ」なる神＝第三者の審級の存在を想定しているのだ。

呼びかけに応ずる所作がもたらすのは、第三者の審級の存在のみである。言い換えれば、存在が構成された第三者の審級にどのような内容の知識が帰属しているのか、呼びかけにどのような意図があるのか、ということについては、さしあたって何も規定されはしない。だが、名前の伝達の因果連鎖を見通す、ドネランの「全知の観察者」のことを思い起こしてみよう。この連鎖の中で、名前を使ったり、伝えたりしている個々の話者は、この全知の観察者が何を知っているのか、具体的には知らない。だが、特定できない知が、「そこにある」ということの想定のみによって、名前の指示対象の同一性が構成されるのであった。これと同じように、呼びかけてくる第三者の審級が、何を意図しているのかは、さしあたって特定できなくても、その客観的な存在が、言わば魔術的に作用して、人格の同一性を構成するのだ。第三者の審級は、なぜ呼びかけてくるのか？　彼は、私に何を欲しているのか？　そもそも、彼は呼びかけていたのか？　こうしたことは、すべて不決定状態にある。

だが、そうだとすると、人はなぜ第三者の審級からの呼びかけに応ずるのだろうか？　この問題への手掛かりを得るために、あらためて、そもそも、名前は何を指示していたのか、ということを問うてみよう。

言うまでもなく、名前によって、われわれは個体を他ではないこれとして同定することができる。つまり、名前は、個体の同一性を標的としている。それゆえにこそ、名前は、その個体を他の個体から分かつ性質群をこそ、意味している、と解されたわけだが、それは間違っているのであった。そうであるとすれば、われわれはまったく逆に考えるべきではないか？　東浩紀は、名前が伝えているのは、個体の性質についての命題の訂正可能性なのだ、とする注目すべき見解を提起している。[*6] 通常、名前は、その個体についての記述を媒介にして伝えられる。先に述べたように、名前の意味の空虚な座を、個体の特殊性についての記述が占拠し、代理するのだ。たとえば、「ナポレオン」という名前は、その意味上の空虚を、「フランス第一帝政を開いた皇帝」という記述によって代理することを通じて、伝わっていく。だが、仮にこうした記述、こうした知識とともにしか「ナポレオン」という名前が伝えられなかったとしても、人は、いつでも、「ナポレオンが第一帝政の皇帝にならなかったならば」という可能性を想定することができるのである。つまり、名前の空虚を偽装する記述が何であれ、この記述と同時に、その記述が訂正可能であるということが、常に伝えられているのである。

したがって、次のように整理することが許されよう。名前は、もちろん、個体の同一性を指示している。しかし、その同一性は、繰り返し強調してきたように、性質の記述によって定義しうる同一性とは異なるので、〈同一性〉と表記しておくことにしよう。〈同一性〉は、性質の記述には解消しえない、「これはまさにこれである」という必然性と同時に、「これはこのようではないかもしれない」という差異性をも同時に含んでいる。こうした差異性を、つまり「他でもありえた」という様相を、伝統的に、哲学者は、――そしてわれわれはすでにこの語を使ってきたのだが――「偶有性」と呼んできた。偶有性とは、必然性と不可能性の双方の否定によって定義される様相――可能だが必然ではない――である。名前が命題の訂正可能性を伝えているということは、名前が個体の偶有性をも伝えているということを含意している。名前によって指示される〈同一性〉と完全に表裏一体となっている偶有性を、「根源的偶有性」とここでは呼んでおこう。「根源的」と形容したのは、それが、〈同一性〉に随伴している以上、決して解消しえない原理的な偶有性だからである。

名前に偶有性が宿るのはなぜか？　名前が他者へと差し向けられているからである。名前がコミュニケーションの連鎖のうちを流通するように定められているからである。東浩紀も論じているように、名前に関して、偶有的であるということは、他者による訂正を受けつけうるということである。私にとってはこうであるその同じもの（〈同一性〉）が、他者にとっては他でありうるということが、根源的偶有性を顕在化させることになるのだ。

ここで、パーフィットが解析しようとした人格の同一性の問題に回帰してみよう。パーフィットは、人格の同一性は、R関係に――つまり心理的連結性と継続性に――解消しうる、と論じた。このことは、パーフィットが、人格を一種のコミュニケーションのモデルで理解していたことを含意する。心理的連結とは、心理状態――たとえば記憶内容――を伝達していくコミュニケーションの一種である。こうしたコミュニケーションの連なりとして、心理的継続性が定義しうる。R関係とは、だから、物理的には一つの身体を舞台にして展開されている、コミュニケーションのネットワークなのである。名前を伝達するコミュニケーションにあっては、名前の指示対象となった個体を同定するために援用されている、その個体の特殊な性質についての記述とともに、その記述が訂正可能であるということ、その記述が偶有的であることが、常に伝えられているのであった。心理的連結に関しても、同じことが言えるはずだ。個々の心理的連結において、無論、ある心理状態が受け渡されるのだが、同時に、そうした心理状態（によって暫定的に規定された私）が「他でありうる」という偶有性が伝えられているのである。

われわれは、ここで、名前によって指示される「私の〈同一性〉」には根源的偶有性が随伴している、と論じてきた。根源的偶有性とは、かつて、われわれが〈他者〉と表記したことがらと同じものである（第4章）。われわれは次のように論じたのであった。身体が発揮する求心化／遠心化作用の厳密な相即性より、「私がまさにこの〈私〉である（〈同一性〉）」ということと厳密に同値な事態として、〈他者〉の存在を導くことができる。その意味で、〈他者〉は、〈私〉の厳密な裏面である。すなわち、〈他者〉は、〈私〉ではないが、必然的に〈私〉がそうであるかもしれない可能性を顕現させているのだ。したがって、〈私〉には常に――〈他者〉なる――分身が潜在的に随伴している、と結論しなくてはならない。

パーフィットが案出した「分岐線ケース」――遠隔輸送装置によって「こちら」と「あちら」の両方に私が出現してしまうケース――がインパクトをもっているのは、この思考実験が、〈私〉に随伴していた不可視の分身を、直接に顕在化させているからである。〈私〉の〈同一性〉の継続とは、〈私〉の分岐の可能性を常に宿した――しかしながら常にその可能性を抑圧していく――〈私〉の継続性だったのである。パーフィットの説明は、分岐した分身が死んでも、私の継続性は失われはしない、というものであった。この説明にわれわれが直観的な違和感を覚えたのは、本来、〈私〉の継続性が、分身（である〈他者〉）の随伴を、必然的に含意しているからだ。もし後者を失えば、そのことは前者を否定することでもあるからだ。

ところで、われわれの当面の問いは、こうであった。第三者の審級からの呼びかけに人が応じてしまうのはなぜか？　簡単に言えば、それは、第三者の審級が、〈私〉の〈同一性〉と表裏一体の〈他者〉を奪い取り、それを内化することによって成立しているからである。それゆえ、第三者の審級に帰せられる呼びかけは、私がこの〈私〉であることの否定しようのない必然性を指示していることになる。第三者の審級からの呼びかけが抗しがたいのは、このためである。無論、〈他者〉と第三者の審級の関係は、ラカンのいう「女性」（としての他者）と「男性」（としての他者）に対応している（第5章）。

こうして措定された第三者の審級からの呼びかけに応ずることにおいて、人格の〈同一性〉が構成される。第三者の審級からの呼びかけが、各々の心理的連結に随伴している偶有性（分身性）を、人格の〈同一性〉を規定する積極的な因子へと転換するからである。呼びかけは、心理的連結において伝達されている心理状態が偶有的であることの必然性を、つまり偶有的なるものの同一性を――常に他でありうるところの「同じもの」――を指示し、それをもって、ばらばらの多様な心理的連結を統一化する「人格の〈同一性〉の根拠」たらしめるのである。人格に〈同一性〉を与えるこの因子は、すべての心理状態に伴う偶有性＝差異性であり、それゆえ、その内容を積極的に記述しようとすれば「無」であるほかない。多重人格とは、心理状態に随伴する偶有性をこうした積極的な作用素へと転換する、第三者の審級からの呼びかけを失ったときに現れる症状であると、解釈することができるのではないか。呼びかけを失ったとき、本来、強い統一的な脈絡をもたない心理的連結の集合が、共通の地盤を失って、散開していくほかないからだ。

だが、資本主義の現段階は、第三者の審級の不在によってこそ特徴づけられるのではなかったか。つまり、それは、〈私〉に随伴する分身が、つまり〈他者〉が、第三者の審級へと収束することなく、その生の本来の姿を露呈させている状況として、特徴づけられるはずだ。ここには、自由や責任のどのような別の可能性が待っているのか？

1　この事件を理解するための一つの鍵は「顔」である。酒鬼薔薇聖斗は、殺害した小学生の男の子の首〈顔〉を凌辱しただけではない。彼の「犯行日記」によれば、酒鬼薔薇聖斗は、女の子をハンマーで殴ったとき、わざわざ顔を自分の方へと向けさせ、顔と正対した上でそうしている。また、彼の私的な神「バモイドオキ神」は、彼が描いた絵によれば、顔と手だけの神である。かつて、私は、この事件を、この少年の顔への執着を手がかりにして分析したことがある。以下の論考を参照されたい。大澤真幸「バモイドオキ神の顔」『群像』一九九七年十月号。

2 朝日新聞大阪社会部編『暗い森』朝日新聞社、一九九八年、一一四頁。

3 もっとも、鑑定書は、こうした傾向が犯罪の原因ではなかった、ということを述べる文脈の中で、こうした症状に触れているのだが。

4 S. Žižek, *The Sublime Object of Ideology*, Verso, London, 1989, p.89.

5 J. Searle, *Intentionality*, Cambridge, 1984, p.252.

6 東浩紀『存在論的、郵便的』新潮社、一九九八年、一二三―一二四頁。

17　スキゾは本当にやってきた

スキゾの現実化としての多重人格

〈私〉には、常に、分身が伴っている。名前が〈私〉の〈同一性〉を指示しているとき、分身の潜在的可能性は隠蔽されている。より厳密に言い換えれば、分身は、潜在的である限りでのみ、〈私〉に必然的に随伴している。名前が照準している〈同一性〉とは、〈私〉に「分身が潜在的に随伴していること」の必然性＝同一性だったのである。パーフィットが思考実験のために案出した「分岐線ケース」は、この分身を顕在化させたものであった、と考えることができるだろう。ところで、現実においても、まさに分身が顕在化してしまった、と見なしたくなるような現象があるのを、われわれは知っている。前章および前々章の考察の中で何回か言及してきた、「多重人格（解離性同一性障害）」がそれである。

私は、最初、人格の同一性についてのパーフィットの説明に疑問を投げかけるために、多重人格の現象に言及した。パーフィットの還元論によっては、多重人格に至らないケースが多重人格者とどのように違うのかを、説明できない、ということを指摘したのであった。その折、私は、パーフィットが『理由と人格』で、多重人格を考察しなかったことに対して、不満を表明した。だが、本当は、こうした難詰は、パーフィットに対して、公平なものとはいえない。『理由と人格』の中で「人格の同一性」について論じている部分（第三部）のもとになった論文が発表された一九七一年の段階では、多重人格はほとんど知られていない病だったからである。[*1]

たとえば、一九七二年に出版された研究書は、過去五十年間に報告された多重人格の症例はたった十二件だと、記している。この段階では、西洋医学史上のすべての多重人格の症例をリストアップすることが十分に可能だと考えられていたほど、多重人格は稀であった。[*2]だが、多重人格の症例数は、この二十年間で、北米大陸を中心に、異様な増え方を見せている。「多重人格の流行」が語られたのは、一九八二年である。アメリカ精神医学会の公式診断基準に「多重人格」が記載されるようになったのは、その二年前であった。そして、一九九〇年代には、北米では、多重人格は、まったくありふれた「病」になった。北米のちょっとした病院ならば、何百人もの治療中の多重人格者を抱えているに違いない。アメリカ人の二十人に一人が解離性の障害にかかっている、とまで言われている。もっとも、アメリカ以外の場所――ヨーロッパや日本――では、これほど異様な増え方はしていない。これらの地域でも、患者数が急速に増えていることは確かではあるが。[*3]

二〇世紀の最後の二十年間で、多重人格がこれほどまでに急激に増大するのはなぜか？　これは明らかに、何らかの説明を与えられるべき社会現象である。[*4]ここでは、この問題を考察しておこう。というのも、その説明を通じて、ここまでわれわれが検討してきた論点に対する傍証が得られるからである。従ってまた、考察が、そのまま、ここまでの論点を整理し、小括することに繋がるからである。

多重人格＝解離性同一性障害とは、どのような現象のことなのか、あらためて確認しておこう。多重人格とは、ひとつの物理的身体を舞台にして、複数の、心的現象の自覚された連鎖が、相互に接点をもたないままに、共存している状態である。われわれは、すでに、パーフィットが定義した「R関係」という概念を知っている。この概念は、多重人格の定義には便利である。多重人格とは、R関係によって継続する心的現象の連鎖が、何本か、一つの物理的身体の上に共存しているように見える現象なのである。まさに、身体の物理的な分裂を伴わない、分岐線ケースである。異なる「人格（連鎖）」の間には、心的現象の継続性が、とりわけ記憶（厳密に言うと意味記憶ではなくてエピソード記憶）[*5]の継続性が見出されない。要するに、極端な健忘は、多重人格の一症候である。[*6]斎藤環によれば、心的現象の継続性のこうした断絶――つまり解離――には、さまざまな程度があり、多重人格は、その中で最も極端なケースである。正常な場合でも、一時的な解離はありうる（ストレスの軽い抑圧、一時的な忘我状態など）。病理的な解離は、離人症（知覚のみの解離）、解離性健忘（記憶の解離、要するに記憶喪失）、解離性遁走（行動に至る解離、要するに蒸発）、解離性同一性障害（人格全体の解離）という順に重くなっていく。[*7]

多くの人にとって、多重人格のイメージの原型は、「ジキルとハイド」のような二重人格であろう。だが、今日では、いわゆる「交代人格」を一つしかもたない多重人格など、めずらしい。標準的な交代人格の数は、今のところ、十六だと言われている。要するに、二十四重人格だとか、五十重人格だと言われても、特に驚くほどのことはない、ということである。ここまでくると、われわれは、十六だとか、二十四だとかという数字はあまり重要ではなく、結局、多重人格者の「人格」は、いくらでも分解するのではないか、と推測したくなるのである。多重人格の顕著な特徴の一つは、圧倒的に女性に偏っているということである。だが、多重人格は、女性にしか見られない病理というわけではない。そもそも、歴史上最初の真の「多」重人格者——「二」より多くの「人格」をもった多重人格者——は、シャルコーの弟子ジュール・ヴワザンの患者ルイ・ヴィーヴという男性である（発症は、一八八五年のことであった）。凶悪犯罪などで有名になる多重人格者は、男性に多い。だから、アメリカには、「男性の多重人格者のほとんどは刑務所の中にいる」という警句が生まれたくらいだ。[*8]

多重人格が圧倒的に女性に多いのはなぜだろうか？　これにはいくつもの説明が提起されてきた。検討に値するのは、多重人格の病因と関係づける説明である。多重人格の原因とされているものには、——現在では広く知られていることだが——はっきりとした定型がある。「人格」の解離は、深刻な心的外傷（トラウマ）を構成する幼児虐待に対する防衛反応だ、というのである。最も代表的な虐待者は、父親である。他に、継父、叔父、兄、あるいはベビーシッターなどのヴァリエーションがあるが、いずれにせよ、家族内のごく身近な人物が虐待者として指定される。患者は、これらの人物から幼児期に受けた性的虐待の事実を、言わば受け止められず、「人格」を解離することで――虐待から無垢な「人格」を分離することで――対処した、とするのが、多重人格の一般的な説明である。女性の患者が多い理由は、ここから説明される。こうした虐待は、男親から娘に加えられる場合が多いと考えられているのだ。

しかし、こうした分かりやすい説明を鵜呑みにすることはできない。そもそも、幼児虐待とは何であろうか、ということがまず問われなくてはならない。イアン・ハッキングは、「幼児虐待」という語自身が一九六〇年以前にはほとんど使われていなかった、という点に、注目を促している。それ以前には、この語のもとに包括される行為の特別の範疇は存在していなかったのである。たとえば、ヴィクトリア朝の「子どもへの残酷な行為」は、現代の幼児虐待と似ているとされているが、ハッキングによれば、両者は、次の四点において異なっている。[*9] 第一に、「子どもへの残酷な行為」は下層階級に特徴的なものと見なされていたが、幼児虐待は、階級差と無縁な現象と考えられてきた。第二に、「子どもへの残酷な行為」は、多くの残酷な行為のうちのひとつに過ぎないが、幼児虐待は、特別な、究極の悪として位置づけられている。第三に、幼児虐待は、特殊に性的な意味をもち、近親姦を越えるおぞましい行為と見なされている。第四に、幼児虐待は、医学化されており、「虐待をする者」「虐待を受ける子ども」

といった種類の、科学的知識の対象となりうる人間類型があると考えられている。[*10]

また、しばしば提起される疑問は、幼児虐待は事実なのか、ということである。虐待は患者の誤まった記憶であるとし、「虚偽記憶症候群」の名が与えられることもある。アメリカには、幼児虐待を告発された親たちを裁判等で支援する「虚偽記憶症候群財団」と名乗る団体さえある。われわれはすでに、単純に、先立つ時点に生起した事実が記録されて、「過去の記憶」として再現されているわけではないということを、つまり、過去は、現在が、それ自身の内的契機として先向的に措定した産物であるということを、確認してある（第2章・第4章）。過去のトラウマとなる出来事は、生起した直後には「原因」としては作用せず、ただ後になって、主体がそのゆゆしき意味を把握可能になった段階ではじめて、現在の苦境を説明する「原因」となりうる、という点で、過去のあり方についてのこうした理解を支持するもっとも分かりやすい根拠となっていた。こうしたわれわれの立場からすれば、過去の幼児虐待は事実か否かという問い自身が、不適切な問いであると言わねばならない。とは言え、「虚偽記憶」をめぐる葛藤は、幼児虐待が、関与者に共有された「記憶」にはなっていない、ということを示している。このことは銘記すべきことであろう。

多重人格は、その流行以前から、文学者や芸術家の想像力を刺激してきた。「流行」以降は、より一層ポピュラーなフィクションのテーマとなった。だが、「流行」以前には、多重人格は、人間の精神についての深い「形而上学」的な問いにきっかけを与えてきたが、「流行」以降にそれを直接に扱ったフィクションは、しばしば、極端に通俗的で、精神についての浅薄な理解しか示せずに終わってきた。多重人格は、先に紹介したような図式によって、あまりにも容易に、病因や経過が理解されてしまうので、精神医学や精神分析の本格的な理論の構築を促すものではなかった。フロイトは、解離という現象に興味を示してはいない。そのため、今日アメリカでは、フロイトの陰に隠れて長い間忘れられていたピエール・ジャネが「解離」の最初の発見者として、再評価されている。多重人格が流行する前に世を去ったラカンも、多重人格を、問題にはしていない。多重人格の流行を目の当たりにしている現在のラカン派も、多重人格を、理論的な構想力の主要な源泉にしてはいない。要するに、多重人格は、通俗的な関心を集めはするが、理論的に興味深い現象とは思われてはいないのだ。

　精神医学の理論を浅薄なものに変えてしまう多重人格だが、それを、一九七〇年代、八〇年代に最も深遠な思想が予言・要求していたことの、律儀すぎる――字義どおりの――実現であると見ることもできる。多重人格の症例数が急速に増え始めた頃、これを統合失調症の一種と見なした精神科医が何人もいた。そうした認定にも根拠がないわけではなかった。というのも、判断力や見当識が失われていない、ということを別にすると、多重人格には、統合失調症の「シュナイダーの一級症状」と呼ばれる特徴が、すべて揃っているのだ。[*11] 要するに、外見上、統合失調症と多重人格はよく似ているのである。ところで、一九七二年に出版された、ドゥルーズ＝ガタリの有名なフロイト批判の書『アンチ・オイディプス』は、パラノイアに「分裂症《スキゾフレニ》」（統合失調症）を対置し、後者の意義を顕揚していたのではなかったか。日本では、一九八三年に出版されたベストセラー、浅田彰の『構造と力』が、『アンチ・オイディプス』

を参照しながら、やはり、パラノ（神経症）に対するスキゾ（分裂症）の優位を説いたのではなかったか。[*12] これらのことを考慮に入れると、次のように事態を単純化して捉えることができることになる。われわれは、かつて、ポスト構造主義の思想的指導者たちが「分裂症」の寓意に託しながら希求していたものを、「多重人格」という形態で、現に手にいれたのだ、と。

実際、多重人格において、これらの思想書が、「分裂症」的であると見なした諸特徴が、余りにも直截に現実化している。たとえば、『アンチ・オイディプス』は、個我は統一体ではなく、無数の分子状の粒子の集合のようなものだ、と説く。いくらでも細かい交代人格へと分解されるように見える、多重人格者は、この教義に完璧に適合している。また『アンチ・オイディプス』は、性は、「男／女」の二値に排他的に分割されるものではなく、n個の性があるのだ、と主張した。ところで、ほとんどの多重人格者は、交代人格の内に、何人か、メインの人格とは異なる性を所有している。つまり、女性の多重人格者は、何人もの男性の交代人格をもち、男性の多重人格者は、女性の交代人格をもっている。こうした多重人格者の性的な両義性こそ、「n個の性」の理念の実現でなくて、何であろうか。多重人格者は、合理的な判断力を失っていない統合失調症患者のようなものである。これほど『アンチ・オイディプス』や『構造と力』の理念にとって都合のよい者はいないように見える。これらの書物は、統合失調症に、資本主義の原理を――それをまさに徹底させることで――内側から転覆させる革命的潜在勢力を見ていた。だが、実際に要請にこたえるようにして現れた統合失調症患者――つまり多重人格者――は、それほど革命的であっただろうか？　それは、むしろ、資本主義の現状に、完全に適合してしまっているように見えるのだ。

資本主義とヒステリー

多重人格者の各「人格」は、それぞれ「名前」をもち、自分がどのようなタイプの人間なのかを語る。「年齢は六歳で、甘えん坊で、お菓子が好きで……」と。このことから、斎藤環は、実に興味深いことを述べている。多重人格者は、本来の意味の名前（固有名）をもたないのだ、と。名前は、すべて、それぞれの「人格」の性質についての記述の代用品でしかないからだ。多重人格者の各「人格」が名乗る「名前」は、その「人格」の仕様やスペックを意味する記号なのである。斎藤が診断したある多重人格の少女は、彼女の身体を共有する十六人の全人格の特徴を記した一覧表をもっていたという。各「人格」が名乗る「名前」は、フランソワーズ・ドルトが治療したフレデリック少年の症例に関係づければ、「アルマン」から区別された「フレデリック」に対応しているだろう。この事実との関係で、斎藤は、多重人格者の各「人格」は、一般に「姓」をもたない、という点に注意を促している。彼らが名乗るのは、（姓のない）名であるか、ニックネームのようなものである。[*13]つまり、それぞれの「人格」は、「父の名」を受け継いでいないのである。ところで、ラカンの理論に従えば、父の名こそ、純粋なシニフィアン、シニフィエなきシニフィアンであり、他のすべてのシニフィアンをシニフィエへと固定する主人のシニフィアンであった。要するに、「父の名」は、名前の原型なのである。多重人格の各「人格」が姓をもたないということは、それらが、真正な名前をもたない、ということを含意しているのだ。

斎藤によるこうした指摘は、前章のわれわれの考察と、完全に整合する。われわれは、次のように論じたのであった。多重人格にあっては、名前によって指示されている、人格の〈同一性〉が欠落しているのだ、と。〈同一性〉の内容を積極的に記述しようとすれば、それは端的に「無」であるほかない。それは、どのような記述も訂正されうること、どのような記述も偶有的であること、したがってどのような〈私〉も分身でありえたこととの同一性だからである。多重人格は、こうした根源的な偶有性＝差異性を同一性へと転換させて機能させる契機を欠いているのだ。われわれが、ここで、さらに問い進めてみたいことは、こうした多重人格が、われわれの社会の「現在」のどのような構造的契機によって、もたらされているのか、ということである。

フロイトやラカンは、多重人格や解離現象にそれほど深い関心を寄せなかった、と先に述べた。精神分析に――とりわけフロイトの精神分析に――主として霊感を吹き込んだ病理は、何だったのか？　それは、ヒステリーである。そうであるとすれば、いかに、フロイトが「解離」に興味を示していなかったとしても、精神分析の理論と多重人格とは無関係ではありえない。というのも、斎藤環も指摘しているように[*14]、多重人格は、本質的には一種のヒステリーと見なしうるものだからだ。フロイトが主にあつかったのは、転換ヒステリーである。転換ヒステリーとは、心的葛藤がさまざまな身体症状（感情的発作や麻痺など）として現象するヒステリーである。それに対して、「解離」の概念の発明者とされる、ジャネは、解離現象を呈するヒステリーに焦点を合わせた。症状が最終的に出現する仕方が異なってはいるが、両者は、基本的に同一の機制に従った病理だと見なしてよいのではないか。患者数が女性に圧倒的に傾いていること、性的な意味あいをもった幼少期のトラウマが「原因」とされること等、ごく表面的な観察によっても、ヒステリーと多重人格の間には、共通性を見て取ることができる。たとえば、最初の「多」重人格者ルイ・ヴィーヴは「人格の二分化を伴う男性大ヒステリー」として紹介されている。多重人格は、ヒステリーの現代的な変形版なのである。一九世紀末から二〇世紀初頭にかけてのヒステリーと違って、現代の多重人格が、精神分析学の理論にとって、興味の薄い皮相的な素材に見えるのは、おそらく、それが、自覚されたヒステリー、一種のメタ・ヒステリーになっているからである。いずれにせよ、多重人格が、ヒステリーの拡張形態であるとすれば、ヒステリーについての理解から、われわれは、多重人格について知るための手がかりを得ることができるはずだ。

それならば、ヒステリーの原因とは何か？　ヒステリーをもたらしている機制は、どのように説明しうるのか？ラカン派の説明に従えば、ヒステリーの症状は、ある解消不能な懐疑を原因にして形成されている。懐疑を構成しているのは、大文字の他者——第三者の審級——が私に対して何を欲しているのか、超越的な他者の欲望にとって私は何であるか、という問いである。この問いに対する終極の解答が得られないことが、ヒステリーの困難を帰結する。たとえば、転換ヒステリーの典型的な症状の一つ、演技性の強い感情的な発作は、こうした問いと

るをえない。無論、それは超越的な第三者の視点であり、患者は、超越的な第三者の欲望の対象として、自己自身を提示しているのである。ヒステリー患者は、第三者の審級が私に対して何を欲望しているのか、という問いに解答を与えようとしているのだ。だが、第三者の審級に帰属する欲望をめぐって、こうした懐疑が膨らみ、世紀転換期を代表する病理にまでなった――そして精神分析の誕生を促しさえした――のはなぜなのか？

ここで、ヒステリーが、当時しばしば、一九世紀の先端的なテクノロジー、すなわち鉄道と結び付けて考えられていた、という事実に注目してみよう。まず、われわれは、鉄道が、未来性を象徴し、人々の想像力を掻き立てる、前衛的な（交通）メディアであった、ということを念頭においておく必要がある。たとえば、ジル・ドゥルーズは、エミール・ゾラの『獣人』を論じつつ、蒸気機関車は、物体であると同時に、叙事的象徴になっていた、と述べている。ゾラの作品中、肉体の破局と道徳的な破綻とが二重写しにされている場面では、前者を後者へと変貌させる変換器としての役割を鉄道が担っている。このような鉄道の役割はまことに象徴的であった。というのも、次に述べるような鉄道旅行とヒステリーとのつながりの考察は、肉体的ではない心的なトラウマの概念の確立に大きく貢献したと見ることができるからである。一九世紀から二〇世紀への転換期において、鉄道旅行がヒステリーの病因にかかわっている、あるいは少なくとも鉄道旅行が与える衝撃とヒステリーとの間には深い類似がある、ということがしばしば指摘されていた。たとえば、「鉄道脊椎症」の名で知られていた症状があった。これは、鉄道事故が原因となっている、ヒステリー的症状である。乗客は、事故の直後には、無傷のまま帰宅するのだが、数日後、背中などに強い痛みを訴えるのである。しかし、肉体的な外傷はどこにも見当たらない。今日ならば、PTSD（心的外傷後ストレス障害）の一種と見なされるだろうこうした痛みは、転換ヒステリーの症状とよく似ていた。

ヒステリーが、鉄道旅行と特に結び付けられたのはなぜか？　鉄道旅行がヒステリーを引き起こしたのはなぜか？　シャルコーの次の男性ヒステリー患者は、旅行とヒステリーの関係を示唆している点で、興味深い。当時、ユダヤ人、とくに東欧系ユダヤ人は、ヒステリーになりやすいと考えられていた。ハンガリー系ユダヤ人であった、シャルコーのこの患者の場合、手が痙縮し、右手と足が麻痺するという転換ヒステリーの症状が出ていた。シャルコーは、この男が足を引きずって歩き回っていたことを特に重視している。彼は足を引きずってパリ中をさまよい歩き、最後にサルペトリエールに収容されたのだ。シャルコーは、放浪癖のあるこの男を、「旅行狂」と呼んでいる。この事例が示唆しているのは、ヒステリーと結び付けられているのは、「ユダヤ人」の典型的なイメージによっても連想される、身体の移動性だということである。鉄道は、身体の移動性を圧倒的に強化する前衛的なメディアとして、一九世紀の社会に導入されたのだ。

移動性の「圧倒的な強化」とは、鉄道が次のような効果をもち得るからである。列車が、人間や動物の肉体的な能力をはるかに凌駕する速度で——しかも規則的な速度で——非常に長距離を踏破するとき、旅行者たちにとって、鉄道網が敷設されている領域の全体が、単一の原理で統括された、均質で普遍的な空間として立ち現れるに違いない。つまり、鉄道旅行は、鉄道網が覆う空間を、単一の全体として一挙に把握する知覚を可能にしているのだ。もっとも、こうした断定は、第一次近似であって、事態をもう少し精密に描きなおしておく必要がある。鉄道がその知覚を与える、普遍的な均質空間は、完全なものではない。普遍的な均質空間自身が、——逆説的な言い回しになるが——特殊な領域に囲い込まれていたからである。特殊な領域とは、普通は、国民‐国家である。だが、鉄道は国境を越えることもある。しかし、その場合でも、普遍化された均質空間が、それ自身、特殊に限定された領域の内部に閉じられている、という構成は残っている。普遍的な空間領域の特殊的な限定性は、各領域の「中心」との相関で規定される。「中心」とは、国民‐国家の場合は、首都であり、国境を越える場合には、「文明の中心」と見なされるような大都市である。

このように考察を進めてくることによって、われわれは、フロイトによるヒステリーや神経症の分析へと歩みを進めていくことができる。フロイトによる、患者の、あるいは自己自身の分析の記述の中には、実に多くの鉄道旅行への言及がある。それでは、フロイト自身の鉄道旅行が指向している「中心」とは、どこであろうか。フロイトが終生憧れ続けたという、ヨーロッパ文明の中心ローマが、それである。フロイトは、長い間ローマに行きたいという希望をもっているのだが、なかなか行くことができなかった。ローマに行きたいのに行くことができない、という矛盾した欲望に関する夢の自己分析の中で、フロイトは鉄道旅行に関わるあるジョークに言及している。それは、切符なしでカールスバート行きの急行に乗り込んだ、貧乏なユダヤ人についてのジョークである。このユダヤ人は、途中で何度も車掌に見つかり、その度に、列車外に突き出される、ということを繰り返した。そして、何度目かに突き出されたとき、たまたま知人に会い、「どちらへ?」と尋ねられたため、「からだがもったら――カールスバートへ」と答えたという。この話の中のユダヤ人に対応するのが、フロイト自身であることは間違いない。カールスバートは、ユダヤ人が療養に行くことで知られた温泉地だが、この文脈では、ローマの等価的代理物であろう。

この小話は、鉄道をめぐる、ヒステリー的不安の中核には何があるかをよく示している。この貧乏なユダヤ人は、繰り返し突き出されながら、かろうじて列車に乗りおおせている。ここで恐れられていることは、自分を取り残したまま列車が行ってしまうかもしれないということ、ついには列車に乗り遅れるかもしれないということである。このユダヤ人は、突き出されるたびに、列車にあらためて飛び乗っているが、いつ力尽きるか、いつからだがもたなくなるかわからない。

だが、列車に乗り遅れるということは、どういうことか。フロイトの一家は、フロイトが幼い頃、東欧の田舎からウィーンに移住してきた。フロイトは、列車恐怖をめぐる自己分析の中で、この移住のときに、ガスを発する駅が地獄のように見えたことが、恐怖の端緒だった、と述べている。つまり、恐れられていたのは、列車そのものではなく、駅＝地獄に残されてしまうことなのだ。この場合、列車に乗り遅れるということは、ヨーロッパ文明の内に入ることができず、東の田舎に取り残されることを意味する。また、ローマに憧れながら、不思議な抑圧によってなかなかローマに行けなかったフロイトは、文明の中心地への列車に、乗り遅れ続けたのだと言ってもよい。こうして列車に乗り遅れることの意味が開示される。乗り遅れるということは、列車は、文明化された普遍的な均質空間の上を移動しているのに、自分自身は、特殊な規範の拘束の下にある田舎の共同体の内に封じ込められている、ということである。逆に言えば、列車に乗っているということは、すでに、普遍的な均質空間を志向的な相関項とするような公共的な社会領域の内にある、ということを含意している。こうして、列車に乗り遅れた者と乗ることができた者は、異なる社会領域に属し、異なる視点を有することになるのだ。

このように見てくると、列車をめぐるこうした不安は、資本主義のダイナミズムに規定された体験の隠喩になっていることがわかってくる。われわれは、すでに、資本主義が、規範的に許容された「経験可能領域」を次第に普遍化していくダイナミズムによって定義できる、ということを示しておいた。こうしたダイナミズムのうちにある社会システムにおいては、普遍性／特殊性の程度において異なる二つの（多数の）経験可能領域が——したがって異なる第三者の審級が——共存していることになる。列車に乗るということは、未来に属する普遍的・包括的な経験可能領域に参入しているということを意味し、乗り遅れるということは、過去に属する特殊的・限定的な経験可能領域に閉じ込められていることを意味する。[*15]

要するに、鉄道旅行の体験と結びついたヒステリー性の不安の中心は、特殊な共同体の体験と結びついた、限定的な経験可能領域の内に封じ込められたままになるのではないか、という不安である。この不安と、ヒステリーの症状を規定する中核的な懐疑——第三者の審級は私が何であることを欲望しているのだろうか――とは、同じものの表裏ではないか。これがここで提起したい仮説である。ヒステリー患者が抱いている不安は、より包括的な未来の普遍的な経験可能領域への参入を承認する第三者の審級が、自分に対して、何を欲望しているのか確定できない、ということなのである。自分が何者として欲望されているのかを決定できなければ、普遍化された経験可能領域のうちに乗り込むことは許可されないだろう。カールスバートに行きたいあのユダヤ人のように、自分は、突き落とされてしまうかもしれないのだ。あのユダヤ人と同じように、自分は、未だ切符を――包括的な経験可能領域への入場許可証を――持っていないからだ。

以上のように考えることで、一九世紀末から二〇世紀初頭のヒステリーという現象が、当時の資本主義的な社会システムの構成と、深く結びついた現象であったと見なすことができるようになるのである。

現代社会における多重人格

さて、われわれの本来の目標は多重人格であった。ヒステリーに関して、われわれは、それが、当時の先端的な（交通）メディア――鉄道――をめぐる体験と共鳴していた、という事実を確認し、そこから、ヒステリーが資本主義的なシステムのダイナミズムに規定された現象であるという仮説を導いてきたのであった。多重人格についても、似たようなことが言えるのではないか。すなわち、多重人格もまた、現在を代表するメディア――無論、それは情報テクノロジーに関わるものになるだろうが――をめぐる体験と相関性をもっているのではないか。

たとえば、かつて、テレビのチャンネルを切り替えていくザッピングのような行為と、多重人格的な「人格」の交代との類似性が指摘されたことがあった。テレビのリモコンがアメリカ中に普及していった時期と、多重人格が流行し始めた時期とが、重なっていたからである。多重人格者が、交代人格の名前に、テレビ番組の登場人物の名前を借用することが多かったことが、さらにこうした連想を強化した。こうした事実から、リモコンによるザッピングの体験が、多重人格化の原因になったかのように論ずるならば、明らかに、事態を過度に単純化したものとして、批判されねばなるまい。しかし、両者の間に同時代的な緩やかな相関性を見るだけであれば、問題はあるまい。今日であれば、さらに、インターネットのようなサイバースペース上を自由に移動したり（ネットサーフィンのような）、サイバースペースの中に特別なハンドルネームをもった独特な「ペルソナ」を作って交流する体験を、多重人格者が相互に脈絡を共有しない「人格」を交代させていく様を連想させる現象として、付け加えることができるだろう。こうした、最も先端的なメディアについての体験との類比は、ヒステリーの場合と同様に、多重人格が、資本主義の現在に規定された現象である可能性を示唆している。

ヒステリーを引き起こす懐疑は、第三者の審級の欲望が私を何者として規定しようとしているのか不確定だということから来ているのであった。それは、言ってみれば、第三者の審級に帰せられた意志に、決定不能な空洞が開いているような状態だと、言うことができるだろう。

ヒステリーの延長上に多重人格が位置づけられるとすれば、それはどのように特徴づけられるのか。第三者の審級の意志の中央に空けられた空洞が拡大し、やがて全的なものになれば、第三者の審級は、存在しないも同然の状態に至るだろう。ヒステリーの場合には、仮にその意志について解消できない決定不能性が残っているにせよ、第三者の審級の存在については、確実なものとして前提にされている。多重人格は、意志をめぐる決定不能性が全面化して、「第三者の審級」の存在に関する想定可能性そのものが無効化してしまったときに現れるのではないか。

このことは、ヒステリーを真中において、多重人格とは反対の極に、予定説を信奉するプロテスタントを置いてみるとよくわかる。予定説によれば、誰を救済しようと欲しているのかということについての神の意志は、人間にとっては、本来は、まったく不確実である。だが、第11章で論じたように、救済について既定しているはずの神の存在を想定することによって、この不確実性は、実践上は、完全に解消されてしまう。すなわち、信者は、神が自分に対して何を要求しているかを疑問の余地なく知っているかのように、行動することができるのである。ヒステリーは、予定説が本来は含意していたはずの、神（第三者の審級）の意志や欲望の決定不能性が露出したときに現れる症状だと、見ることができる。すると、プロテスタントからヒステリーへと結ぶ線分をさらに延長させていくと、その先には、神（第三者の審級）の存在の確実性すらも失われた状態が待っているはずだ。そうした状態に相関して出現するのが多重人格ではないか。そうだとすれば、多重人格は、「真理」を知っているはずの第三者の審級が排除されているリスク社会に照応した現象だ、ということになるだろう。

斎藤環の指摘に導かれて、多重人格者は、本来の意味での名前をもたないように見える、ということに注意を喚起しておいた。こうした印象は、ここに述べてきたような推定とよく整合する。前章でわれわれはこう述べた。R関係によって継続する生活史の全体を観察している（と想定された）第三者の審級が存在しなければ、名前の指示対象の〈同一性〉は保証されえない、と。したがって、多重人格者が名乗る「名前」が、それぞれの交代人格の性質に対応した記述の束へと還元されてしまうということは、生活史を見渡す超越的な第三者の審級が、そこでは排除されていることを含意している。

「人格」の解離が生ずるのは、心的現象の連なりが統一的な全体へと結晶しないからである。とりわけ、それは、記憶が統一的な全体のうちに組み込まれていないことの結果である。ところで、二〇世紀末期（一九八〇年代中盤）以降は、個人の生活史の上だけではなく、共同体の歴史に関しても、記憶の危機が叫ばれ続けた期間でもあった。同じときに、共同体もまた、正当な歴史記述の中で、何をどのように記憶すべきかに悩まざるをえなかったのである。両者は、厳密に同時代の現象であった。この個人と共同体の両水準で生じている記憶の危機もまた、第三者の審級が排除されていることの結果として、説明することができるのである。

1　ただし、『理由と人格』という著書が出た一九八四年は、「多重人格の流行」が話題になってから後なのだから、パーフィットは、著書に論文を収録する段階で、多重人格にも顧慮すべきであった。

2　記録されてきた症例のうちどれが真性かということは、専門家の間でも意見が分かれる。中には、そのときまでに記録された症例に限った場合には、真性の多重人格の症例の数はゼロであるとする説すらある。

3　日本人の中には、多重人格者は少ない、と言われている。だが、近年、その数は増えつつある。かつては、一人の精神科医が、その医師としての全活動期間を通じて、一人でも、多重人格の患者に出会ったとしたら、多いほうである、と言われていた。つまり、多重人格は、四十年間の精力的な医師としての活動を通じて会えるか、会えないかの稀な症例だったのである。だが、現在では、比較的若手の精神科医が、多数の多重人格者を扱った経験をもっていたとしても、珍しいとは思われないほどになっている。

4　これほど増加率が急速だと、多重人格は医原性の病ではないか、つまり医師と患者の入念な協働作業の産物であって、本当の障害ではないのではないか、という疑問が生ずる。この場合、「協働作業」ということをどのように解釈するかにもよるが、この語を狭い意味で解釈するならば、多重人格は明らかに医原病ではない。つまり、たとえば神経症が医原性の障害ではないのと同じ程度に、多重人格は医原性ではない。

5　生活上の具体的な出来事に関わる記憶は、エピソード記憶である。それに対して、具体的な行為の前提になる、規範や常識に関する記憶――たとえば母語の文法や語彙についての知識――が、意味記憶である。

6　もっとも、健忘を伴わない多重人格も十パーセント程度あると言われている。

7　斎藤環「解離の技法と歴史的外傷」『ユリイカ』二〇〇〇年三月号。

8　イアン・ハッキング『記憶を書きかえる――多重人格と心のメカニズム』早川書房、一九九八年（原著1995）、八七頁。
9　ハッキングによれば、「子どもへの残酷な行為」というカテゴリーにしても、その確立は、せいぜい一八七四年のことである。
10　ハッキング、前掲書、七一―八四頁。
11　斎藤環・大澤真幸「『多重人格』の射程」（『ユリイカ』二〇〇〇年四月号）における斎藤環の指摘。
12　パラノイアと神経症は、もちろん、異なる病理だが、これらの書物――とりわけ『逃走論』――の趣旨は、パラノイアとは神経症のことであると見なしておいた方が、理解しやすい。
13　斎藤環・大澤真幸、前掲対談。
14　同対談。
15　大澤真幸「〈資本〉の想像力」『岩波講座　現代社会学1』岩波書店、一九九七年。

18 記憶の困難

五〇年代と八〇年代のフィルム・ノワール

一九五〇年代と一九八〇年代の間の断絶を知るには、古典的なフィルム・ノワールとニュー・ウェーヴのフィルム・ノワールとの間の差異を見ればよい。スラヴォイ・ジジェクはこのように提案している。[*1] ここでニュー・ウェーヴのフィルム・ノワールとして指示されているのは、かつてのノワールのリメイク版ではなく、別のジャンルとの結合によってノワールの世界を甦らせようとしている映画のことである。たとえば、SFとの結合によってノワールを蘇生させた、リドリー・スコット監督の『ブレードランナー』(一九八二、一九九二年)が、そうしたニュー・ウェーヴの典型のひとつと見なされている。

ジジェクによれば、この映画を含む、代表的なニュー・ウェーヴのフィルム・ノワールには、共通の主題がある。記憶の混乱に基礎をおく、人格の同一性の壊乱がそれである。『ブレードランナー』では、ハードボイルドな探究者、すなわち主人公デッカードは、二〇一九年のロサンジェルスを逃げ回るレプリカント——つまり人間の複製＝アンドロイド——の集団を追いかけるのを、任務としている。ところが、この任務を遂行していく中で、デッカード自身が、レプリカントであったということが、告げ知らされてしまうのである。そのとき鍵になるのが、「記憶」である。彼が過去の事実を写していると信じていた記憶が、捏造され、彼の脳に書き込まれたものである可能性が示唆されるのだ。

実は、『ブレードランナー』には、初公開版とは異なるディレクターズ・カット版があり、ここに指摘したような主人公の人格の同一性の壊乱は、ディレクターズ・カットではあからさまに示されるが、初公開版では、表向きは、否認されている。*2 しかし、その一九八二年版においてさえも、さまざまな手がかりが、デッカードの正体を暗に指し示しているのである。たとえば、デッカードがレイチェルに対して、彼女の内奥の子ども時代の思い出が捏造されたものであることを示すことで、彼女がレプリカントだということを証明する場面がある。この場面の後で、カメラは、今度はデッカード自身の個人的な物語に登場する諸要素——ピアノの上の子ども時代の写真や一角獣の夢の記憶——を映し出す。もちろん、この映像の対照は、デッカードの記憶もまた、レイチェルの記憶と同様に捏造されたものであり、「事実」とは対応していないかもしれない、という可能性を示唆している。だから、レイチェルがデッカードに、レプリカント検査は受けたのかと問うとき、そこには不吉な予感が秘められているのだ。さらに、ジジェクによれば、映画の冒頭のシーンで、破滅的な結末は暗示されている。映画の冒頭で、レプリカントのレオン・コワルスキーが質問を受けている。デッカードとレオン・コワルスキーの視覚的な並行性が、デッカードもまたレプリカントでありうることを示している、というのだ。

主人公デッカードが、まさに彼によって追及されているレプリカントである、という衝撃的な結論は、直前に述べたように、ディレクターズ・カットでは、いささかも隠されることなく、表現されている。一九八二年版とディレクターズ・カットは、二つの点で決定的に異なっている、とジジェクは紹介している。第一に、ディレクターズ・カットでは、最後の場面で、デッカードが、自分自身で、自身もまたレプリカントであることを見出す。第二に、ディレクターズ・カットでは、一切のヴォイス・オーバー――画面に重ねられるナレーション、つまりわれわれが何度か使ってきた言葉を利用すれば「『オフ』の声」――が、排されている。第一の点への改変は、破壊的な結論を露骨に隠蔽しようとする仕草であり、それゆえ、こうした「改竄」が加えられた理由は、容易に理解しうる。だが、第二の改変は、なぜ施されたのだろうか？　この操作は、デッカードがレプリカントであったという想定（の曖昧化）とどのように関係しているのだろうか？　この点については、後に簡単に立ち返ろう。

物語の展開の中で注目しておいてよい特徴は、人格の同一性を支配し、同時に切り崩している機関が、法人‐資本だということである。自分のことを人間であると誤認している――自分がレプリカントであることを自覚していない――レプリカントの製作に成功したタイレル社が、人格の奥深くにまで入り込み、それを支配している、ということになっているのだ。レプリカントを追いまわす仕事をデッカードに依頼するのも、そのデッカードを、まさに彼が追及している集団と同一の範疇に属する偽装された人格として造ったのも、タイレル社である。各人格を他の人格から区別する指標となる、それぞれに特殊な記憶ですらも、タイレル社によって造られ、そして各人格の記憶装置に植え込まれているのである。つまり、これまで資本の回路から独立していた「最後の砦」までが、資本によって植民地化されてしまっている、というわけだ。ジジェクは、フレドリック・ジェイムソンのテーゼに言及しつつ、レプリカントは、私的な抵抗のための最後の拠点までをも奪われている、絶対的なプロレタリアートだ、と論じている。

以上に見たような特徴を、古典的なフィルム・ノワールと比較してみよう。古典的な本来のフィルム・ノワールにおいても、人格の同一性は、重要な主題である。記憶が鍵であることも変わらない。しかし、まさにこの点にこそ、ニュー・ウェーヴのフィルム・ノワールとの差異が極大化して現れるのである。古典的なフィルム・ノワールには、記憶喪失の事例が満ちている。つまり、記憶喪失こそが、古典的なノワールにおける、人格の同一性の危機の表現なのである。実際、ジョン・ロックが論じているように、記憶の持続性は、人格の同一性と深く相関している。主人公は、自分自身についての記憶を――自分が誰であり、何をしてきたかということについての記憶（エピソード記憶）を――失ってしまう。だが、最終的には、主人公の記憶は取り戻され、彼の人格の同一性は、一貫した物語の内に回復されることになっている。もちろん、彼の同一性は、共同主観化された象徴の秩序に統合されているのであって、その中には、彼に固有なものは何一つない、とも見なしうる。だが、いずれにせよ、主人公は、いったん失いかけた、共同体に承認されるような人格の一貫した同一性を、最終的に取り戻すことができるのである。それに対して、『ブレードランナー』には、こうした救済はない。第一に、そこでは、主人公は、いつまでも「真」と見なしうる記憶には到達しない。第二に、記憶を想起することは、人格の同一性の回復を意味するどころか、むしろ、逆に、人格が「偽物」であるかもしれない——どこにも真の人格はないかもしれない——ということをこそ含意してしまう。

一九五〇年代のフィルム・ノワールと一九八〇年代のフィルム・ノワールのこうした相違、記憶や人格に対する理解のこうした相違は、社会の存立の仕方のどのような相違に基づいているのだろうか？　記憶喪失は、前章に述べたように、病理的解離（心的現象の不連続）の第二段階にあたる。五〇年代のノワールが記憶喪失に関心を示しているのだとすれば、八〇年代のそれは、最も重篤な解離、つまり多重人格の段階に対応している、と見なすべきではないだろうか？　確かに、八〇年代のフィルム・ノワールが、直接に多重人格を描いたわけではない。しかし、前章に述べたように、それは、多重人格の流行期（の始まり）に一致する。さらに言えば、「人格」が、複製可能な偽物であったという、『ブレードランナー』の展開は、無数の交代人格へと解離していく、多重人格の隠喩と見なすこともできる。ジジェクは、『ブレードランナー』と並べて、アラン・パーカーの『エンゼル・ハート』（一九八七年）をニュー・ウェーヴのフィルム・ノワールの典型として検討している。オカルト映画へのノワール的世界の展開と見なしうるこの作品は、やはり、人格の同一性の壊乱と記憶が、主題となっており、しかも、より一層端的に、多重人格の隠喩と見なしうる構成を取っている。『ブレードランナー』と似て、ここでも主人公の探索者は、最後に、探索の対象である死んだ歌手が自分自身であったことを発見する。主人公は、ずっと以前に、儀式を通じて、別の人物と心を交換しており、「老兵士」になっていたのだ。まさに「交代人格」というわけだ。

ニュー・ウェーヴのフィルム・ノワールの主題は、述べてきたように、人格の同一性に揺さぶりをかけるような「記憶の困難」——記憶の真偽の決定不能性——である。多重人格もまた、記憶の困難の一形態と見なすことができる。多重人格の患者にあって、ある人格とある人格が異なっているかどうかの規準は、——原則として——明白な健忘が認められるかどうか、にある。多重人格者にあっては、異なる（エピソード）記憶が、統一的な筋——因果列——をもった「物語」のうちに組み込むことができず、相互に関係しない記憶の断片として分離したままの状態に置かれてしまっているのだ。もしニュー・ウェーヴのフィルム・ノワールの登場が、「多重人格の流行」と共鳴している同時代的現象と見なすことが正当であるとすれば、それは、実存主義の映画的対応物である古典的フィルム・ノワールの段階に比して、一九八〇年代には、次のような意味において、記憶の困難が深刻化したことを表現している、と見ることができるだろう。すなわち、古典的フィルム・ノワールが自身の困難を投影した「記憶喪失」

よりも多重人格は一層深刻な解離を呈する病理である上に、古典的なノワールの内に描かれた記憶喪失は、必ず、治癒するのである。[*3] それゆえ、問うべきことは、こうである。一九八〇年代以降の社会的文脈の中で、記憶の困難が、著しく深刻化したのはなぜなのか？

多重人格の流行として現象している、記憶の困難が、一九八〇年代以降の先進資本主義国の社会的文脈と相関しているという仮説に立脚したとすると、われわれは、直ちに、次の事実に気づくことになる。言うまでもなく、多重人格という症状を呈するのは、個人の記憶が被る、ある混乱である。この現象は、しかし、共同体の記憶をめぐる混乱や困難と、正確に同時代的な現象なのである。共同体の記憶を襲う困難は、一九八〇年代から九〇年代にかけて、先進資本主義国で同時多発的に生じた――そして今日でも続いている――、共同体の記憶をめぐる、とりわけ第二次世界大戦を初めとする戦争の記憶をめぐる論争――記憶の戦争――として現れた。たとえば、フランスでは、第二次大戦時のレジスタンス神話に挑戦する「ヴィシー・シンドローム」をめぐる論争があり、アメリカでは、「パブリック・メモリー」やベトナム戦争記念碑をめぐる論争が起こった。この種の論争の中で、最も大きなものは、ホロコーストの記憶をめぐる論争であろう。たとえば一九八六年には、ホロコーストを他の歴史的出来事と並べて相対化することの是非をめぐって、「ドイツ歴史家論争」が生じた。また日本でも、九〇年代に入って、かつての「従軍慰安婦」がそのことを告白したことをきっかけとして、戦争の記憶――とりわけ歴史教科書の記述内容――をめぐる論争が起きた。こうした記憶の論争、記憶の戦争が、多重人格の流行期と重なっていたという事実を想うと、個人の記憶の困難と共同体の記憶の困難は、まるで車の両輪のように連動しているように見えてくるのだ。単に両者は同時的なだけではない。両者は、その語られ方、その認識のされ方において、類似しているのである。両者において困難の源泉と見なされたことは、個人のトラウマの記憶である。ホロコーストの生存者のケース等では、個人のトラウマと共同体にとってのトラウマが、正確に合致している。

それゆえ、個人における記憶の困難と共同体における記憶の困難は、同じことの二側面ではないか、と考えたくなる。おそらく、両者は、同じ機制によって説明されなくてはならない。[*4]そうであるとすれば、共同体の記憶——言い換えれば発話行為としての歴史叙述——の困難が何に由来しているのかを考察することから、個人の記憶の困難の問題へと回帰してくることができるはずだ。

歴史的語りの構造

フランセス・イェイツの非常によく知られた研究が論じているように、記憶術への関心は、古代よりある。イェイツによれば、記憶術の最初の絶頂期は、ローマ時代であり、中世の後退期を挟んで、ルネサンス期に、それは再び開花する。[*5]だが、より最近のメアリー・カラザースの研究によれば、中世においても、記憶術は、中心的な関心事のひとつだったらしい。カラザースは、記憶術は、騎士道と並ぶ、中世文化の中心的な特徴を構成している、と論じている。[*6]要するに、古代ギリシアの時代から啓蒙思想期まで、記憶術ほど熱心に研究された技術はほかになかったのだ。たとえば、プラトンやアリストテレスは、都市や建築物を構成する諸事物の空間的な「配置」についてのイメージを、記憶を確保するために利用した。それは、時間的な持続の内に構成されている記憶を、空間的な配置へと変換する技術だった、と言ってよいだろう。

だが、記憶術への関心は、共同体の記憶そのものへの関心ではない。つまり、記憶術への関心は、歴史への関心とは独立していた。記憶術はさかんに研究されたが、歴史そのものは、長い間、知のそれほど重要な部門ではなかったのだ。歴史が、今日のような、知の中心的な部門になった時期は、はっきりしている。一九世紀である。ヨーロッパにおいては、一九世紀の前半に、それまで周辺的な知に過ぎなかった歴史学が、突然、知の最も重要な部門のひとつに格上げされる。主要大学に歴史学の講座が創設されたのは、まさにこの時期である（ベルリン大学では一八一〇年、ソルボンヌでは一八一二年）。西ヨーロッパの一九世紀に、歴史の重要性が突然増したのはなぜか？

この時期、国民《ネーション》が誕生したからである。国民という共同体が、それ以前の共同体とは異なり、歴史の経験的な時間の深部に関心を示すようになった消息については、ここでは、詳述はしない。[*7] ともあれ、歴史とは、まずは基本的には国民の歴史であったということ、より厳密に言えば、西洋史の内で分節化された国民の歴史であったということ、このことを銘記しておかなくてはならない。しばしば、国民の——いくぶんかは象徴的な——端緒は、フランス革命に求められてきた。フランス革命との関係で、ヘイドン・ホワイトは次のような興味深い事実を指摘している。すなわち、ヨーロッパの歴史学の中で指導的な地位を担うようになる五人の天才は、いずれも、フランス革命暦の創設後、四分の一世紀の間に、生まれている、というのだ。ランケが一七九五年に、ミシュレが一七九八年に、トクヴィルが一八〇五年に、そしてマルクスとブルクハルトが同じ一八一八年に生まれている。[*8] 彼らは、フランス革命時にはごく幼かった世代であり、ナショナリストの第二世代にあたる。つまり、彼らは、フランス革命がもたらした大転換を自らの手によって引き起こしたわけでもないし、またそれを直接に目撃したという自覚ももてない世代にあたる。したがって、これらの歴史学の巨人たちは、国民の共同性を観念の内に構築しなければならなかった最初の世代に属しているのである。そうした観念的な作業が、歴史学の形態を取ったのだ。一九世紀の中盤に西ヨーロッパに成立した何かが、歴史学という「過去への視線」を可能にした。あるいは、少なくとも、それが、歴史学的な視線によって捉えられる記憶内容への関心を圧倒的に押し上げた。そして、二〇世紀の末期に失われつつあるのは、その「何か」であるに違いない。

歴史が単なる過去の事実の模写的な記述ではないということは、今日では、常識である。言語行為論の用語を用いれば、それは、事実確認文の集積ではなく、遂行的発話の集積と見なさなくてはならない。それならば、歴史学における過去の叙述を「遂行的発話」として捉えた場合には、それに、どのような特徴があるのだろうか。この点について、アーサー・ダントは次のように論じている。[*9] ダントによれば、歴史の物語り文とは、時間的に隔たっている二つ（以上）の出来事――E_1とE_2――を考慮に入れながら、直接には、E_1についてのみ記述する文のことである。この主張の含意を説明するために、ダントは、「理想的年代記」の作者を想定し、彼が作るはずの文を物語り文と対照させている。理想的年代記とは、世界中のあらゆる出来事が起きた瞬間に、それを書きとめてきた年代記である。だが、――ダントが出している例を使えば――この年代記の作者には決して、「一六一八年に三十年戦争が開始された」という命題は記述できないだろう。一六一八年の段階では、それが「三十年戦争」になるかどうかは、わからないからである。ある出来事E_1が「一六一八年に三十年戦争が勃発した」として記述されるためには、一六四八年以降のある時点（の出来事）E_2からそれを眺めていなくてはならない。つまり、歴史学的な物語り文は、始まりE_1と終わりE_2の二つの出来事に潜在的に関係づけられているのだが、それが、実際に明示的に叙述しているのは、始まりE_1のみなのである。

このダントの議論を、さらに前に進めてみよう。E_1は、言及された対象であり、発話された主語が所属する出来事である。それに対して、E_2は、発話する主体、言及する主体（の視点）が所属する出来事である。E_2が確保されていなくては、E_1は記憶としてとどまることはない。E_2は、基本的には、歴史を物語る主体が属している「現在」である。物語る「現在」E_2からの回顧的な視線の中でしか、E_1の記憶はありえない。E_2がどこに、どのように設定されているかによって、E_1がどのように記述されるか／されないかが、変化してくるはずだ。現在E_2は常に変化し、新たな出来事が付加されていくので、E_1の記述は、どの段階でも暫定的なものである。

とはいえ、E_1は記述され、記憶されたとたんに、「客観的」な出来事であるかのように登録される。それならば、E_1の記憶が真に客観的なものとなりうる、理想的なE_2はどこにあるのか。それは、ダントの思考実験において想定された「理想的年代記」の作者――その視点はE_1と「現在」を共有している――の対極にある。すなわち、物語り文の主体が所属する理想的な発話地点E_2は、歴史の終極（を通り過ぎた点）であるはずだ。「歴史の終極を通り過ぎた地点から回顧するまなざし」に対する出来事E_1の現れこそが、これ以上改訂されえない、E_1の客観的な姿であるはずだ。

そうであるとすれば、客観性を装う歴史叙述は――そしてその中で登録された記憶は――、「現在」E_2が歴史の終極を偽装できる場合にのみ可能だ、ということになる。もう少し厳密に言い換えれば、「現在」において、歴史の終極に待っているはずの視点E_2を想定しうるかのように偽装できる場合にのみ、歴史叙述を通じた共同体の記憶が形成されるのである。国民《ネーション》の形成とは、こうした偽装の可能条件を与えることだった、と見なすことができる。ここでは、結論だけを簡単に述べておくが、国民は、相関関係のある二つの錯覚――共時的錯覚と通時的錯覚――の上に成り立っている。共時的には、国民は、特殊に限定された共同体であり、そのことを自覚しているが、まさにそのことにおいて、普遍的な共同体の具現――言わば典型的実例――として自らを想定している。通時的には、国民は、自身を他の国民から分かつ特殊な歴史を有する共同体として自ら自覚しているが、そのことにおいて、この国民の歴史を人類の普遍的な歴史の具体化と想念してもいるのだ。だから、国民への所属の自覚によって、人は、人類史の終極の視点と機能的に等価な意味をもつ視点をE_2として想定することができるのである。国民の誕生とともに、客観的な歴史学の可能性が整えられるのは、そのためである。

共同体の記憶の危機に直面している現在失われているのは、国民の成立とともに与えられていた、歴史の終極において待ち受けているはずの視点の（偽装的な）想定可能性である。たとえば、戦争やホロコースト——これらがE_1にあたる——に関しては、そこから眺めた場合には、それらの出来事の意味を一義的に規定することができるような、（偽装的な）終極の視点E_2を設定することができないのである。それらの出来事は、古典的な国民に所属する視点から捉えた場合には、他の出来事の連なりの中に一義的に統合することができない、決定不能な点として——つまりトラウマとして——現れているのだ。

ここで、「歴史の終極において待ち受けているはずの視点」と呼んだものこそ、「真理」を知っているはずの、超越（論）的な「第三者の審級」のことにほかならない。われわれは、すでに、リスク社会についての考察を通じて、次のことを論じてきた。すなわち、資本主義の現代的な展開の中で、「真理」を知っているはずの超越（論）的な「第三者の審級」の存在の想定が不可能なものになっていくこと、そのことの帰結として、「リスク」が現れること、これらのことを示してきたのであった。今、ここでは、「リスク」の出現を導いたのと同じ条件が、共同体の記憶の困難を——共同体の歴史の中に統合できないトラウマ的な出来事の残存を——規定しているということを、確認したのである。

共同体の記憶の困難と、「多重人格の流行」として現象するような個人の記憶の困難とが、連動しているように見える、と指摘しておいた。ダントが遂行的発話としての歴史叙述に関して述べたことは、個人の記憶の形成に関しても妥当する。個人の記憶は、「理想的年代記」のようには形成されない。つまり、知覚が登録されて、記憶として再現されるわけではない。個人史上のある出来事E_1が記憶されるためには、それを回顧的に捉える視点（が所属する出来事）E_2が必要になる。だから、記憶が客観性を得るためには——共同体の記憶が歴史の終極点を越えたところにある超越的視点を要求したように——、個人史の終極にあるはずの視点を有する、超越的な第三者の審級の存在が、想定できなくてはならないことになる。もし、個人の生活史に対して、こうした、第三者の審級の存在を想定しえないならば、人は、自身についての記憶の断片をその内部に位置づけうるような、統一的な視野を欠くことになる。このとき、個々の記憶の断片は、共通の文脈を欠くがために、相互に無関係なものとして放置されるだろう。多重人格的な「人格」の解離が起こりうる根拠は、ここにある。さまざまな記憶の系列は相互に参照しあうことがないので、つまりひとつの系列からは別の系列は見えないので（健忘）、直接に関係しあう諸記憶の系列が、それぞれ異なる「人格」を構成しているかのように現れるのである。

また、超越的な第三者の審級に帰属する視点が機能していないときには、個々の記憶に「客観性」が宿ることがない。歴史の終極の視点を先取りしないと——先取りしているかのような擬制が実効的でないと——、歴史記述が主観的な暫定的主張の域を越えられなかったのと同様に、個人の個々の記憶に関しても、第三者の審級の視点を終極的に想定できないときには、記憶が客観的に妥当なものなのか、捏造されたものなのか、——その当の記憶の所有者にとって

——決定することができなくなるのだ。

ここで、映画『ブレードランナー』のディレクターズ・カットと一九八二年版との相違に関する先の指摘をあらためて思い起こしておこう。一九八二年版は、デッカードの記憶が捏造されたものだということを、否認するような構成になっているのであった。同時に、ディレクターズ・カットには流れていない「ヴォイス・オーバー」（「オフ」の声）」が、一九八二年版ではかぶせられている。ヴォイス・オーバーは、言ってみれば、超越的な第三者の審級に帰属する声である。そうした声が可能であるならば、つまりそうした声の所有者に帰属する視点の存在をデッカード自身が想定しうるならば、記憶には、客観性が宿るのである。つまり、それは、誰かによる恣意的・主観的な捏造物である可能性を克服することができるのである。したがって、記憶の困難を——つまりそれが客観的なものなのか、何者かによって製作されたものなのかについてのラディカルな決定不能性を——表現するためには、ヴォイス・オーバーは除去されなくてはならなかったのだ。

記憶の困難の原因

一九八九年に、「多重人格および解離研究国際協会」会長リチャード・ローウェンスタインは、自信たっぷりに次のように発言した。「精神医学の歴史において、重大な病気の特定の病因学と、その経過と治療について、これほど十分な知識を持つようになったことは、かつてなかった」[*10]と。その二十年前には、ほとんど未知であった精神疾患が、他のいかなる精神疾患よりもよく理解されており、病因について完全に知りうる、と豪語されるまでになったのである。ここで、確実な病因とローウェンスタインが見なしていることは、父親やそれに類する身近な者による、幼児期の虐待――とりわけ性的な意味をもった虐待――である。だが、前章で指摘したように、幼児虐待に対する防衛反応として人格の解離が生ずる、とする因果関係の設定は、確実であるどころか、大いに疑問の余地が残るのである。だが、他方、幼児虐待が虚偽記憶かどうか、ということを争っても仕方がない。というのも、記憶が、単なる過去の知覚の再現ではなく、述べてきたようなやり方で構成される構築物だとすれば、それについて、事実確認文の場合のように真偽を決定することはできず、ただ幼児虐待についての記憶を所有していると主張する患者にとっては、それは客観的である、というほかないからである。われわれが問うべきことは、だから、多重人格者は、なぜ、父親による虐待を記憶するのか、ということである。

虐待は、ばらばらに細分化している多重人格者の多数の「人格」が、唯一、共有している記憶である。虐待の記憶において、解離していた諸「人格」の統一が回復されている、と見なすこともできなくはない。多重人格者の交代人格の中には、必ず、実際の患者よりもはるかに幼い子どもが含まれている。子どもの交代人格は、まるで、幼い頃の患者に対する父親の虐待を証言するためにいるかのようだ。

ここで、前章で論じておいたことを想起しておかなくてはならない。われわれは、多重人格者の個々の交代人格に与えられる名前を考察しながら、そこでは、「父の名」が排除されている、と指摘した。つまり、患者を虐待する猥褻な父は、言わば、名前をもたない父なのである。「父の名」が存在しない、ということは、それによって指示される、父性的な審級が、つまり超越的な第三者の審級が、廃棄されているということである。このような理解は、多重人格者に対しては、第三者の審級が効力を失っている、ということまでの考察と整合する。それゆえ、虐待する父は、第三者の審級（父）が排除された後の空所に、あらためて導入されていることになる。

虐待する父を想定することは、実は、いったん排除した第三者の審級としての父を、逆説的な仕方で回帰させる手法となっているのである。説明しよう。私に対して君臨していた第三者の審級が排除されてしまうということは、いささか意外なことに聞こえるかもしれないが、次のような事態と等価である。私が第三者の審級が何を欲しているのか、何を肯定的に承認しているのか、過不足なくわかってしまうこと、そしてこの私が、第三者の審級の欲望している状態と完全に合致している、ということを知っていること、これである。第三者の審級が、超越（論）的な条件を規定するものとして、私に対して効力を発揮するためには、第三者の審級の欲望や意志に、私が完全には知り尽くすことができない不可解さがいくぶんか残っていなくてはならない。第三者の審級が私に対して何を欲望しているのか、私の現在の状態がその欲望に合致しているのか、最終的には決定できないということ、このことによってこそ、第三者の審級は、私に対して超越的なものとして君臨することができたのである。その極限の事例は、その意志を測り知ることができない、予定説の神である。だが、多重人格者は、第三者の審級としての父の効力を否定してしまうことにおいて、その父の欲望を透明に見通すことができ、自身がその欲望に合致していると確信しうるような状態にある。[*11] こうした状態において、再び、第三者の審級の超越性を回復するには、どうしたらよいのか？　第三者の審級の位置を占めている父親と自分との間に、敵対的な関係を仮定することである。敵対的な関係の想定は、第三者の審級としての父の欲望と私の現在の状態との間に不一致を再導入したことになる。この不一致を基礎にして、つまり私が第三者の審級の欲望するところと完全には合致していないということを媒介にして、第三者の審級はあらためてその超越性を回復することができるのだ。

多重人格についての以上の考察が示していることは、多重人格症状は、「自由の条件」をめぐる考察の中で、われわれが見出してきた現代社会の特徴を集約し、純化して表現している、ということである。まず、多重人格的な解離は、リスク社会をもたらしていたのと同じように、「真理」を知っているはずの超越的な第三者の審級が不在であったということ、このことから生ずる。また、われわれは、第三者の審級が排除されたあと、まさに第三者の審級の超越性の不可能性を具現するような第三者の審級が実体化されることがありうる、ということを指摘しておいた。これと同様に、多重人格者も、いったん第三者の審級を排除してしまった後、「虐待する父」の形態で、第三者の審級を逆説的に回帰させるのである。

われわれは、先立つ議論の中ですでに、自由な能動的選択が可能であるためには、第三者の審級の存在が――（真理を）知っているはずの第三者の審級の存在が――先行的な条件として必要だ、ということを確認した。だが、資本主義の現代的な展開は、こうした第三者の審級を排出しようとする強い傾向性を有する。逆説的な仕方で第三者の審級が回帰してくる場合もあるが、このような場合には、第三者の審級は、自由の可能条件とはなりえない。オウム真理教の事例を引きながら示しておいたように、それは、自由な能動性を徹底的に放棄する全体主義的な社会に特徴的な受動性をこそ指令する圧力を作動させるからである。こうした現状の中で、自由をいかにして蘇生させることができるだろうか？　多重人格の事例は、見てきたように、現代社会の困難を純化して体現しているが、同時に、そこには、その困難からの脱出口の存在も示唆されているのである。

1　S・ジジェク『否定的なもののもとへの滞留』太田出版、一九九八年（原著1993）、二二三—二二六頁。

2　普通、公開された一九九二年版が、ディレクターズ・カットと言われているが、厳密には、ここにも妥協があり、真のディレクターズ・カットとは違っているらしい。

3　欧米、とりわけアメリカに比べて、日本では、多重人格は一般的ではない。他方、——斎藤環によれば——日本人の間では、記憶喪失が相対的に多く見られるという。この事実は、記憶喪失と多重人格は、同種の困難に対処しており、その困難が、一方によって解決される場合には、他方は発症しないというような、相補関係があることを示唆していないだろうか。

4　ジュディス・ハーマンによれば、過去一世紀強の間に、三回、特定の形態の心理的トラウマが、社会的に注目を集めており、それぞれが、特殊な政治運動と結びついていた（Judith L. Herman, *Trauma and Recovery*, Basic Books Inc. 1992）。三つのトラウマとは、ヒステリーと、シェル・ショック、そして性的家庭内暴力である。ヒステリーの研究は、一九世紀のフランスの共和政的・反教会的な政治運動と対応している。シェル・ショックは、ＰＴＳＤへと発展したのは、反戦運動という政治的文脈においてである。そして性的家庭内暴力への意識を高めた政治的文脈はフェミニズムであった。このように個人的なトラウマの特殊形態の流行は、すべて共同体の特定のタイプの政治的文脈に対応していたのだ。またアライダ・アスマンは、『想起の空間—文化的記憶の形態と変遷』（水声社、二〇〇七年。原著 1999）の中で、一九八〇年代中盤以降「記憶」についての言説が氾濫している理由の一つとして、メディア環境の変化を挙げており、示唆的である。すなわち、伝統的な記憶形式である「活字」が終焉しようとしており、代わって、異様な大きさの記憶容量をもつ電子的メモリーが受け入れられつつある、ということが記憶への注目を促した一因だった、というのである。さらに翻って考えてみれば、記憶への注目が高まる度に、新しい記憶メディアが登場してきた。記憶術の最初の盛期である古代は、文字メディアの登場に対応しており、第二の盛期であるルネサンスは、印刷された活字への転換が進められていた。

5　フランセス・イェイツ『記憶術』水声社、一九九三年（原著 1966）。

6　M. Carruthers, *The Medical Craft of Memory*, University of Pennsylvania Press, 2003.

7　以下を参照されたい。大澤真幸『ナショナリズムの由来』講談社、二〇〇七年、第一部第Ⅰ章第1節。

8　Hayden White, *Metahistory : The Historical Imagination in Nineteenth-Century Europe*, Baltimore : The Johns Hopkins University Press, 1973, p.140.

9　Arthur C. Danto, *Narration and Knowledge*, Columbia University Press, 1985.　また野家啓一『物語の哲学』岩波書店、一九九六年も参照。

10　イアン・ハッキング『記憶を書きかえる——多重人格と心のメカニズム』早川書房、一九九八年（原著1995）、一〇一頁。

11　非常に暗示にかかりやすいということが、多重人格者の特徴のひとつである。たとえば、多重人格者は、精神科医や精神分析医の指示や期待にきわめて容易にしたがってしまう。たとえば斎藤環は、私との対談で、一年ほど外傷体験を語らなかった患者が今夜は外傷体験を語りだすのではないかと予期したとき、実際に語りだした、という体験を引きながら、多重人格患者は医師との共鳴性がきわめて高い、と指摘している。この場合、医師が患者の父の等価的な代理物になっているのではないか。患者は、患者に対して医者＝父が欲望していることが、透明にわかってしまう（かのように実感している）のである。

19　死の欲動

展開された価値形態と一般的価値形態

われわれは、この三十年間で「多重人格（解離性同一性障害）」が異様に増殖しているという事実に着眼し、ここに、先端的な資本主義社会がかかえる——自由をめぐる——困難が射影されている様を概観してきた。つまり多重人格は、われわれの困難の指標となっているのである。だが、同時に、角度を変えて捉えてみた場合には、多重人格は、別の可能性の指標と見なすこともできる。このことを説明するために、少しばかり回り道をして、マルクスの価値形態論を参照しておこう。価値形態論に与えた、スラヴォイ・ジジェクの次のようなちょっとしたコメントが、ここで役に立つ。[*1]

価値形態論の最大の謎は、言うまでもなく、「展開された価値形態」から「一般的価値形態」への転換である。この転換についてのマルクスの説明は、詐術のようにすら見える。というのも、二つの価値形態は、数学的には同値だからである。展開された価値形態においては、特定の商品（二〇エレのリンネル）が、さまざまな商品（一着の上着、一〇ポンドの茶、四〇ポンドのコーヒー……）を通じて自己の価値を表現する。それに対して、一般的価値形態においては、逆に、特定の商品の方が、さまざまな商品の価値表現になっている。展開された価値形態と一般的価値形態では、等式の右辺と左辺が逆転しているだけである。無論、価値形態論の意図は、一般的価値形態（貨幣）の生成を説明することにある。もし、二つの価値形態が完全に同じことに帰着するのであれば、マルクスが与えようとした説明は、まったくのトートロジーであって、失敗していると見なさざるをえない。しかし、われわれはむしろ次のように考えるべきである。展開された価値形態から一般的価値形態への倒置が、「何か」を発生させているのだ、と。その「何か」が、特定の商品が貨幣として機能することを可能ならしめているのである。しかし、その「何か」は、実定的には無である。つまり、それは、規定可能な積極的な同一性をもたない。だから、展開された価値形態と一般的価値形態は、その数学的表現においては、まったく等価なものになってしまうのである。だが、後者から前者を差し引いたときに残る「無」こそが、特定の商品を貨幣という物神たらしめるアウラの源泉なのだ。[*2]

これと類比的なことを、多重人格について論ずることができる。多重人格を、「私」がさまざまな「人格」を通じて表現される現象だと見なすことができるだろう。それぞれの「人格」

は、芝居の配役のように、記述可能なさまざまな性質によって同定されている。このように考えれば、多重人格は、展開された価値形態と似ている。われわれは、多重人格が、一九七〇年代・八〇年代のポストモダンの思想が、革命的な潜勢力の寓意を託した心身的現象――統合失調症――の律儀な現実化と見ることができる、と論じておいた。しかし、多重人格は、資本主義の現在に対して革命的に作用するどころか、むしろ、資本主義の現在と共振し、その内在的な困難をそのまま体現しているだけだ、ということも確認してきた。このように見るとき、われわれは、展開された価値形態の範型によって、多重人格を把握しているのである。

だが、多重人格を一般的価値形態の範型によって捉えることもできるはずだ。すなわち、「私」が諸人格を通じて表現されていると見なすのではなく、逆に、さまざまな人格が〈私〉を通じて表現されていると、つまり諸人格の「真実」として〈私〉があると、見なすのである。一般的価値形態の範型の下では、「私」ではなく〈私〉という表記が用いられているのは、展開された価値形態の場合と違って、〈私〉は諸人格の記述可能な特性によってあらかじめ同定されえない以上、その単一性は、「同一性」ではなく〈同一性〉の水準に対応していると見なすべきだからである（第16章参照）。〈私〉を、何らかの性質に依拠して「何者か」として積極的に同定しようとしても、それは、この同定の所作から、常に逃れていってしまう。言い換えれば、〈私〉は、「記述」ではなく「名前」によって指示されるほかないような〈同一性〉を帯びて立ち現れている。要するに、〈私〉は、積極的な規定の下で把持しようとすれば、無であると見なすほかないのである。それゆえ、多重人格を、一般的価値形態に類比しうるようなやり方で、通常の場合から転倒させて眺めた場合には、それは、〈私〉がそうであるような「無」こそが、さまざまな記述的な特性によって定義されている諸人格の本態として措定されうる、ということを示していることになる。

展開された価値形態の様式で捉えたときには、多重人格という現象が含意していることは、「私」の同一性が、さまざまな記述的な特性によって同定されている諸人格の総和によって定義され、諸人格の集合に従属しているということである。諸人格が解離するのは、それらが、必ずしも共通の性質を分有してはいないからである。これに対して、一般的価値形態の様式に転倒させて捉えた場合に、多重人格がわれわれに教えることは、人格を定義する同一性は常に暫定的なものであって、〈私〉はそのいずれにも――あるいはその集合にも――解消しえないということである。〈私〉は、どの人格と等値しようとしても、さらには諸人格の束と等値したとしても、そうした等値を裏切り、他（の人格）でありうるものとして現れる。この場合、多重人格が示していることは、〈私〉の〈同一性〉は、それ自体としては空虚であって、解消しえない偶有性にこそあるということ、つまり常に「他でありえた」という差異性の一貫性だということである。ここでパーフィットの思考実験に触発されて使用した語に再び依拠するならば、〈私〉とは、分身への分岐可能性（の持続性）のことなのである。

前章までの考察の中で、われわれは、多重人格が、自由を空洞化していく資本主義の困難を映し出す鏡のようなものになっている、ということを示してきた。だが、多重人格は、「展開された価値形態」に対して「一般的価値形態」がそうであるような様式で転倒させて捉えられた場合には——つまり〈私〉と人格の間の「図／地関係」を反転させて見られた場合には——、異なった相貌を呈する。このことは、自由の空洞化の只中に、自由の異なる可能性が——自由の空洞化に抗する別の自由の可能性が——宿っているかもしれないということを暗示してはいないか？　「展開された価値形態」の様式で映し出された多重人格が、自由の空洞化を体現しているのだとすれば、「一般的価値形態」の様式で映し出された多重人格は、自由のどのようなあり様に対応しているのだろうか？

死の欲動

多重人格性の解離は、単純化してしまえば、個人の記憶の重い困難を表示していると見なすことができるのであった。前章の考察の中で、われわれは、多重人格の頻出という形態で現象している、個人の記憶の困難が、共同体の記憶の困難についての自覚と相即する社会現象である、ということに注目した。共同体の記憶を定着させる歴史叙述を、ひとつの言語行為と見なした場合に、それは、どのような機制を可能条件としてもたらされているのか？　こうした問いをめぐる考察を、多重人格についての考察へと投げ返すことによって、多重人格における（個人の）記憶の困難の原因を探り出そうとしたのであった。今、ここで、もう一度、個人／共同体の記憶の困難をめぐる問題を振り返っておこう。そのことから考察を前進させるための手掛かりを得ることができるからである。

記憶が困難に直面するのは、物語的な一貫性を有する「歴史叙述の体系」の内へと統合されることを頑強に拒む出来事が存在しているからである。言うまでもなく、こうした出来事が精神に与える効果こそは、精神分析で言うところの「トラウマ」である。前章で明らかにしておいたことは、歴史を叙述する文は、時間的に隔たった二つの出来事の関係から派生するということである。ひとつは、記述される出来事そのものであり、もうひとつは、その記述を与える視点が帰属する事後の出来事である。端的に言えば、歴史の終極を偽装する事後の視点を想定しうるときにのみ、歴史的叙述は可能になる。だから、それを捉え、意味づける「事後の視点」を想定することができない出来事がトラウマとして体験されるのだと言ってよいだろう。言い換えれば、「事後の視点」にとって、どうしようもなく不可解で、意味づけることができない出来事があるのである。ここで疑問なのは、意味づけに対して躓《つまず》きの石となるこうした出来事が、どうして現れるのか、ということである。どのような出来事が、記憶の整合的な体系へと参入することを拒むのであろうか？

言うまでもなく、トラウマに関する最も重要な洞察は、フロイトによって与えられている。トラウマについてのフロイトの理論は、とりわけ、晩年の研究に属する二つの著作の中で構築されている。二つの著作とは、『快感原則の彼岸』と『人間モーセと一神教』である。前者においては、個人の生活史の中でのトラウマが主題となっているとすれば、後者にあっては、共同体の歴史との相関で現れるトラウマが主題化されている。つまり、フロイトの晩年の二著は、個人の記憶をめぐる困難と共同体の記憶をめぐる困難が同型的な構成を根拠としているのではないか、とするわれわれの推論と同じ直観に立脚していることになろう。

これらの著作の中で、フロイトはひとつの奇妙な仮説を、フロイトが提案してきた数々の想像力あふれる諸仮説の中でも最も不可解な仮説を、導入している。「快感原則の彼岸」で「死の欲動」が作用している、とする仮説である。この仮説は、あまりに独創的で、理解困難であり、精神分析学史の中のスキャンダルでさえある。実際、この仮説は、その後の精神分析の主流派からは、ほとんど顧みられることはなかった。つまり、この仮説自身が、歴史（学説史）における記憶の困難を、身をもって体現していると見ることもできるだろう。「死の欲動」という仮説は、精神分析学史の中のトラウマなのである。[*3] しかし、大方の理解を得られなかったこの奇妙な仮説をフロイトが導入したことには、もちろん、根拠がある。

フロイトも、長い間、快感原則だけで、心的エネルギーの運動を完全に説明できる、と考えていた。快感原則に準拠を与える「快」とは、フロイトの定義では、興奮量が低い状態である。興奮量が低い方が心が安定し、人は快感を覚える、というわけである。快感原則とは、余分な興奮を発生させないように、心的エネルギーの恒常性をできるだけ保とうとする傾向性のことである。[*4] 快感原則が現実原則と葛藤しつつ、自己を貫徹しようとしているとする理解は、規範と欲望の対立の中で行為を位置づけようとする通俗的な像に適合しやすい。フロイト自身もまた、こうした理解によって、心的エネルギーの流れを描ききることができると思っていたのだ。快感原則は、フロイトの理論が抽出してきた、心の中の諸審級を――たとえば意識／前意識／無意識といった諸審級を――統合する、最終的な根拠として位置づけられていた。言い換えれば、フロイトの理論において、快感原則こそが、人格の同一性の根拠をなしていたのである。

だが、フロイトの一九二〇年の著作、つまり『快感原則の彼岸』は、こうした理解の内に収容できない現象にフロイトが遭遇したことの結果である。フロイトを当惑させたのは、苦痛をもたらす出来事――トラウマを構成する出来事――を、強迫的に反復する神経症者の症状である。患者は、苦痛の源となっている出来事についての悪夢を繰り返し見る。あるいは彼らは、そうした出来事が、驚異的な直接性をもって、生々しく甦るのを、何度となく体験したりする。フロイトは、反復強迫の例をいくつもあげている。ある女性は、結婚し、その度に夫に死なれるという体験を繰り返しており、彼女にとって、そのことがトラウマとなっている。フロイトが分析している、タッソーの叙事詩『解放されたエルサレム』の中では、主人公タンクレートは、恋人を殺害した後に、森の木の幹を切りつけることで、恋人殺害の行為を反復する。それまでフロイトは、神経症の症状は、不快をもたらす葛藤を回避しようとする防衛反応として、すべて解釈しうる、と考えていた。しかし、不快な出来事へと繰り返し回帰する現象は、こうした解釈の線に従わない。そこで、フロイトは、快感原則よりも優先的な原則があり、その原則に由来する課題が解決されない限り、快感原則の統御は開始されない、と考えるようになった。その優先的な原則こそが、死の欲動にほかならない。

銘記すべきことは、死の欲動についての仮説を、フロイトは史上初の全面戦争の衝撃の中で構想した、ということである。こうした仮説の導入へとフロイトを駆り立てたのは、第一次世界大戦の後に大量に現れた、戦場での出来事をフラッシュバックのように反復的に甦らせる神経症患者の症例である。ついでに指摘しておけば、死の欲動とトラウマをめぐるもうひとつの重要な著作『人間モーセと一神教』もまた、全面戦争への歩みの中で――第二次世界大戦に連なる出来事の中で――書かれている。

あえて苦痛を与える出来事に回帰しようとする傾向、つまり死の欲動が、人間になぜ備わっているのか？　このことの説明に、フロイトは、相当苦労している。彼は、次のように論じている。

かつて生命なき物質の中に、いまのところまったく想像不可能な力の作用によって、生命体の特質が目覚めさせられた。……そのときには、これまで生命なきものであった材質の中に緊張が発生したが、その緊張は解消されようと努めた。最初の欲動が、無生命へ回帰しようとする欲動として、こうしてもたらされた。*5

生命――物質の緊張状態――は、生命以前の弛緩状態へと立ち戻ろうとする傾向がある、というわけである。こうした見解は、基本的な構図においては、エントロピーの不可逆的な増大を予言する熱力学第二法則に似ていなくはない。生命とは、統計力学的に見れば、平衡から大きく隔たった状態（緊張状態）のひとつであるに違いなく、それが、エントロピーが極大になる平衡状態（弛緩状態）へと向かう中で、生命的と見なし得る秩序が発生している、と考えられるのである。とはいえ、対流や化学時計のような前生命的な秩序形成の機制をも包括的に説明する、こうした法則は、死の欲動のような複雑な現象を根拠づけるほどの繊細度をもってはいない。要するに、今日の生物学や生理学、あるいは一般システム論の立場から見れば、フロイトの説明を字義通り受け入れることは、とうていできない。フロイト以後の精神分析が、フロイトの最終的な結論となる仮説をほとんど継承しなかったにもかかわらず、たいした痛痒を覚えなかった理由のひとつも、ここにあるだろう。快感原則についてならば、仮にそれを根拠づける生理学が現在の水準からするといくぶん怪しげなものであっても、われわれの意識的体験からくる直感が、仮説の妥当性を補完してくれる。しかし、死の欲動については、そうはいかない。もしフロイトが「死の欲動」の語のもとで包括しようとした現象が広く観察されるのだとすれば――実際そうなのだが――、われわれは、その必然性についての説明を、フロイトとは別様に与えなくてはならない。

キャシー・カルースが洞察力あふれるヒントを与えてくれている。[*6]彼女は、フロイトの著作を読み解くという身振りで、明らかにフロイトが十分に語ってはいなかった局面にまで前進しているのだ。どのような出来事がトラウマになるのだろうか？　何がトラウマとして体験されているのだろうか？　普通は、トラウマ症状は、きわめて破壊的な経験、生命への威嚇となるような実体験に対する直接の反応であると、考えたくなる。しかし、そうではない、とカルースは述べる。フロイト自身も、生命の危機ともなりうる、肉体への損傷は、原則として、神経症をもたらすよりも、逆に、神経症の発症を抑えることの方が多い、と述べている。それならば、何がトラウマをもたらすのか？　カルースは――今日「ＰＴＳＤ」と呼ばれているような症状もおそらく視野に収めながら――、次のように述べる。トラウマは、破壊的経験の直接の効果ではなくて、それを生き延びてしまったという特異性をめぐる謎に由来しているのだ、と。私がもう少しで死にそうになった、ということがトラウマをもたらすわけではない。それにもかかわらず私が生きているということが提起する謎、私がなぜ生き延びたのかという説明不能な謎が、私のトラウマを構成するのである。強迫的な反復は、この謎が解答不能であるがゆえに、神経症患者が、繰り返し、繰り返し、謎の源泉となった「生存」の現場に回帰せざるをえないがために強いられているのだ。戦場での体験がトラウマをもたらす理由も、このようにして説明できる。「戦争神経症」に苦しむ、戦場からの帰還者は、あの戦場の中を生き延びることができたのはなぜか、という問いに何度も繰り返して直面させられているのである。破壊的な事件からの生還者の自殺率は高い。これも、こうした論脈で説明することができることである。肝心なことは、戦場や絶滅収容所の生存者は、しばしば、完全な安全性が与えられた後で、自殺してしまう、ということである。

カルースは、トラウマについてのこうした理論から、歴史ということを捉えなおそうとする。共同体の歴史に関しても、個人の生活史について述べた事柄と、基本的には同じことが妥当する。これがカルースの考えである。ここでも本質は、共同体が生き延びてきた、ということにある。簡単に言えば、歴史は、共同体が――決定的な出来事を通じて――生き延びてきたということに対する、なぜ生き延びることができたのかということに対する、暫定的な解答なのである。「暫定的な」と限定したのは、問われていることは、本来解答不能な謎だからである。

これがトラウマと歴史についてのカルースの議論である。われわれはなお、問い進めないわけにはいかない。生き延びたということが、どうしても説明を要求するような大きな謎として迫ってくるのはなぜなのか？　説明を執拗にせまる「生き延びていること」とは、どのような状態のことなのか？

第三者の審級による存在の許可

これらの問いに応ずるために、「死の欲動」の存在を証拠だてる反復強迫の例として最も有名なケースを、ここであらためて取り上げてみよう。それは、糸巻きを物陰に投げてはたぐりよせるということを繰り返す遊びに耽っていた生後一年半の男の子の例である。おそらくフロイトの孫だと思われるこの子どもの遊びは、一人でやる「いないいない／ばあ」遊びと見なすことができる。この子どもは、糸がついた糸巻きをベッドなどの物陰に投げ入れながら、「o-o-o-o オーオーオーオ」と声を発し、ついでそれをたぐりよせながら、「da ダー」と叫んでいた。子どもは、この動作を何度も何度も繰り返していたのだ。フロイトは、それぞれの音声を、「fort フォールト（いない）」、「da ダー（いた）」のことであると解釈した。また、母親が帰宅したときの子どもの反応から、糸巻きは母親の身体に見立てられていたということがわかった。

要するに、糸巻きを使ったこの「いないいない／ばあ」遊びは、母親の不在と帰還に関係づけられているのである。フロイトによれば、これは、母親の身体からの分離体験の再現である。また、ここで、「o/(d)a」という音の対立が、「不在／存在」の対立に対応したシニフィアンの示差的な対立として導入されていること、とりわけ「o」が、「存在」との対照における「不在」を意味する音韻として機能しているということ、これらのことは、糸巻き遊びが言語の生成の瞬間でもあった、ということを暗示しているだろう。フロイトは初め、「いないいない fort」の局面は、「ばあ da」のための、つまり母親の再来という、快楽をもたらす経験を構成するための、必要な前提条件として演じられているのではないか、と考えていた。しかし、仔細に観察しているうちに、「いないいない」は「ばあ」とは独立に固有の価値をもつらしいということ、「いないいない」は「ばあ」よりももっと重要だということを発見する。その逆、つまり「いないいない」が「ばあ」の解放をもたらすための必要条件であるというより、「ばあ」の方こそ、むしろ「いないいない」に奉仕しているようにすら見えるのである。

いなくなることは喜ばしい再出現の予備条件として演じられているに違いなく、再出現の方に遊びの本来の意図が置かれているのだ、と答えようとする人もおそらくいるだろう。それに対しては、いなくなるという第一幕がそれ単独で劇として上演された、しかも、快い終わりに至るまでの全体が上演されるよりも比べものにならないくらい頻繁に上演された、という観察が異を唱えるであろう。[*7]

言うまでもなく、この遊びにおいて、死に対応しているのが「いないいない」の局面であり、生存に対応しているのは「ばあ」の局面である。この遊びが「死の欲動」の存在の証拠と見なされるのは、死の苦痛をもたらすはずの「いないいない」の局面が、わざわざ、繰り返し演じられているからである。「いないいない」が「ばあ」のための前提に過ぎないのであれば、こうした遊びも快感原則に従ったものと理解することができるだろう。しかし、「いないいない」に「ばあ」を越えた固有の価値があるのだとすれば、この遊びは、「快感原則の彼岸」を指示していることになろう。

ここで、われわれにとって非常に興味深いのは、この子どもの遊びが、「生き延びているということ」がどういうことなのか――したがって「死」とはどのような状態なのか――、を示唆しているということだ。ここで生存は、母親の身体の現前と結びついている。つまり、生き延びたということは、母親に見られていることなのである。他方、死は、母親に見棄てられた状態だということになる。ところで、母親は――幼児の発達段階の中で捉えると――、第三者の審級の最も原初的な段階に対応していると見なすことができるだろう。母親の身体は、女性的な〈他者〉との関係が、男性的な超越的な「他者」を外部に切り離して措定しておらず（第5章参照）、両者が移行的であるような状態に対応しているのである。言わば、それは生成局面にある第三者の審級である。

このことを勘案して含意を一般化すると、次のような仮説的結論を導き出すことができるのではないだろうか。生き延びているということは、第三者の審級に存在（生存）を認められているということ、第三者の審級に存在（生存）を許可されているということにほかならない。逆に、死とは、この場合、第三者の審級に見棄てられていること、第三者の審級に存在（生存）を許可されていないことである。われわれは、カルースに導かれながら、決定的な出来事を生き延びた者は、なぜ自分が生き延びたのか、という謎に直面させられる、と述べた。この謎は解消不能だと述べたが、しかし、「なぜ」の解釈のしようによっては、これは十分に答えることができる問いである。たとえば、私に銃弾があたらなかった原因をいくらでも列挙することができるだろう。だが、原因をいくら厳密に列挙したとしても、なぜ私はあの戦場を生き延びたのか、という謎に直面した者は、納得しないはずだ。なぜならば、彼が知りたいのは、第三者の審級がそうした原因の配備を承認したのはなぜかということ、要するに第三者の審級が彼の存在（生存）を欲し、許可したのはなぜか、ということだからだ。このことには理由がない。この意味で、謎は解消不能なのだ。

トラウマと「死の欲動」について、このように理解することが可能であるとすれば、それらについての理論を、フロイトが、ユダヤ教の起源を説明する中で彫琢していったのは、まことに適切なことであった、と考えることができよう。ユダヤ教こそは、「われわれ（ユダヤ人）」が第三者の審級（神）に存在（生存）を許可されるべく選ばれているのはなぜか、という謎に全面的に捧げられた宗教だからである。

『人間モーセと一神教』で、フロイトはだいたい次のようなストーリーを描いている。ヘブライ人たちは、エジプトからカナンに帰る過程で、指導者モーセを殺害してしまう。このことがトラウマになって、ユダヤ人という民族とその歴史が形成された、というのである。ここでユダヤ人が直面せざるをえない謎は、こういう問いである。モーセが死んでしまったのに、なぜ「われわれ」は生き延びているのか？　これは解答がない謎であって、これに対しつづけることは、耐えがたい苦痛でもあっただろう。この謎から逃れるためには、自分たちの代わりにモーセが殺害されたという事実を隠蔽してしまうことである。フロイトの想像では、実際、ユダヤ人たちは、殺害を自分たち自身に対して隠すために、別の指導者を立てた。その指導者の名前が再びモーセであり、そのため最初のモーセと同一視されてしまったのではないか。これがフロイトの推論である。

フロイトの推論の「実証的」妥当性に拘泥する必要はない。たとえそれがほとんど実証的根拠のない創作であったとしても、そこには、ユダヤ教のユダヤ教たる所以に対する洞察が含まれているからである。ユダヤ教の核をなしているのは、神が——モーセの代わりに——自分たちユダヤ人（の生存）を選んだのはなぜか、という謎である。この謎が、教義の上では、神とユダヤ人の間の契約という形式で昇華されている。ここで肝心なことは、この契約は、神の方にのみ自発性がある純粋に一方的な関係だということである。ユダヤ人が神を選んだのではない。ユダヤ人は、ただ選ばれたのである。だが、この選びには理由がない。つまり、ユダヤ人は、自分自身のうちに、彼らが「選ばれた民」に相応しいと見なしうるいかなる特徴をも探し出すことができないのだ。彼らは、ほかの民族と特に異なっているわけでも、優越しているわけでもない。このとき、神が何を欲して、彼らを選んだのか、という問いは、答えを充塡されることなく、開放されるしかない。

フロイトは、鉄道事故の生存者が、しばしば、戦場からの生還者とよく似たトラウマをもつ、ということに注目している。無論、それは、ここでの文脈に位置づけてみると、鉄道事故に遭遇したにもかかわらず生き延びたということ――生き延びることが許可されたということ――が謎を構成するからである。鉄道事故に由来するヒステリーに関する、前々回の考察をも含めて考えると、事態をもう少し一般化しておくことができる。フロイトが鉄道（事故）に特にこだわるのは、列車に乗り遅れることへの不安があるからだ、と指摘しておいた。この不安は、資本主義のダイナミズムを前提にして理解されなくてはならない。列車に乗っているということは、「未来」を先取りする先進的な第三者の審級に対応した、普遍的な「経験可能領域」の内に参入しているということの隠喩であった。したがって、逆に乗り遅れるということは、資本主義のダイナミズムを先取りする第三者の審級に見放されることに等しい。要するに、事故死に限らず、列車に乗り遅れること全般が、隠喩的な死として意味づけられうるのだ。

死の欲動とは何か？　死の欲動の存在をどのように説明することができるのか？　フロイトが「死の欲動」の存在をかぎつけたような現象が見出されるのはなぜか？　つまり人がしばしば苦痛をもたらしたはずの過去の体験に反復的に回帰しようとするのはなぜなのか？　今やこ

うした疑問に答えうる段階に到達した。ここまで論じてきたように、衝撃的な出来事を経過しても私が生き残ったということは、第三者の審級によって、私が存在しているという事実そのものが許可されたということである。だが、なぜ私は許可されたのか？　なぜ私は選ばれたのか？　繰り返し強調してきたように、この謎が開いた空隙を、十全な解答によって埋めることはできない。このことは、言い換えると、第三者の審級の選択に必然性がないように見える、ということである。つまり、私は選ばれなかったかもしれないということ、私こそ死者だったかもしれない——あるいは死者こそは私だったかもしれない——ということである。ここで私が直面していることは、私が死者なる〈他者〉でありえた、という根源的な偶有性なのである。この根源的な偶有性が解消できないとき、人は、繰り返し、自身の存在が選ばれる直前の状況へと回帰しないわけにはいかない。自身の存在が選ばれている状態を自明なこととして、受容することができないからである。つまり、このとき、人は、自身の存在が選ばれる事前の状況に——自身が死者の方へと分岐することがありえた状況に、未だに留まっているのだ。反復強迫は、このとき必然化する。

だから、こう結論できる。死の欲動が含意していることは、〈私〉が、第三者の審級の作用圏の外部に見棄てられた〈他者〉だったかもしれないということである。つまり、死の欲動と、〈私〉の本源的な偶有性とは、別のものではない。死の欲動のような形態で本源的な偶有性が露呈するということは、第三者の審級の作用に対して根本的な不信感がある、ということを示している。それは、第三者の審級に帰せられる選択を、必然として引き受けることの困難の表現だからである。死の欲動は、第三者の審級の作用と存在の想定可能性が侵食されているとき、その抹消不能な本性を露にすることになるのだ。たとえば、世界大戦のような全面戦争は、第三者の審級への不信感を極大化する。そこでは、存在（生存）／不在（死）の弁別が、まったくの恣意的な偶然としてしか構成されないからである。

死の欲動が必然であるように、〈私〉の本源的な偶有性そのものは必然である。死の欲動の形式で開示された本源的な偶有性が、われわれに、自由のもうひとつの可能性への鍵を与えてくれるだろう。

1　ジジェク「政治的主体化とその運命」『批評空間』Ⅱ—25、二〇〇〇年。

2　それゆえ、二つの命題が数学的あるいは論理的に同値だからといって、その実践的な含意において同じことに帰せられるとは限らない。このことを示す、もうひとつの鮮やかな例を、ソール・クリプキが提起している。クリプキはヴィトゲンシュタインの『探求』を読み解く過程で、行為の規則随順性を記述する二つの命題——①「もしPが規則Rに従っているのならば、彼は行為Aを選択するだろう」と②「もしPが行為Aを選択しないならば、彼は規則Rに従っているとは見なされない」——は論理的にはまったく同値であるにもかかわらず、①は妥当ではありえないが、②ならば言明可能でありうるということを示した。この場合にも、①から②への倒置——いわゆる対偶を取ること——によって発生する、論理的には「無」であるような「プラスアルファ」によって、命題の言明可能性が変化するのである。クリプキ『ウィトゲンシュタインのパラドックス』（産業図書、一九八三年。原著 1982）、大澤『意味と他者性』（勁草書房、一九九四年）参照。

3 フロイトは、精神分析の理論が記憶され、歴史的に引き継がれる可能性について、強い関心をもっていた。一九二四年のある手紙の中で、フロイトは、次のように書いている。「私の跡を継ぐはずであった委員会よりも私の方が長生きしてしまった。多分、国際精神分析協会より私の方が生き延びるであろう。ここまで来れば、精神分析が私を越えて生きながらえて欲しいと私は願っている。それが、先の見通しに暗い影を落とすとも」（一九二四年三月二十日付のサンドール・フェレンチ宛の手紙、注6に掲げたカルースの論文に引用されている）

4 快感原則が心的エネルギーを極小化しようとする傾向として定義されている場合もある。いずれにせよ、過度な興奮を除去し、快へと指向する内在的な傾向性と、快感原則は見なされている。

5 フロイト「快原理の彼岸」（原著 1920）『フロイト全集17』岩波書店、二〇〇六年。

6 キャシー・カルース「トラウマからの／への出立」『現代思想』一九九六年十月号➡『トラウマ・歴史・物語――持ち主なき出来事』みすず書房、二〇〇五年（原著 1996）。

7 フロイト、前掲書。

Ⅳ　もうひとつの〈自由〉

20　キリストの贖罪

本源的偶有性と形而上の罪

フロイトは、「死の欲動」という目的をもたない欲動を――あるいは自己否定的な目的しかもたない欲動を――発見した。快感原則は、もちろん、目的を、快感の獲得という積極的な目的をもっている。晩年のフロイトの考えでは、死の欲動は、優越的な原理であって、快感原則が有意味であるための作動条件を提供している。われわれは、前章の考察の中で、フロイトが「死の欲動」と呼んだ不可解な現象を、どのようにして合理的に理解することができるのか、ということについての仮説を提起したのであった。死の欲動は、私が生存し続けたということ――衝撃的な事件に遭遇したにもかかわらず私が生き延びたということ――が、言い換えれば、私の生存が第三者の審級に許可されたということが、解消しえない謎として残ってしまうということに由来しているのである。死の欲動が規定する「反復」は、人がこの謎の前に立たされ続けるということを意味している。

死の欲動に取り憑かれるということは、人が、言ってみればマルブランシュ的な世界を生きているということを証拠だてている。第1章で紹介したように、マルブランシュの「機会原因論」は、物質の因果列と精神の因果列の対応を保証する第三の実体――これこそが「機会原因」ではない真の原因である――として神を導入する。ある観点からすれば、「真の原因」であるはずの神の存在は、まったく無駄で、冗長なものに見える。というのも、物質あるいは精神の領域の因果関係のみによって――つまりは機会原因のみで――、それぞれの現象の生起は、説明できてしまうからである。だが、それでも、人は満足できないのである。神は、なぜ、まさにその因果関係を欲したのか？　そう問わざるをえないのだ。機会原因論の神は、こうした問いが開ける空隙を埋めるために導入されている。たとえば私が、ある致命的な事故の生存者であったとする。私が生き延びることができた原因は、いくらでも列挙することができるだろう。しかし、その上で、なお謎が残るのだ。第三者の審級は、そのような原因の配備をなぜ承認したのだろうか、と。

フロイトは、死の欲動を、人間を普遍的に支配する原理と見なしている。無論、われわれもまたそう見ている。だが、他方で、前章でも示唆しておいたように、第一次世界大戦の後の時代でなければ、フロイトは、死の欲動についての着想に至りつくことはなかったに違いない。

第一次世界大戦とは、一九世紀を終わらせた出来事、ヨーロッパの一九世紀が真に終わっているということをヨーロッパ自身が確認した出来事である。死の欲動がフロイトに見出されうる形で露呈するためには、一九世紀が死んでしまった後の精神的な真空地帯が、『西洋の没落』がリアリティをもって聞かれ、悲劇的なトーンをもって「死への先駆け」を説く難解な哲学書『存在と時間』の前半部が飛ぶように売れてしまう、精神の真空地帯が、必要だったのである。戦間期に西ヨーロッパに蔓延した、この精神的な真空状態は、今日の精神的な真空状態に、つまり今度は「二〇世紀の死」を確認しつつある世紀末に地球的な規模で拡がっている精神的な真空状態に、似ているのではないか？　この論点には後に立ち返ろう。[*1]

「死の欲動」は、トラウマという現象と深く結びついているのであった。トラウマを構成するのは、圧倒的に破壊的な出来事そのものではない。キャシー・カルースの論にふれながら、われわれはこう述べた。トラウマを構成しているのは、そうした衝撃的な出来事に遭遇したにもかかわらず、なお生きている、という事実なのである。「トラウマ」についての理解をフロイトが深めていったのは、前章に述べたように『快感原則の彼岸』と『人間モーセと一神教』においてである。生き延びたことの謎に個人が反復的に立ち返らされることが「死の欲動」であるとすれば、この謎に集団的なレベルで解を与えようとする努力が「歴史」である。歴史についてのこのような理解を、ユダヤ民族の歴史の解釈に適用したのが、『人間モーセと一神教』である。

『人間モーセと一神教』で、トラウマの起点となる衝撃的な出来事とされていること、それを生き延びたことが謎を構成するような出来事とは、モーセ殺害へと至ったユダヤ人の反乱である。フロイトは、ほとんど勝手な創作と言ってもよいほどの次のような仮説を提起する。通常は、出エジプトは、エジプトに捕えられていたユダヤ人を解放し、その本来の故郷カナンへと帰還する物語であると考えられている。だが、フロイトは、出エジプトの本来の目的をまったく別のところに見た。彼の仮説では、ユダヤ人の解放者モーセは、ユダヤ人ではなく、エジプト人、エジプト王の忠臣だった。一神教としての太陽神信仰の信者だったモーセは、エジプト王が殺害された後に、信仰が廃《すた》れるのを恐れ、ユダヤ人の指導者となって、彼らを救出したのだ。ユダヤ人は、滅びかけていた太陽神信仰を保存するための母体として、解放されたというわけだ。だが――フロイトの物語は続く――、モーセの導きによって脱出した後に、ユダヤ人たちは、反乱を起こし、モーセを殺害してしまう。その上で、彼らは、この殺害行為を隠蔽した。その後、二世代が経過したところで、ユダヤ人は、モーセから与えられた神に、火山神ヤハウェを対応させた。そして、かつてモーセが行ったこと、すなわちエジプトからの解放は、一人のヤハウェの神官の功績として、混同されて帰せられることとなった。この神官の名前が、またしてもモーセだったからである。しかし、彼は、最初のモーセ、エジプト人のモーセとは別人である。

これが、フロイトが描き出したユダヤ民族の歴史の起源である。ここで、トラウマを構成しているのは、モーセは死んだのに、自分たちは生き延びたということである。モーセの死は、教祖の死を、したがって太陽神の否定を含意している。モーセの死、モーセの殺害のトラウマは、もうひとつの宗教によって、そしてモーセという名のもう一人の教祖によって補償される。つまり、一旦否定された太陽神が、ヤハウェとして、殺害されたモーセが、もう一人のモーセとして回帰してきたのである。回帰してきた神ヤハウェは、ユダヤ人が生き延びたという事実、つまり彼らが（神に）選ばれたという事実を説明すべく導入された、ということになるだろう。

トラウマは、認識の水準では、原理的には解消不能な謎として現れる、と述べた。ここで付け加えておきたい論点は、同じことは、実践の水準では、解消不能な罪責として現れる、ということである。ユダヤ人たちが、モーセの死を、あるいはモーセの殺害を隠蔽しようとしたのは、この罪責感のためである。罪責は、必ずしも、モーセを「殺害」したという行為に由来するわけではない。フロイト自身も診断したさまざまなトラウマの症例が証明していることは、自己自身に帰せられる積極的などのような行為もなかったとしても、死んでいった者がいたのに自分自身は生き延びているという事実が、すでにそれだけで、生き延びた者たちに——謎と同時に——罪責を構成するということである。たとえば、戦争からの帰還者や、鉄道事故のような大きな事故の生存者は、彼ら自身が誰かを殺したというわけでもないのに、ただ自分たちが奇蹟的に生き延びたということに、深い罪責感を覚えているのである。[*2] こうした生存の事実が構成する罪責の、歴史上最も有名な例は、ホロコーストの生存者のケースである。[*3]『否定弁証法』のアドルノの次の言葉は、よく引用される。

永遠につづく苦悩は、拷問にあっている者が泣き叫ぶ権利を持っているのと同じ程度には自己を表現する権利を持っている。その点では、「アウシュヴィッツのあとではもはや詩は書けない」というのは、誤りかもしれない。だが、この問題と較べて文化的度合いは低いかもしれないが、けっして誤った問題ではないのは、アウシュヴィッツのあとではまだ生きることができるかという問題である。偶然に魔手を逃れはしたが、合法的に虐殺されていてもおかしくなかった者は、生きていてよいのかという問題である。彼が生き続けていくためには、冷酷さを必要とする。この冷酷さこそは市民的主観性の根本原理、それがなければアウシュヴィッツそのものも可能ではなかった市民的主観性の根本原理なのである。それは殺戮を免れた者につきまとう激烈な罪科である。その罪科の報いとして彼は悪夢に襲われる。自分はもはや生きているのではなく、一九四四年にガス室で殺されているのではないか、現在の生活全体は単に想像のなかで営まれているにすぎないのではないか、つまり二十年前に虐殺された人間の狂った望みから流出した幻想ではないのかという悪夢である。*4

これは、ヤスパースが、刑事的な罪責、政治的な罪責、そして道徳的な罪責から区別して、形而上の罪責と呼んだ現象である。他の三つの罪責は、何らかの積極的な行為、積極的な選択に対して生ずる責任に由来している。それに対して、形而上の罪責は、何の選択もなしに生じうる罪責、ただ存在しているということから生ずる罪責である。

ここでは、もうひとつ——現代の日本人にとってもう少し馴染み深い——事例を引いておこう。それは、一九九五年一月十七日の早朝に起きた阪神・淡路大震災を経験したある女性のケースである。彼女は、その日、たまたまいつもより十分間だけ早く起きていたがために、生き延びた。しかし、いつも通りに眠っていた夫は、家の下敷きになって死んでしまった。起きたのが十分間だけ早かったというまったくの偶然が、後に、この女性にとって、深い苦悩をともなう罪責感の源泉となる。彼女は、インタヴューに次のように答えている。ほとんど吃音のような言葉の乱れのままに引用しておこう。

> 何でうちの主人が死ななあかんねん。……何で？　っていうのは、何で、その、私のその主人が何で死ななあかんのっていう、そのへんの理由やな。だけどそんなの誰も答えられへんや。ね。……あのままじゃ、どない言うか、地震で殺されたという、そんなんや納得ようせんというあれで。何で？　何で？　何で？　何で？　って、誰もそんな誰も答えてくれへんやん。そんなの地震で死んだんやもんしょうがないやん、って言う。ほな、あんた生きとんのなんでや、って言われるやん。ほなそんなの答えられへんやん。たまたま十分早かって、寝とって箪笥が横切っとったら、布団の上を横切っとったらね、何でやってなる。*5

彼女の苦悩と罪責の源泉にあるのは、夫が死亡したという事実ではない。夫が死なないことがありえた——私が生きている以上は——ということの方が、より一層重要である。夫が死ななかったかもしれない、ということは、私が死んでいたかもしれない、ということでもある。この死ななかった（あるいは死んだ）かもしれないという可能性は、どうしても無化することはできない。「何で？」は、もちろん、この可能性を必然性に転ずる決定的原因や理由を求めているのだが、この問いの連発は、この「かもしれなかった」という可能性が、彼女にとって、どうしても還元できないことを示している。無論、この「かもしれなかった」こそは、これまで、「〈私〉の本源的な偶有性」と呼んできたことがらにほかならない。

彼女の周囲にいた友人や親戚は、彼女の苦しみを和らげようとして、彼女を慰めるが、すべて不発に終わる。それどころか、慰めは、彼女の苦悩をかえって深めてしまう。知人たちの眼からみれば、それは、彼女のわがままに見える。知人たちの慰めが効力を発揮できないのは、彼らが、この女性の苦悩や罪責を、ヤスパースの「道徳的な罪責」（まで）の水準で理解しようとしているからだ。道徳的な罪責に関していえば、彼女が罪を覚えるべきいかなる根拠もない。しかし、彼女の罪責や苦悩は、道徳的にはまったく無であるようなところでこそ発生しているのである。

だが、それならば、なぜ、本源的な偶有性が罪責を生むのか？　つまり、それが倫理的な意味合いを帯びるのはなぜなのか？　このことは、前章の考察で示したことを考慮に入れることで、説明することができるだろう。すなわち、倫理や規範の備給源となる審級との関係で、本源的な偶有性が意味をもってきている、ということを考慮することで、説明することができるはずだ。〈私〉の本源的な偶有性とは、〈私〉の存在が、第三者の審級によって肯定的に承認されなかったかもしれない、ということでもある。言い換えれば、第三者の審級から見棄てられた者と〈私〉とを分かつ、決定的な境界はどこにも見つからないのだ。そうであるとすれば、仮に〈私〉の存在（生存）が第三者の審級に承認されているとしても、なお、〈私〉は、承認されなかった者と同じ罪を担うべきではないか。つまりは、〈私〉の方こそは、死ぬべきではなかったか。こうした理路が、本源的な偶有性に倫理的な含意を与えることになるのである。

キリストの贖罪の自己言及的性格

本源的な偶有性が帯びる倫理的な色合いについて述べてきたのは、モーセ殺害のトラウマに関する議論を、それと並ぶ――しかしより一層重要な――歴史上のトラウマの問題へと接木していきたかったからである。もう一つの歴史上のトラウマとは、キリストの殺害である。フロイトの考えでは、イエスの死はモーセ殺害の再現である。使徒パウロが、イエスの死を、原罪に対する贖《あがな》いであると解釈したとき、パウロは、歴史の無意識の中に隠れていたモーセ殺しを想起したのではないか。これがフロイトの解釈である。

しかし、仮にキリストの殺害が、モーセの死を含むある「原型」の反復であったとしても、ここには、決定的な飛躍を見るべきではないだろうか？　もしモーセ殺害の事情をフロイトが述べたように解釈しうるのだとすれば、ユダヤ教においては、ユダヤ人が生き延びたことに由来する原初の罪責は、排除され、隠蔽されてしまったことになる。本来のモーセをもう一人のモーセに置き換えることによって、そして太陽神をヤハウェに置き換えることによって、モーセが見棄てられてユダヤ人が生き残ったという事実は抹消されてしまうのだ。それに対して、キリストの死は贖罪である。この場合には、本来的に罪が存在しているということが、まずは前提である。罪責は排除されず、克服されるのだ。

無論、あまりにもよく知られているように、キリストが贖う罪の原因は、アダムとイブの堕落の物語として神話化されている。だが、われわれは、人類史を通じて決して消えない罪、生を得ているということだけから構成されてしまう原罪という観念を、ここまで論じてきたような、「死の欲動」の根拠となるような罪責として、つまり生存の本源的な偶有性に由来する罪責として、解釈＝改釈することができるのではないか。アダムの物語は、それぞれの人間がただ生き延びてここにいるという存在の事実だけからでも、すでに罪の意識が構成されてしまうということを、人間が自己自身に納得させるための方策だったと考えるのである。モーセは死んだのにユダヤ人たちは生きている、ということは罪である。同様に、キリストが死んで、われわれが生き延びているということも、われわれにとって罪である。キリストは、死ぬことによって、この罪を贖うのである。

だが、このように解釈しうるとすれば、キリストの贖罪は、「自己言及」的で、奇妙に両義的である。キリストの死は、人々に原初的な——あの本源的偶有性に由来する——罪を与える。キリストは、人々に罪を構成するために——少なくとも罪を自覚させるために——死んだと（あるいは神によって見棄てられたと）、見なすことができる。ところが、同じキリストの死が、贖罪行為でもあるのだ。そうだとすれば、キリストの死は、罪とその贖罪を同時につむぎだしているのである。あるいは、こんなふうに言ってもよいかもしれない。キリストは、その死によって贖うべき罪を構成するために――顕在化させるために――死んだのだ、と。

無論、キリストの死についてのこのような理解は、キリスト教神学の理解と直接には一致しまい。しかし、ある種の神学的な解釈と、「自然な」整合性を持ちうる、ということは指摘しておこうと思う。たとえば、冒頭でもその名を出した、デカルト派の哲学者にして、敬虔なカトリック信者、ニコラス・マルブランシュは、アダムの原罪とキリストの贖罪の関係について、次のような、一見冒瀆的な見解を提示している。普通は、アダムがたまたま原罪を犯してしまい、それをキリストが究極の善意によって贖った、と考えられている。だが、マルブランシュは、論理的な順序を、これと逆転させるべきだ、と述べている。すなわち、神は、キリストに贖罪させるためにアダムに罪を犯させた、と理解すべきだ、というのである。キリストによる贖罪が可能なためには、まずは、罪がなくてはならない。アダムは、贖罪という究極の恩寵の可能条件として、罪を犯すべく定められていたのだ。[*6] このような解釈は、われわれが示した理解と親和性がある。というのも、通常は、キリストの死がなければ、われわれは永遠に罪から救済されなかっただろうと考えるわけだが、マルブランシュの理解に立てば、キリストの死がなかったならば、そもそも、われわれには罪がなかった、ということになるからだ。要するに、罪と贖罪が同時に分節されていると見なす点で、われわれの理解は、マルブランシュの解釈の脱神学化と見なすこともできるのである。

さて、キリストの贖罪の驚くべき特徴は、キリストが殺害されることで、人類全体が、すなわちわれわれすべてが救済されたことになる、という点にこそある。キリストの死によって、なぜ、他のすべての者たちも贖罪したことになるのか？ この問いに拘泥してみよう。というのも、ここにこそ、われわれの探究が本来問おうとしてきたことがらへの手掛かりがあるように見えるからだ。

われわれの本来の問いは、自由はいかにして可能か、ということにあった。そして、われわれは、現代社会が、自由の可能性のための条件を侵された、深い困難のうちにある、ということを確認したのであった。このような困難のうちにあって、自由のどのような可能性がありうるか、これがわれわれの本来の問いである。キリストの贖罪が可能であるという事実は、この問いに、ある示唆を与える。キリストが人類全体の罪を贖うということは、次のことを含意している。キリストによって救済される者たちは、いったい、何をしたのか？ 何もしていないのだ。彼らは、キリストの磔刑《たっけい》をただ見ていただけだ。そこには、純粋に受動的な無為のみがある。それにもかかわらず、彼らは、罪を贖ったことになるのだ。キリストを通じて贖罪することになる人類の共同体のどこにも、通常の意味で、「行為」と見なしうるもの、自由な選択の所産と見なすことができるものはない。しかし、その無為が、同時に、何ごとかを、つまり贖罪を成し遂げたことを含意しうるのだ。そうであるとすれば、ここには、自由の可能性の条件が完全に排出されてしまった後になお残る——あるいは発生する——もうひとつの異なる

〈自由〉の可能性を見ることができるのではないか？　キリストの贖罪を可能ならしめている機制を明らかにしなくてはならないのは、このためである。

キリストの受難＝われわれの贖罪

あらためて困難を確認しておこう。われわれは、こう論じた。自由な選択が可能であるためには、蓋然的な予期が超越論的な他者——第三者の審級——による保証を通じて効力を保持し、その確実性についての確証を行為者が得ることができなくてはならない。自由な選択は、必然的に、選択の帰属によって構成される責任 responsibility を、つまり応答可能性を伴う。責任と自由は同じ現象の表裏である。だが、責任は、誰に対する応答可能性なのか？　言うまでもなく、それは、自由の領域を構成し、自由であるべく行為者に呼びかけてくる、第三者の審級に対する応答可能性である。だが、しかし、現代社会は、つまりウルリヒ・ベックやアンソニー・ギデンズが「リスク社会」と呼ぶ後期の資本主義社会は、第三者の審級の不在——あるいは少なくとも希薄化——によってこそ特徴づけられるのであった。そのことが随伴する帰結は、自由な選択の空洞化である。アマルティア・センは、個人の自由は「社会的コミットメント」（の所産）である、と論じている。[*7]この語を——その意味をいくぶんかずらした上で——借用して事態を説明し直せば、次のようにもなるだろう。自由は、バーリンの言う消極的自由と同じものではない。つまり、単なる消極的な放任によっては、自由は構成されない。自由が実効的に可能であるためには、社会的コミットメントが、すなわち第三者の審級へのコミットメントが前提になる。しかし、第三者の審級の存在への社会的な信頼《トラスト》が大きく揺らいでいる点に、現代社会の特徴がある。

先に、フロイトが「死の欲動」を、戦間期に、つまり一九世紀的秩序の破産を確認する大戦争の後に、見出したということの意味を、考えなくてはならない、と述べておいた。死の欲動が直接に露呈するのは、第三者の審級が存在し、そして私の存在を承認しているだろうか、ということについての不安が、まったく癒しようがないときである。死の欲動が規定する強迫的な反復は、第三者の審級による承認以前の状態に繰り返し立ち、承認の圏内（経験可能領域）に飛び移ることの反復なのである。もし第三者の審級が、私の行為どころか存在すらも承認しているかどうか怪しいのだとすれば、そして私と棄てられた死者たちとの間に規範的な境界線を引いてすらいないのであれば、第三者の審級は、私の生に実効的な影響力を及ぼしていないのであり、その意味で、私にとって存在しないも同然ということになるだろう。要するに、死の欲動が、直接に観察可能な反復強迫のような形式で露呈しているときには、第三者の審級の存在についての想定可能性が、ほとんど崩壊しかかっているのである。[*8] 自己の「本源的な偶有性」についての自覚は、第三者の審級のこうした破産を示す兆候である。このように考えると、フロイトが「死の欲動」を発見した戦間期は、二〇世紀末の社会の困難を、一旦、先取り的に提示していると見なすことができるだろう。

そうだとすると、先に紹介した『人間モーセと一神教』で、フロイトが、ユダヤ教を、独特の二重性の所産として、つまりエジプト由来の太陽神信仰（最初のモーセ）の崩壊を埋めるもう一つの信仰（二人目のモーセ）として、解釈したことは、意義深いことである。何度も述べたように、ユダヤ教成立の歴史学的な「実証研究」としては、これはまことに怪しげな説である。しかし、フロイトが生きていた時代の寓意として読むならば、別の興味が出てくる。フロイトは、彼の「現在」（戦間期）を、言わば、最初の宗教的指導者が殺され、第一の神（太陽神）が排除されてしまった時代として、隠喩的に捉えているのだ。ところで、われわれは、この空白を、もう一つの新しい宗教が埋め合わせるだろう、と考えている。第三者の審級がいったん退出した現代社会のさまざまな現象に対する解釈から、次のように論じた。第三者の審級がいったん退出したあと、その不可能性を実体化する第三者の審級が回帰することがある、と。こうして回帰する第三者の審級を、フロイトがユダヤ教をそう見なしたような、二層目の宗教に対応させてみることもできるだろう。だが、回帰してくる第三者の審級は、自由の可能性を再建することができない、ということをわれわれはすでに確認した。それは、自由の不可能性を人々に明示的に自覚させ、凝固させるのである。ところで、フロイトが『人間モーセと一神教』を書くことによって、間接的にその登場を予言した、「二層目の宗教」は、戦間期のヨーロッパに、実際に、予言通りに現れた。結局フロイトが最後までその帰趨を見定めることができなかったファシズムこそが、それである。

キリスト教は、第三の道である。キリストの死による贖罪という要素を導入することによって、キリスト教は、ユダヤ教（までの宗教）とはまったく異なる斬新な宗教として成立した。

問題は、キリストによって、無為の人々が、いかにして贖罪行為を実現しうるのか、であった。つまり自由な選択の不在が、「キリスト」を通じて、いかにして、ある種の「選択」へと転換されうるのか、であった。

理解の鍵となるのは、まさにあの「本源的な偶有性」である。〈私〉の本源的な偶有性とは、〈私〉が基本的な同一性を保持しながら、他の役割や地位を占めたかもしれない可能性ではなくて、〈私〉の〈同一性〉が総体として「他でありうる」という可能性が留保されている、ということであった。要するに、それは、〈私〉が〈他者〉かもしれない可能性のことである。無論、これは、容易に、あの〈他者〉が〈私〉であるかもしれない可能性へと反転する。こうした間主観的な相互反射性こそが、「キリストを通じての贖罪」の可能条件である。キリストが殺害されることで、他の人々の贖罪が実現するのは、こうした本源的な偶有性において含意される相互反射性を前提にすれば、誰もが、キリストという〈他者〉でありうるからである。〈私〉がキリストでありえたがゆえに、キリストの死は、〈私〉の贖罪でありうるのだ。

もう少し立ち入って説明しておこう。本源的な偶有性を支えている原理的な機制は、私が、「志向作用」の「求心性／遠心性」と呼んできた双対的な作用である（詳しくは第4章参照）。〈私〉がまさにこの〈私〉（の身体）に求心的に相関させるような相で、対象を見ているということは、〈私〉があの対象＝〈他者〉によって見られているということ、つまり〈私〉からは遠心化された位置にある、あの対象＝〈他者〉に相関した視覚の中で〈私〉の方こそが対象になっているということでもある。〈私にとっての〉すべての〈他者〉は、このように、この〈私〉へと求心化する志向作用と連動した遠心化作用を媒介にして、顕現する。このことは翻って、〈他者〉に相関した――つまり遠心点における――体験を、〈私〉に求心化された体験として、再反射させることもできる、ということである。要するに、〈他者〉に帰属する体験に〈私〉を共鳴的に同調させ、それを〈私〉に帰しうる体験として固有化することもできるのだ。キリストの受難が、人類にとっての贖罪になることを保証する究極の条件は、こうした求心化／遠心化の作用がもたらす、志向作用の反射関係である。キリストの受難がわれわれの贖罪として完成するためには、厳密に言うと、求心化／遠心化作用にもとづく反射は二度起きていなくてはならない。第一に、キリストは、〈私〉のために、〈私〉に代わって苦難を担っている。これが第一の反射である。第二に、キリストにおいて生じたことが、もう一度、〈私〉へと跳ね返ってきて、キリストを通じて、〈私〉自身が、その苦難を生きている、と見なしうる関係が成立しなくてはならない。

　キリストの贖罪に可能性を与えている機制についての以上のような考察が、われわれの探究に与える教訓は何か？　〈私〉における無為、〈私〉における選択の不在が、求心化／遠心化作用に立脚した相互反射の関係を媒介にして、ひとつの選択として、つまりもうひとつの〈自由〉として実現することがありうる、ということである。論じてきたように、それは、〈私〉が本源的に偶有的である、ということに基づいている。ところで、〈私〉の本源的な偶有性のあからさまな露呈は――たとえば多重人格の流行は――、現代社会における、自由の困難を示す指標であった。そうであるとすれば、われわれは、こう考えるべきではないか。つまり、もう一つの〈自由〉の可能条件は、まさに自由の不可能性を規定する条件のうちにこそあるのだ、と。〈自由〉への希望は、自由の困難と別のところにあるわけではない。

ところで、この志向作用の相互反射性に、キリスト教が与えた名前こそは、「隣人愛」である。ここで、もう一度、〈自由〉の可能性が浮上するのは、第三者の審級によって保証されている通常の規範的な社会関係が破産してしまう彼方においてである、ということを強調しておかなくてはならない。このことを示しているのが、「ルカによる福音書」の中の、次のようなキリストの有名な言葉である。キリストは、まるで「愛」についての彼の教説を否定するかのように、「私のもとにやってきながら、自らの父と母、自らの妻と子ども、自らの兄弟と姉妹を憎んでいないものは、私の弟子ではない」と説くのである。ここで、父や母であること、妻や子であること、そして兄弟・姉妹であることによって生ずる、相互扶助の関係は、規範によって公平性を保証されている関係のネットワークを隠喩的に代表している。キリスト教の「愛」が発効するのは、こうした関係をすべて還元してしまった後なのである。

1　もっとも『存在と時間』の後半部は、ついに書かれなかったのだが。

2　フロイトに倣って、想像力を働かせれば、こんな可能性も考えてもよいかもしれない。エジプト人モーセは、何らかの理由によって、カナンへの帰還の途中で死んでしまった。ユダヤ人は、自分たちは無事にカナンに至りついたのに、偉大な解放者の方は死んでしまっているということに、深い罪責の念を覚えた。その由来なき罪責を説明するために、つまり罪責の根拠の空白を埋めるために、彼らは、彼ら自身がモーセを殺害したのだ、という物語を捏造した。その上で、この殺害の物語が、重い罪責感の故に、今度は抑圧された。

3　ユダヤ人への迫害が始まってまもなくロンドンに亡命し、一九三九年には死亡したフロイトは、もちろん、ホロコーストの悲劇的な結末のことを知らない。だが、『人間モーセと一神教』の執筆動機のひとつが、迫害をどう理解し、説明するかという問題にあったことは確かである。アーノルド・ツヴァイクへの手紙の中でフロイトはこう書いている。

新たなる迫害に直面して、人はまたしても自問する。ユダヤ人はいかにして、彼らがそうであるところのものになったのか。なぜにして、彼らはこのように、たえざる憎悪をその身に引きよせて来たのだろうか。間もなく、私は一つの原則を発見した。モーセがユダヤ人を創造したのだ。（一九三四年五月三十日）

フロイトのこうした執筆動機のことを思うと、『人間モーセと一神教』は、彼が迫害を逃れえたということに由来する罪責感への無意識の反応であった、と解釈することもできるかもしれない。

4　アドルノ『否定弁証法』作品社、一九九六年（原著1966）、四四〇頁。

5　私がかつて指導した大学院生雨宮伊織（千葉大学、当時）が、震災の被害を受けたり、何らかのかたちで震災に直接かかわった人々の証言を集めた修士論文「震災からの離脱／震災へのつなぎ止め」（一九九七年度修士論文）を書いた。これは、そのときに集められた証言のひとつである。

6 しばしば、社会変革や社会改良のための運動にコミットしている者は、変革や改良の対象となる社会問題の存在を歓迎しているように見えることがある。明示的な社会問題がないときに、最も意気消沈するのは、こういう運動家である。たとえば、現存社会主義国が崩壊したときに、多くの東欧の反体制知識人は、アイデンティティ・クライシスに陥った。社会運動にコミットする者は、それに対して批判したり、不満を言ったりするための社会問題を必要としているのである。マルブランシュによれば、神は、こうした運動家と同じように、贖われるべき罪の存在を喜んでいたのだ。

7 A. Sen, "Individual Freedom as a Social Commitment", *The New York Review of Books*, June 14, 1990.

8 たとえば、プロテスタントもまた、自身の救済についての確信を、ア・プリオリには持ち得ないのであった。しかし、第11章で述べたように、その不安は、神の存在の確実性についての想定を媒介にして、逆説的に解消される。しかし、死の欲動を露呈させているとき、人は、こうした不安の逆説的な還元もできていない。予定説を信ずるプロテスタントの場合、自身が救済されているかもしれない、ということの想定を信頼することができた。しかし、死の欲動に駆られているとき、人は、まさにそうした想定の可能な圏内に自身があるかどうかを、反復的に確認しないわけにはいかなくなっているのである。

21 〈自由〉のもうひとつの可能性へ

自由の繁栄による敗北

われわれは、今日、自由の深刻な困難の内にある。前章の考察は、この困難からの脱出路の鍵を、つまりもうひとつの〈自由〉の可能性へのヒントを、「キリストによる贖罪」の可能性の条件の内に見出すことができるのではないか、と示唆したのであった。この点を再考し、さらに発展させるためには、現代における「自由の困難」とはいかなる事態を指しているのかということを、あらためて——これまでとは少しばかり異なる角度から——明らかにしておく方が都合がよい。

一見したところでは、われわれは「自由の困難」どころか、逆にむしろ、「自由の未曾有の繁栄」の内にこそあるのではないか、と思いたくなる。現代社会においては、伝統的な規範の枷がその効力を徐々に失い、原理的には、他者危害要件（他人に危害を及ぼさないという留保条件）さえ満たしていれば、すべてが許されているように感じられるのである。つまり、少なくとも規範との関係で言えば、ほぼ完全な（消極的）自由が保証されているように見えるのだ。われわれの考察は、このような規範の効力の低下をもたらす動因を、経験可能領域を次第に包括的なものへと変換させていく、資本主義の普遍化のダイナミズムとして抉出したのであった。

こうした「自由の繁栄」に連動して現れるのが、自己決定の意義を顕揚する諸議論である。今日、さまざまな領域で、互いに直接の影響関係をもつことなく、自己決定権の拡張を擁護する諸議論が、広範な支持を得ている。言うまでもなく、その典型は、市場におけるさまざまな規制を撤廃し、自由競争や自由貿易の領域を拡大すべきであると主張する、経済に関する支配的な思潮である。また、自己決定権の拡張がとりわけ強く要請されてきたのは、生（と死）や性にかかわる決定の領域においてである。生命倫理の主流の論点は、判断能力を有する成人は、私的所有物と見なしうる自己の身体に関しては、自己決定権を有する、とする主張に集約される。自己決定権の名のもとで、それまで規制の対象となってきた、人工妊娠中絶、安楽死、臓器摘出のような医療行為の自由度が大幅に拡大してきた。同様に、身体への「私的所有」を認める立場から、売春行為を含む、性行為の自己決定権を擁護する議論もまた、次第に力を得つつある。[*1]

このように自由が繁栄する中にあって、なお「自由の困難」とは何を指すのか？　問題の所在を発見するためのきっかけとして、次のような状況を想起してみよう。われわれは、書物や芝居や映像を通じて、いろいろな物語（フィクション）を楽しんできた。物語を楽しむとき、読者や視聴者は、一般に、主人公やその他の登場人物に自分を同化させながら物語の世界に没入する。このような物語では、登場人物に同化している読者や視聴者にはほとんど自由はない。筋は、作者によってほぼ固定されてしまっており、読者や視聴者が有する自由は、解釈の弾力性の幅の中に制限されているからである。だが、今日のテレビ・ゲームは、インタラクティヴな物語を可能にした。プレーヤーが、主人公の性格や持ち物、そのパートナー、あるいは分岐点以降の展開などを自分で選ぶことができるのである。こうして、プレーヤーは、かつての読者と比べて、はるかに大きな「自由」を得たことになる。

ここでこんなふうに問うてみるのである。インタラクティヴな物語を与えられたことで、プレーヤーは――かつての読者や視聴者と比べて――より大きな解放感を得ただろうか、と。次のように問いを換えてもよい。かつての読者や視聴者は、固定された筋の中に閉じ込められて、拘束感に苦しんでいたのだろうか、と。実態は、常識的な予想とは逆の側にあることがわかる。読者や視聴者は、小説を読んだり、映画を観たりしているとき、筋が作者によって固定されているからといって、決して拘束感に悩まされたりはしない。むしろ、インタラクティヴなゲームをしているときの方が、欲求不満が出やすいのではないか。ゲームの展開の中で、頻繁に、選択肢を与えられ、選択を迫られるがために、わずらわしくて、物語の世界に没入できないのだ。そして、このことが、何よりも、物語から現実感《リアリティ》を決定的に奪うことになる。[*2] 言い換えれば、われわれの生《せい》の現実では、選択は——自由な選択は——、インタラクティヴなゲームのようにはなっていないのである。つまり、自由な選択とは、デパートでネクタイを選ぶときのように、あるいは進学する大学を決めるときのように、選択肢の集合が与えられて、その中からいずれか一つを選ぶ、ということではないのだ。たとえば、確かに、人は、自分の生の全域を貫くようなパートナーを、つまり恋人や親友や配偶者を選ぶことがあるが、そのとき、あらかじめ恋人や親友のリストが与えられ、その中からベストなものを選出したというより、むしろ、宿命的・必然的に——まるでどこかにいる「作者」によって既定されていたかのように——その相手を選んでいるのである。

だから、物語の筋が固定されていたとしても、読者は、閉塞感に苦しめられたりはしない。それどころか、好きな物語や有名な物語が繰り返し享受されていることからもわかるように、結果や先行きがわかっているときですらも、われわれは胸躍らせて筋に身をゆだねることができるのである。まるで、あらかじめ決まっている筋が、別の意味では決まっておらず、これからのやり方次第でどのようにもなりうるかのようなのだ。人は、たとえば主人公が死ぬことがないことはわかっているのに、ひとつ間違えれば、死ぬこともありうるかのように、はらはらしながら展開に熱中するのである。[*3]

さて、現代社会では、自由が繁栄しているように見える、と述べた。このことは、現代社会が、インタラクティヴな物語に類比させうるような形式で、人々に「自由」を保証している、ということである。だが、ここに論じてきたように、インタラクティヴな物語が提供する「自由」は、必ずしも、期待されていたような解放をもたらさない。現代社会における、表面上の「自由の繁栄」が「自由の困難」へと直結していくのは、このインタラクティヴなゲームの意想外のつまらなさに類比させうる機制が、そこで作動しているからではないか。このように予想することができるのである。だが、その機制とは何か？　すでに、われわれはその機制の概略を明らかにしてある。ここでは、それを、これまでの論述とは別の側面から捉えておこう。

自由そのものを命令する第三者の審級

先に、現代社会は、規範的な制限を少しずつ除去し、許容されうる行為や体験の領域を拡大させつつある、と論じた。だが、これと連動して、まったく逆方向の傾向も見出すことができる。すなわち、「個人の幸福や厚生の水準の向上」の名のもとに――つまり他者危害要件によって――、従来ではありえなかったような規範が急速に増大しつつあるのだ。しかも、それらの規範は、一般に、かつては当然にも個人の（消極的）自由に属する「私的領域」と見なされていたような行為を規制するものなのである。喫煙を限定する規範、望ましい食事を規定する規範、家庭内での暴力を禁止する規範、あるいはセクシャル・ハラスメントやストーカー行為を禁止する規範などが、そうした規範に含まれる。

たとえば、セクシャル・ハラスメントやストーカー行為と、通常の恋愛に基づく行為との間の境界線を厳密に引くことはむずかしい。ほとんど同じ行為が、それによって働きかけられる相手の意思によって、妥当な求愛行動にもなりうるし、セクシャル・ハラスメントにもなりうるからだ。無論、相手の意思の確認が必要なのは、この行為の適切性／不適切性を規定する条件が、他者危害要件（のみ）だからである。だが、セクシャル・ハラスメントを防止するために、相手の意思が肯定的であるか否定的であるかをあらかじめ確認しておくことは、原理的に困難なことである。こちらに対して、相手が肯定的・受容的であるということ（あるいは否定的・拒絶的であるということ）は、その「行為」への反応によって、初めて明示されるしかないからだ。言い換えれば、求愛行為をめぐる合意は、暗黙の内にある限りでのみ、有効だからだ。もし、相手の意思を、「行為」に先立って明示的に確定しようとすれば――「ぼくはこれから君にキスしようと思うのだが、君は受け入れてくれるかい」と問うならば――、そのことによって、求愛行動としての「行為」の効力は解除されてしまうだろう。だから、現代社会においては、一方では、売春すらも「許容された自己決定の領域」に積極的に組み込まれているのに、他方では、単純な求愛行動すらも規範的な規制の対象になっている、ということになる。

整理すれば、「ポストモダン」と呼ばれる現代社会において、一方では、行為に対する許容度は著しく高まりながら、他方において、同じ領域に属する行為に対する規制が急速に増大している。規範をめぐるこうした背反するベクトルは、実は、極限において一致してしまう。それが、現代における「自由の困難」として現れるのである。

このことを理解するためには、あの「回帰する超越性」の性格を再考する必要がある。われわれは、資本主義の後期段階に対応する、いわゆる「リスク社会」は、第三者の超越的審級を排除してしまった社会である、と論じた（第12章）。だが、排除された第三者の審級は、独特なやり方で回帰してくる（第13章）。資本主義のダイナミズムに規定されて、「（普遍的な）第三者の審級の不可能性」そのものを具現するような第三者の審級が、再投射されるのである。回帰してくる第三者の審級は、その本性上、具体化された実体でなくてはならない。すなわち、それは、経験的な世界への内在性をこそ、自らの超越性の根拠とするような第三者の審級でなくてはならないのだ。われわれは、このような逆説的な第三者の審級の典型的な一例を、オウム真理教の教祖麻原彰晃に見たのであった。麻原は、俗物でありながら（経験的内在性）、同時に、最終的な解脱者（超越性）として遇せられていたのであった。

だが、第三者の審級とは、規範の妥当性を保証する審級であった。規範は、まさに第三者の審級によって選択されていると認知されることによって、あるいは第三者の審級に肯定的に承認されていることの認知によって、妥当な命令として発効することができるのである。そうだとすると、回帰してきた「逆説的な超越性」としての第三者の審級によって発効する規範は、どのような規範であろうか？　たとえば、オウム信者は、麻原のさまざまな命令にしたがい、厳しい修行や訓練に従事していた。オウム信者の共同体は、世俗の社会よりもはるかに厳しく規制された世界だった、と言えるだろう。だが、それら多様な命令、多様な規範が、最終的に指向していたことは、何だったのだろうか？　つまり、麻原は、結局は、何を命令していたことになるのだろうか？　それは、ある意味では、まったくの「無」なのである。確かに、麻原は多くの命令を発し、信者はそれに拘束されているのではあるが、命令を全体として捉えるならば、何ごとも命令しなかったのと同じことに帰せられてしまうのだ。というのも、宗教者としての麻原が信者に究極的に命令していることは、単に全的に快楽を享受すること、彼らの教義上の用語を使えば「絶対幸福」や「絶対自由」だからだ。

通常、規範は、欲望の直接の充足を留保させたり、快楽の全面的な享受を禁止することにおいてこそ、まさに規範たりえている。人にはなしうること、なしたいことがある。それらを停止したり、禁止するのが規範である。だが、逆説的な第三者の審級が、つまり自身の不可能性を表示するような第三者の審級がありえたとして、それに帰せられるはずの規範は、どのような内容をもつのか？　規範のどのような内容において、その第三者の審級は、自らの逆説性を示すことになるのか？　その第三者の審級に帰せられる規範は、欲望の充足を留保させないこと、快楽をただむさぼりうるがままに享受することの命令でなくてはならない。つまり、規範が存在しないのと同然の状態を、規範的に命令するものでなくてはならない。簡単に言えば、その第三者の審級は、「好きなようにやること」を命令しているのである。たとえば、オウムの麻原は、信者たちに対して、ときには、どのようなスキャンダラスな衝動にも——通常の倫理や規範が禁止するどのような衝動にも——従うことができるようにと命令している。こうして信者には、自在に殺人すること——ポワと呼ばれた——の権利すらも認められることになったのである。

オウム真理教に即して見出してきた以上のことは、一般化することができる。すなわち、麻原彰晃のような命令者を外部に明示的に措定しえない場合でも、同じことが言える。オウムに着眼して導き出したことを、現代社会の一般に類比的に拡張することができるのだ。このことを示すために、「バビロニアのくじ」と題されたボルヘスの寓話を利用することができる。

それは、人間の運命への支配力を次第に拡張していった、ある「くじ」についての、次のような物語である。バビロニアには、奇妙なくじ引きがあると言われている。最初、くじは一部の庶民のささやかな遊びだった。だが、くじのあたり番号には相当額の賞金を与え、はずれくじを引いた者には相当額の罰金を科すように改革されたことによって、くじは一挙に普及していった。バビロニアの人々は皆、くじに熱中した。当籤《とうせん》者たちを保護するために、くじは、「講社」によって一元的に管理されるようになる。くじに負けながら、罰金を支払わない者がたくさんいるので、講社は、裁判所を通じて、罰金の支払いか、さもなければ数日間の禁固かを、落籤者たちに言い渡した。講社の意に反して、落籤者たちは皆、禁固刑の方を選んだので、ついに、くじの結果の発表では、罰金の額を表示することの意味がなくなり、外れ番号に割り振られた禁固日数だけが示されるようになる。こうして、くじが、金銭的な意味から離脱した。やがて、くじは、完全に秘密で、無料で、誰もが参加できるものになる。つまりすべての自由民が自動的にくじに参加できるようになる。同時に、バビロニアでは、すべての公的権力が講社にゆだねられた。こうして、六十夜ごとに、人々の運命を決めるくじ引きが秘密のうちに行われるようになる。あわせて、人々の不平を監視し、またそれを避けるために、講社のスパイがいたるところに潜り込み、講社へと通ずる情報網が張り巡らされることとなった。

人々の不平はやまないので、講社は、間接的な仕方で、つまり廃墟の石に記された意見書の形態で、くじ引きは宇宙の秩序の中への偶然の投入なのだ、ということを発表した。ここから、さらに、次のような飛躍が生ずる。もしくじ引きが宇宙の内部への偶然の侵入であるとするならば、くじ引きによる干渉が、宇宙や生の一部の段階にのみあるのは不合理・不公平であり、むしろ、宇宙や生の全段階にくじ引きの介入があるべきではないか、との推論を呼ぶことになったのだ。ごく少数の者にしか理解できない複雑な改革の結果、この推論にそったような状態が、もたらされる。すなわち、瞬時にして無限回のくじ引きが行われ、日常のあらゆる局面にくじ引きが介入していると見なし得るような状態が実現したのである。

ところで、くじ引きを担当し、その結果に即した「命令」を発しているはずの講社は、その存在を決して公に示さない。講社の代理人が誰であるかということも、完全に秘密にされている。講社はどこに存在しているのか？ そもそも講社は存在しているのか？ 講社は、人々の運命を規定しているかのように振る舞うただの詐欺師ではないか？ そもそも、講社が存在しているということ自身が、詐欺師が言いそうな嘘ではないか？ 人々の運命、人々の選択を一つひとつ、全面的・普遍的に規定しているくじ引きを行っていると想定される講社は、存在していないとも見なしうるし、存在していないとも見なすことができるのである。

神のものにくらべられる講社の沈黙の機能はあらゆる種類の臆説を生む。ある臆説は、すでに数世紀前から講社は存在せず、われわれの生の聖なる無秩序は単に祖先伝来のもの、伝統的なものにすぎないなどと、いまわしいことながら示唆する。べつの臆説は、講社は永遠のものであると判断し、最後の神が世界を抹殺する最後の夜まで続く、と教える。*4

われわれの考察がボルヘスのこの寓話から得ることができる教訓は何か？　言うまでもなく、ここで「講社」と呼ばれている機関を、第三者の審級に比定することができるだろう。この寓話は、まず、完全に普遍的に人々の行為と体験を規定する命令を帰属させうる第三者の審級（講社）があるとすれば、その存在と不在とは区別できない、ということを教えてくれる。ところで、われわれは次のように論じたのであった。規範の不断の普遍化を駆り立てる資本主義的な圧力の下では、自己否定的な第三者の審級が導入され、一旦は空席（不在）になっていた第三者の審級の座に充塡されたのだ、と。その自己否定的な第三者の審級は、まさにその自己否定性において──つまり普遍的な規範の不可能性を体現してしまうことにおいて──、普遍的な規範の帰属点であるかのように偽装される。不在であることにおいて存在しているとでも表現するほかない、バビロニアの講社は、この逆説的な第三者の審級のあり方に、正確に対応させることができるだろう。「バビロニアのくじ」の最終段階において、人々は勝手に、好きなように行為しているだけである。だが、同時に、それらの行為を、講社によって、不断に継続的に命令されていたことであると解釈することもできるのである。両者を合して考えれば、講社は、人々に、不断に「好き勝手にやること」を命令していることになるだろう。

バビロニアのこの状態を、われわれの現在を表現する隠喩と見なすことができる。ある観点からすれば、先進的な資本主義社会においては、第三者の審級＝講社はもはや存在してはいない。だが、その不在こそが、別の観点からすれば、まさに第三者の審級＝講社の強化された存在としても、つまりその遍在としても解釈することができるのである。その第三者の審級に帰せられる規範は、欲望のままに行為せよ、快楽を勝手に追求せよ、という命令の形態をとっている。つまりは、この第三者の審級が発しているのは、「自己決定せよ」という命令なのである。われわれの社会は、現在、自己決定することを、好き勝手にやること自身を、規範化された義務として引き受けなくてはならない段階に達しているのだ。このように考えた場合、絶対の快楽、絶対の幸福を信者に要求する麻原の命令は、現代社会のこうした規範の現状の、ほとんど戯画的な水準にまで達した純粋化であることがわかるだろう。

だが、自己決定のみを、つまり自由であることのみを純粋に命令するこうした規範は、自由を逆に窒息死させてしまう。その理由を、われわれは、すでに、「消極的自由のみを純粋に保証することだけでは真の自由は成立しえない」ということについての論証を通じて、明らかにしてある（第7章）。インタラクティヴなゲームに即して、先に示唆しておいたように、過剰な自由はむしろ自由の否定を帰結するのである。ここでは、好き勝手に行為せよ、欲望のままに行為せよ、快楽を自由に追求せよ、という命令が、自己論駁的な、従うことの不可能な――あるいは少なくとも従うことがきわめて困難な――命令である、ということへの想起だけを、求めておこう。われわれは、子どもの頃から、このことをよく知っている。楽しいことでも、それが果たすべき義務と化した瞬間に、つまらないものになってしまう。たとえば、好きな読書でも、それが学校の宿題であるとすれば、苦痛を伴う体験となる。快楽は、規範への侵犯にこそ宿るからである。親や教師の意向に反して、好きな書物を読むから、読書は楽しかったのだ。性行為の快楽の大半は、こうした侵犯性に由来する。完全に正常な性行為、「PC（政治的に公正）」にかなった性行為というのは、形容矛盾ですらあるだろう。仮に「正常な性行為」ということを言いうるにしても、その正常性は、日常の公式的な規範からの逸脱性の程度において平均的であるという意味であって、公式の規範に直接に照らし合わせて正常であるという意味ではありえない。

それゆえ、こう結論しなくてはならない。「自己決定権」の顕揚は、自由の最終的な勝利の徴ではなくて、逆に、自由の究極の困難の徴なのだ、と。だから、自由の可能性がありうるのだとすれば、それは、自己決定権の内にではなく、その彼方に求めなくてはならない。

キリストの犠牲の意味と「隣人愛」

前章の考察は、こうした閉塞から逃れ得るもうひとつの〈自由〉の可能性を、キリストの贖罪を可能ならしめているような関係の様態の内に見出しうる、ということを示唆しておいた。贖罪の念のために付け足しておけば、キリストの贖罪というのは、一例に過ぎない。贖罪を可能にした機制を、特定の宗教の教義的なコンテキストの中ででではなく、一般性において捉えておく必要がある。そうすることで、教義の束縛から逃れた、贖罪が例示していることの普遍的な意義を、抽出することができるのである。

こうしたことを確認しておいた上で、あらためて、キリストの贖罪の場面に考察の焦点を合わせてみると、ここまでの考察との関連の中で、どうしてもある疑問に直面しないわけにはいかない。キリストの本質がどこにあるかを、考えてみよう。それは、神がまさに人間であるということをおいて、ほかにあるまい。キリスト教は、けちな盗賊と並んで十字架にはりつけにされ、刑死していった惨めな人間をこそ、神の本性として提示しているのである。だが、神（超越性）を人間（内在性）に直接に等値してしまう、こうしたキリスト教の態度は、オウムの麻原をその一例と見なすことができる、あの逆説的な第三者の審級の構成と同じものではないか？　このような疑問が湧いてくるのだ。結論を先取りしておけばこうなる。確かに、両者の構成は、共通している。が、キリストは、この構成を、またしても自己否定に至るまで徹底させており、そのことによって、閉塞を打開する別の通路への扉を開いているのである。

資本主義のダイナミズムを通じて排出された第三者の審級が回帰してくる機制を、言い換えれば、（麻原のような）逆説的な第三者の審級が結晶する機制を、もういちど復習しておこう（第14章）。逆説的な第三者の審級が一個の実体として析出する機制は、ある種の否定・拒絶の反復を内包させている。（規範的に許容された）経験可能領域を普遍化していこうとする資本主義のダイナミズムは、その度に、固有の経験可能領域の上に君臨する第三者の審級を措定させることになる。が、次いで、どの第三者の審級も、「限定され、あまりに特殊化された経験可能領域をしか承認しえぬもの」として、相対化され、否定されてしまう。第三者の審級のこうした反復的な再措定と拒絶は、やがて、この種の否定の所作を媒介にして間接的に規定するほかないような、もう一つの第三者の審級を凝結させることになる。その「もう一つの第三者の審級」は、「どの（特殊な）第三者の審級でもない」という否定性を表現するような――それ自身特殊な――第三者の審級である。これこそが、われわれが、「逆説的な第三者の審級」と呼んできた要素である。こうして、第三者の審級の反復的な否定から逃れた、例外的な第三者の審級が、至高の審級として産み出されるのである。

われわれの問題は、キリストであった。神が自分の一人子を、つまりは自分自身の本質を、十字架の上で犠牲にしたのはなぜなのか？　これは、大きな謎である。神が全能の超越者であるとすれば、このようなことはありえないはずのことであるように思えるからだ。[*5] まるで、神自身が、自分でもどうしようもない運命に翻弄されているように見えるのだ。この謎を、次のように解釈したらどうだろうか。今述べたように、例外的な第三者の審級が、否定の反復を通じて、至高の超越性として再措定されうる。この否定の反復を、もう一段階、徹底させればどうなるか、考えてみよう。その先に生じうるのは、至高の例外的な審級として析出されている、逆説的な第三者の審級それ自身を否定し、犠牲にしてしまうことではないか。つまり、否定を通じた反復的な拒否を、その反復的な拒否の産物それ自身に、自己適用するのである。神が、自分の本性を、人間＝キリストとして示したあと、それを十字架の上で処刑してしまうということの意義は、ここにこそ見出すことができる。キリストの磔刑とは、逆説的な第三者の審級それ自身を否定する操作なのである。

ついでに指摘しておけば、容易に気づくように、キリストの処刑、神の子の処刑は、旧約聖書におけるアブラハムの供犠《くぎ》の再現、強化された再現である。アブラハムは、神に命じられてその子イサクを犠牲として捧げようとする（第8章参照）。彼は、神の不可解な命令に従って、イサクを山上で殺そうとするのだ。だが、供犠は、結局、実行されない。というのも、アブラハムがイサクを殺害しようとしたその瞬間、神の使いが舞い降り、殺害の必要がないということを、アブラハムに告げるからである。こうして、イサクは処刑を免れる。それに対して、最後まで救済の天使が現れず、実際に処刑が実行されてしまったのが、キリストのケースである。だから、新約（キリスト教）は、旧約（ユダヤ教）の段階から、一歩前進しているのである。その「一歩」こそは、至高の対象――この場合それは「子」によって表象されている――の否定である。

さて、このように考察を進めてくれれば、キリストの贖罪＝磔刑が、〈自由〉のもうひとつの可能性を垣間見せてくれている、という言明の意味が、いくぶんかわかりやすいものになってくるだろう。現代社会において、自由は、まさに自由に勝手にやることへの命令によって、窒息しそうな状態へと追い込まれている、と述べた。こうした自由への、自己決定への命令を支えているのが、あの「逆説的な第三者の審級」である。キリストの殺害とは、単純な欲望の追求に、「当為」としての意義を重ね合わせていたこの超越的審級を、除去してしまう操作を、代表しているのである。こうして、自由を自己否定へと導いていた「根」が絶たれることになる。

だが、もうひとつの〈自由〉は、具体的には、どのような相貌を呈しているのか？　そのもうひとつの〈自由〉のあり方に対して、キリスト教が与えた名前が「隣人愛」である。パウロは、愛について次のように書いている。

愛はいつまでも絶えることがない。しかし、預言はすたれ、異言はやみ、知識はすたれるだろう。なぜなら、私の知るところは一部分であり、預言するところも一部分に過ぎない。全きものが来る時には、部分的なものはすたれる。私が幼な子であったときには、幼な子らしく話し、幼な子らしく感じ、また幼な子らしく考えていた。しかし、大人となった今は、幼な子らしいことは捨ててしまった。私たちは、今、鏡に映して見るようにおぼろげに見ている。しかしその時には、顔と顔を合わせて、見るであろう。わたしの知るところは、今は一部分にすぎない。しかし、その時には、私は完全に知られているように、知るであろう。このように、いつまでも存続するものは、信仰と希望と愛と、この三つである。このうちで最も大いなるものは、愛である。（「コリント人への第一の手紙」13章）

われわれは、ここで、パウロが、愛においてある状態を、「顔と顔を合わせて、見る」状態として描いていることに注目しなくてはならない。顔と直面する体験こそは、志向作用の求心化／遠心化が、その直接性において露呈する場面であった。顔と対面するということは、

〈私〉が見ているその対象が、この〈私〉を見ている〈他者〉であることの直観を伴って知覚することを含意するからだ。つまり、このとき、〈私〉は知られているように〈遠心化〉、知る〈求心化〉のである。

われわれは、第三者の審級が、求心化／遠心化作用において顕現する〈他者〉の倒錯した姿として結晶してくる、とかつて論じた（第4章）。実体的な対象としての第三者の審級を完全に除去したときに露出するのは、第三者の審級の投射そのものを支えていた、〈他者〉についての体験の原初的な層なのである。

1 このような「自己決定」の顕揚の反面が、第15章の注3で言及した「自己責任」の強調である。

2 二〇〇〇年頃より、評判を呼んだ、人気のある恋愛シミュレーション・ゲーム（美少女ゲーム）は、しばしば、ほとんど「インタラクティヴ性」を放棄しつつある。物語は、ゲーム・プレーヤーの選択によって展開が変わるような分岐をほとんどもたず、プレーヤーは、小説を読むように、あるいはマンガを読むように、ただ既定された展開を、コンピュータ画面上で追っていくのだ（東浩紀『ゲーム的リアリズムの誕生』講談社現代新書、二〇〇七年）。「インタラクティヴなゲーム」が、意外とつまらないことが、こうした傾向を生んだのではないだろうか。「恋愛」を主題とするゲームにおいて、こうした傾向（インタラクティヴ性の放棄）がとりわけ大きいことは、注目に値する。

3 インタラクティヴな物語のここに述べてきたような効果については、S・ジジェクの「サイバー・スペース、あるいは存在の耐えられない閉塞」(『批評空間』Ⅱ―16、一九九八年)における指摘を参照せよ。

4　ボルヘス「バビロニアのくじ」『伝奇集』岩波文庫、一九九三年(原著1944)、九一頁。

5　神の全能性を前提にした場合の可能な解釈は、神が人類とわが子を愚弄する戯れに興じている、と見なすことだが、もしそうだとすると、神は、人間とは無縁な——少なくとも人間といかなる肯定的な関係性をももちえない——純粋に外的な介入者だということになる。この場合には、あえて神を措定して宇宙を理解することの意味が見出しえず、したがって、われわれの考察に教えることも何もない。

22 不確定性の効用

法を否定する権利としての人権

今日、法の水準で、諸個人の「自由」を保障する最終根拠となっているのは、「人権」の概念である。近代的な人権概念こそは、法の発展史の最終産物であり、これが祝福すべき成果であるということに関しては、まったく異論がないと考えられている。このように、人権は、法の精華とも言うべきものだが、同時に、現代社会でこの概念が訴求される仕方に照準してみるならば、この概念には、古典的な法を転覆させるような潜勢力が孕まれていると見ることもできる。ここで「古典的な法」と呼んだのは、近代実定法以前の法、つまり神の法（自然法）のことである。人権は、古典的な法が禁止していた事項を行う自由と解釈することができるのである。たとえば、ジジェクは、人権とは、要するに、旧約聖書が規定する十戒を侵犯する権利だ、と述べている。[*1] プライバシーの権利とは、姦淫する権利であり、私的所有権は、盗む権利（搾取する権利）であり、また表現の自由とは、嘘や妄言をはく自由である。そもそも、人権の概念の起点に、宗教的寛容が、つまり信仰の自由があることを思えば、人権とは、偽の神（偶像）を崇拝する自由なのである。要するに、人権は、その始まりから、まさに神の法による禁止を侵犯することの自由だったわけだ。

こうして、法はその最高の産物において自己否定されるのである。われわれは、前章の考察の中で、次のことを示しておいた。規範の十分な普遍化を通じて一旦排出された「第三者の審級」の空所に回帰してくる「逆説的な第三者の審級」の下では、規範は、「好き勝手にやること」への命令、規範を逸脱することを指令する規範になるのだ、と。ここでわれわれがあらたに確認しうることは、現代社会の法的な活動の中核にある概念、対外的な人道援助や戦争までも正当化する概念であるところの「人権」も、こうした現代社会に特徴的な自己論駁的な規範を、具現している、ということである。無論、人権という概念は、あからさまに、規範への侵犯を指令したり、正当化しているわけではない。しかし、人権の概念を徹底して活用した場合には、必ず、本来の規範への侵犯を積極的に容認したり、擁護したりするためにこそ、この概念があると見なしたくなるような境界的な事例を見出すことになるだろう。たとえば、表現の自由の名のもとで、インターネットに蔓延している、単に快楽を追求するためだけのさまざまな映像や文字のことを思えばよい。

われわれの論点は、こうであった。一見したところ自由の最高度の実現を可能にしているかに見えるこうした命令——自由や自己決定への命令——においてこそ、自由は窒息死するのだ、と。本章の冒頭に述べたように、人権は、自由を正当化する法的な根拠を提供するものと考えられている。しかし、ここまでわれわれが確認してきた論点を考慮に入れるならば、まさに、その法的な根拠の部分において、自由は危機に直面していると見なさなくてはならないだろう。少なくとも、こう言うべきである。人権の概念のみでは、現代社会を「自由な社会」として実現するには、不足である、と。

人権は、古典的な法、神の法の否定だと述べた。しかし、ここには、今日の「自由の困難」を打開する鍵はない。ところで、神の法（律法）を否定する方法は、もうひとつある。キリストが唱えた隣人愛に依拠する方法である。キリストは言う。「汝の隣人を愛せ」と。この命令は、法や規範ではない。よく知られているように、キリストは、この命令を通じて、ユダヤ教の法の効力を中断し、パリサイ人のように厳格に法を遵守する態度を相対化したのである。イスラーム教にせよ、儒教にせよ、世界宗教は、通常は、普遍的な妥当性を要求する法のシステムである。しかし、隣人愛への命令のゆえに、キリスト教のみが、世界宗教の中でまったく例外的に、法をもたない宗教となったのだ。人権へと突き抜ける、法の否定は、その外観とは裏腹に、自由を窒息死させてきた条件と同じ事態を構成する。それに対して、前章までのわれわれの考察の中で示唆されてきたことは、もう一つの別の「法の否定」、つまりこの隣人愛の教義の方にこそ、〈自由〉を再生させる条件が準備されているのではないか、ということである。

究極の価値を託された対象の不確定性

議論のさらなる展開の端緒を開くために、少しばかり回り道をしてみよう。バーリンも正しく洞察していたように、自由の実質は、「選択」において示される。消極的自由・積極的自由を貫く自由の本性とは、選択の可能性である。人が何ものかを選択するのは、言うまでもなく、それが、彼の欲求を満たす（と予期されている）からである。要するに、対象は、価値を帯びたものとして現れているがゆえに、選択されるのである。価値ある対象の集合は、一般に、依存関係によって諸要素が結びついたシステムをなしている。たとえば、ある対象が価値があるのは、それが、別の――より上位の――価値にとって有効だからである。こうしたシステムの中には、しばしば、他の諸対象の価値を規定するような、最上位の価値とも言うべきものを帯びた特権的な対象が存在している。それは、価値の依存関係の連鎖の中で、他の諸対象がそれへと依存することはあっても、自ら自身は他に依存することのない対象、つまり自体的な価値を帯びて現れている特異的な対象である。その価値ある特権的な対象が存在するおかげで、他の諸対象が、言わば価値を帯電するのである。それは、選択の主体にとって、諸対象を選択に値するものに転化する、活性剤のごときものである。ところが、ここで、われわれは、奇妙な事態にすぐ気がつく。価値のシステムを活性化するこの特権的な対象が何であるかということが、しばしば、非常に曖昧なのである。言い換えれば、その特権的な対象を指示するはずの語が何を意味しているのか、何を表象しているのかということを、一義的に定義することは、ほとんど常に不可能なのだ。

たとえば、政治的な決定にかかわるイデオロギーの空間の中では、「自由主義」「民主主義」「共産主義」等々の語が、究極の価値を指示してきた。まさに、これらの語を通じて、人々は動員されてきたのだ。だが自由主義とは何か、民主主義とは何か、真の共産主義とは何か。政治運動の中で、それらは、常に曖昧であり、厳密に定義されたことはなかった。たとえば、今日の日本においては、「自由主義」とか「公共性」という語は、こうした曖昧さの極致を示している。このことは、明らかにまったく異なる、ときに対立さえする左右の両派の人々が、これらの同じ語を用いて糾合している、という事実に端的に現れている。それぞれの陣営は、自らの「自由主義」や「公共性」こそが、真の自由主義であり、真の公共性であると主張するが、しかし、それらは、「敵手とは違う」という消極的な仕方を別にすれば、何らの厳密な定義を与えられはしないのである。これらの語は、どのような具体的な欲求やイデオロギーも投入しうる空箱のようなものになっているのだ。

これはたいへん不思議なことである。これらの中核的な語に関係づけられることによって、諸要素の価値が、そして諸行為の価値が決定される。ところが、肝心の中核的な語そのものは、一体何を意味しているのか、まったく定まらないのである。ラカンならば、この語は浮遊する諸シニフィアンの流れを固定する「クッションの綴じ目」として機能していると、解釈するのだろうが、どう見ても、この語は、どの確定的な点にも綴じられてはいない。自ら自身の意味がこのようにまったく決定不能であるとき、いかにして、この中核的な語が、他の諸要素の価値を決定することができるというのだろうか？　しばしば、このような中核的な語の曖昧さは、技術的に十分に克服可能な偶発的な欠点であるかのように考えられている。マジック・タームのように使われている「真の共産主義」とか「本当の民主主義」といった語は、その気になれば、いつでもきちんと定義できるかのように考えられてきたのである。だが、この種の語が人々を魅了しているときに、実際に、きちんと明示的な定義を与えられることは、まずない。そうすると、われわれは、常識とは逆に考えるべきではないか、との仮説に思い至るのである。すなわち、曖昧で、その意味が確定できないということは、この中核的な語が、価値の空間の他の全要素の価値を規定する上での障害ではなく、むしろ、まさにそうした不確定性こそは、この中核的な要素が、価値の空間をこのように全体化して、諸要素の同一性を構成するための不可欠の条件だったのではないか、と捉え直してみたくなるのだ。[*2]

それにしても、こうした中核的な語によって指示されているはずの特権的な対象が、多くの場合、社会的な機能をも果たしている、ということを考え合わせると、事態はますます神秘的である。こうした対象は、しばしば、ひとつの共同体の同一性を規定する要素ともなっているのだ。人々は、まさにその語によって意味されているはずの中核的な価値を共有することにおいて、単一の共同体を形成している、と見なされているのである。だが、この語の意味が本源的に不確定であるとすれば、この共同体のメンバーは、一体、何を共有している、ということになるのだろうか？　それが、人々の多様な価値観を貫通する「公約数」だと言っても、その公約数は、結局、何ものとも同定できない無なのではないか？

こうした不確定な特権的対象の中でも、その不確定性が最もあからさまであり、かつその広範な社会的影響力の点でも際立った働きをしてきたのが、ネーション（国民、民族）や、それに連なる対象であろう。人は、ネーションを誇りに思い、ときには、それを命と引き換えにすらしてきた。だが、たとえばある人物が「アメリカ」に殉ずるとしても、それが一体何であるかということを積極的に同定することはできない。松浦寿輝は、日本の戦前の「国体」という観念が、まさにこうした不確定性において作用する様に、メスを入れている。[*3] 幕末の水戸学の中で創始され、大日本帝国憲法と教育勅語に引き継がれ、昭和初年代のファシズム期に圧倒的な展開を示した「国体」は、結局、一度として明示的に定義されたことはなかった。松浦が述べるところに従えば、「国体」は、「変えてはならないもの」という形式で、[*4] ただ否定的・消極的にのみ規定されており、それゆえ、それの「変革」を迫るかのような危機に際して初めて噴出し、言説空間に活力を注入してきたのだ。一九二三年の『国民精神作興詔書』を享《う》けて、敗戦時まで、いわゆる「国体明徴」をスローガンとする教化運動が展開するのだが、松浦が指摘するように、これほど「明」とか「徴」といったことと相容れない観念はない。松浦の論は、北一輝の仕事を、こうした「国体」に表象としての透明性を回復しようとする試みとして、解釈するところに主眼がある。北は、曖昧な像しか結ばない「国体」という観念の空洞性に苛立ち、「国体」の語が表象していることがらに確固たる輪郭を与えようとして、『国体論及び純正社会主義』や『日本改造法案大綱』を書いたのである。

ともあれ、ここで指摘しておきたいことは、選択を最終的に方向づけるものとして作用しているはずの、究極的な価値対象は、常に、どのようにも積極的には定義しえない不確定性を帯びている、という事実の奇妙さである。というのも、この事実は、自由な選択についてわれわれがすでに論じてきたことがらに、逆の側面から光をあてるきっかけを与えるからである。

第三者の〈他者〉への還元

われわれは、以前、「予期」についてのケインズの非常に独創的な見解などを参考にしながら、次のように論じた。自由な選択が、まさに選択として有効であるためには、それが、現在の選択がもたらすはずの未来の蓋然的な事態に対する――あるいは厳密に言えば現在の事態と未来の事態との間の蓋然的な関係に対する――「直知」に媒介されていなくてはならない、と（第8章・第9章）。直知とは、対象を直接に見知ることである。選択の作用にとって蓋然性の直知が前提になる、と言っても、選択に先立って予言者のように未来を予知できなくてはならない、と主張しているわけでは、もちろんない。「直知」は、選択する当の主体に帰属するのではなく、他者に、つまり第三者の審級にまずは帰属しているのだ。だから、選択する主体が、直接に、予言者のように未来を知覚している必要はない。彼は、ただ、そのように直知しているはずの第三者の審級の存在を想定できれば、十分なのである。このような直知に媒介されているがゆえに、選択という営みは、独特の様相を帯びることになる。言うまでもなく、選択である以上は、それは、偶然的なものとして、つまり他でもありえたこととして現れている。だが、同時に、それは、超越的な第三者の審級がすでに直知していたことの選択なのであり、そうである以上は、「そのよう」であるほかないことの選択としても、つまり必然的なこととの冗長な選択としても現れている。このようにして、選択は、偶然的であることと必然的であることの二重の様相を帯びるのである。

繰り返し述べれば、自由な選択が、出来事の偶発的な生起以上のものであるためには、つまりまさに「選択」としての特徴づけに値するものとして成立するためには、第三者の審級に帰せられる、蓋然性の直知が、どうしても前提されなくてはならない。発達した資本主義の下において——「リスク社会」において——、第三者の審級が社会的に蒸発してしまったということが、自由にとっての本質的な困難として現れるのは、このためである。今や、われわれは、真理を直知しているはずの第三者の審級の存在を想定することができない。選択が有効であるためには、第三者の審級が知っているはずの真理を（われわれの側が）予期する、という構成が必要だ。しかし、第三者の審級の存在をあてにすることができないとき、当然にも、こうした構成は成り立ちえない。

さて、ここに論じてきたような、選択を方向づける究極的な価値を帯びた対象の位置は、第三者の審級に帰属する「蓋然性の直知」の構成とまったく並行的に理解することができる。究極的な価値を代表する対象の同一性は、解消しようのない不確定性を帯びている。このことは、こうした対象が、「未来性」を帯びて現前している、ということでもある。不確定であるということは、その対象の「意味」が、「未だに充塡されていない」ということ、「やがて充塡すべく到来する（かもしれない）」ということだからである。要するに、この不確定な対象は、未来の蓋然的な事態と類比的な仕方で存在しているのである。しかし、未来性を帯びているということのみでは、その対象は、価値の空間を全体化する独特な効果を発揮することはない。未来性を帯びているその対象が、「クッションの綴じ目」のような機能を果たすことができるためには、時間的な様相を転倒させるようなある独特な操作が必要になる。すなわち、未来性（やがて到来すべきこと）を過去性（すでにあること）として指示し、過去性に置き換えるような、時間的な様相の混同が必要になるのだ。その本質が不確定な対象が、それにもかかわらず、他の諸対象の価値を規定する、システムの特異点として機能することができるのは、まるで、その「不確定性」が還元され、意味がすでに固定しているかのように、問題の特権的な対象が措定されるからである。つまり、「やがて（あるいは、未だに）」を「すでに」に置換する、時間を遡行するような操作が、ここでは導入されているのである。

このことをわかりやすく例示するには、ある価値を奉ずることによって連帯している共同体や結社に新規に参入する場合の、加入儀礼のことを思うとよい（第8章参照）。そうした儀礼において、新規参入者は、その価値への忠誠を誓わなくてはならないだろう。ところで、よく考えてみれば、この宣誓の言語行為自身が、その共同体や結社の制度の一環に組み込まれており、したがって、その有効性は、それによって忠誠が誓われているところの価値によってこそ保証されているのだ。だが、新規参入者は、この宣誓によって初めて、この価値の作用が及ぶ行為の体験の領域に組み込まれるのである。そうであるとすれば、この宣誓行為は、自らの執行的な効果として生み出されるところのことを、自分自身の有効性の前提としている、ということになるだろう。それは、自身の後から到来すること（ある価値の妥当性を承認すること）が、すでに存在していたかのように前提にしているのである。

この時間を遡行する操作は、「直知」としての蓋然性の予期と正確に同型的な構成を取っている。蓋然性を直知するということは、未だに起きていないこと——やがて起きる（かもしれない）こと——を、すでに起きているかのように知覚することだからである。だが、このような時間的な転倒の操作は、いかにして可能なのか？ この操作こそ、先に「先向的投射」と呼んだ、「第三者の審級」を措定する操作以外の何ものでもあるまい（第4章参照）。身体間の相互作用は、第三者の審級を、自ら自身の経験の可能条件として、自ら自身の過去へと向けて投射する。それは、〈他者〉の未来性を、第三者の審級の既在性（過去性）へと置換する操作である、と述べてもよい。あるいは、厳密に言い換えれば、まさにこうした操作によって、時間的な様相の諸次元（過去／現在／未来）が分節されるのである。

以上のことを確認した上で、この文脈で強調したいことは次のようなことがらである。今まで、われわれの考察は、選択が、特異な「必然性」を帯びるということに力点をおいてきた。すなわち、選択されたことがらが、まさに「そうであるほかないこと」の選択として生起したときに、有効な選択が成立する、ということに、説明の重点を置いてきた。だが、これは、選択が、決定論的に最初から既定されている出来事として生起している、という含意をもった主張では、まったくない。何がまさにその「そうであるほかない必然的なこと」なのかということは、本来的に、不確定なままだからである。人は、「真理」を知っているはずの超越的な第三者の審級が知っているはずのことを予期しながら、選択を行う。この場合、選択する者の視点に対して、第三者の審級が（何かを）知っているということは確実で必然的なこととして現れているが、しかし、知っていることが何かということについては、最終的には確定できず、したがって、それを「何」として予期したとしても、「他でもありえたかもしれない」という偶有性は解消しないだろう。そうであるとすれば、選択は、結局のところは、不確定なこととして、偶有性を帯びて生起しているのである。選択の確定性・必然性という外観は、その不確定性・偶有性という条件を「地」として前提にすることの上で成り立っているのだ。選択が帯びる確定性・必然性という様相――「そうするほかないこと」と宿命づけられていたことの選択という様相――は、解消しえない不確定性・偶有性が、言わば加工され、変形した姿なのである。それゆえ、これまでの論述が重点をおいてきた側とは逆の側に、もう一つの――もっと深い――真実がある、と言わざるをえまい。選択を構成する不確定性は決して還元されえない。と言うか、そうした不確定性こそが、選択が選択として成り立つための、第一義的な条件なのである。

こうした選択が帯びる二重性――「確定性（必然性）／不確定性（偶有性）」という二重性――は、あの究極的な価値対象が呈する性格と呼応している。こうした特定的な対象が、他の諸対象の価値を構成するかのように振る舞っているときには、その同一性は完全に固定され、確定しているように見える。他の諸対象は、自身の価値を、その確定している（はずの）特異的な対象の価値から、受け取っているのだから。だが、しかし、すでに述べてきたように、その特異的な対象の同一性を、それ自体として、自覚的に問おうとすると、そこには、どうにも解消しえない曖昧さが、つまり不確定性のみが、立ち現れることになる。つまり、その対象が「何であるか」という「意味」は、常に、どのような段階においても、「未だに充塡されていないこと」としての様相を克服することはない。

ついでに指摘しておくならば、こうした二重性は、名前（固有名）の性格でもある。一方では、名前は、特異的な個体を一義的に指示する（固定指示詞）。その個体が、その名前をもつということは、可能世界を貫通する条件、つまり必然性として現れる。この意味で、名前は、個体の同一性を確定的に指示しているように見える。だが、他方で、確定的に指示されている同一性が何であるかということを（内包的に）定義しようとしても、それは絶対にできない。これが、名前を、個体の性質についての記述に置き換えることができない、ということの意味である。どのような記述に関しても、その個体が、その記述とは異なる可能性を想定することができるからである。つまり、「他でもありうる」という不確定性を完全に排した、個体を同定する記述を与えることは、できないのだ。

さて、最も重要な問いは、選択が――そしてまた選択が志向している価値が――帯びるこうした二重性、不確定性／確定性の二重性は、究極的には何に由来するのか、ということである。どのような機制が、こうした二重性を構成しているのだろうか？　解は、すでに、われわれのここまでの考察の中に用意されている。

ここに見てきたような二重性をもたらしているのは、第三者の審級の本態が〈他者〉である、という事実に由来する。〈他者〉とは、われわれが普段の経験の中で直面している通常の他者、他者としての他者、〈私〉の宇宙からは到達不能な絶対の距離において顕現する他者のことである。第4章において、折口信夫の「まれびと」をめぐる議論に託しながら述べたように、第三者の審級は、〈他者〉への関係の独特な変容の先に結晶する。ということは、第三者の審級を、言わばその素材にまで解体するならば、結局、〈他者〉になる、ということである。第三者の審級とは、〈他者〉が変容した一形式であり、〈他者〉との関係が与える一種の仮象なのだ。第5章に用いた、ラカンの性別の公式を念頭においた場合には、次のように述べてもよい。男性的他者（第三者の審級）は、女性的〈他者〉の転態した姿なのだ、と。あるいは、思い切って単純化して、こう述べてもよいだろう。超越的な「神」は、われわれが普段の経験において出会う一般の他者の内に宿るのだ、と。

予期が、第三者の審級に帰属している蓋然的な直知の形式で確保されている限りにおいては、そこで予期された内容は、確定性を帯びたものとして現れる。同様に、価値の妥当性を承認する作用を第三者の審級に帰属したものとして想定している限りは、その価値の内容は、一義的に確定されているかのように見える。だが、しかし、第三者の審級の直知として現れているもの、第三者の審級の承認の視線として現れているものは、〈他者〉の志向作用に分解することができるのであった。第三者の審級の直知が、〈他者〉が（やがて）見るかもしれないことへと還元された場合には、あるいは第三者の審級の承認が、〈他者〉の承認（あるいは否認）の視線へと還元された場合には、今度は、たちどころに、直知されていることがら、承認されていることがらに関する、決定不能性が出現する。〈他者〉のまさに〈他者〉たる所以は、そこに帰属する志向作用の解消不能な不確定性にこそあるからだ。要するに、〈他者〉は、〈私〉にとって、どのような予期をも裏切り得る可能性として現れるからである。逆に言えば、〈他者〉を第三者の審級へと変形して投射する操作は、〈他者〉のこうした不確定性を馴致し、これにその反対物の外観を――つまり確定性の外観を――与える詐術なのである。

こうした詐術が可能な理由を、簡単に復習しておこう。第三者の審級は、〈〈私〉と〉〈他者〉たちとの絶対の差異を――積極的には関係できないという関係を――、それ自身、独自の実体として錯認したところに生まれる。そうした錯認が生じうるのは、〈他者〉たちとの「関係なき関係」が、〈私〉の志向作用に内部化できない――それを捉えようとする私の志向作用（求心化作用）から遠隔化していく（遠心化作用）――という否定的条件を介して、ときに、〈私〉の志向作用の到達できない外部で独立して活動している固有の志向作用の帰属点として、現象しうるからである。要するに、〈私〉が〈他者〉たちと求心化／遠心化作用を通じて〈関係〉しているとき、〈私〉の志向作用がそこに及び得ないという単に否定的・消極的な条件が、志向作用の到達範囲の彼方における超越的な他者の存在を指示する条件として転倒して捉えられることがあるのだ。このようにして第三者の審級が措定されれば、今述べたような生成の経緯のうちに含意されているように、それは、〈私〉の志向作用から独立に、あるいは

〈私〉の志向作用の活動に先だって、独自に知覚し、独自に確定的な意志を有する超越的な他者として機能する（ものと見なされる）ことになる。こうして、人は、第三者の審級の存在に対して信頼をおくことができるならば、そこに直知の働きや承認の視線を認めることができるのである。だが、もう一度確認しておけば、それは、〈私〉の志向作用、〈私〉の予期の中で、決して積極的な像を結ぶことのない〈他者〉（の志向作用）が転化した姿なのである。

先に、共同体や結社は、ある特権的な対象において表示されている価値の共有によってその同一性を確保していると見なされるが、実際には、そうした価値が何であるかはまったく不確定で、いかなる内実もないのだから、「それ」を共有することは不可能なのではあるまいか、という疑問を呈しておいた。この疑問についても次のように答えておくことができる。第三者の審級の存在を前提にして考えれば、この現象は、単純に、第三者の審級によって特異に重要だと承認されている対象を、メンバーたちが共有し、そうした対象によって表現されている価値に同一化しているのだ、と記述することができる。しかし、第三者の審級は〈他者〉を転倒して捉えたことの結果であり、それゆえ、第三者の審級によって承認されている、いかなる確定的な価値も存在していないのだとすれば、こうした記述は暫定的なものであると言わなくてはならない。それならば、何が共同体や結社に同一性を与えているのだろうか？　メンバーたちに真に共有されているのは、〈他者〉を第三者の審級へと転化させる機制そのもの、つまり、共有したり同一化したりすることが可能な積極的な価値が存在しているかのような外観を結晶させる身振りそのものなのである。この論点には、後にもう一度立ちかえることになるだろう。

さて、われわれの最終的な課題は、自由の可能性の条件をどこに見出すことができるのか、ということであった。現代の困難は、自由に可能性を与えていた第三者の審級が、われわれの前から立ち去ってしまった、ということにあった。第三者の審級が不在であるということは、それが、その素材であるところの〈他者〉へと分解されている、ということである。言い換えれば、現代の発達した資本主義社会の下では、〈他者〉を第三者の審級へと転換させる機制が、首尾よく作動しないということである。〈他者〉が第三者の審級のうちに吸収されずに、その生の姿を露呈させているということは、言い換えれば、ときに「死の欲動」をかきたてるような、本源的な〈偶有性〉に〈私〉が不断に直面させられているということでもある。〈他者〉は、〈私〉からの純粋な差異であるがゆえに、かえって、〈私〉がそれでもあったかもしれない、〈私〉の〈同一性〉のもうひとつの可能性として顕現するからである。

ところで、〈他者〉は、そもそも、第三者の審級の本態である。第三者の審級との関係において自由が不可能であるとしても、〈他者〉との関係における〈自由〉がありうるはずではないか。たとえば、先に、価値の空間を規定する中核的な特異的対象について議論する中で、このように述べた。その対象の意味が不確定であるということこそが、むしろ、それが、特権的な機能を果たすための条件になっているのではないか、と。この仮説は、この文脈では、次のように一般化することができる。第三者の審級の機能を保証しているのは、それが、本来、〈他者〉であった、という条件ではないか、と。われわれは、第三者の審級を失っても、〈他者〉を失ったわけではない。それどころか、第三者の審級という仮象＝ヴェールが剝がれたことによって、〈他者〉は、直接に、純化されてその姿を現しているのである。本来は〈他者〉であったということこそが、第三者の審級の作動を保証していたのだとすれば、われわれは、〈自由〉のための条件を、本質的には何ら失ってはいない、と考えるべきではないか。そうであるとすれば、キリスト教が隣人愛として見出したことの中に、つまり〈他者〉との無際限な関係の内に見出したことの中に、〈自由〉の再生のための条件が隠れているかもしれない。

1　S. Žižek, *The Fragile Absolute*, Verso, 2000, pp.110-111.

2　消費の空間における「ブランド」の働きが、これと類比的である。たとえば「ソニー」はブランドである。製品に「ソニー」と冠せられているだけで、それは人々の欲望を喚起する。しかし、実際のところは、「ソニー」が何を意味しているのかは、定かではない。「ソニー」は製品の品質や機能において優れているということを表示する記号ではないのだ。その証拠に、ソニーのコンピュータとほとんど同程度の機能や品質の他社のコンピュータは、ソニー製品ほどには売れない。結局、「ソニーはソニーだからよい」というトートロジーによってしか、ソニー製品への欲望は説明できない。もっと顕著で興味深い事例は、「コカコーラ」というブランドである。一九八五年に、コカコーラ社が「ニューコーク」という名の新しいタイプのコカコーラを導入したことがある。それは、十九万人にも及ぶ調査の結果、従来のコカコーラよりも味覚の点で優れていることが立証されていた製品であった。コカコーラ社は自信満々だった。ところが発売後一週間も経たないうちに、消費者から、ニューコークへの怒りを表明する電話が、毎日一千本を超えるペースで殺到するようになった。『ワシントン・ポスト』『デトロイト・フリープレス』『シカゴ・トリビューン』『ニューズウィーク』等の有力メディアがニューコークを批判した。「コカコーラ」とは何だったのか？　それは何を意味していたのか？　「優れた味の飲料」ではないということを、この事例はよく示している。もし味が大事だったのだとすれば、ニューコークの方がより歓迎されていたはずだ。結局、「コカコーラ」というブランドには、実質的な意味はない。ニューコークへのこの過剰とも思える反発をよく説明しているのは、おそらく、『ニューズウィーク』の「コーク、成功をいじる」という記事である。その記事は、「従来のコークは缶に入ったアメリカの国民性そのものだった」と書いている。つまり、「コーク」と「アメリカ」は等値されているのである。「コーク」の意味の不確定性は、「アメリカ」の不確定性である。ところで、このあとすぐに論ずるように、「ネーション」こそ、諸価値を活性化させる不確定な特権的対象の至高の事例である。なおブランドについては、石井淳蔵『ブランド』（岩波新書、一九九九年）を、特にコカコーラについては、M・ペンダグラスト『コカ・コーラ帝国の興亡』（徳間書店、一九九三年。原著1993）が、それぞれ参考になる。

3 松浦寿輝「国体論」小林康夫・松浦寿輝編『表象のディスクール　5　メディア』東京大学出版会、二〇〇〇年。

4 たとえば治安維持法（一九二五年）は、国体の変革を目指す結社を弾圧することを目的としている。このように、それは何であるかははっきりしないが、とにかく、変革をもくろむことを禁じられた対象として、国体が措定される。

23　マゾヒズム的転回

レイプの悪

〈他者〉との関係における〈自由〉がありうるのではないか？　第三者の審級の不在による「自由」のデッドロックは、〈他者〉との関係を基礎にした〈自由〉によって超克されるのではないか？　これがわれわれの見通しであった。だが、〈他者〉との関係の内に構成される〈自由〉とは何か？

〈他者〉への関係を純粋状態において抽出したときに得られるのが、「〈隣人〉愛」である。言い換えれば、外在的な目的に奉仕することなく、それ自体として享受されている関係が、「愛」である。ここでは、〈他者〉への関係における〈自由〉がどのようなものでありうるかを、その否定に反照させることから導いてみよう。すなわち、愛の否定、愛の対極において、〈自由〉が否定される様態から、〈自由〉の何たるかを導出してみよう。愛の否定、愛の反対物とは何か？　言うまでもなく、それは、〈他者〉の存在の否定、殺人にほかなるまい。逆に、われわれが、自らに対して殺人を禁止しているとき、目の前の〈他者〉を「殺すべきではない」ものとして遇するとき、すでに、そこに最小限の〈他者〉への愛がある。

まず、「〈他者〉を殺してはならない」という命令の格別な性格に注目しておく必要がある。この命令は、倫理を構成する命令ではあるが、規範——共同体の規範——ではない。通常の規範は、共同体内でのメンバーの共存のための要請を、自らを正当化する最小限の必要条件としている。一見したところでは、「殺すな」という命令も、こうした要請のひとつ——それどころかその筆頭——であるかのように見えるかもしれない。だが、そうではない。「殺すな」は、そうした共存の要請を超えた——そうした要請を顧慮しない——無条件の命令として現れる。他のメンバーの共存にとって無意味であったり、否定的であったりするような〈他者〉に対しても、「殺すな」という命令は有効だからである。それどころか、〈他者〉が敵であるような場合ですらも、「殺すな」という命令は、人を捉えるのである。つまり、たとえ〈他者〉が敵であったとしても、なお、人はその敵である〈他者〉を殺すことには、強い抵抗感を覚えるだろう。[*1] このように、「〈他者〉を殺してはならない」という命令の絶対性は、共同体の規範としての要請を遥かに超えているのである。[*2]

われわれの目的は、〈他者〉の否定がどのような意味で〈自由〉の否定を随伴しているのかを観察することであった。もっとも、〈他者〉を殺害すること――〈他者〉の存在そのものを抹消すること――が、その〈他者〉の自由の否定であるということは、あまりにも自明なことであろう。だが、問題は、その否定が、どのような構成を取っているのか、ということである。「〈他者〉の否定と自由の否定の相即性」の自明性に目を奪われないために、問いを少しばかりずらしてみよう。すなわち、〈他者〉の否定を「殺人」のような端的な形式に見るのではなく、これと類比させうる別の形式に見出してみよう。「殺人」の代わりに、たとえば「レイプ」をもとに考えてみるのだ。

殺人における〈他者〉の否定とレイプにおける〈他者〉の否定はよく似ている。このことは、「なぜ人を殺してはいけないのか」という問いと「レイプはなぜいけないのか」という問いとを並置してみると、見えてくる。先に述べたように、「人を殺してはならない」という命令には、共存の要請には解消しえない過剰性が宿っている。「レイプの悪」にも、共同体の通常の規範への違背からは説明できないような過剰がある。これらの問いにおいて問われているのは、まさにこの過剰分の由来である。とはいえ、前者の殺人についての問いに関しては、しばしば、「共存の要請」が問う者を幻惑する。すなわち、共存のための必要ということによって、ことがらが説明できてしまうかのような印象をもちやすい。だから、ここでは、後者の問いに準拠して考察を進めてみよう。レイプが――通常の違背行為を遥かに超えて――格段におぞましいのはなぜなのか？

レイプの過剰なおぞましさは、たとえば、これを「窃盗」のような普通の犯罪と比較してみるとよくわかる。なるほど、確かに窃盗も悪いことであり、われわれは、これに憤りを覚える。だが、その怒りの源泉——窃盗の悪さ——については、何の神秘もあるまい。窃盗が悪いのは、それが、他者の所有権を侵しているからである。すなわち、窃盗は、所有権によって区切られた共同体のメンバーたちの共存の秩序を破壊するがゆえに、「悪」として指弾されるのだ。それに対して、「レイプ」のような犯罪に対して、われわれが覚える深い嫌悪感は、こうした、「窃盗」の悪を弁証するときの論理によっては、説明し尽くせない。確かに、レイプもまた、共存の秩序を破壊する。だが、そのおぞましさは、こうしたことを論拠とする「乾いた論理」によっては、とうてい汲み尽くすことができない。無論、レイプの特別な悪は、それが、単純に身体への暴力だから、ということによっても説明できない。普通の「傷害行為」は、レイプに準ずるような過剰なおぞましさの感覚を誘発することはない。普通の傷害行為の悪もまた、共存への要請によって、十分に説明できてしまうのだ。

それならば、レイプの過剰な悪の源泉を、どこに求めるべきなのか？　普通は、レイプの悪については、次のように説明されている。レイプが間違っているのは、それが、性行為を望まない女性の意志に反する性行為を強いる暴力だからだ、と。つまり、レイプは、暴力的に扱われることを欲していない女性の意志に反する暴力である、と考えられているのだ。このような説明は間違ってはいないが、繊細で肝心な部分を逸している。これだけであれば、レイプは、普通の犯罪、普通の逸脱行為と同種の悪に還元されてしまうだろう。つまり、常識的な説明は、ここまで問題にしてきた、レイプの格段のおぞましさ、その悪の過剰分には届かない。窃盗が正しくないのは、それが、所有者の意志に反する財の移動だからだが、レイプに関しては、これと同じような説明は不十分だ。たとえば、「痴漢」は「万引き」とは異種の嫌悪感を惹起し、被害者に、「万引き」の場合よりはるかに大きな精神的打撃を与えるだろう。

レイピストは、たいてい、逆のことを主張する。つまり、彼らは、女もまた快楽を得ていた、と言う。女はレイプされることを欲していた、とレイピストは主張するのだ。無論、この主張は、事実に反している。そして、レイピストは、こうした主張によって、自身の行為が正当化されると信じているのだから、——事実認識は異なっていても——彼らが依拠している論理は、「レイプの悪」についての通常の説明と同じ理路に従っていることになる。通常の説明が、悪の根拠にしている事実的な「前提」を否定してしまえば、悪は解消されてしまう、というわけだ。

ここで、逆に、レイプについての通念の対極にあるような性行為を想像してみよう。つまり、双方の完全な合意、完全に透明な合意に基づくセックスを想像してみよう。行動の一つひとつに関して、明示的な合意を確認しながら進められているセックスを、思い描いてみるのだ。[*3] このような、あまりに透明な合意に従っているセックスは、逆に、むしろ冒瀆的なものに見えてくる。そのようなセックスは、相手の身体を利用した自慰以外の何ものでもないからだ。このことから導き出すことができるのは、次のような結論である。すなわち、男であれ、女であれ、人は、性的な関係の中で、自分の意志に反するような形で相手に扱われることを、すなわち、〈他者〉に「暴力」的に扱われることを、欲してすらいるのだ。あまりにも透明に双方の意志を完全に相補的に満たしてしまう性的な関係は、性的な関係としては否定されてしまうのである。性的な関係は、相手となる〈他者〉に不透明性が宿っていることを、つまり〈他者〉が完全には私の意志通りには行動せず、したがってその分、私に対して暴力的であることを、成立のための不可欠の条件としているのである。それならば、例のレイピストの言い分、つまり女が潜在的に欲望していたことをやったまでだ、というあの言い分は、正しいのか？　無論、間違っている。レイピストの言い分が正しいとすれば――あるいは「レイプの悪」についてのあの常識的な説明が正しいとすれば――、マゾヒストならばレイプしてもよい、あるいは少なくともマゾヒストをレイプした場合には相対的に罪が軽い、ということになるだろう。だが、実際には、レイプの被害者がマゾヒストであったとしても、その分、被害者の精神的な打撃の程度が小さくてすむ、などということは絶対にあるまい。

だから、われわれは、むしろ、次のように考えるべきではないか。人は潜在的に自身の身体が乱暴に扱われることを欲望しており、まさにそれゆえにこそ、こうした潜在的な欲望を文字通りに実現したかのように装うレイプは一層おぞましいのだ、と。だから、レイプの悪、レイプの犯罪性は、一般の犯罪や違背行為とは反対側にある。一般の犯罪や違背行為は、被害者の意志に反する行為と見なされる。それに対して、レイプは、ある意味において、被害者の潜在的な意志や欲望をそのまま外的な現実の上に実現してしまうがゆえに、一層悲惨な犯罪を構成することになるのだ。しかし、なぜだろうか？

まず前提にすべきことは、人には、あまりに内密・私秘的であるがゆえに、かえって外的な

〈他者性〉を帯びる核とも言うべきものがある、ということである。自己の身体、とりわけ性はそうした両義性を帯びている。たとえば性的嗜好は、しばしばアイデンティティの中核要素を構成するが、自分自身に対してさえもあからさまに認めがたいような羞恥心を誘発する。内的な核こそが、自身のコントロールに従いきれない〈他者性〉を帯びるのだ。こうした両義性――私秘的な核が〈他者性〉を帯びるという両義性――をもたらしている機制は、任意の志向作用において厳密に連動している、求心化／遠心化作用である。〈私〉がまさに〈私〉であることの最終的な根拠は、求心化作用において与えられる。求心化作用が、〈私〉を、宇宙がそれに対して相関している特異的な点として現出させるからである。ところで、求心化作用は、同時に、遠心化作用でもあるのだ。このことが、〈私〉の〈私〉性を、〈私〉自身に対して、〈他者〉的なものとするのである。レイプの暴力が目指しているもの、レイプが他者の目の前にさらけ出そうとしているもの、それは、犠牲者の、この――〈他者性〉を帯びているだけに一層私秘的な――内的核である。[*4]

　先に、性的な関係において、人は、〈他者〉に「暴力」的に扱われることを望んでいる、と述べた。こうした欲望の構成を、もう少し丁寧に解析しておこう。この欲望は、求心化作用と遠心化作用の協働が必然的にもたらす、ある感覚を、表現したものなのである。こうした潜在的な欲望があるにもかかわらず、レイプによって、この欲望に対応している（ように見える）事態を現実化することが、悲惨な結果に至るのは、この欲望が指向している事態が、〈私〉の〈他者〉に対する攻撃的な能動性ではないことはもちろんだが、単純に、〈私〉が〈他者〉から攻撃的な仕打ちを受けるという受動性でもないからである。この欲望が照準しているのは、能動性とも受動性ともつかない事態、両者の中間に出来する事態である。そして、こうした両義的な事態への欲望を必然化しているのは、他ならぬ、求心化／遠心化作用なのだ。

第一に、〈私〉のあらゆる〈〈他者〉への〉能動的な働きかけは、常に、〈他者〉による〈私〉への働きかけを、つまり〈私〉の〈他者〉への受動的な従属を想定しており、したがって、〈他者〉への受動的な従属への欲望へと転回する可能性を秘めている。求心化作用――〈私〉に帰属する働きかけ――が、常に、同時に、遠心化作用――〈私〉の外部の〈他者〉による〈私〉への働きかけ――でもあるからだ。たとえば、〈私〉が〈〈他者〉に〉触れることは、〈私〉が〈〈他者〉によって〉触れられることであり、それゆえ、触れられたいという欲望の表現でもありうる。〈私〉が見ることは、〈私〉が〈〈他者〉に〉見られうるということを含意しており、したがって、見たいという欲望は、見られたいという欲望へと転回する可能性を有する。このように、能動性は受動性へと転回する可能性を、常に潜在させているのである。

しかし、第二に――遠心化作用が求心化作用の反面である以上――、転回して得られる〈私〉の受動的な従属は、常に、〈私〉の能動的な志向を前提にしており、そうした志向によって媒介されている。〈私〉への働きかけ自身が、〈私〉自身の〈他者〉への能動的な関わりや〈私〉の〈他者〉への能動的な欲望によって支持されてのみはじめて〈〈私〉にとって〉有効なのであり、実際、そうした〈私〉の関わりや欲望に誘発されるのである。〈私〉の受動性が――〈他者〉の〈私〉への能動性が――私の能動的な志向によって、実際に誘発されうるのは、〈他者〉にもまた、求心化／遠心化作用が帰属しているからである。〈私〉によって能動的に働きかけられるという〈他者〉の体験――〈他者〉にとっての遠心化作用――は、〈私〉に能動的に働きかけようとする志向へと――〈他者〉の求心化作用へと――反転しうるのだ。こうした反転は、さながら、〈他者〉の身体が〈私〉の身体に共鳴しているかのように映ずるだろう。

以上の二点を合して導かれるのは、〈私〉の――〈他者〉にとっての――受動的な対象への転回自身が、〈私〉の能動的な志向作用によって支持されている、という循環である。〈私〉は、〈私〉からは透明に見通すことができず、〈私〉によって制御されることのない〈他者〉の対象となるべく、自ら自身を能動的に供するのである。このことを勘案することで、レイプのおぞましさ、その格段の悪が、何に由来するかを、説明し尽くすことができる。〈私〉へのレイプが破壊しているのは、〈私〉に所属しているとも、〈他者〉に所属しているとも言いがたい、この両義的な循環である。女は（男も）受動的な対象になることを――「暴力」的に扱われることを――欲しているかもしれないが、それは、女の（男の）そうした受動的な従属が、彼女の（彼の）能動的な働きかけと厳密に相関している限りにおいてなのである。レイプは、受動性の能動性とのこうした微妙な繋がりを切断し、犠牲者を単純な受動性へと陥れる。レイピストが、「暴力」的に扱われる対象になりたいという女の欲望を、現実化してしまうことが、犠牲者となった女に、異様に大きな精神的打撃をもたらすのはそのためである。[*5]

さて、以上の考察が含意していることは、マゾヒズム的な指向の普遍性である。この論点に関して示唆的なのは、ジル・ドゥルーズの有名なマゾッホ論である。[*6]ドゥルーズは、サディズムとマゾヒズムは対照的であり、相補的だとする通念と対決する。サディストとマゾヒストは、決して、最高の恋人同士ではない。マゾヒストが想定している「主人」は、サディストではないからだ。ドゥルーズによれば、マゾヒストとその主人の関係は、ある特殊に計算された配備の内に置かれており、そうした配備の中で儀式的に上演されているのである。特殊な配備とは、「契約」である。マゾヒストは、ある厳密に決められた時点で、ある限定された期間だけ、(女)主人にあらゆる権利を譲渡するという契約を、(女)主人と取り交わす。主人との関係がこうした契約によって規定されているために、主人の主人としての位格は、言わば宙吊りにされてしまう。というのも、マゾヒストの発案による契約によって、その位置を決定されている以上は、主人の方こそがマゾヒストに従属していることになり、主人は、マゾヒストが要請する命令を執行しているだけだ、とも見なし得るからである。マゾヒズムがこうした配備の上に成り立っているのであるとすれば、それは、自身を〈他者〉の受動的な対象へと転換すること自体が、自身の能動性によって支持されているという、ここまで見てきたような循環を、厳密に配慮された儀式の形式で、自覚的に定式化したものである、と考えることができるだろう。そうである以上、マゾヒズムへの傾向は、ある特異な一群の人々の倒錯的な嗜好ではなく、誰にでも潜在している——あらゆる性的嗜好の基底を構成する——普遍的な態度であると結論しなくてはならない。

——〈自由〉とは何か、〈他者〉との関係——愛の関係——における〈自由〉とは何か? 今や、この問いに対する解を得る段階に来た。〈自由〉の可能性、〈自由〉の最後の——あるいは至高のの——可能性とは、自己自身を〈他者〉の受動的な対象へと転換すること自身を、自ら自身が能動的に措定する循環以外の何ものでもあるまい。言い換えれば、〈自由〉とは、マゾヒズムにおいて凝固して現れているような転回である。ある意味では、ここには、〈私〉の積極的な選択、〈私〉に帰属する「自由」は存在しない。〈私〉は受動的な対象であり、選択は〈他者〉に帰属しているからである。だが、しかし、〈私〉を〈他者〉の選択の対象として受動化するこの関係は、〈私〉がこれを、まさにこのような関係として措定し、承認することにおいて有効なものとして成立する。〈私〉の〈自由〉、〈私〉の選択は、〈他者〉による選択の対象として——あるいは〈他者〉の志向作用の対象として——〈私〉自身を、〈他者〉に供することの内にこそある。〈他者〉に〈私〉が選択されるような関係を選択することの〈自由〉が、〈私〉に所属しているのである。「自由」は一旦否定されるが、〈他者〉を媒介にした〈自由〉として再来する。「自由」をもたないものとして〈他者〉の前に自己を晒すこと自身が、〈私〉の〈自由〉を構成することになるのだから。通常の犯罪は、被害者の「自由」を否定する。それに対して、「殺人」や「レイプ」が特別におぞましいのは、それが、犠牲者の〈自由〉を否定する行為だからである。

死者のまなざし

カレン・ブリクセンの小説を原作にもつオーソン・ウェルズの映画『The Immortal

Story』は、ある倒錯的な快楽に耽る老商人の物語を映像化したものである。老人は、若い水夫に金を支払って、自分の妻と性交させ、明るいベッドの上での彼らのその営みを、半透明のカーテンの背後から覗き見るのである。このやり方は、水夫たちの伝説に基づいている。窃視する老人――ウェルズによって演じられる――は、映画監督（つまりウェルズ自身）の、さらには映画鑑賞者の寓意的な代理物であろう。この作品に関して、次の点に注目すべきだとジジェクは述べている。すなわち、妻と若い男は、妻の夫に監視されているという惨めな状況に抗して――こうした状況にあることを忘れるほどに自分たち同士の関係に没入することで――愛し合うのではなく、逆に、無言の証人によって盗み見られているということを自覚しているがゆえに、彼らの関係を真実の愛へと高めることができたのだということに、である。[*7] 窃視する第三の眼は、彼らの関係に外在する攪乱要因ではなく、彼らの愛の関係を構成する内在要因なのだ。

われわれは、マゾヒズム的な転回の操作を、概観してきた。この操作のポイントは、〈私〉の世界への働きかけ（求心化作用）が常に、その〈私〉の働きかけを対象化し、〈私〉を無力な受動的存在者へと転化させる〈他者〉の志向作用（遠心化作用）の措定を随伴させている、ということにある。〈私〉を受動的な存在者に転化させる〈他者〉の志向作用――〈他者〉のまなざし――は、ときに、〈私〉が直接に関係する相手の外部に、〈私〉とその相手との関係から独立した超越性として措定されることもあるだろう。例えば、ウェルズのこの映画に認められるように、愛は、ときに、二者関係の内には閉鎖せず、この関係を外部から眺めることから快楽を引き出す第三の眼の存在を想定し、そうした想定によって自分たち自身の快楽をも高めることがある。このように、外部に超越している〈他者〉は、すでに、第三者の審級へと転化している。だが、ここで留意しておきたいことは、このことではない。重要なことは、第三者の審級の存立もまた、受動性と能動性を交替させる、見てきたような循環の操作に依存して可能になっている、ということである。

求心化／遠心化作用の連動に基づくこうした循環が基底にあるということは、人は、〈他者〉に――ときには「第三者の審級」に転化してしまっている〈他者〉に――捕縛されるということである。すなわち、人は、〈他者〉の志向作用に対して拡がる世界の中の「演技者」として自分自身を定位することを通じてのみ、自身の存在や行為・体験を有意味なものとして感得することができるのだ。たとえば、『The Immortal Story』においては、恋人たちは、彼らの営みを窃視する老人――映画鑑賞者と映画監督の映画内での代理物――の視野の内部の演技者である限りにおいて、互いに愛し合うことができたのである。

ところで、〈他者〉を〈他者〉たらしめる特徴とは何であっただろうか？　人を捕縛する〈他者〉にはどのような特徴があるのだろうか？　〈他者〉の本質的な特徴は、その意志の還元不可能な不確定性――〈私〉にとっての不確定性――であろう。そうであるとすれば、〈他者〉の〈他者性〉は、〈私〉との直接のコミュニケーションを通じてその不確定性を次第に減殺させていくことができる（かのように錯覚される）現在の他者においてよりも、たとえば過去の他者――すなわち死者――において顕著に現れるであろう。われわれは、過去の他者の意志（遺志）の不確定性を解消してしまう手段をもたない。だから、たとえばキルケゴールは、『愛のわざ』において、最も恐るべきは、死者である、と述べている。人は、しばしば、死者の意志や欲望に相関する世界の中で、自身の生を意味付けようとするからだ。死者が恐ろしいのは――キルケゴールによれば――、死者が何食わぬ顔をしているから、変わることがなく確固たる態度を取りつづけているからである。つまり、死者は、間違いなく、ある確定的な意志を有するのだが、それを現在のわれわれはどうしても見通すことができないのである。この不確定性が、現在の人を捕縛する死者の狡猾さとして現れる。

たとえば、ジジェクは、一九二〇年代、三〇年代に、西側の進歩的な知識人がこぞって、ソ連の現実を賛美したのはなぜか、という疑問に答える形で、死者の捕縛力を主題化している。[*8] ソ連やそれに連なる東欧諸国の現実に失望した後も、一九八〇年代までは、多くの西側の進歩的知識人が、少なくともユーゴスラビアの「自主管理」型の社会主義を賛美していた。こうした「誤った」賛美の姿勢に関して、彼等が社会主義諸国の現実を見ていなかったのだ、と言うべきではない。というのも、彼等は、実際、現実を見ていたからである。すなわち、著名な知識人たちの多くは、社会主義諸国を訪問した後に、それを賞賛しているのであり、したがって当然、そこにはびこっている貧困その他の惨めな現実を目の当たりにしていたはずだからである。それならば、優秀な知識人たちが誤った判断をしたのはなぜなのか？ ジジェクは、もし社会主義諸国の現実を根底から疑うとすれば、それは、万国の労働者たちの、とりわけ過去の何世代もの労働者たちの夢を否定することになったからだ、と説明する。西側の進歩的知識人にとっては、社会主義の現実は、そのために闘ってきた過去の労働者たちの夢の、触知可能な現実化と映っていたのである。彼らは、現実に現在見ていることよりも、死者の夢を優先させたと言うべきであろう。たとえ、目の当たりにしている現実が惨めなものであったとしても、これを拒否することは、過去の何百万もの労働者たちを裏切ったことになる、と感じられたのである。これこそ、まさに死者の狡猾さである。

現在のわれわれの、とりわけ戦後半世紀以上を経てきた日本人の困難は、このような「狡猾な死者」に捕縛されてすらいない、ということにある。現在の日本人は、現在を、死者の――厳密に言えば戦前・戦中の死者の――意志の現実化した姿であると見なすことが、どうしてもできない。日本人の現在は、戦争における死者が、まさにそのために死んでいったことを現実化したものではない。日本人は、戦争の死者の遺志を継がなかったのだ。もっとも、現在が死者の夢の内にないことがはっきりした場合でも、われわれの現実をまさにその肯定的な意志の圏内にあると解釈することを可能にしてくれるような〈超越的な〉〈他者〉が代わりに与えられている限りは、それほど困らない。戦後間もなくは、それでも、死者の代わりをしてくれる、そのような〈他者〉がいた。その典型は、自由と民主主義を肯定する「アメリカ」である。次いで、その対極には、社会主義を肯定する「労働者」がいた。戦後半世紀以上の時を経た現在の困難は、永らく死者の代わりをしてくれていた〈他者〉であるアメリカも、社会主義諸国も、もはや、そのような権威をもちえない、という点にある。このとき、ありうる道は二つである。第一の道は、われわれの現在が、やはり、死者（戦争の死者）の肯定的な意志の圏内にきちんとあるのだ、と考え直すという方法である。それが、歴史（の教科書）の書き換えなどを推進する右派のやり方だ。第二の道は、無論、現在が、死者の意志の現実化ではないということに固執することだ。これが左派が採った道である。そのような道を進んだ標準的な左派が苦しいのは、現在が、誰の夢の内にあるのかを、まったく措定できない、ということである。左派の主張は、現在を有意味なものとしてくれる〈他者〉の視点を現実的に想定できないがゆえに、人々にアピールする力を欠いたものになってしまうのだ。

先に述べたように、死者が現在のわれわれを捕縛するのは、死者の意志が不確定だから――その限りでそれが〈他者〉の本性を保持しているから――である。とはいえ、過去の〈他者〉の意志の不確定性は、部分的なものであるとも言える。というのも、その不確定性は、現在のわれわれにとっての不確定性であり、〈他者〉が過去に想定されている場合には、〈他者〉それ自身にとっては、自らの意志は確定的であるはずのものとして、了解されるからである。このように考えた場合には、死者は、純粋状態の〈他者〉であると言うより、第三者の審級へとすでに転化してしまった〈他者〉（の一形態）と見なすべきである。このことは、意志の不確定性のこのような二重性――われわれ自身にとっては不確定である意志が、当事者の視点には確定的であるという二重性――が、あの「予定説」の神の意志のあり方と同型的であるということを思うと、理解できるだろう。それゆえ、今日、われわれの現在をその遺志の圏内に捕縛してくれる死者をわれわれが失ったということは、後期資本主義社会（あるいはリスク社会）における「第三者の審級の一般的な不在」という事態に対応した――そうした事態の一環と見なしうる――現象なのである。

未来の〈他者〉

そうであるとすれば、〈自由〉の構成条件となる〈他者〉、〈他者〉たる限りでの〈他者〉、第三者の審級へと転化していない〈他者〉は、どこにいるのか？　そのような〈他者〉の意志の不確定性は完全なものでなくてはならない。意志の完全な不確定性は、その意志がわれわれにとって不確定であるばかりではなく、当事者自身にとっても不確定であり、当事者自身も透明に見通すことができないような場合に、構成される。当事者自身すらも、自分が何を意志していることになり、何を欲していることになるのか理解できないとき、その意志は、原理的に解消しえない不確定性を帯びることになるのだ。そのような純粋に不確定な意志の帰属先となるような〈他者〉とは、誰か？　それは、死者とは反対側にいる〈他者〉、すなわち未来の〈他者〉、未だに現実に到来していない〈他者〉である。

先に、オーソン・ウェルズの『The Immortal Story』を援用しながら、愛し合う二者が、しばしば、彼らの愛の営みを観察する第三者のまなざしの存在を想定することによって、その愛を完成させる、と論じた。この問題に、少しばかり立ち返ってみよう。

精神分析は、幼児がその意味を把握できずに目撃してしまった両親の性交場面が、しばしば、幼児にとって、外傷的な衝撃力を有する原光景を構成することになる、と主張する。幼児が両親の性交を見てしまうということは、それほど頻繁に起こることなのだろうか？　そもそも、両親の性交場面の目撃が、ほんとうに、それほど重大な結果をもたらすのだろうか？　また、もし精神分析が主張するように、この体験が一般的な意味を有する原光景をもたらすのだとすれば、逆に、それをたまたま目撃しなかった幼児の場合には、どのような帰結を生むのだろうか？　今、これらの疑問に答えるつもりはない。ここで提案したいことは、幼児による両親の性交場面の目撃という出来事の意味は、逆の視点から捉えるべきではないか、ということである。すなわち、この出来事は幼児にとって重い意味をもつのではなく、両親にとって重要な意味を有するのではないか、という仮説を立ててみるのである。夫婦は、性交渉において、常に、自分たちの子どもに目撃されるのではないか、ということを恐れているのではないだろうか。もしそうだとすれば、幼児が性交場面を目撃することに対する、精神分析の過剰とも思える意味付けは、大人のこうした普遍的な懸念の一つの表現であると解釈することもできるかもしれない。

大人は、自分たちの性交渉が、子どもに覗かれているのではないか、と心配している。言い換えれば、性交渉する夫婦は、彼らを覗いているかもしれない子どもの視線を想定している。とすると、『The Immortal Story』における老商人の位置を、子どもが占めている、ということになる。ところで、『The Immortal Story』では、窃視する老人の視線は、恋人たちの愛の関係にとって外在的な要因ではなく、むしろ彼らの関係の中で、彼ら自身によってその存在が自覚されることによって、彼らの性愛の快楽を高めるように作用するのであった。そうであるとすれば、老人が実際には存在していなくても、恋人たちによってその存在が想定されてさえいれば、それは、彼らの愛の関係に実効的な作用を及ぼすことになるはずだ。

こうしたことを考慮に入れた上で、夫婦はほとんど普遍的に彼らの性交渉が子どもに覗き見られることを恐れているのではないか、という仮説を、さらに思い切って一般化してみるのである。彼らを覗き見る子どもは、現実に存在している必要はない。つまり、彼らは、子どもを有する夫婦である必要はない。そうだとすれば、次のように考えてみるのだ。愛し合う恋人たちは、彼らの性交渉において、その性交渉の産物とも見なしうる、彼らの未生の子どもが――つまり未来の〈他者〉が――彼らの間の性交渉を観察している、と想定しているのではないか、と。『The Immortal Story』において、老人の視線が恋人たちの関係の内的な契機であったように、未来の子どもの視線もまた、恋人たちの関係を構成する内的な契機である。このように、愛する者同士の関係は、彼らの間の営みを対象化する未来の〈他者〉の視線を、その構成要素として組み込んでいるのではないか。

このように考えることで、われわれは、ひとつの謎に答えることができる。第3章で、精神分析学者フランソワーズ・ドルトの幼い患者「フレデリック（＝アルマン）」のケースを紹介した。このケースに依拠しながらわれわれが推論したことは、次のようなことであった。子どもが「自由な主体」として成熟するためには、超越的な他者（第三者の審級）――具体的には親――による、その子どもの存在の承認＝選択が要件となる。このケースでは、命名行為――「あなたはアルマンである」――が、存在の承認＝選択の操作に対応している。しかし、ここに、ひとつの哲学的な問題が生ずる。(存在の)承認＝選択の操作は、言わば、子どもの存在を始発させる行為である。存在論的には、親による子どもの存在の承認＝選択に先立っては、子どもはどこにも存在してはいない。実際、「あなたの存在は親によって承認されている(あなたは親に愛されている)」という宣言は、「生んでくれと頼んだ覚えもないのに、なぜボクは生まれたのか」という、子どもの実存的な疑問に対する、答えなのである。だが、存在を承認＝選択する操作は、自らの効果によってその存在を開始することになる存在者を、いかにして、その対象とすることができるのだろうか？　要するに、まだ生まれる前の子どもを、いかにして承認し、愛することができるのか？　ここに提起してきた仮説は、この問題に一つの解を示唆する。親の性交渉において、未生の──つまり存在の開始に先立つ──未来の子どもの存在が、先取り的に想定されているのではないか。子どもの存在の承認とは、未だに存在していないものの存在の、この先取り的な想定のことではないか。こう考えることで、存在を開始させる承認＝選択ということが、矛盾なく成立することができるのである。

もし、このように考えることができるのだとすれば、「誤った生 wrongful life」という擬制は、まったく転倒しているということになるだろう。「誤った生」とは、出生前診断の失敗を法廷に訴えるときに利用されるレトリックの一つである。出生前診断に不手際があったり、診断結果についての情報提供が不十分であったときに、何らかの先天的な異常をもって、子どもが生まれることがある。このとき、子どもを産んだ親の方ではなく、子ども自身を原告として、出生前診断にあたった医師を訴えるときに、「誤った生」という表現が用いられるのだ。

つまり、こうである。「もし適切に出生前診断がなされていれば、私は生まれてこなかっただろう。出生前診断に間違いがあったために、私は誤った生を選択してしまった」、と[*9]。こうしたレトリックは、子どもが誕生に先立って、自分自身の生存か不在かのいずれかを選択することができた、とする擬制に基づいている。「正しい情報があれば、私は生存（存在）の方を選ばなかったはずなのに」というわけである。だが、ここでのわれわれの仮説にしたがえば、存在（生存）の選択は、親たちの性交渉が未生の子どもの視線を想定することにおいて、すでに完了している。しかも、それは、（未来の子どもの）存在を必然とする選択であって、恣意的に不在の方を選ぶことはできない。つまり、生それ自身は、誤っていたり、正しかったりすることはできないのだ。

〈自由〉は〈他者〉との関係のうちに構成される、と述べてきた。このことは、〈自由〉が、とりわけ、未来の——やがて到来すべき——不在の〈他者〉との関係において、構成されるということである。繰り返し述べてきたように、ここでの仮説は、恋人たちの愛の関係は、その成果でもありうる、未生の子どもの視線を想定する、ということである。念のために述べておけば、この未生の子どもとは、抽象的な不定の〈他者〉のことであって、さしあたっては、「後に実際に生まれた特定の誰彼」のことではない。だから、恋人たちが不妊であっても、また避妊していても、さらには同性愛者同士であっても、彼らを観察する未来の〈他者〉を想定しうる、という点は、変わりない。ともあれ、こうした恋人たちと同様に、われわれの任意の営みは、これを対象化し——つまり未来の時点から反省的に捉え——、われわれの営みから快楽を得ることになる、未来の〈他者〉を措定することができる。〈自由〉とは、この未来の〈他者〉を措定することの能動性＝選択性である。

今や、死者（過去の〈他者〉）の捕縛力は、失われた。しかし、未来の〈他者〉がわれわれを捕縛する。〈自由〉が担う責任は、未来の〈他者〉への責任である。ところで、ハンス・ヨナスの『責任という原理』は次のように論を進めている。[*10] ヨナスによれば、子どもをもつという体験の内にこそ、責任の原点がある。ヨナスは、未来世代の存在（生存）へのわれわれの責任を根拠づけるために、独特な結構を前提にする。未来の子どもたちは、初めからすでに存在しており、この世に誕生しようと待機している、と考えるのである。未来の子どもは、早く誕生させて欲しいと、親たちに要請しているのである。だから、誕生の機会を奪うような選択は、すでに潜在的には存在している未来の子どもへの罪であると考えられる。ヨナスのように考えた場合には、「避妊」は、一種の殺人である。それは、すでに存在している未来の子どもを殺した（誕生の機会を奪った）ことになるからだ。[*11]

だが、ここでのわれわれの議論は、ヨナスのように未来の子どもの実体としての存在を前提にすることなく、未来の〈他者〉への責任を基礎づけることを可能にする。未来の〈他者〉の存在は、われわれの現在の営みにおいて、その都度、先取り的に想定されるのである。それは、初めから存在している、特定の〈他者〉ではない。そうではなく、われわれの現在の営み、現在の関係が、それに意味を与えるような不定の抽象的な〈他者〉を未来に措定する——措定せざるをえない——のである。われわれは、この措定された未来の〈他者〉に対して、責任をもつのだ。

1　確かに、多くの社会が、他のメンバーにとってあまりに「有害」なメンバーについては、「死刑」を許容してきたし、また敵の脅威があまりにも大きいときには、戦争による殺害が遂行されてもきた。だが、これらの殺人も、まずは「〈他者〉を殺してはならない」という命令の有効性を前提にした上で、それを――他の要請のもとで――一時的に停止するような形式で正当化されてきた、ということに留意すべきである。「〈他者〉を殺してはならない」という命令は、このような極限のケースにおいてすらも、なおその絶対的な有効性を保持しているのである。

2　少なくともキリストが言う「隣人愛」は、共同体の規範に規定されたあらゆる関係を還元するところにその特徴がある。第20章の最後に引用した、キリストの有名な言葉がそのことをよく示している。

3　「そこを触ってくれたまえ」「はい、わかりました」といった会話を交わしながら進められるセックスを想像してみるのだ。これほど「PC」にかなったセックスもあるまい。

4　売春が悲惨なことと見なされる理由も、この点に由来する。「なぜ売春がいけないのか」という問いと「なぜ人を殺してはいけないのか」という問いは、現代日本の「若者風俗」との関係で、しばしば並置されてきた。両者は、実は、同じ問題なのである。

5　同じことは「殺人の悪」についても妥当する。〈他者〉を殺してはならない――殺すことができない――のは、〈他者〉が〈私〉と拮抗する能動的な生の強さを自己主張しているからではない。逆に、〈他者〉

が、〈私〉に殺されうる——殺されてもよい——という受動的な弱さを露にして、〈私〉の前に立っているからなのである。「暴力」的に扱われたいという潜在的な欲望を有する〈他者〉への現実の暴力が、おぞましいレイプを構成するように、殺されてもよいという弱さを隠していない〈他者〉を殺してしまうことは、最悪の罪を構成するであろう。〈他者〉の弱さ自身が、〈他者〉の能動的な志向に——生への強さに——媒介されているからである。

6 ジル・ドゥルーズ『マゾッホとサド』晶文社、一九七三年（原著 1967）。

7 S. Žižek. *The Ticklish Subject*, Verso, 1999, p.287.

8 S・ジジェク『否定的なもののもとへの滞留』太田出版、一九九八年（原著 1993）、一八六—一八七頁。

9 「誤った生」訴訟については、以下の文献が有用である。加藤秀一『〈個〉からはじめる生命論』第2章、日本放送出版協会、二〇〇七年。

10 ハンス・ヨナス『責任という原理』東信堂、二〇〇〇年（原著 1979）。

11 ヨナスのこうした議論は、「誤った生」というレトリックと前提を共有していることがわかる。どちらも、誕生に先立って、誕生を選択する「自由な主体」が実体として既在している、と見なすからである。その上で、両者の論は分岐する。ヨナスの場合、未生の主体は誕生すると堅く決心しており、「誤った生」の主体は誕生しようかどうか迷っているのである。

24　〈公共性〉に向けて

普遍的公共性の不可能性

われわれは、愛の関係を、とりわけキリスト教の「隣人愛」をモデルにしながら、もうひとつの自由――〈自由〉と表記した――の条件を探究してきた。繰り返し強調しておけば、キリスト教であれ何であれ、特定の宗教の教義の内容が、考察の対象となっているわけではない。関心の中心は、あくまで、そうした教義を一群の人々に対して説得力あるものたらしめている、原基的な体験の様相である。そうした体験の層位へと遡行するためのきっかけを得るために、特定の宗教を参照しただけである。肝心なのは、そうした体験の内に懐胎されているさまざまな可能性だ。われわれは、愛を構成している同じ条件から、〈自由〉の可能条件を抽出したのであった。愛を可能なものとしてもたらす、同じ体験の構成が、〈自由〉をもたらすのである。

ところで、当然のことではあるが、愛は、人と人とを結びつける。それゆえ、愛は、共同体内に連帯をもたらす原理となりうるように思える。実際、共同体内のメンバーが同胞に対して抱くポジティヴな感情は、「愛」の一種と考えられている。だが、キリストは、「愛」を説くキリストは、自らのもとに来るものは、父母、妻子、兄弟姉妹を憎んでいなくてはならない、と語っていたのではないか。要するに、キリストの説く隣人愛を有するものは、共同体（家族）の他のメンバーを憎んでいるはずだ、と（第20章）。キリストは、端的にこうも言っている、自分がやってきたのは「分かつためであって、統一するためではない」と。だが、これは矛盾ではないだろうか？　なぜ、愛が、結合ではなく、分離の原理になるのか？　ここでは、愛と同じところに構成上の条件をおいている〈自由〉が、どのような関係の様態を要請することになるのか、〈自由〉が、連帯のどのような様式を基礎づけることになるのか、について考察してみよう。

多様な自由な主体が、すなわちそれぞれに自身が信ずる妥当な善を選択して生きる多数の主体が共存することを可能にする原理は、伝統的に「公共性」と呼ばれてきた。公共空間は、自由な主体を等しく制約する普遍的に妥当な規範＝正義によって、統括されていなくてはならない。つまり、公共空間を被覆する規範は、特殊な共同体の内部で（のみ）――伝統や黙契等によって――通用してきた規範であってはならない。だが、しかし、第13章で論じたように、二〇世紀末期のポストモダンな多文化主義やコミュニタリアンは、自由な主体の共存や連帯を基礎づける、公共的な規範は、いかなる実質的な内容ももちえないのではないか、という疑念とともに登場する。かつて公共的な正義として奉じられていた価値も、個別の主体（共同体）の――たとえば「西欧の」あるいは「プロテスタントで白人男性の」――私的で特殊な善のひとつに過ぎず、これを普遍的な価値として提起するのは欺瞞である、というわけだ。かつては公共的な正義の原理を積極的に樹立しようとしてきた、ロールズのような有力なリベラルも、今では、コミュニタリアンの主張に大きく譲歩してしまった。ノージックのようなリバタリアン（自由市場主義者）は、確かに、コミュニタリアンに抗して、共同体の共通善を第一次的な原理とは掲げず、「自由」の優位性に拘泥してはいる。しかし、リバタリアンが描く社会の像は、相互に私的利害を有する（自由な）主体たちの競争・闘争状態であり、そこには利害の一致から生ずる連合以上の連帯はありえず、公共的な価値が無内容であるという論点に関しては、リバタリアンは、コミュニタリアンと認識を共有している。無論、中には公共性が基礎づけうる可能性に賭けているリベラルな論者もいるが――井上達夫のような[*1]――、そこでも、何が公共的な正義であるのか、その内容が提起されているわけではない。

かくして、多文化主義者やコミュニタリアンはもちろんのこと、彼らに対して批判的なスタンスを採ろうとする者も含めて、自由な主体たちの間の連帯の制約条件であった普遍的な公共性が、実質的な内容をもちえないのではないか、という不安は、今や広く共有されている。無論、公共性のこうした無内容は、われわれが「第三者の審級の不在」として特徴づけた現代社会の困難の一断面である。公共的な価値がありうるとすれば、それは、作用圏を普遍化させた第三者の審級に帰属する判断として、定位されるはずだからだ。〈共同体の善からは区別された〉公共的な価値の存在を積極的に想定しえないのだとすれば、そのとき、〈自由〉な主体たちの間の共存と連帯の原理は、どのようなものになるのか？　言い換えれば、〈自由〉についての新たな概念のもとで――つまり「自由」の概念から〈自由〉の概念へとシフトしたことで――、〈公共性〉についてのどのような異なる展望を得ることができるのか？

ロブ・ニルソン監督の映画『シグナル7』（一九八五年）を、われわれの考察を導くための糸として、ここに召喚しよう。というのも、この映画は、ある「連帯」が、公共的とも見なしうる連帯が、生成されていく過程を描いていると、解釈することもできるからである。何がその連帯をもたらしているのかを探索することによって、問題への鍵を得ることができるかもしれない。『シグナル7』は、タクシードライバーたちの世界を舞台とした映画である。タイトルにある「シグナル7」とは、ドライバーの間で交わされる緊急信号のことだ。あるとき、主人公のマーティとスピードは、この緊急信号を受けて現場に駆けつけた。そこで、彼らは仲間の一人が殺されているのを発見する。この事実は、ドライバーたちをひどく動揺させる。映画は、事件によるドライバーたちの狼狽ぶりを追っていく。興味深いことは、映画の中で、ドライバーたちは何度も「組合」の必要性について語り合っている、ということである。仲間の死について語り合っているときにも、「組合」の話題が出てくるのだが、不謹慎な主題として斥けられてしまう。確かに、組合が、ドライバーたちの利益の増進を図ることを目的とする団体であると考えれば、つまり端的に言えば、彼らの給料の増額を図ることに目的があるとすれば、友人の死を悼む者たちにとって、これは場違いで浅薄な話題だということになるだろう。だが、映画の中でのこの話題の執拗な反復は、逆の印象をむしろ与える。すなわち、仲間の死によって、組合結成への気運が高まっているように見えるのだ。仲間の死こそが、組合へと結晶する連帯の触媒になっているのだ。もっとも、死を境にして、「組合」ということの意味が無意識のうちに変更されているように見えるのだが。

この映画では、一見したところではこうした主要な筋とはおよそ関係がないように感じられる、サイドストーリーが進行している。主人公の一人スピードが役者志望なのだ。だから、彼は、オーディションを受ける。その席で、スピードは監督から奇妙なアドバイスを与えられる。「卵」を演じてみるように、と。映画の終盤、スピードが、自宅の鏡の前で無言で「卵」を演ずる場面は、じっくりと時間をかけて映し出される。ここは、映画の最も印象的な場面だと言えるだろう。この不思議な場面は、映画の本筋と――「組合」結成へと向かい得るドライバーたちの連帯の物語と――どのような内在的な連関をもっているのか？

「この〈私〉ではないかもしれない〈私〉」

仲間の死が、「組合」へと結晶しうる連帯の起点となった理由は、それほどわかりにくいものではない。仲間の死が、ドライバーたちを著しく動揺させるのは、彼らが皆、こう直感したからである。――殺されたのは、自分であったかもしれない。自分が同じように殺されたとしても、不思議ではなかったはずだ。つまりは、自分こそは、殺された彼だったかもしれない。逆の立場から言えば、彼は死ななかったかもしれない。――こうした思いの共通性が、彼らの間の連帯の基礎になったのではないか。しかし、このように考えたとしても、なお、謎は残る。生きているそれぞれのドライバーは、実際には、死んだあのドライバーではなかったにもかかわらず、なぜ、なお自分こそは彼だったかもしれない、という可能性を深刻に受け止め、それに打ち震えるような現実性を覚えたのだろうか？ 要するに、私は彼ではないのに、なぜ彼だったのかもしれないのか？

この疑問に、次のように答えるとすれば、この事例は、たちどころに興味の薄いものになるだろう。すなわち、ドライバーたちは、〈同じタクシードライバーだという〉境遇の類似性から、類推によって自分の立場を犠牲者の立場へと投射し、犠牲者に同情したからだ、と。もし、こうした理解によって説明が尽くされるならば、ドライバーたちの間に形成される連帯は、類似性の自覚にもとづく共同性〈共同体〉を前提にしたものだということになり、〈自由〉な主体の間の公共的な連帯は何によって基礎づけられているのか、というここでの主題にとって示唆するものは何もなくなる。だが、実際には、こうした凡庸な理解は、われわれの謎を解消するものではない。類推や同情の基礎にある「類似性」は、相対的なものでしかない。それは、畢竟《ひっきょう》、私は彼ではない、という絶対の差異を乗り越えるものではない。あるいは、こう問い返してもよいかもしれない。私と彼が〈相対的に〉類似あるいは相異している、という判断は、それ以前に、私と彼が言わば同一の尺度、同一の座標空間の上で比較しうるということについての判断に先取りされている。つまり相対的な類似・相異の判断は、原本的に「同じ」ということの直観を前提にしている。問題は、しかし、この「同じ」がいかにして構成されえたか、である。

実際、映画そのものの中に、こうした凡庸な理解で安住することを阻む工夫が、内在している。それこそ、あの「卵」になれ、つまり「球体」になれ、というスピードに課された不思議な命令である。この命令の潜勢力を引き出すための補助線として、一九九八年に公開されたバリー・レヴィンソン監督の映画、その名も『スフィア』（＝「球体」）に、一瞥を与えておこう。太平洋の深海に、大型の宇宙船が発見される。宇宙船は、三百年もの間、海底に沈んでいたらしい。球体とは、この宇宙船のことである。三人の科学者が、探索のために宇宙船に入ることになるのだが、やがて、探索されているのは彼らの方だということがわかってくる。すなわち、球体＝宇宙船は、彼らの心の奥深くに入り込み、彼らの恐怖の何たるかを知り、そしてそれを具現する能力をもっているのだ。この映画が表現していることは、球体が、これを探索する者を映し出す鏡になっているということ、これを探索する者自身を外的に具現しているということ、これである。『シグナル7』の球体＝卵は、同じアイディアを、さらに一層直接的に表現している。

このことを理解させてくれるのが、スピードが鏡の前で卵を演じようとする、あの場面である。スピードがなろうとしているのが「卵」という、芝居の役柄としてはかなり突飛な対象であったということも与って、ここに思わぬ効果が出現する。この場面の映像は、現実のスピードと鏡の上に反映しているスピードを二重に映し出す。スピードの顔はもちろん、鏡の上にのみ現れる。カメラは、スピードのゆったりとした不思議な動作を、じっくりと映し出す。すると、鏡像は、現実のスピードに従属する彼の似姿としてではなく、むしろ、スピードに拮抗して固有性を主張する〈他者〉のように見えてくることになる。つまり、鏡像は、スピードにとって、彼自身の模造としてよりも、むしろひとつの〈他者〉なのである。もう少し厳密に言い直せば、鏡像は、彼自身が、彼自身にとって、完全には内面化しえなかった〈他者〉であることを告知するのである。一方で、鏡像は、まさしく彼自身として、つまり彼がとりうるひとつの可能性として現れる。が他方で、スピードは、鏡像として現れている自己を、自分自身のひとつの姿としては認めていなかったということを、要するにこれは自分——自分自身が自己に対して抱いている自己像——ではないということを、自覚させられるのである。

こうした解釈は、この直後の場面でスピードと彼の妻がベッドの中で交わす会話によって裏書きされる。この場面で、彼は、鏡像の前での演技を通じて初めて、彼にとって最も落胆すべき可能性を、つまり彼が役者になれないかもしれないという可能性を悟ったということを、告白するのである。ここで、彼は、自らが、彼自身の客観性、彼自身の真実を受け入れていなかったという事実に、打ちのめされているのだ。逆に言えば、ここでは、自己自身の真実が、自らが予め受容しておくことができないおぞましい〈他者〉として現れたのである。端的に言えば、スピードが鏡の前に立つ場面は、この〈私〉が〈私〉自身にとって〈他者〉であるかもしれないという可能性を、この〈私〉ではないかもしれないという可能性を映像化しているのだ。鏡の上に映し出されている「卵」としてのスピードは、まさしく、スピードにとって、「この〈私〉ではないかもしれない〈私〉」である。

この〈私〉が〈他者〉である、というおぞましくもあれば魅惑的でもある可能性についての体験は、特殊な配備の中でのみ実現する稀有な体験と見なすべきではない。それは、すべての人間を襲い得る、あるいは少なくとも現代社会を生きる者すべてが潜在的に捉えられている普遍的な可能性である。このことの傍証を、今日の生命科学に関わる事例から引くことができる。たとえば、ヒトのクローンの製作やヒト・ゲノム計画が、なぜ、感情的な反発や不安、倫理的なパニックを引き起こすのか、と考えてみるのである。

多くの哲学者や倫理学者が、ヒトのクローンを作ることに反対している。[*2] 論者たちは言う、自分自身のクローンと直面することは、恐ろしく、不安なことである、と。しかし、もしわれわれが、現実に自身のクローンに出会ったとしても、そのことが特別な恐怖も不安も引き起こさないということは、はっきりしている。実際に、すでに、そういう人はたくさんいるからだ。一卵性双生児の場合がそうである。多くの場合、彼らは、生まれてこの方、クローンとともに生きているが、そのことで、特別なパニックに陥ったりはしないし、人間としての尊厳を傷つけられたとも感じない。それならば、人々は、自分のクローンができるということをめぐって、あるいは自分自身の遺伝子が読み取られてしまうということをめぐって、一体、何を恐れているのだろうか？　何を不気味なものと感じているのだろうか？

クローン人間についての一般のイメージをよく表現しているのは、われわれがすでに検討した、パーフィットの「遠隔輸送装置」についての思考実験、とりわけ彼が「分岐線ケース」と呼んだ事例である（第15章参照）。パーフィットは、個人の身体に蓄えられた情報を完全に読み取り、それを光速で他所に伝送した上で、その他所で、伝送されてきた情報をもとに正確な複製を作り上げる装置を想像したのであった。このような装置があっても、オリジナルの身体が、情報の読み取りの直後に解体されてしまっている場合には、さしたる混乱は起こらない。人は、ただ光速で移動した、と考えるだけだからである。混乱が生ずるのは、オリジナルの身体が、完全に保存される場合である。このとき、人は、完全な自分のコピーと――遺伝子レベルだけではなく、記憶や知識など学習された情報のレベルでも完全に正確なコピーと――対面し、彼（彼女）と対話することができるだろう。クローン人間の一般のイメージは、これに似ている。少なくとも、多くの場合、この極限のケースからの推論によって、われわれはクローン人間について考えるのが普通である。遺伝子だけのクローンは、こうした完全なコピーからいくぶんか撤退したケースとして想像するのである。

このことを念頭に置いた上で、クローンが、実際以上に人を不安にさせる理由を推測することができる。パーフィットの分岐線ケースが不気味なのは、「輸送」の瞬間、複製ができた瞬間、あるいは複製と（輸送直後に）最初に対面する瞬間である。ここで、人は、自分の特異性、自分の単一性が、まさにその特異性＝単一性を保ったまま、向こう側に出現するのを見ることになるからだ。この〈私〉の特異性＝単一性の究極の根拠、最小限の根拠は何か？　それは、この〈私〉が、〈私〉のみが、まさにここにいるということであろう。パーフィットの装置は、ここにいる〈私〉が、あそこにもいる、と表現するほかないような眩惑を引き起こす。要するに、向こう側に出現しているのは、この〈私〉であるような〈他者〉なのである。向こうにいる〈私〉は、スピードにとっての「卵」（である自己）と同じである。したがって、クローン人間についての、非常に広く行き渡っている不安や恐怖は、われわれが皆、〈私〉が〈私〉でありながら、同時に〈他者〉でありうるかもしれないと想定していることを、われわれがそうした可能性を潜在的にはよく知っているということを表現しているのである。

この〈私〉が〈他者〉でもありうるのはなぜだろうか？　実は、このことの根拠を、われわれのここまでの考察は、すでに再三提示してきている。それこそ、任意の志向作用が、求心化作用と遠心化作用の二重性において構成されている、という事実にほかならない。志向作用が、求心的にこの身体に帰属しているということが、この身体が〈私〉としての特異性を有することの最小限の基底を構成する。ところで、求心化作用は遠心化作用と相即しており、両者は一体化している。求心化作用は遠心化作用でもあるのだ。言い換えれば、この身体、この〈私〉に帰属するこの体験は、あの身体にも、不定の〈他者〉にも帰属したものとして現れるのである。こうして、〈私〉の〈私〉性が、〈他者〉の場所に立ち現れることになるのだ。言わば、〈私〉は〈私〉に対して差異を有しており、〈私〉自身に対して過剰なのである。この〈私〉の〈同一性〉に孕まれている差異、〈私〉が〈私〉でないかもしれないという可能性、これを、われわれは、「根源的な偶有性」と呼んできたのであった。

前章までの考察が含意していることは、〈私〉に孕まれている過剰性こそ、〈私〉が人を愛し得ることの根拠になっており、またもうひとつの自由、〈自由〉の可能条件にもなっていた、ということである。〈私〉が、決して見通すことができない〈他者〉を愛することができるのは、〈私〉が自分自身に対して不透明であり、〈私〉がすでに〈他者〉だからである。前章に論じたように、〈自由〉を構成する能動性と受動性の間の循環——マゾヒズム的転回——は、求心化作用と遠心化作用の相互的な反転の中から出現するのであった。〈私〉が〈他者〉に見られることを、〈他者〉の受動的な対象であること自体を欲望するのは、〈私〉に帰属する求心的な能動性が、〈他者〉の方へと遠心的に反転するからである。要するに、〈私〉が〈私〉であることの核心に、〈私〉の透明な意志に服さない〈他者〉が孕まれているからである。

ニルソンのもう一つの映画『Heat and Sunlight』『シグナル7』(一九八七年)が、こうした論点を再確認するための、恰好の素材を提供してくれる。『シグナル7』が「連帯」をめぐる物語の表現であったとすれば、こちらは、「愛」、とりわけ深い嫉妬についての物語を映像化した作品である。主人公はあるダンサーの女を愛しているが、彼女とダンスのパートナーとの関係を疑い、そのパートナーへの嫉妬に煩悶する。この嫉妬は決して解消しない。われわれは、前章の考察で、マゾヒズム的転回の操作は、しばしば、愛する者——この場合は主人公——を無力な受動的な対象として捉える〈他者〉を、愛の二者関係に外在する第三者の形態で措定することになる、と論じておいた。このことを前提にしてみれば、愛の関係には、三角関係への傾向が必然的に宿っている、と見なすことができるだろう。嫉妬が、しばしば、関係が良好であるように見えるときにさえも消えることのない、愛の随伴物になるのは、このためである。もちろん、『Heat and Sunlight』では、第三者としての〈他者〉が、ダンサーのパートナーとなる男として、具体的な形を与えられているのである。*3

『Heat and Sunlight』の主人公はカメラマンである。映画は、彼が、ビアフラで撮った黒人の子どもの写真を、壁から、ゆっくりと剝がす映像で終わる。このしゃがんでいる子どもは、主人公のカメラによって捉えられていたそのときに、カメラの方をするどく睨み返していたはずだ。この場面は、『シグナル7』の、鏡の前のスピードの場面に対応するだろう。鏡の中の卵＝スピードが、演技しているスピード自身に対して語りかけてきたのと同じように、ここでは、写真の子どもが、撮影している男に向かって、お前こそがこの俺だったかもしれないのだ、と呼びかけてくるのだ。

根源的偶有性に基づく〈公共性〉

さて、われわれのここでの問いは、タクシードライバーたちの間の連帯の契機はどこにあったのか、であった。以上の考察が、この問いに最終的な解を与える。最初にも述べたように、ドライバーたちが互いの間に友情を覚え、また連帯へと駆り立てられるのは、無論、誰もが皆、自分こそはあの殺された同僚だったかもしれない、と直感しているからである。問題は、この直感を支持する機制である。その機制の核心は、この〈私〉の内に必然的に過剰性が宿っているということ、スピードが鏡の前で実演してみせたように、この〈私〉が〈他者〉でありうるということ、このことの内にある。死んでいった同僚は、〈私〉でもありうる〈他者〉に具体的な形を与えたものなのだ。〈私〉の内に見てきたような過剰性・分裂性があらかじめ孕まれていなければ、誰も、他人の死を、真に己の問題として受け取ることはできなかっただろう。そうだとすると、仲間の死に遭遇したことをきっかけにして、ドライバーたちの間に形成された連帯は、「連帯」ということについてのわれわれの通念に反する、独特なものであることがわかってくる。

通常、人が連帯するのは、それぞれの個人の同一性《アイデンティティ》を構成する諸性質の中のいずれかが、互いの間で共有されている場合である、と考えられている。たとえば、利害を共有しているときに人は連帯する。あるいは、共同体の伝統に基づく同じ規範（共通善）に従っているときに、人は連帯する。さらに、同一の価値を普遍的なものとして信奉しうるときに、人は連帯するだろう。しかし、個人の同一性の内的な要素となる、積極的な性質の共有ということによっては、普遍的な公共性は確立しえない。利害や共同体の規範の共有に基づく連帯は、無論、公共性を基礎づけるものではない。[*4] だが、しかし、公共空間を制約する普遍的な規範（正義）が、いかなる積極的な内容ももちえない、という疑念こそが、われわれの今日の思索に動機を与えている前提ではなかったか。このとき、なお〈公共性〉は可能か？

しかし、タクシードライバーたちがここで示す連帯は、それぞれの個人の同一性に帰せられるどのような内的な性質の共通性をも媒介にしていない。ここでドライバーたちの友情が深化するのは、誰もが、自分こそがあの死んだ友人だったかもしれないと直感しうるということ、このことにおいて彼らが共通だからであった。そうだとすると、この連帯は、自分が自分自身ではなかったかもしれないということを、つまり自己の同一性をトータルに否定するような可能性を紐帯とする連帯だということになる。誰もが自己自身の同一性に安定的に留まることができず、〈他者〉でありうるということ、このことにおいて彼らは共通しているのであり、それこそが、彼らの連帯の根拠となっているのである。彼らに共有されている積極的な性質は何もない。そうではなくて、それぞれの個人の〈同一性〉に孕まれている否定性によって、誰もが〈他者〉であったかもしれないということのみによって、要するにあの根源的な偶有性において、彼らは共通しているのである。

もし、今日、なお〈公共性〉が可能であるとすれば、それは、積極的に定式化されうる「普遍的」（と称する）価値への共通の信奉によってではなく、〈私〉の根源的な偶有性だけを媒介にした連帯として、存立することを得るだろう。内容を積極的に特定しうる普遍的な価値がなくても、すべての〈私〉が根源的に偶有的であるという意味における——つまりどの〈私〉も不定の〈他者〉でありうるという意味における——普遍性が残るからである。この普遍性を基礎にして〈公共空間〉を立ち上げることができるはずだ。このことを思うと、『シグナル7』において、友人の死を悼む席で提起された「組合」についての話題は、一度は不適切なものとして拒否されはするが、結果的には、まことにその場に相応しいものだったということになるだろう。また、「統一するためではなく、分かつためにやってきた」というキリストのあの言葉も、こうした議論の文脈の中で解釈するならば、整合的なものとして理解することができる。キリストが説く「愛」は、共有された性質によって結ばれるような共同性（統一性）をもたらすものではない。そういう意味での共同性にとっては、むしろ、「愛」は破壊的ですらある、キリストはこう主張しているのだ。言ってみれば、キリストが導入しようとしたのは、〈公共性〉である。

ここで、第22章での議論を、あらためて想起してみるのもよいだろう。そこで、われわれは、次のような仮説を提起したのであった。価値の共有という構成によっては、どのような共同体も結社ももたらしえない、と。今回の論議の中では、論理の筋を単純化するために、価値や性質の共有を媒介にした共同性と、そうした積極的なものの共有を一切含まない〈公共性〉とを対置させてきた。だが、厳密には、むしろ次のように主張すべきである。〈公共性〉は、前者のような通常の共同性が可能であるための前提条件なのだ、と。その意味で、〈公共性〉が共同性に優越する。

公共性（の不可能性）をめぐる現代の理論をリードしているのは、ポストモダンな多文化主義である。多文化主義への批判を媒介にして、われわれの立場を明確にしておこう。本章の冒頭に述べたように、多文化主義もまた、積極的に共有することができるような、普遍的価値は不可能である、との認識に端を発した主張である。まず、多文化主義のこうした主張には、欺瞞が隠されている、ということを確認しなくてはならない。多文化主義者は、さまざまな個別の文化が、あるいはさまざまな特殊な共同体の私的な規範が、そこにおいて共存しうるような、空白な平面がありうる、と信じている限りにおいては、つまり諸規範の平和な普遍的共存を保証する平面の存在を独断的に想定している限りにおいては、価値の積極的な普遍性を信じていた古典的な論者の前提を、なお保持している。多文化主義者も、この点では、西欧に特異な価値を「普遍性」として偽って提起していた──多文化主義者がまさに斥けようとしている──古典的な論者たちと変わらないのだ。

しかし、その上で、多文化主義の狡猾さは一枚上手であり、その欺瞞は一層深い。このことは、多文化主義には、古典的な論者に向けられてきた常套的な批判が通用しない、ということを思うと、理解可能だろう。常套的な批判とは、あなたが普遍的であると僭称しているその価値は、実は西欧中心主義的なものであって云々、といった類の批判である。こういう批判をしても、多文化主義者は全然こたえないだろう。彼らは、そういうことを初めから承知している（という前提で応ずる）からである。多文化主義が有意味で尊重しうるものとして提起しうる価値は、定義上、常に特殊性を帯びており、ある個別の文化や共同体に根をもっている。それは、必ず、西欧中心主義やイスラーム中心主義、東アジア中心主義、日本中心主義等々によって、汚染されているのだ。多文化主義者は、こういう主張しかしないし、また、原理的にそれしかできない。そのことによって、彼らは、普遍的な価値などはどこにもなく、西欧中心主義であろうと何であろうと、個別の共同体の規範に色づけられていない価値などありえない、と自覚しているということを、示そうとするのだ。無論、この態度は、今述べたように欺瞞的なものだが（彼らは、価値の普遍的な空間を前提にしているのだから）、まさにその欺瞞を暴き出すときの論法（「それは西欧中心主義だ」等）をあらかじめ組み込んだ上での欺瞞なので、批判に対してきわめてタフなものとして現れることになる。言ってみれば、多文化主義は、積極的な普遍性がありえないということを（表面的には）自覚してしまっているがゆえに、かえって、そのことの含意を完全に引き出すことに失敗しているのである。

それならば、どうすればよいのか？　普遍性それ自身の内に、否定性が内在している、ということを認めることである。どのような（暫定的な）「普遍性」によって、社会を統一化しようとしても、必ずそこに包摂されえない排除された部分が生じ、そうした排除された部分との葛藤は避けることができない。多文化主義者のように、排除を含まない空白の普遍空間を前提にすることはできないのだ。だから、真の〈普遍性〉とは――〈公共性〉を基礎づける〈普遍性〉とは――、暫定的な「普遍性」から排除された部分との葛藤の普遍性である。『シグナル7』のタクシードライバーたちの連帯が、殺された友人こそ、自分たちであったかもしれない、という洞察によって触発されていたことを、もう一度思い返しておこう。謂われなく殺されてしまった同僚は、誰からも顧みられなかった者、誰からも配慮されていなかった者、要するに排除されていた者の代表である。われわれは、こう論じてきた。〈公共性〉は、誰もが〈他者〉でありうるということの普遍性に基づいてのみ可能だ、と。この場合、〈他者〉とは、その度に暫定的に構成される「普遍性」において、包摂されることなく見棄てられている者のことである。〈私〉の〈同一性〉を根本から壊乱する〈他者〉は、「普遍的」と称された空間の中でどこにも位置付けをもたない者によってしか、体現されえないからである。単純化すれば、〈私〉がまさに〈私〉としての同一性を与えられて所属しているのが、暫定的な「普遍性」の領域であるとすれば、〈他者〉が見出されるのは、そこに包摂されていない排除された部分なのである。したがって、〈私〉が〈他者〉であるということは、「普遍性」の中に包摂できない〈他者〉であるということのみが、〈公共性〉を基礎づける〈普遍的〉な規定性となりうるということであり、その排除された〈他者〉の位置から既存の暫定的な「普遍的な公共性」の妥当性を問い直すことである。〈自由〉と両立しうる〈普遍性〉は、このことをおいてほかにない。

1　井上達夫の議論に対する若干の批判については、第13章の注7を参照。仮に、井上が挙げた、「正義」が満たすべき条件（基底性、独立性、制約性）に矛盾がないということを認めたとしても、まさにこれらの条件を満たす正義が存在しているかどうかということは、別の問題である。経済学の比喩を使えば、均衡条件は与えられているが、存在条件や安定条件が保証されていない状態と見ることができるだろう。

2　ハーバーマスは、こうした批判者の一人である。彼の議論は、自由論にとって、いくぶんか興味深い論点を含んでいるので、紹介しておこう。ハーバーマスによれば、クローンを作られるということは、奴隷になるということと同じである。というのも、それは、自分の身体的・精神的な同一性のある部分が、他人の操作によって規定されてしまう、ということを含意するからだ。しかし、ハーバーマスのこの議論は変である。それならば、クローンが作られていない場合はどうなのか。ハーバーマスのように考えるならば、そのときでも、人の精神的・身体的な同一性は、自然の因果関係によって、規定されている、ということになるだろう。規定するものが、誰か他人の意図的な操作であろうが、自然の盲目の運動であろうが、私がそれの奴隷である、ということは変わりがないのではないか。ハーバーマスの議論の躓きの源泉は、自由と因果律との間の関係について、彼がきわめて素朴な理解しかもっていない、ということにある。要するに、ハーバーマスにとっては、自由とは、因果律についての認識の欠如以上のものではない。本書の最初の数章で、われわれが議論の主題としたことこそは、まさに、因果律との関係において、自由はどこに位置付けられるのか、ということであった。われわれの結論はこうである。因果律が基底にあって、その上に自由が上乗せされるのではなく、自由な選択によってこそ、因果律が有意味なものとして発効するのだ。

3 前章の考察で事例として取り上げた、ウェルズの『The Immortal Story』では、若い水夫と老人がともに老人の妻を愛している、ということによって、三角関係が作り出されている。

4 ここで「公共的」という形容動詞を、カント的な意味で使っている。カントは、常識的な用法とは、少し違った意味で、この語を使用している。彼は、特殊な共同体のために働くこと、たとえば国家のために役人として働くことは、理性の私的使用に属する、と論じているのである。

補遺　自由意志と因果関係

サイボーグ化した身体と哲学的問い

今日、ロボットに社会的な注目が集まっている。注目されているロボットの筆頭が、「ASIMO」に代表されるようなヒューマノイドロボットかもしれない。だが、ここでは、人間の身体への密着性・直接性によって特徴づけられるようなロボット技術に着眼してみよう。マン・マシン・インターフェイスや一種の「サイボーグ」のような技術に、である。

近年――一九九〇年以降――、神経系内を走る電気信号を拾い上げる技術が急速に進歩してきた。さらに、さまざまな電気信号やその回路が、どのような刺激や指令に対応しているのか、ということについての「解釈」も、すでになされつつある。こうした技術や知見は、ときにきわめて有用な、人間の身体のサイボーグ化を可能にする。たとえば、事故で腕を失ったとしよう。腕はなくとも、脳からの指令——腕や指の運動を指示する指令——は、神経系を通じて、腕の付け根のところまで来ている。ただ、最後の運動器官だけを失っているのだ。だから、その「腕の付け根の電気信号」を読み取って、装着した人工の腕へと媒介してやり、指令内容に即した運動をその腕にさせれば、腕があったときとほぼ同じような感覚で、肘を曲げたり、物を握ったりすることができるのだ。

こうしたことは、運動性の機能に対してだけではなく、求心性の感覚・知覚の機能に関しても可能である。たとえば、眼に大きな損傷を受けて、回復ができなくなったとしよう。それでも、脳の中の視覚野を失ったわけではない。このとき、デジタルカメラによる映像を、電気信号に置き換え、脳の視覚野に直接に送り込んでやるのである。そうすると、視覚の機能をかなりの程度、回復することができる。

これらは、究極の義手であり、義眼である。こうした傾向をさらに延長させれば、何があるのか。言うまでもない。押井守の『攻殻機動隊』が描いたような「義体」がある。脳以外は、すべて、人工物に置き換えてしまった身体があるのだ。今や、われわれは、義体をその延長上に望見できるような技術段階にある。

こうしたサイボーグ的な技術の応用は、「身体障害」に対する補完にとどまらない。別に腕を失っていなくても、「義手」に用いた技術は活用できる。たとえば、*I, Cyborg*（2002）の著者ケヴィン・ワーウィックは次のような実験に成功している。自分自身の腕の神経細胞に到達した電気信号を取り出し、それをコンピュータに送るのだ。そのコンピュータは、インターネットの端末になっていて、その信号を、遠く離れた地にある、人工の「手」へと送る。そうすることで、ワーウィックは、自分自身の手と、遠く地球の反対側にあるその人工の手とを、同時に動かすことに成功したのだ。

　末梢神経系から電気信号を読み取るのではなく、脳から直接に電気信号を読み取る技術も、すでに確立している。たとえば、脳の中の、運動の指令を発する部位から直接に電気信号の変化を受け取り、それを外部の装置に繋いでおく。そうすれば、人は意思するだけで、まるで念力を働かすかのように、その装置を右に動かしたり、左に動かしたりすることができるのだ。こうなれば、「義体」まではあと一歩だ。脳に直接に電極を差し込むような仕方は、グロテスクな印象を与えるが、脳内の活動を、頭蓋骨の外部から——つまり非侵襲的なやり方で——検出する技術の開発も進められている。

　とすれば、ここから、次のような、一見空想的な技術も、原理的には不可能ではないことがわかってくる。脳と脳とを直接に繋ぎ、互いの脳内の物理的な変化を検出しあうようにしておく。たとえば、相手の言語野に生ずる電気的・化学的な変化を検出し、その結果を、こちらの脳の、言語理解にかかわる領野へと入力できるようにしておくのだ。そうすれば、声などの外的な媒体を経由することなく、二つの脳が直接にコミュニケートすることができるのではないか。つまり、私の脳の中に他者の脳内の「思念」を、直接に再現することができるのではないか。[*1]

さらに、脳からの、あるいは脳への信号を、単純に正確に写し取るだけではなく、加工したり、増幅したりすることもできる。たとえば、脳からの運動の指令を受け取る義手のパワーを、実際の腕よりも大きなものにしたらどうなるか想像してみればよい。その義手の持ち主は、生の身体を有する者よりもずっと重い物を持ち上げることができるようになるだろう。同じようなやり方で、知覚や感覚の精度を上げたり、容量を変化させたりすることができるようになるはずだ。

また、記憶にかかわる領域にも、この種の技術は進出しようとしている。脳の中で、記憶は「海馬」に貯蔵されている、とされている。ある人間の海馬に蓄積されているのと等価な情報を有する電気回路を半導体基板の上に実現することができた、としたらどうだろうか。一般に、各人物に固有な記憶こそが、その人物のアイデンティティを構成する最も重要な要素であると信じられている。今や、その内的な要素が、記憶装置上に外部化されていることになるだろう。

ロボットやサイボーグにかかわる技術の、現在における長足の進歩を、このように概観してくると、ある古典的な、哲学上の問いが、先鋭な形で再提起されている、と思わざるをえない。まず、こうした技術は、われわれに、心的現象が、いかに徹底的に物理的な因果関係そのものであるか、ということを思い知らせることになる。心の状態についての記述と脳を中核におく物理的な因果関係の記述とは、同じことの二つの表現だ、と考えざるをえなくなるのだ。[*2]

だが、そうだとすると、自由意志はどこにあるのか？

因果的な決定論と自由意志の存在とは、両立できない。と、すれば、どちらが正しいのか？両者はどのような関係にあるのか？　これは哲学の古典的な問いのひとつである。この問い自体は、ロボット工学や脳科学の発展とは無関係に、かつてからよく知られてはいた。だが、これらのテクノロジーや科学的知見が、問いを抜き差しならぬものに変えたことは確かである。心的現象が因果関係のネットワークによって埋め尽くされていること、そこには自由意志のための余地がどこにもないように見えるということ、こうしたことを、ロボット工学や脳科学の成功が深く印象づけることになるからだ。

次のような実験の成功は、自由意志を擁護しようとする論者にとっては、とりわけ不利なもののように思える。ラットの脳にコンピュータ・チップを埋め込み、そこへ信号を送り、ラットの移動を自在に操縦することができるのである。信号は、脳の――主として運動にかかわる――さまざまな部位を適当に刺激するような指令になっている。これによって、ラットの行き先を、外から決定することができるのだ。たとえば右に曲がらせるためには、脳への刺激によって、ラットに右のひげに何かが触れているような感覚をもたせる。そしてラットが右に旋回したとたんに、今度は、快楽中枢に刺激を与えるのである。この方法を用いれば、普通のラットが決して行わないような動作をも――たとえば梯子を上るような動作をも――、当該のラットに選択させることができる。ラットが「下等な動物」だから、こういう実験がうまくいった、というわけではあるまい。原理的には、人間に対しても同じことができるはずだ。実際、すでに、サルに対してならば、同じタイプの実験が成功している。人間まではあと一歩だ。

この実験の最中に、ラット自身は、どう感じているのだろうか？　何か、外から強いられているような感じをもつのだろうか？　複雑な感覚が混じる可能性はあるが、いずれにせよ、最終的には、ラットは、自発的に、好きなように移動しているはずだ。この実験が示唆していることは、当事者としては純粋に自由意志の発動の結果として行為しているつもりでも、それは、客観的には、自由意志とは無縁な因果関係によって決定されているかもしれない、ということである。

量子力学は自由意志を救出するか？

科学者然として、決定論を擁護し、自由意志という概念を嘲笑する者もいる。理論上は、そのように開き直ってしまった方が、簡単だろう。だが、理論の上では、そのような立場を支持してみせる者でも、実践的には、自由意志の存在を前提にしている。たとえば、そういう人でも、誰かを賞賛したり、非難したりする。それは、何らかの善かったり、悪かったりする結果が、その「誰か」の選択次第だった、と見なしているからであろう。実践的には、自由意志を抹消することはできない。だが、理論的に自由意志を擁護しようとすると、科学的には裏づけをもたない——というより科学的には反証されてしまう——反自然主義的な立場に、つまり自由意志の座となる空想上の場所（脳内の小人《ホムンクルス》のようなもの）を仮定するような見解に、追い詰められてしまう。今日のロボット科学や脳科学によって、ますますその存立が危ぶまれているような見解に、である。どうすれば、自然主義的な決定論と自由意志の存在とを両立させることができるのか。

しかし、自由意志擁護論にとって、少しばかり都合のよいことが、現在の科学にはある。現在の科学では、もはや、厳密な決定論は支持されていないのだ。量子力学のおかげで、物質の基底部には、還元不可能な非決定論が作用していることがわかっている。マクロな世界では決定論的な因果関係が成り立っているように見えるが、それは大まかな近似にすぎず、それらを構成している素粒子レベルでは、世界は非決定論的にできている。そこで、科学的認識と自由意志とを両立させようとする論者は、しばしば、この量子的非決定性を何とか活用して、自由意志が働くための領域を確保しようとする。『自由意志の重要性』（一九九六年）を著したロバート・ケインもそうした論者の一人である。[3]ケインの議論は、ダニエル・デネットが『自由は進化する』の中で「これまでの試みでもっとも出来が良かった」と推奨しているものである。[4]

ケインの考えでは、自由意志を擁護するということは、人生の中で少なくとも一回――通常はかなりたくさん――「自己執行行為 Self performing actions」がなくてはならない。自己執行行為とは、まさに、行為者自身が選択した、と解釈しうる行為のことである。そうした解釈が可能であるためには、「AP条件」が満たされていることが必要になる。AP条件とは、ある行為Aに関して、時間tにおいて代替的選択可能性があったということ――他でもありえたということ――である。言い換えれば、行為者がAも、それ以外のこと（B、C、……）もともに行いうる能力を、時間tにおいてもっていた、ということがAP条件だ。

ケインは――デネットの『自由の余地』[*5]に触発されつつ――、マルチン・ルターについての印象的な事例を引いている。ルターは、ローマ法王に対抗して、有名なテーゼを貼り出したとき、こう言ったという。「これが私の立場であり、他にはどうすることもできない」、と。この発言は、ルターが強い覚悟をもって法王に反抗したということ、そのことに対する自身の責任を深く自覚していたということを、よく示している。この事実に関して、ケインは次のように考える。ルターに深い責任の感覚があるとするならば、このことは、ルターが、テーゼの公表に先立ついずれかの時点において、自己執行行為を行っていた、ということを意味しているのだ、と。一度、自己執行行為がなされれば、後の行為は、それに規定される。だが、自己執行行為自体は、決定論的な過程から自由な、創造的行為でなくてはならない。

このことに関して、デネットは、「最初の哺乳動物」という少しばかり笑いをそそるような類比を提起している。「哺乳動物は存在しない」ということを結論する、詭弁のような論証を考えてみよう。第一に、「どの哺乳動物の母親も哺乳動物である」。第二に、「哺乳動物がいるとすれば、その数は有限である」。しかるに、第三に、「一匹でも哺乳動物がいるとすれば、最初のテーゼより哺乳動物は無数いることになり、第二のテーゼに矛盾する」。それゆえ、「哺乳動物は存在しない」。この背理を回避するためには、「哺乳動物の母の母の母の……」という無限後退を打ち止めにする特別なケース、つまり「最初の哺乳動物」の存在を必要とする。この最初の哺乳動物に対応しているのが、自己執行行為である。一般に、行為は、先立つ行為によって決定されている。その決定論的な連鎖の、過去への遡及を断ち切るのが、自己執行行為である。だが、一般に、進化の過程の中で、哺乳動物への飛躍を画する最初の個体を確定することが難しい——不可能である——のと同様に、自己執行行為を確定するのは困難だ。

ともかく、ケインの議論を、もう少し見ておこう。ケインの目論見は、この自己執行行為の選択において、量子力学的な非決定性が機能している、ということである。たとえば、今、「行く」と「残る」の二つの選択肢があるとする。どんなに原因を精密に列挙しても、量子力学的な非決定性は残るので、「行く」になるのか、「残る」になるのかは、予め確定してしまうことはできない。どちらにも確率が分布しているような状態しか、物理学的には導けない。このように、「行く」と「残る」の間で可能性が揺らいでいる時点tにおいて、どちらかを、たとえば「行く」を選択するのが、自由意志の作用だと解釈するのである。ただし、このモデルを完成させるためには、若干の補足が必要だ。ケインは意識していないが——だがデネットが指摘していることだが——、時点tは、厳密な瞬間ではなくて、ある時間幅をもつものと見なさなくてはならない。選択した瞬間には、「行く」または「残る」のどちらかに決まってしまうので——量子力学のいうところの「波束の収縮」——、もはや他の代替的選択肢があったとは言えなくなってしまう。量子力学の非決定性を活用するためには、選択の瞬間に先立つわずかな時間幅を、tに与えなくてはならない。無論、それは、何ミリ秒というごく短いものでかまわないが。

　こうした像に実際にあてはまる現象としてケインが思い描いているのは、二つ以上の理由（理性）が競合するような状態である。「行く」にも、「残る」にも、同じくらい説得的な理由があって、どちらとも決めかねるような状況で、どちらかを決断すること、これが自由意志の発動だというわけだ。

さて、こういうケインの論法で、自由意志のための棲息地を確保することができただろうか？　否、である。ケインが確保したもの、それは自由意志どころか、その反対物なのだ。このことを、論証してみせよう。と言っても、デネットのウィットの効いた議論を借用することができるのだが。

ケインの主張を、脳科学等の科学的知見と両立させるためには、量子力学的な非決定性をもってふるまうニューロンが存在している、と考えなくてはならない。そこで、今、こう仮定してみよう。事故によって、そのニューロンが死んでしまった、と。そこで、先にいくつも見たのと類似の、一種のサイボーグ化によって、この欠陥を補ってみる。つまり、義手や義眼の代わりに、今度は、量子的非決定性をもった物理装置（「義ニューロン」）を利用するのだ。たとえば、崩壊するラジウムとガイガーカウンターを使えばよい。この装置を、ニューロンがもともとあった脳内の部位に埋め込めば、外観の上でも原形に最も近いのかもしれないが、これは健康上、かなり危険なことだ。だが、考えてみれば、装置を脳の中に置いておく必要はない。それを身体の外部に置き、ガイガーカウンターの読み取り結果を無線によって問い合わせ、それを脳へと送り返すことにしても、まったく同じ機能が保証される。これでも、ケインのいう「自由意志」は確保できているはずだ。

しかし、振り返ってみよ。これは、あのラット、コンピュータ・チップを脳に埋め込まれ、

ないか！　彼は、外部にある「ラジウムのランダム性抽出装置」によって、行為を操縦されているのである。装置が、脳の中にあるのか、外にあるのか、ということは本質的なことではない。言い換えれば、装置が脳に組み込まれている場合も、あるいはそもそも、非決定性ニューロンが活きていた場合でさえも、人の境遇は、あのラットと同じだったのだ。ラットは、自分自身では自発的に移動しているつもりでも、客観的には操縦されていることになるわけだが、こうした事情は、非決定性ニューロンに従う人間の場合も変わらない。こうして、自由意志の存在を示しているとされている状態と、自由意志の存在を否定している状態とが、まったく一致してしまう。ということは、ケインの議論が救い出したのは、自由意志ではなかったということである。それは、自由意志とはまったく別の何か、むしろ自由意志に反する何かである。量子力学的な非決定性は、自由意志をいささかも救い出しはしないのだ。

そもそも、ランダムな非決定性の中から出てきた偶然の結果は、自由な選択とはまったく別のものではないか。どちらにすべきか手詰まりの状態になったとき——ビュリダンのロバのように右の飼葉桶《かいばおけ》に行くべきか左の飼葉桶に行くべきかわからなくなったとき——、コイン投げやサイコロで事態を打開したとしたら、われわれは、それを選択と見なすだろうか。そうではあるまい。むしろ、それは、偶然の結果であるがゆえに、自由な選択ではない、と見なすに違いない。ＡＰ条件は、自由意志の発動の必要条件ではあっても、十分条件ではない。そこには、何か、肝心なものが足りない。

それならば、自由意志はどこに、どのような意味で存在しているのか？　この点については、私は、すでに本論の中で十分に論じたつもりだ。だから、ここで本論の説明を再論するつもりはない。ここでは、ケイン自身が挙げている例、つまりルターの決断の例は、実に啓発的なものだ、ということについてのみ、注意を喚起しておきたい。ルターは、「私には他にどうすることもできない」と言う。こういう言葉に、われわれは深い責任の感覚を見る。だが、これは、奇妙ではないか。ある行為やその結果に責任があるということは、行為がその人物の選択に帰せられる、ということを含意している。が、ルターの言葉は、自分には選択の余地がなかった、ということを述べているのである。偶然性と必然性のこのような重なり合いに、「選択」という現象の中核的な神秘があるということ、このことを、われわれは本論の中で繰り返し強調し、こうした神秘が生ずるメカニズムを解明してきた。ルターの例は、選択のこうした神秘的な特徴を再確認させる、きわめて見事な例になっている。

ケインは、この矛盾を解くために、この言葉より前のいずれかの時点tで、「自己執行行為」がなされたと解釈した。確かに、ルターが「他にどうすることも……」と言っているとき、彼は「すでに決断してしまった」との感覚をもっていたに違いない。だが、「その瞬間t」は、ほんとうにあったのだろうか。ルターが、法王に反抗するテーゼを公表しようかやめようかと優柔不断に迷ったあげく、とにかく公表しようと決めたというその瞬間 t など、特定できるのだろうか。間違いなく、ルターが、まだそんなことを何も考えていなかったときもあったのであり、そして今や「他にどうすることもできない」と宣言しているのだから、その間のいずれかの時点で、選択がなされた、と考えたくなる。かつて、爬虫類しかいなかった時代があり、今では、紛れもない哺乳類がいるのだから、その間に「最初の哺乳類」がいたはずだ、と考えざるをえない。だが、「最初の哺乳類」が出現した瞬間に、「おっ、これは今までの個体とは全然違う、新しい類だ」などということを特定することは、決してできない。哺乳類が地上に繁栄するようになってから後で、遡及的に、「最初の哺乳類」の存在が推定されるのである。同じことは、ルターの決断に関しても言える。われわれが見出すのは、すでに決断してしまった（それゆえ他にどうしようもないと考える）ルターか、未だ法王への反抗などということに思い至ってもいないルターのみで、その「すでに」と「未だ」の中間にある「その瞬間 t」は、決して特定できない。ただ、「すでに終わった」という形式で見出される決断から遡及的に、その瞬間が想定されるのみである。

繰り返せば、ルターの例が提起している謎、それは、一方で、行為が「他ではありえない」必然として現れているまさにそのときに、他方で、その行為は一個の選択としても現れる――それゆえ「他でもありえた」という偶然性を帯びる――ということ、これである。[*6] この逆説を解くためには、選択を、常にすでに終わっているものとして、過去に遡及的に措定するしかない。これこそ、われわれが、本論の中で、カントやシェリングを導きの糸としながら見出した選択、先験的な過去における選択である。その詳細や、そのような選択が成立する機制は、本文の議論を参照されたい。

ストローソンの「責任」概念

現代の分析哲学者は、自由や責任概念と因果的決定論が両立できるか、という問題について、活発な論争を繰り返してきた。だが、彼等の議論は、私とは若干、問題意識を異にしているため、私は、本論では、それらにほとんど論及しなかった。ロバート・ケインのアイディアは、そうした議論の中で、因果関係から独立に自由意志を確保しようとする説明としては最も説得力があるので、この補遺で、あえて検討してみたのだ。*7 以上に見てきたように、そのケインの議論ですら、成功したとは言いがたい。

だから、現代の分析哲学の論争は、われわれが本論で展開してきた理論に対して資する部分は、あまり大きくはない。ところで、因果関係から「責任」の概念を救い出そうとする、分析哲学の論争は、ひとりの哲学者の説を源流としている。それは、P・F・ストローソンの説である。原点にあるストローソンの議論だけは、われわれにとっても興味深い論点を提起している。*8

ストローソンは、責任（あるいは自由）と因果決定論は両立しうるか、という問いに対しては、明確に両立しうる、という立場を取る。しかし、ストローソンの場合には、ケインのように物理学的な因果説のどこかに、責任や自由意志の概念が宿りうる隙間を探そうとする、わけではない。ストローソンは、人間が他者に対して、二種類の態度を取り、二種類の関係を結ぶということに注目する。一方には、客体的態度がある。客体的態度とは、他者を、制御や観察の対象としたり、何かのための手段として扱うことである。その対極には、対人的態度と、それによって結ばれた間人格的関係がある。間人格的関係の特徴は、ストローソンによれば、互いが、同じ人間としてある程度の善意をもって接しあうことを、当然の要求として前提にしている点にある。そうした要求の裏面が、「反応的心情」である。反応的心情とは、間人格的関係の前提になっている「善意への要求」が満たされなかったときに生ずる感情である。「責任」なる概念は、反応的心情を向け合う間人格的関係の中で、初めて成立する。これがストローソンの説明である。[*9]

　ストローソンのこうした議論は、本論でわれわれが展開した理論と共鳴する。それは、われわれの理論と同じものではないが、少なくとも同じ方向を向いた議論ではある。というのも、本論の展開を通じてわれわれが徹底的に確認したことは、自由（や責任）は、骨の髄まで社会的現象だということだからである。他者が、他者としての他者が、主体性をもった他者がいる世界でなければ、自由は存在しない。しばしば、他者は、自由にとって阻害的な要因であるかのように語られるが、そうではない。他者なしには、自由ということが成り立たないのだ。

　無論、自由が社会的現象だとして、問題は、どのような意味において社会的か、ということである。われわれは、本論の中で、二種類の自由を、古典的な「自由」ともうひとつの〈自由〉とを抉出した。両者は、異なった意味において、社会的であり、他者を要請している。それゆえ、自由の擁護者は、同時に、人間の複数性の頑固な擁護者でなくてはならない。

1 ここで思い起こされるのが、一九九五年当時、オウム真理教徒たちが装着していた、ヘッドギアである。あれは、教祖麻原彰晃の——脳波などの——脳の変化を、弟子たちの脳へと伝送するための装置であった。われわれはあの装置を嘲笑した。実際に、あの装置によっては、脳波であろうと何であろうと、教祖の脳の状態を、他の誰かに伝えることはできなかっただろう。しかし、今日の脳科学やロボット技術が目指しているものは、オウム信者たちの装置が目指していたものとあまり変わらないのではないか。言い換えれば、オウム信者が志向したことは、決して荒唐無稽なことではなかったのではないか。

2 大森荘蔵は、このことを「重ね描き」という比喩で表現した。だが、同じことが描かれているのだとすれば、両者は、「何において」違うのか？　違いは、描かれている内容、描かれている対象にあるのではなく、描く者の立っている位置にあるのだ。この点について、私は、かつて、以下の論文でいくぶんかていねいに論じたことがある。「心の社会性——機械の心・人間の心——」（『意味と他者性』勁草書房、一九九四年、二六九—二九七頁）。

3 Robert Kane, *The Importance of Free Will*, Oxford：Oxford University Press, 1996.

4 Daniel C. Dennett, *Freedom Evolves*, Viking：Penguin, 2003.　ダニエル・C・デネット『自由は進化する』、NTT出版、二〇〇五年。

5　Daniel C. Dennett, *Elbow Room : The Varieties of Free Will Worth Wanting*, Cambridge, MA : MIT Press and Oxford University Press, 1984.

6　この逆説に対応している英語の語彙が、――should や ought に対するところの――must である。当為を表現する英語の助動詞には、二つの系列がある。ought（should）と must である。しばしば、must の方が ought よりも強い云々と教えられるが、両者の違いを、バーナード・ウィリアムスが、実に巧みに説明している。さまざまな可能な選択肢があって、その中のひとつが選好されたり、推奨されたりしているときには、ought が使われる。それに対して、他にやりようがなく、それが唯一の選択肢であるようなときには、must が用いられる。だから、must は、必然を表現する語としても用いられるのだ。must による当為は、たった一つしかないものに関して、それをあえて選択することが求められていることになる。

7　因果的決定論に対して、自由意志を擁護しようとする説は、（量子力学に依拠して）因果的非決定性を想定し、そこに自由意志が宿りうる余地を見出すロバート・ケインの見解の他に、次のような二タイプがある。第一に、他の出来事と因果関係をまったくもたない意志の存在を端的に認めてしまう見解がある。カール・ジネがこの見解を代表する（Carl Ginet, *On Action*, Cambridge University Press, 1990）。第二に、行為者因果説 agent-causation theory と呼ばれる見解がある。これは、通常の出来事因果のほかに、行為者因果があるとする説で、大森荘蔵の「重ね描き」（注2参照）を連想させる。この説の支持者には、ロデリック・チザム、リチャード・テイラー、ティモシー・オコナーなどがいる（Roderick M. Chisholm, “Human Freedom and the Self”, Cary Walton ed., *Free Will*, Oxford University Press, 1982.

Richard Taylor, "Determinism and the Theory of Agency", Sidney Hook ed., *Determinism and Freedom*, New York University Press, 1958. Timothy O'Connor, *Reason and Causes*, Oxford University Press, 2000)。意志が因果関係から完全に離脱しているとする前者の説は論外だが、出来事因果と行為者因果の二系列を立てる後者の説の場合には、二種類の因果の系列の関係が問われるが、その点が定かではない。これら諸説の間の論争に関しては、Laura Waddell Ekstrom, *Free Will*, chap. 4, Westview Press, 2000によく整理されている。

8 ストローソンに端を発する責任論の展開の全体に関しては、成田和信『責任と自由』（勁草書房、二〇〇四年）参照。

9 P. F. Strawson, *Freedom and Resentment*, Methuen, 1974.

あとがき

本書は、一九九九年一月から二〇〇〇年十二月までの二年間「群像」に連載した「〈自由〉の条件」(全二十四回)に修正を加えたものである。一章が、それぞれ連載の一回分に対応しているが、どの章もかなり修正した。また、量子力学的な不確定性と自由との関係を論じた補遺を、あらたに加えた。

結局、連載終了後、本書の出版までに七年以上の時間を費やしてしまったのだが、その最大の原因は、その間、自由という問題を考える上で無視できない出来事がいくつか起きたことにある。中でも最も重要なのは、二〇〇一年の9・11テロである。9・11テロについては、別に一冊の本を執筆したことがあるので(『文明の内なる衝突』NHKブックス)、本書では、直接には言及してはいないが、このテロを初めとするいくつかの出来事が与えた刺激は、本書の論述の中に痕跡を残しているはずだ。

と、同時に、言うまでもなく、連載執筆時の状況もまた、本書の中で展開された探究に影響を与えているだろう。私は、右記の連載を始めたとき、カリフォルニアのサンディエゴに滞在していた。本書の前半は、アメリカで執筆されたことになる。アメリカにいなかったら、少なくともあのとき、持続的に思考すべき主題としてこのテーマを選ばなかったのではないだろうか。アメリカという場所とそこでの交流が、本書の主題設定や展開を大きく規定している。

連載中には、当時の「群像」編集部の二人の編集者に特にお世話になった。連載の開始時から四分の三程度の段階までを担当してくださったのは、石坂秀之さんで、最後の四分の一を担当してくださったのは、寺西直裕さんである。私の執筆が遅いために、お二人にはたいへんなご苦労をおかけした。私の原稿を深夜まで――実は時差のせいで私にとっては昼まで――待っていた石坂さんに、「もう死んでしまいます」と本気で言われ、叱られたこともある。しかし、毎回、原稿をおもしろがって読んでくれるお二人がいなかったら、二年間も毎月、原稿を書き続けることはできなかっただろう。連載終了から単行本にするまでに、右に書いたように、かなりの時間をかけてしまったので、単行本の担当の編集者もずいぶん変わった。最後に実を摘んでくださったのは、佐藤とし子さんである。石坂秀之さん、寺西直裕さん、佐藤とし子さんの三人に、心よりお礼申し上げたい。

二〇〇八年　桜がほころび始めた京都北山にて

大澤真幸

文芸文庫版あとがき

著者から読者へ

大澤真幸

二〇世紀は、冷戦の時代だった。その冷戦を、最後まで冷戦のまま——つまり一度も本格的な熱戦に転ずることなく——終わらせた究極の原因は、煎じ詰めれば、〈自由な社会〉の魅力ということに尽きる。それゆえ、二〇世紀の教訓は、ひとつの社会を構想するにあたって、〈平等な〉〈自由〉ということを上回る価値や理念をかかげるべきではない、ということである。

こうして二一世紀のわれわれは、自由を、人類の歴史の中で最高に自由な社会を——資本主義という形態で——引き継ぐことになった。が、しっかりと手に入れたはずの自由は、なぜか、手応えがない。われわれは、自由なはずなのに、むしろ、閉塞感の方を感じている。

この「自由の存在の希薄さ」は、単なる、主観的な印象の問題ではない。この希薄さの感覚を裏打ちするような、理論上の事実がある。それは、こういうことだ。自由をめぐる近代の政治思想とは独立に、自由や自由意志はどこにあるのかをめぐる、古代以来の形而上学的な探究の蓄積がある。われわれは、普段、自分にも、他人にも、自由（意志）があることを前提にして生きている。しかし、あらためて、自由の在り処を見定めようとすると、世界の中のどこにも、自由なるもののための場所がないように感じられてくる。その感覚は、今日、とりわけ強くなっている。というのも、今日の自然科学は、とりわけ脳科学や神経科学は、自由などというものは幻想でしかない、ということを、ほとんど脅迫のようにわれわれに告げてくるからである。とすれば、手に入れたはずの「自由」が無に近いものに感じられるのは当然のことだ、ということになろう。

本書で私は、これまでまったく独立していた、自由や自由意志の所在をめぐる形而上学的考察の伝統と自由に関する近代の政治思想とを、一本の線でつなごうと試みている。そうすることで〈自由〉を救い出すことができる。私としては、そのことを証明したつもりだ。それは、〈自由〉という概念を、あらためて鍛え直し、（再）創造する作業でもあった。

概念の（再）創造は、補助線の発見に喩えることができる。図形に一本の補助線を入れると、われわれは、それまで見えていなかった「関係」に気づく。その「関係」は、補助線が導入される前から存在していたはずなのに、補助線が引かれるまではまったく見出されていなかった。

〈自由〉の概念の鋳直《いなお》しを通じて、私は、やはり、これまでまったく見られていなかった「関係」を示したつもりである。何と何の関係か？　〈自由〉を哲学的に救出することが、そのまま、政治的・実践的な含意をもっているということ、これがその「関係」である。〈自由〉をめぐる、高度に抽象的な哲学は、そのまま、〈自由な社会〉に向けた構想に対する示唆を伴っているのだ。私としては、本書を通じてそれを示し得たと思っているのだが、それが成功しているかの判断は、読者に委ねるほかない。

大澤真幸

二〇一八年九月三〇日

初出
『群像』　一九九九年一月号〜二〇〇〇年一二月号

本書は二〇〇八年五月刊行の単行本『〈自由〉の条件』（講談社）を底本とし、訂正を施したものです。

〈自由《じゆう》〉の条件《じょうけん》

大澤真幸《おおさわまさち》

二〇一八年一一月九日第一刷発行

発行者――渡瀬昌彦

発行所――株式会社 講談社

東京都文京区音羽2・12・21 〒112-8001

電話 編集（03）5395・3513

販売（03）5395・5817

業務（03）5395・3615

デザイン――菊地信義

印刷――豊国印刷株式会社

製本――株式会社国宝社

本文データ制作――講談社デジタル製作

定価はカバーに表示してあります。

ISBN978-4-06-513750-5

講談社文芸文庫

講談社文芸文庫

織田作之助	世相|競馬	稲垣眞美——解／矢島道弘——年
小田実	オモニ太平記	金石範——解／編集部——年
小沼丹	懐中時計	秋山駿——解／中村明——案
小沼丹	小さな手袋	中村明——人／中村明——年
小沼丹	村のエトランジェ	長谷川郁夫—解／中村明——年
小沼丹	銀色の鈴	清水良典——解／中村明——年
小沼丹	珈琲挽き	清水良典——解／中村明——年
小沼丹	木菟燈籠	堀江敏幸——解／中村明——年
小沼丹	藁屋根	佐々木敦——解／中村明——年
折口信夫	折口信夫文芸論集 安藤礼二編	安藤礼二——解／著者——年
折口信夫	折口信夫天皇論集 安藤礼二編	安藤礼二——解
折口信夫	折口信夫芸能論集 安藤礼二編	安藤礼二——解
折口信夫	折口信夫対話集 安藤礼二編	安藤礼二——解／著者——年
加賀乙彦	帰らざる夏	リービ英雄—解／金子昌夫——案
葛西善蔵	哀しき父|椎の若葉	水上勉——解／鎌田慧——案
葛西善蔵	贋物|父の葬式	鎌田慧——解
加藤典洋	日本風景論	瀬尾育生——解／著者——年
加藤典洋	アメリカの影	田中和生——解／著者——年
加藤典洋	戦後的思考	東浩紀——解／著者——年
金井美恵子	愛の生活|森のメリュジーヌ	芳川泰久——解／武藤康史——年
金井美恵子	ピクニック、その他の短篇	堀江敏幸——解／武藤康史——年
金井美恵子	砂の粒|孤独な場所で 金井美恵子自選短篇集	磯﨑憲一郎—解／前田晃——年
金井美恵子	恋人たち|降誕祭の夜 金井美恵子自選短篇集	中原昌也——解／前田晃——年
金井美恵子	エオンタ|自然の子供 金井美恵子自選短篇集	野田康文——解／前田晃——年
金子光晴	絶望の精神史	伊藤信吉——人／中島可一郎—年
鏑木清方	紫陽花舎随筆 山田肇選	鏑木清方記念美術館—年
嘉村礒多	業苦|崖の下	秋山駿——解／太田静一——年
柄谷行人	意味という病	絓秀実——解／曾根博義——案
柄谷行人	畏怖する人間	井口時男——解／三浦雅士——案
柄谷行人編	近代日本の批評 I 昭和篇上	
柄谷行人編	近代日本の批評 II 昭和篇下	
柄谷行人編	近代日本の批評 III 明治・大正篇	
柄谷行人	坂口安吾と中上健次	井口時男——解／関井光男——年
柄谷行人	日本近代文学の起源 原本	関井光男——年

▶解=解説　案=作家案内　人=人と作品　年=年譜を示す。　2018年11月現在

講談社文芸文庫

柄谷行人 中上健次	柄谷行人中上健次全対話	高澤秀次──解
柄谷行人	反文学論	池田雄一──解／関井光男──年
柄谷行人 蓮實重彥	柄谷行人蓮實重彥全対話	
柄谷行人	柄谷行人インタヴューズ1977-2001	
柄谷行人	柄谷行人インタヴューズ2002-2013	丸川哲史──解／関井光男──年
柄谷行人	[ワイド版]意味という病	絓 秀実──解／曾根博義──案
柄谷行人	内省と遡行	
河井寬次郎	火の誓い	河井須也子─人／鷺 珠江──年
河井寬次郎	蝶が飛ぶ 葉っぱが飛ぶ	河井須也子─解／鷺 珠江──年
川喜田半泥子	随筆 泥仏堂日録	森 孝一──解／森 孝一──年
川崎長太郎	抹香町|路傍	秋山 駿──解／保昌正夫──年
川崎長太郎	鳳仙花	川村二郎──解／保昌正夫──年
川崎長太郎	老残|死に近く 川崎長太郎老境小説集	いしいしんじ─解／齋藤秀昭──年
川崎長太郎	泡|裸木 川崎長太郎花街小説集	齋藤秀昭──解／齋藤秀昭──年
川崎長太郎	ひかげの宿|山桜 川崎長太郎「抹香町」小説集	齋藤秀昭──解／齋藤秀昭──年
川端康成	一草一花	勝又 浩──人／川端香男里─年
川端康成	水晶幻想|禽獣	高橋英夫──解／羽鳥徹哉──案
川端康成	反橋|しぐれ|たまゆら	竹西寛子──解／原 善──案
川端康成	たんぽぽ	秋山 駿──解／近藤裕子──案
川端康成	浅草紅団|浅草祭	増田みず子─解／栗坪良樹──案
川端康成	文芸時評	羽鳥徹哉──解／川端香男里─年
川端康成	非常|寒風|雪国抄 川端康成傑作短篇再発見	富岡幸一郎─解／川端香男里─年
川村 湊編	現代アイヌ文学作品選	川村 湊──解
上林暁	白い屋形船|ブロンズの首	高橋英夫──解／保昌正夫──案
上林暁	聖ヨハネ病院にて|大懺悔	富岡幸一郎─解／津久井 隆──年
木下杢太郎	木下杢太郎随筆集	岩阪恵子──解／柿谷浩一──年
金達寿	金達寿小説集	廣瀬陽一──解／廣瀬陽一──年
木山捷平	氏神さま|春雨|耳学問	岩阪恵子──解／保昌正夫──案
木山捷平	井伏鱒二|弥次郎兵衛|ななかまど	岩阪恵子──解／木山みさを─年
木山捷平	鳴るは風鈴 木山捷平ユーモア小説選	坪内祐三──解／編集部──年
木山捷平	落葉|回転窓 木山捷平純情小説選	岩阪恵子──解／編集部──年
木山捷平	新編 日本の旅あちこち	岡崎武志──解